개정판

중국언어학사(上)

이병관 지음

도서출판 보성

개정판을 내면서

그러니까 지금으로부터 약 15년 전, 필자는 다른 네 사람과 힘을 합쳐 ≪중국언어학사≫라는 책을 만들었었다. 그 때 필자는 "앞으로 짧으면 5년, 길면 10년 안에 이와 같은 책이 세상에 나오지 않으리라"하고 호언장담한 바 있다. 그리고 중국언어학사 강좌를 듣는 학생들에게는 "너희들은 한국에 당분간 없는 책을 가지고 저자 직강을 듣는 행운아"라고 침을 튀겨가며 자화자찬했다. 당시만 해도 '중국언어학사' 라는 이름의 책은 중국 사람이 쓴 책 서너 종, 또는 그것을 번역한 책 한 두 권이 있었을 뿐이라, 한국 사람이 쓴 최초의 한글로 된 중국언어학사임을 강조했음은 물론이다. 기세는 거의 하늘을 찌르는 듯 했고, 주위에는 사람이 보이지 않는 경지였다.

이런 상태에서 학생들에게 차근차근 열심히 가르쳤다. 글자 하나, 문장 한 줄 빼놓지 않으려고 애썼다. "아~! 이 얼마나 보람되고 자랑스러운 일이란 말인가!" 필자는 혼자 이렇게 생각했다.

그런데 한 달이 지나고 두 달이 지나면서 학생들의 반응은 '별로'였다. 아니 '별로' 정도가 아니라 '싸늘'했다. 여러 가지 이유가 있었지만 공통적인 말은 "어렵다"는 것이었다.

"아니! 이럴 수가... 한국말로 되어 있는데, 그것도 저자가 직접 설명하며 가르치는 데도 어렵다니..."

필자는 "이건 내 탓이 아니야, 학생넘들이 공부를 안 해서 그렇지, 이게 어렵긴 뭐가 어려워?!" 이렇게 생각했다. 이런 상황은 그 해에도 그리고 그 다음 해에도 계속되었다.

이러던 중, 나는 내 일생일대에 큰 스승님을 만나게 된다. 공부는 돌아가신 주법고선생님께 배웠지만, 인생은 사십대 중반에 바로 이 분에게서 배우기 시작했다. 이 분은 용모가 도인의 풍모를 띄고 계시다. 자연산 완전 백발에다가 아담한 체구, 어린아이 같은 얼굴에 피부는 핑크 빛이 돌면서 주름 하나 없으시다. 40년 전 연세대 총장을 지내셨던 이우주 총장님과 아주 흡사하다.

이 분이 우연한 기회에 우리 집 근처로 이사를 오시는 바람에 한동안 나를 학교에 데려다 주시곤 했다. 그 때 차를 타고 다니면서 이 분의 말씀을 듣고 있노라면 "아~~, 세상을 이렇게도 볼 수 있구나!!!"하고 감탄을 한 적이 한 두 번이 아니었다. 사실 월사금을 내면서 배웠어야 하는데, 이 분은 점심이든 저녁이든 언제나 다른 사람에게 돈을 내게 하시는 적이 없다.

그러던 어느 날, 차가 유성에 있는 만년교를 지날 즈음, 이 분이 혼자 말씀으로 "책은 말이야, 대학 교재가 제일 몹쓸 책이 되어버렸어. 거 아무거나 하나 읽어봐 봐, 그게 책인가. 그저 외국 이론을 짜깁기해서 억지로 꿰맞춰 놓고, 학생들에게는 자기가 썼다고 자랑이나 하고.... 더구나 지는 그거 다 알고 베끼기나 했나? 지도 모르면서 애들만 모른다고 닦달하고, 무시하고.... 학생들이 불쌍하지.... 하긴 소비자는 정해졌고, 불량제품이라고 해도 어디다 신고를 할 데가 있나, 하소연 할 곳이 있나, 그저 한 학기 일 년 지나가서 졸업하면 그만이라는 생각에 참고 지나가는 게지...."라고 하셨다.

아니!? 이게 무슨 말씀인가? 날 두고 하시는 말씀인가? 그건 아닐텐데.... 그렇지만, 이건 바로 내 얘기가 아닌가?!

말씀은 계속 이어졌다.

"책이란 읽는 사람을 생각해서 써야 하는 법이야, 자기도 소화를 못시키면서 어떻게 다른 사람에게 읽으라고 하는가 말이야.... 학생들이 모른다고 하면 그걸 잘 가르쳐줄 생각은 못하고, 그냥 눈을 부라리고, '이것도 몰라? 너희 넘들 아가리 벌려, 먹어! 먹어! 다 쳐먹어!!!' 하고 강제로 먹이는 꼴이니.... 하긴 지도 모르고 썼는데, 어떻게 다른 사람에게 설명을 해주느냐고. 쯧쯧쯧... 애들이 불쌍하지...."

말씀이 여기에 이르러서는 나는 더 이상 참을 수가 없었다.

"교수님, 죄송합니다. 바로 제가 그 놈입니다."

라고 기어들어가는 목소리로 고백했다. 이야기는 좀 더 이어졌지만, 나는 더 이상의 말씀을 들을 염치가 없었다.

그 날 이후, 나는 혼자 있을 때면 이 말씀을 되새기고 또 되새겼다. 그런데 그럴 때마다 나의 글재주 없음이 한탄스러울 뿐 무슨 뾰족한 방법이 있는 것도 아니었다. 글재주라는 것이 반성한다고 하루아침에 '싹' 하고 달라지는 것이 아니지 않은가. 다만 다시 중국언어학사를 쓴다면 100%는 아니더라도 어느 정도 내가 소화하는 수준에서 솔직하게 써야겠다고 생각했다. 그래서 천천히 자료부터 모으고, 읽고 정리하고 준비했다. 급하게 먹으면 아무래도 체할 확률이 높아지니까….

그리고 책은 나중이고 먼저 강의부터 달라져야 하겠다는 생각이 들었다. 그래서 생각한 것이 "물 반, 고기 반" 전법이었다.

강의는 그 이름이 언어학'史'이므로 중국과 우리나라의 옛날 역사 이야기를 섞어가며, 그 시대에 왜 그런 일이 일어났고 그 다음 어떻게 진행되어갔는지를 내 나름대로 풀이해서 들려줬다. 그리고 간간히 책을 펴라고 해서 관련된 사람과 저작 내용을 설명했다.

학생들의 반응은 나름대로 "괜찮다"는 것이었다. 책의 내용은 여전히 어렵지만, 왜 그런 일이 일어났는지는 어렴풋이 알겠다고 했다.

나는 혼자 생각에 "이 넘들이 공부는 안하고 옛날이야기만 열심히 기억하는 건 아닐까?"해서 불안하기도 했지만, 시험을 치러 봐도 성적은 그 이전과 큰 차이가 없었다. 하긴 예나 지금이나 학생들은 공부를 안 하기 때문에 시험 성적으로 강의의 득실을 평가한다는 것은 정말 어느 분 말씀대로 '씨일 데 없는' 일이기도 하다.

그래도 책에 대한 욕심은 아직 남아서, 쓰긴 쓰되 앞에서 말한 것처럼 아는 만큼 쓰기로 결심했다. 그래서 책의 제목도 처음에는 '참회의 마음으로 쓴 중국언어학사', '아는 만큼 쓴 중국언어학사', '인간의 얼굴을 한 중국언어학사' 등 여러 가지 모델명을 고르다가, 학생들에게 들려주었던 옛날이야기 생각이 나서 '옛날이야기와 함께 하는 중국언어학사'로 정했다.

책의 내용이야 필자가 무슨 재주로 처음부터 다 다시 쓰겠는가. 우선은 먼저 나온 ≪중국언어학사≫를 기본으로 하되, 시대 상황 부분은 옛날이야기를 많이 넣었고, 학자나 저술 소개 부분 역시 필자가 아는 수준에 맞춰서 빼고 더했다.

끝으로 출판사 박사장님은 싫어하실 이야기가 되겠지만, 필자는 서문을 쓰면 맨 마지막 말로는 항상 "강호 제현의 가르침을 바란다"라는 상투적인 말을 하곤 했다. 그러나 내 이미 강호와는 인연을 끊고 사는 몸, 이제 동방불패는 그 누구며 독고구검은 또 무슨 소용이랴.

이상의 말은 대체로 8년 전에 나왔던 책의 서문부분이다. 지금 생각해도 그 때의 서문은 내 자신의 마음을 그대로 나타냈기 때문에 더 손댈 곳이 없어서 거의 그대로를 옮겼다. 다만 개정판을 내면서 책 내용을 다시 찬찬히 들여다보니 어쩜 그리도 고쳐야 할 곳이 많던지, 거의 '새로 쓰는' ≪중국언어학사≫가 되어버렸다. 이전의 책을 사신 분들에게 너무 너무 죄송하다. 말은 이렇게 하지만 이번 개정판도 완전히 마음을 놓을 수는 없다. 책을 낼 때마다 실수가 줄어들지 않아서 이 점이 늘 걱정이다. 그저 이번에도 공주대 뜰 바깥으로 나가지 않았으면 하는 바람이다.

2017년 5월
공주대 연구실에서 씀

목 차

제1장 들어가기 ··· 3
1.1 소학(小學)과 언어학 ·· 3
1.2 중국 언어학의 여러 분야 ·· 5
1.3 중국 언어학사의 개관 ·· 10

제2장 주·진(周·秦) ··· 15
2.1 선진(先秦) 철학자들의 언어관 ··································· 15
    2.1.1 이름과 실질의 문제 ······································ 17
    2.1.2 순자(荀子)의 언어관 ····································· 23
2.2 훈고(訓詁)의 시작 ·· 26
    2.2.1 글자의 형태로써 풀이하기[형훈(形訓)] ················ 27
    2.2.2 소리로써 풀이하기[성훈(聲訓)] ························· 28
    2.2.3 쉬운 말로 풀이하기 ······································ 28
    2.2.4 어법적 풀이 ··· 29
2.3 진시황과 분서갱유(焚書坑儒) ···································· 31

제3장 한(漢) ··· 51
3.1 시대 상황 ··· 51
    3.1.1 초한(楚漢)전쟁 ·· 51
    3.1.2 한나라 창업 시기 ··· 58
    3.1.3 문자 교육의 중시와 훈고학의 발흥 ··················· 61
    3.1.4 유가의 득세 ··· 63
    3.1.5 금문경(今文經)학파와 고문경(古文經)학파의 논쟁 ······ 66

vii

3.1.6 중국 언어학의 시작 ··· 68
3.2 훈고학 ··· 69
　3.2.1 경전의 주석 ·· 69
　3.2.2 고훈(古訓)의 집성(集成) --- ≪이아(爾雅)≫ ············ 72
3.3 방언학 --- ≪방언(方言)≫ ·· 94
　3.3.1 ≪방언≫의 편찬 ··· 94
　3.3.2 ≪방언≫의 체제 ··· 102
　3.3.3 ≪방언≫의 내용 ··· 106
　3.3.4 ≪방언≫의 가치 ··· 113
　3.3.5 ≪방언≫의 판본 ··· 116
3.4 문자학 --- ≪설문해자(說文解字)≫ ······························· 119
　3.4.1 ≪설문해자≫의 편찬 ··· 119
　3.4.2 ≪설문해자≫의 체제 ··· 125
　3.4.3 ≪설문해자≫의 해설 방식 ··································· 129
　3.4.4 ≪설문해자≫의 가치 ··· 136
　3.4.5 ≪설문해자≫의 부족한 점 ··································· 139
　3.4.6 ≪설문해자≫의 판본(版本) ·································· 143
3.5 어원학 --- ≪석명(釋名)≫ ·· 153
　3.5.1 ≪석명≫의 편찬 ··· 155
　3.5.2 ≪석명≫의 체제 ··· 157
　3.5.3 ≪석명≫의 해설 방식 ··· 158
　3.5.4 ≪석명≫의 해설 특징 ··· 161
　3.5.5 ≪석명≫의 해석상의 문제점 ································ 164
　3.5.6 ≪석명≫의 가치 ··· 166
　3.5.7 ≪석명≫ 연구 저작 ·· 169

제4장 위진남북조(魏晉南北朝) ·· 175
4.1 시대 상황 ·· 175
4.2 훈고학 ··· 177

4.2.1 주석 분야: 의소(義疏)·음의(音義)의 발달 ························ 177
4.2.2 아학(雅學) 분야 ··· 179
4.2.3 곽박(郭璞)의 ≪이아주(爾雅注)≫와 ≪방언주(方言注)≫ ····· 182

4.3 문자학 ·· 191
   4.3.1 ≪자림≫ ··· 191
   4.3.2 ≪옥편(玉篇)≫ ··· 192

4.4 음운학 ·· 196
   4.4.1 반절(反切)의 사용 ··· 197
   4.4.2 성조의 인식 ·· 204
   4.4.3 운서(韻書)의 출현 ·· 207

제5장 수·당(隋·唐) ·· 213

5.1 시대 상황 ·· 213
5.2 훈고학 ·· 223
   5.2.1 ≪오경정의≫ ··· 223
   5.2.2 ≪경전석문(經典釋文)≫ ··· 224
   5.2.3 현응(玄應)의 ≪일체경음의(一切經音義)≫와
        혜림(慧琳)의 ≪일체경음의≫ ································· 228
   5.2.4 ≪광류정속(匡謬正俗)≫ ··· 231
   5.2.5 기타 주석서 ·· 232

5.3 문자학 ·· 233
   5.3.1 ≪간록자서≫ ··· 234
   5.3.2 ≪오경문자(五經文字)≫ ··· 236
   5.3.3 ≪신가구경자양(新加九經字樣)≫ ···························· 238

5.4 음운학 --- ≪절운(切韻)≫ ·· 240
   5.4.1 지은이 육법언 ·· 240
   5.4.2 ≪절운≫의 체제와 내용 ··· 242
   5.4.3 ≪절운≫의 결점 ··· 248
   5.4.4 ≪절운≫의 가치 ··· 248

5.4.5 ≪절운≫의 판본 ··· 249

제6장 송(宋) ··· 257

6.1 시대 상황 ··· 257
6.2 훈고학 ··· 261
　　6.2.1 송나라 훈고학의 특징 ··· 261
　　6.2.2 주희(朱熹)의 훈석 방법 ··· 263
　　6.2.3 경사자집(經史子集)에 대한 훈석서 ··································· 265
　　6.2.4 아학(雅學)분야 ·· 266
6.3 문자학 ··· 268
　　6.3.1 ≪설문해자≫의 계승과 발전 ··· 268
　　6.3.2 자전의 편찬 ·· 278
　　6.3.3 고문자학의 시작 --- 금석학(金石學) ································· 296
6.4 음운학 ··· 302
　　6.4.1 운서 ·· 302
　　6.4.2 등운학(等韻學) ·· 320
　　6.4.3 고음학(古音學)의 시작 ·· 338
6.5 어원학 ··· 341
　　6.5.1 우문설(右文說)의 시작 ·· 341
　　6.5.2 송대의 우문설 ··· 342

제7장 원(元) ··· 349

7.1 시대 상황 ··· 349
7.2 훈고학 ··· 354
　　7.2.1 경전의 주석 ·· 354
　　7.2.2 허사사전 -- ≪어조(語助)≫ ··· 356
7.3 문자학 ··· 357
　　7.3.1 ≪용감수감(龍龕手鑒)≫ ··· 357
　　7.3.2 ≪사성편해(四聲篇海)≫ ··· 360

x

7.3.3 ≪자감(字鑑)≫ ·· 360
7.4 음운학 ··· 361
  7.4.1 운서 ··· 362
  7.4.2 등운도(等韻圖) --- ≪절운지남(切韻指南)≫ ················ 373

제8장 명(明) ·· 383

8.1 시대 상황 ·· 383
8.2 훈고학 ··· 387
  8.2.1 주석 분야 ··· 387
  8.2.2 아학(雅學) 분야 ·· 388
8.3 문자학 ··· 391
  8.3.1 ≪자휘≫ ·· 392
  8.3.2 ≪정자통(正字通)≫ ·· 394
8.4 음운학 ··· 395
  8.4.1 운서 ··· 396
  8.4.2 고음학(古音學) ··· 403

제9장 청(淸) ·· 411

9.1 시대 상황 ·· 411
9.2 훈고학 ··· 417
  9.2.1 주석 분야 ··· 419
  9.2.2 아학 분야 ··· 423
  9.2.3 훈고사전류 ·· 442
  9.2.4 허사사전류 ·· 445
  9.2.5 독서기 ·· 447
9.3 문자학 ··· 453
  9.3.1 설문학(說文學)의 흥기 ·· 453
  9.3.2 고문자학(古文字學) ·· 493
  9.3.3 전통 자전류의 집대성 --- ≪강희자전(康熙字典)≫ ············· 512

xi

9.4 음운학 ·· 516
   9.4.1 고음학의 발달 ·· 517
   9.4.2 운서 ··· 537
9.5 방언학 ·· 541
   9.5.1 ≪방언≫주석서 ··· 542
   9.5.2 방언 연구 ·· 546
   9.5.3 속어 연구 ·· 550
9.6 어원학 ·· 558
   9.6.1 우문설의 발전 ··· 559
   9.6.2 어원학 전문 서적 -- ≪문시≫ ······························· 562
   9.6.3 ≪석명(釋名)≫ 주석서 ·· 567
9.7 어법학 -- ≪마씨문통(馬氏文通)≫ ································ 571
   9.7.1 지은이 마건충(馬建忠) ··· 572
   9.7.2 ≪마씨문통≫의 어법 체계 ····································· 576
   9.7.3 ≪마씨문통≫의 장단점 ··· 580
   9.7.4 ≪마씨문통≫의 판본 ·· 583

부록 1. 20세기 중국음운학 ·· 589
   1. 칼그렌의 음운학 연구 ··· 589
   2. 한자 발음 표기법---주음부호와 한어병음 ················· 600
   3. 현대 중국 음운학 연구 개황 ··································· 615
부록 2. 20세기 중국방언학 ·· 633
   1. 현대 중국 방언학의 발전 역사 ································ 634
   2. 대만·홍콩 및 다른 지역의 중국 방언 연구 ················ 650
   3. 현대 중국 방언학의 과제 ·· 652
부록 3. 20세기 중국어법학 ·· 655
   1. 현대 중국 어법학의 발전 역사 ································ 655
   2. 중국 본토 이외 지역에서의 중국 어법 연구 ·············· 709

제1장

들어가기

제1장 들어가기

1.1 소학(小學)과 언어학

　일반적으로 언어학은 문헌언어학(文獻言語學, philology)과 언어학(linguistics) 등 두 가지로 구분된다. 문헌언어학은 말 그대로 문자로 기록된 언어를 연구하는 학문으로 문헌 자료의 고증과 옛날 말의 해석 등과 같은 분야를 다루고, 언어학은 언어 자체에 대한 체계적인 연구와 이론을 탐구한다. 현대 중국의 대언어학자였던 왕력(王力, 1900~1986)은 중국에서 1919년 5·4운동 이전에 이루어진 언어 연구는 대부분 문헌언어학에 속하는 것이라고 하였다.
　중국에서는 전통적으로 문헌언어학을 '소학(小學)'이라고 불렀다. 이 '소학'이라는 명칭은 본래 어린아이들을 교육하던 학교를 가리키는 말이었다. 옛날 중국에서는 8세 때 '소학'에 입학하고, 15세 때 '대학(大學)'에 들어갔다는 기록들이 있다.[1] 이것으로 보면 이른바 '소학'이라

---

1) ≪주례(周禮)·지관(地官)·보씨(保氏)≫: "8살에 소학(小學)에 들어가면, 보씨(保氏)는 아이들에게 먼저 육서(六書)를 가르쳤다.(「八歲入小學, 保氏教國子先以六書.」)"
　≪대대예기(大戴禮記)·보박(保傅)≫: "옛날에는 8살이 되면 외사(外舍)로 나가 그곳에서 작은 학문과 작은 예절을 배웠다. 머리를 묶을 만큼 크면 대학(大學)에 가서 큰 학문과 큰 예절을 배웠다고 한다.(「古者年八歲而出就外舍, 學小藝焉, 履小節焉. 束髮而就大學, 學大藝焉, 履大節言.」)"
　주희(朱熹) ≪대학장구(大學章句)·서(序)≫: "사람이 8살이 되면 … 모두 소학(小學)에 들어간다. … 15세가 되면 … 모두 대학(大學)에 들어간다.(「人生八歲, … 皆入小學. … 及其十有五年, … 皆入大學.」)"

는 명칭은 '대학'이라는 명칭과 대비해서 쓰는 오늘날의 초등학교에 해당하는 교육기관의 이름이었음을 알 수 있다.

그런데 '대학'이라는 이름은 교육기관으로서만이 아니라 '큰 학문' 즉 중국 사람들이 정통(正統) 학문으로서 중시하는 경학(經學)을 가리키기도 한다. 그래서 이에 따라 '소학'은 '큰 학문'을 연구하는데 도움을 주는 '작은 학문'이라는 뜻으로도 쓰이게 되었다. 이 보조적인 역할이 바로 문자에 대한 해석, 글귀에 대한 정확한 설명 등이므로 '소학'이 문자학(文字學)·훈고학(訓詁學, 옛말 해석학) 등 언어학 분야를 가리키는 말로도 쓰이게 된 것이다.

≪한서(漢書)·예문지(藝文志)≫에 따르면 소학류(小學類)라고 하여 아래와 같은 12가지 책을 소개하고 있다.

1) ≪사주(史籀)≫ 15편(篇)
2) ≪팔체육기(八體六技)≫
3) ≪창힐(倉頡)≫ 1편
4) ≪범장(凡將)≫ 1편
5) ≪급취(急就)≫ 1편
6) ≪원상(元尙)≫ 1편
7) ≪훈찬(訓纂)≫ 1편
8) ≪별자(別字)≫ 13편
9) ≪창힐전(倉頡傳)≫ 1편
10) 양웅(揚雄), ≪창힐훈찬(倉頡訓纂)≫ 1편
11) 두림(杜林), ≪창힐훈찬(倉頡訓纂)≫ 1편
12) 두림(杜林), ≪창힐고(倉頡故)≫ 1편

위에서 소개하고 있는 책들은 대부분 어린아이들이 공부할 때 쓰는 글자 공부 책이다. 오늘날의 관점에서 보면 문자학과 훈고학이 합해져 있다고 할 수도 있지만 사실상 이러한 분류는 무의미하다고 하겠다. 그러므로 ≪한서·예문지≫에서 밝힌 '소학류'란 '문자 관련 분야'라고 하면 될 것이다.

'소학'을 현재와 같이 문자학·성운학·훈고학 등을 가리키는 말로 쓰기 시작한 것은 대체로 송(宋)나라 때부터이다. 송 왕응린(王應麟)의 ≪옥해(玉海)≫를 보면 소학을 체제(體製)·훈고(訓詁)·성운(聲韻) 등 세 분야로 나누었다. 청(淸)나라의 ≪사고전서총목제요(四庫全書總目提要)≫에서도 소학을 훈고 부분, 자서(字書)부분, 운서(韻書)부분으로 구분하였다.

그런데 소학은 때로는 문자학을 가리키기도 한다. 이것은 중국 문자가 형(形)·음(音)·의(義)를 한 몸에 가지고 있기 때문에 자형(字形)을 연구할 때에도 자음(字音)과 자의(字義)에 대한 설명을 하지 않을 수 없을 뿐만 아니라 이 3자의 한계도 그렇게 명백하지 않기 때문이다. 따라서 여기에서 문자학이란 문자의 형태학이 아니라 넓은 의미의 문자학을 가리키는 것이라고 할 수 있다. 송 조공무(晁公武)의 ≪군재독서지(郡齋讀書志)≫에서는 "문자지학(文字之學)에는 세 분야가 있으니 그 하나는 체제(體制)요, 그 둘은 훈고(訓詁)요, 그 셋은 음운(音韻)이다."라고 하였을 때의 '문자지학'이 바로 넓은 의미의 '문자에 관한 학문'을 뜻하는 것이다.

1.2 중국 언어학의 여러 분야

언어학은 언어가 갖는 특성을 연구하는 것이므로 중국 언어학은 중국 언어가 갖는 특성에 따라 다음과 같이 분류된다. 중국어는 하나의 문자 안에 문자의 3요소인 형·음·의 세 가지가 모두 들어 있고, 그것이 문장 안에서는 각기 독립적으로 쓰이기 때문에 언어의 표현 방식은 문자의 순서에 의거하는 언어이다. 그러므로 중국 언어학은 글자의 형태를 연구하는 문자학(文字學), 소리를 연구하는 음운학(音韻學), 뜻을 연구하는 훈고학(訓詁學), 글자의 연결 구조를 연구하는 어법학(語法學), 각 지방의 방언을 연구하는 방언학(方言學), 그리고 말의 근원을 연구하는 어원학(語源學) 등으로 나뉜다. 이를 간략하게 알아보면 아래와 같다.

　문자학은 중국 언어학에서 가장 기본이 되는 분야라고 할 수 있다. 앞에서도 말한 바 있지만 중국의 문자는 한 글자 안에 형·음·의를 모두 가지고 있기 때문에 하나의 글자를 알기 위해서는 그 모든 것을 알아야 하기 때문이다. 지금은 문자학이라고 할 때 문자의 형태를 다루는 학문을 가리키지만 예전에는 문자학은 넓은 의미로 곧 중국 언어학을 가리키기도 하였다.

　중국의 문자학은 한(漢)나라 허신(許愼)의 ≪설문해자(說文解字)≫(121)에서 시작되었다고 할 수 있다. 그 후 위진남북조(魏晉南北朝) 시대의 서적으로 유명한 것은 양(梁)나라 고야왕(顧野王)의 ≪옥편(玉篇)≫(543)이 있다. 이 책의 이름은 지금까지도 우리나라에서는 한자 자전의 대명사가 되고 있다. 수(隋)·당(唐)시대로 접어들자 문자학의 특징은 과거제도와 밀접하게 관계를 가지게 되어 관청에서 요구하는 자형과 음의해석을 위한 저작물이 많이 나왔다.

　송나라 때는 서현(徐鉉)·서개(徐鍇) 형제의 대서본(大徐本) ≪설문해자≫와 ≪설문해자계전(說文解字繫傳)≫이 나와 후대 설문학이 발전하는데 선구적인 역할을 하였고, 청동기와 청동기물에 새겨진 명문(銘文)과 석각(石刻)을 연구대상으로 하는 금석학이 학문으로 발전하기에 이르렀다.

　청대는 문자학의 부흥기로 ≪설문해자≫가 설문학이라는 전문적인 연구 분야를 이루었고, 전통 자서의 집대성이라 할 수 있는 ≪강희자전(康熙字典)≫이 편찬되었다. 또 청 말에는 갑골문이 발견되어 갑골학 또는 금석학과 더불어 고문자학이라는 새로운 학문 영역을 탄생시키는 계기가 되었다.

　훈고학은 글자의 뜻을 연구하는 학문이다. 글자의 뜻에는 그 글자가 만들어질 그 당시의 뜻이 있고[본의(本義)], 그 뜻에서 파생되어 나온 뜻이 있고[인신의(引伸義)], 그리고 발음이 비슷하여 빌려서 쓰는 경우도 있다[가차의(假借義)와 통가의(通假義)]. 또 글자의 뜻은 시간이 흐르면서 뜻이 넓어지거나 좁아지기도 하고 또 아예 바뀌기도 한다. 이렇게 변화하고 발전하면서 내려온 글자의 뜻을 어떻게 오늘날 우리가 쓰는 말에 가장 가깝게 해석하느냐 하는 것이 훈고학을 공부하는 목적이라고 할 수 있다.

중국의 훈고학은 세 단계를 거쳐 발전되어 왔다고 할 수 있다.

그 첫 번째 단계는 한대(漢代)이다. 진시황의 분서갱유 사건과 항우와 유방이 다투었던 초한전(楚漢戰)으로 말미암아 많은 책들이 불에 타고 없어졌기 때문에, 한나라 때는 이를 다시 모으고 정리하는 시책을 폈다. 이 과정에서 자연히 훈고학이 싹트게 되었다.

두 번째 단계는 송대이다. 다 아는 바와 같이 송나라 때는 성리학이 매우 발달하였다. 성리학은 형이상학적이면서 매우 이론적인 학문이다. 따라서 이러한 학문의 영향으로 송대의 훈고학은 자구(字句) 하나하나를 따지고 분석하였던 한대의 학풍에 얽매이지 않고, 다분히 이론적이고 사변적(思辨的)인 경향을 띠게 되었다.

세 번째 단계는 청대이다. 청대는 고증학이 발달되었던 시기였던 만큼 고고(考古)와 증거를 중시하였다. 따라서 훈고학의 경우에서도 역시 옛 것을 연구하되 한나라 학자들처럼 무조건 경전을 따르지 않았고, 송나라 학자들처럼 필요한 경우 경전을 마음대로 해석하지도 않았다. 청대의 학자들은 옛 것을 모으고 정리하면서 때때로 의심이 가는 부분에 대해서는 분명한 근거를 제시하여 자신의 의견을 밝혔다. 중국의 훈고학은 청대에 들어 그 완성을 보았다고 하여도 과언이 아니다.

전통적으로 중국 사람들은 학문을 하는 이유가 경세제민(經世濟民)에 있어 왔고, 그 방법은 경서를 연구하여 옛 성현의 말씀을 배우고 익혀서 그 뜻으로 백성들을 교화시키는 것이었다. 더구나 당나라 때 과거제도가 시행된 이후부터는 이러한 학문적 풍토가 더욱 흥성하였다.

그런데 경서라는 것이 누가 한 번 지었으면 오늘날까지 아무런 손상도 입지 않고 전해져 내려온 것이 아니라, 많은 정치적 격변기를 거치면서 불에 타서 없어지기도 하고, 후에 그것을 다시 수집해서 정리하는 과정에서 틀리게 쓰이기도 하고, 또 빠뜨리기도 하는 등 여러 가지

굴곡이 있으면서 전해 내려온 것이다. 그러므로 훈고학을 하기 위해서는 글자 자체의 뜻도 정확하게 해석을 해야 하지만 어느 시대에 나와 어떻게 오늘날까지 전해져 내려왔는가 하는 판본에 관해서라든가 또는 어떤 글자가 맞게 쓰였는지 아닌지를 판단하는 교감(校勘)에 관한 지식 등 여러 가지 다양한 분야의 지식까지도 요구된다.

성운학은 소리를 연구하는 학문이다. 중국에서 소리에 관한 학문이 시작되게 된 직접적인 동기는 무엇보다도 불교의 전래라고 할 수 있다. 중국의 문자는 뜻글자이기 때문에 소리에 대해서는 그다지 관심을 가지지 않았던 사대부 계급의 학자들은 불교가 후한(後漢)시대 황제의 관심을 끌고 사회 각계각층에 퍼지자 소리글자인 불경의 언어 즉 범어(梵語, Sanskrit)를 연구하기 시작하였다. 그 과정에서 자신들의 언어를 분석하게 되었고, 이에 따라 성운학이란 학문도 나타나게 된 것이다.

그런데 앞에서도 말했듯이 중국 문자는 소리글자가 아니라 뜻글자이므로 현재 발음하고 있는 것 이외에 그 어느 곳에도 음가를 표시한 기록이 없다. 따라서 어떤 글자가 과거 어느 시대에 어떠한 발음이었는지 정확하게 알 수 있는 길은 없다. 그래서 현재음을 기초로 하여 소리의 변화 규칙에 따라 과거로 거슬러 올라가는 방법으로 과거 어느 시대의 발음 체계를 추측한다.

이 때 가장 중요하게 이용되는 자료는 '시운(詩韻)'이다. 시운은 그 시대 사람들이 당시의 발음에 기초하여 시의 운을 맞춘 것이므로 이것을 이용하면 그 시대의 발음 체계에 대한 어느 정도의 윤곽을 파악할 수 있다. 따라서 어느 시대의 발음 체계를 알아보려면 그 시대를 대표하는 시운집(詩韻集), 즉 운서(韻書)의 음운 체계를 분석하는 것이 긴요하다. 현재 그 시대의 발음 체계를 반영하는 중요한 운서로는 수나라 육법언(陸法言) 등이 만든 《절운(切韻)》과 원나라 주덕청(周德淸)의 《중원음운(中原音韻)》을 들 수 있다.

방언학은 한나라 때 양웅(揚雄)이 각 지방에서 올라온 사람들을 만나 그들의 낱말과 중앙에서 쓰는 낱말을 서로 비교하여 《방언(方言)》이라는 책을 지은 이래 근대에 이르기까지 별다른 발전을 하지 못해 왔다. 이것은 중국의 땅이 넓고 민족이 다양하다는 현실적인 이유 외에도 옛 것을 숭상하고 오늘날 것은 가볍게 여기는 사고방식, 아언(雅言)이라는 문학 언어를 교양이 있다고 여기고 백화(白話)와 방언을 무시하는 사회 풍토 등이 학술에도 큰 작용을 한 것이 아닌가 생각된다.

금세기 초 장병린(章炳麟, 1868~1936) 등이 방언을 연구하기도 하였는데, 이는 방언 자체를 연구하였다기보다는 방언 가운데 옛날 음이 아직 남아 있다는 것을 증명하기 위한 수단이었다. 그러던 중 1924년 북경대학에 방언조사회가 설립되면서 방언에 대한 본격적인 연구를 시작하게 되었고, 최근에는 중국사회과학원 어언연구소(語言硏究所)를 중심으로 매우 활발한 방언 연구가 진행되고 있다.

어원학은 말 그 자체로 말의 근원을 따지는 학문이다. 중국의 학자들은 말이 어떻게 이루어지고 발전하여 왔을까 하는 문제에 대해 먼저 무엇을 말하고자 하는 뜻이 있었고, 그 다음 그 뜻을 소리로 나타내고 맨 마지막으로 그것을 그려냈다고 여기고 있다. 그런데 중국어는 하나의 음절로 구성되어 있고, 옛날에는 그 음절 하나가 하나의 뜻을 가지고 있었다. 그래서 중국 사람들은 뜻을 소리로 나타낼 때 비슷한 뜻은 비슷한 발음으로 표현하는 것이 언어의 발전 과정에 부합한다고 생각하여, "이 뜻은 왜 이렇게 발음할까?" 또는 그 반대로 "이런 발음은 대개 어떤 뜻을 가질까?" 하는 문제에 관심을 가지게 되었다.

중국의 어원학은 이름의 유래를 설명한 한나라 유희(劉熙)의 ≪석명(釋名)≫에서 비롯되어 송나라 왕자소(王子韶)의 우문설(右文說)(형성자의 발음 부분에도 뜻이 있다는 주장)을 거쳐 현대 칼그렌(B. Karlgren)의 ≪Word Families in Chinese≫, 왕력(王力)의 ≪동원자전(同源字典)≫ 등으로 발전하였다.

중국의 어법학은 중국 언어학의 여러 분야 가운데 가장 최근에 들어서서 비로소 연구되기 시작한 분야이다. 그 역사는 1898년 마건충(馬建忠, 1845~1900)의 ≪마씨문통(馬氏文通)≫이 출간되면서부터라고 할 수 있으니, 이제 100년이 약간 넘은 신흥 학문이라고 할 수 있다.

이런 얼마 되지 않는 역사 속에서도 현재 중국의 어법학은 중국 당국의 언어 대중화 정책에 힘입어 질적인 면이나 양적인 면에서 모두 눈부신 발전을 하고 있다.

1.3 중국 언어학사의 개관

중국 언어학사를 개관하는 데는 세 가지 방법이 있다.

첫 번째 방법은 언어학의 연구 성과에 따라 구분하는 것이다. 왕력(王力)의 ≪중국어언학사(中國語言學史)≫(홍콩 중국도서간행사 1984)가 이러한 방식으로 쓰인 책이다. 왕력은 중국언어학을 훈고 위주의 시기(선진~한), 운서 위주의 시기(한말~명말), 문자·성운·훈고 전면적인 발전 시기(청초~1898 중국 최초의 어법서인 ≪마씨문통≫이 출판되기 전까지), 그리고 서학동점(西學東漸)의 시기(1898~1949) 등 네 시기로 나누었다. 그런데 이와 같은 방법은 시기별로 그 특징을 알아보기에는 좋지만, 시기를 구분하는데 작자의 주관이 지나치게 작용한 점이 없지 않다. 또한 '운서 위주의 시기'가 한말에서 명대까지인 것도 너무 길뿐만 아니라, 한 시대를 하나의 특징으로 설명하는 방법은 자칫 표면상 서로 다른 두 개의 특징을 동시에 가질 수 없다는 오해를 불러일으킬 수도 있다. 뒤에 나온 복지진(濮之珍)의 ≪중국어언학사≫(상해 고적출판사 1990, 2002 신1판)도 대체로 이와 비슷하게 시기를 나누어 서술하고 있다.

두 번째는 중국 언어학의 발전 과정 내용을 중심으로 하되 왕조별로 묶어서 그 특징을 알아보는 방법이다. 호기광(胡奇光)의 ≪중국소학사(小學史)≫(상해 인민출판사 1987)가 이와 같은 방법에 따라 쓰인 책이다. 호기광은 중국언어학의 발전 역사를 기승전결(起承轉結)이라는 단계로 설정하고, 그 특징을 왕조별로 묶어서 서술하였다. 예를 들어 언어학의 발단(發端)시기—선진, 창립시기—양한, 발전시기—육조·수·당, 전환시기—송·원·명 그리고 종결시기—청 등과 같다. 그러나 이 방식은 역사의 발전 단계를 기승전결이라는 틀로 끼워 맞출 수 있느냐는 근원적인 문제를 안고 있고, 송·원·명 시대가 과연 중국언어학의 전환시기인가, 또한 청대는 그 종결시기인가 하는 데 대한 의문이 제기될 수 있다.

끝으로 세 번째 방법은 중국언어학의 발전 과정을 저자의 주관적인 특징 판단을 하지 않고 단순히 왕조별로 구분하여 서술하는 것인데, 그 구분은 호기광의 ≪중국소학사≫와 대체로 일치한다. 즉 선진, 양한, 위·진·남북조·수·당, 송·원·명, 청 등으로 묶어 언어학의 발전 과정을 서술하는 것이다. 하구영(何九盈)의 ≪중국어언학사≫(광동 교육출판사 1995)·반초(班弨)의 ≪중국고대어언문자학통사≫(광동 고등교육출판사 1998)·조진탁(趙振鐸)의 ≪중국어언학사≫(하북 교육출판사 2000)·이서호(李恕豪)의 ≪중국고대어언학간사(簡史)≫(성도 파촉서사 2003) 등은 이와 같은 방법에 따라 쓰인 책들이다. 그런데 이 방법은 시대를 구분하는 데는 편리한 점이 있지만, 왜 이러한 조합으로 서술을 해야 하는 지에 대한 설명이 뒤따라야 할 것으로 보인다.

이 책에서는 읽는 분들이 역사 진행 과정을 쉽게 이해할 수 있도록 하기 위해 형식적으로는 왕조별로 시대 구분을 하되, 내용적으로는 중국 언어학 각 분야의 발전 과정을 분야별로 나누어 설명하였다. 이렇게 함으로써 언어학 어느 한 분야를 왕조에 따라 하나로 묶을 경우 그 자체가 하나의 중국훈고학사, 중국문자학사, 중국음운학사 등이 될 수 있도록 배려하였다.

제2장

주·진(周·秦)

진시황

(≪중화걸출인물도집(中華傑出人物圖集)≫, 홍기(紅旗)출판사 1988, p.112)

제2장 주·진 (周·秦)

2.1 선진(先秦) 철학자들의 언어관

이른바 선진(先秦)이라고 하면 진(秦)나라 이전 시대, 즉 하(夏, B.C. 2100~B.C.1600), 상(商, B.C.1600~B.C.1300; 은(殷): B.C.1300~B.C. 1028), 주(周, B.C.1027~B.C.256) 삼대를 가리킨다.

하나라는 그 성립 여부가 아직 논란이 있는 나라이고, 은나라는 1899년 갑골문이 발견되면서부터 정식으로 중국의 역사에 편입되었다. 갑골문은 문자학 발전사상 획기적인 발견으로 평가되지만, 중국언어학의 시작은 아무래도 공자(孔子), 노자(老子), 묵자(墨子) 등이 활약했던 주나라, 특히 춘추(春秋, B.C.770~B.C.481) 시대로 잡아야 할 것이다.

주나라는 무왕(武王)이 은나라의 마지막 왕인 주왕(紂王)을 목야(牧野)의 전투에서 물리치고 세운 나라이다. 주왕은 달기(妲己)라는 여자에 빠져 정사를 돌보지 않고 그것을 간하는 충신들을 무참히 죽여 나라를 망하게 했다는 중국의 전형적인 망국 스토리의 첫 번째 주인공이 된 사람이다. 그래서 무왕이 그것을 바로잡고자 '어쩔 수 없이' 5만의 정의의 사도를 이끌고 진격하니, 상대편인 은나라의 군대 70만은 창을 거꾸로 하고 그들을 맞이하였다는 전설에 가까운 건국 설화를 가지고 주나라는 출발하였다. 이 전설을 소설화 한 것이 ≪봉신연의(封神演義)≫인데, 이 소설은 그리스 로마 신화에 나오는 트로이 전쟁의 중국판이라고 생각하면 이해하기 쉽다.

주나라 제12대왕 유왕(幽王)은 포사(褒姒)라는 여인을 사랑했다. 그런데 이 여인은 좀처럼 웃는 일이 없었다고 한다. 사랑하는 여인의 웃는 모습을 보고 싶어 하는 것은 왕이나 일반 백성이나 마찬가지이다.

그러던 어느 날, 수행하던 시녀가 포사의 옷자락을 밟아 비단옷이 찢어지는 일이 일어났다. 그 때 포사는 화를 내기는커녕 살포시 웃었다고 한다. 왕이 그 까닭을 묻자 포사는 비단을 찢는 소리를 들으면 왠지 마음이 상쾌해진다고 하였다. 그 날 이후 궁중에선 밤낮으로 비단 찢어지는 소리가 끊이지 않았다. 아무리 좋은 음악도 세 번 계속 들으면 감동이 전과 같지 않은 법이다. 포사의 미소가 시들해지자, 유왕은 포사를 웃게 하는 자에게 천금의 상을 주겠다고 선포하기에 이르렀다.

주나라는 수도에 스스로 많은 군대를 보유하지 않고, 외적이 침입하면 봉화를 올려 주변 제후국에서 원군을 보내 방어하는 시스템을 운영하고 있었다. 영화 ≪반지의 제왕≫ 제3편 <왕의 귀환> 중간쯤에 나오는 봉화를 연상하면 이해가 쉬울 것이다. 그런데 하루는 경비병의 실수로 봉화대에서 불이 피어올랐다. 국가 안보의 위기 상황을 알리는 긴급 경보가 울린 것이다. 주변 제후국에서는 황급히 군사를 이끌고 왕궁으로 달려왔다. 그런데 잘못된 경보임을 알고는 모두들 허망한 표정으로 군대를 돌렸다.

포사는 이 광경을 보고 깔깔대며 웃었다고 한다. 그 다음부터 봉화 놀이는 시도 때도 없이 계속되었다. 봉화를 이렇게 놀이기구로 이용하고도 나라가 망하지 않으면 그것이 비정상이다. 제후들도 처음 한 두 번은 군대를 보냈지만, 이런 사실을 알고는 아무리 봉화가 올라도 모른 척 하였다.

그런데 기원전 771년 이번에는 정말로 주나라 서쪽 지방에 사는 융족(戎族)이 쳐들어왔다. 봉화는 올랐지만 구원군은 당연히 오지 않았다. 이쯤 되면 이솝우화에 나오는 양치기 소년과 늑대의 이야기는 여기에서 나온 것이 아닌가 하는 착각이 들 정도이다. 결국 유왕은 난리통에 죽고 그 아들은 수도를 호경(鎬京, 지금의 서안)에서 낙양(洛陽)으로 옮긴다. 역사가들은 이를 구분하여 앞을 서주(西周, B.C.1027~B.C.771)라고 부르고, 뒤를 동주(東周, B.C.770~B.C.256)라고 부른다.

동주는 일종의 망명 정권이고 보니 주변 제후국보다 힘이 없었다. 그래서 주나라라고 하면 보통 서주를 말하고, 동주는 이른바 춘추전국 (春秋戰國)시대라고 부른다. '춘추'라는 이름은 공자가 쓴 노(魯)나라의 역사책 이름에서 딴 것이고, '전국'이라는 이름은 한(漢)나라 유향(劉向)의 ≪전국책(戰國策)≫에서 비롯된 것이다. 춘추시대와 전국시대를 구분하는 기준에는 여러 가지 학설이 있지만 소개는 하지 않겠다.

춘추전국시대라고 하면 왕은 권위를 잃고 각 제후 사이에 천하를 놓고 각자 힘의 경쟁이 시작된 시대라고 할 수 있다. 요즘 선거를 치를 때 한 사람의 강력한 후보가 없이 많은 후보가 난립해서 서로 경쟁할 때 사용되는 "춘추전국시대 같다"라고 하는 말은 여기에서 나온 것이다.

제후들은 자신들의 세력을 확장하고자 인재를 모으는데 열심이었다. 이에 부응하여 많은 사람들이 각자의 사상과 철학을 제후들에게 설파하고 다니게 되는데, 이들을 종합해서 제자백가(諸子百家)라고 부른다. 공자, 노자, 묵자 등 각 학파를 대표하는 거장들이 출현했던 시대도 바로 이 시기였다.

2.1.1 이름과 실질의 문제

중국 사람들은 어떤 분야의 책을 쓰든 논문을 쓰든, 아니면 새로운 무슨 주장을 하든지 간에 상관없이 그 시작은 대부분 공자(B.C.551~B.C.479)로부터 시작한다. 어떻게 그럴 수 있느냐고 반문하시는 분들도 있겠지만, 어느 분야든 간에 중국과 관계된 일을 하시는 분이라면 이 말이 과장이 아님을 쉽게 알 수 있을 것이다. 그 이유를 말하자면 이 책을 쓰고자 하는 목적과 큰 관계가 없는 사항을 가지고 너무 많은 말을 하게 되므로 이 정도로 줄이겠다. 그럼에도 불구하고 이 이야기를 꺼낸 까닭은 중국의 언어학 역시 공자로부터 시작하지 않을 수 없다는 것을 말하기 위함이다.

공자는 시와 음악을 중시하고, 앞에서도 말했지만 노나라의 역사를 기록한 ≪춘추≫를 썼던 분이고, 그가 제자들과 나눈 대화는 ≪논어

(論語)≫라는 이름의 책으로 전해진다. 이러하신 분이 '말'에 대해 말씀이 없을 수 없다는 것은 묻지 않아도 알 수 있는 일이다.

후세 학자들이 공자의 언어에 관한 언급으로 제일 먼저 꼽는 것은 이른바 '정명(正名)'의 문제이다.

'正'은 우리말로 형용사 '바르다'라는 뜻으로 풀이되고, '名'은 글자 그대로 저녁[夕(석)] 때 내가 누구라고 말하는[口(구)] 데서 출발한 글자이다. 중국어에서 형용사나 자동사가 뒤에 목적어를 가지면 우리말로는 "…하게 하다" 또는 "…로 여기다"로 번역하면 된다. 이것은 중국 고대부터 현재까지 계속 이어져 내려오는 용법이다. 따라서 '正名'은 "이름을 바르게 한다"는 뜻이고 좀 더 적극적으로 표현하면 "그 이름에 맞도록 한다"는 의미로 보아도 될 것이다. 이것을 조금 어렵게 전문용어를 써서 나타내면 위의 제목처럼 "이름과 실질의 문제"가 된다.

≪논어·자로편(子路篇)≫을 보면 자로가 공자에게 정치를 하신다면 제일 먼저 무엇을 하시겠느냐고 묻자 공자는 "반드시 이름을 바로잡겠다.(「必也正名乎!」)"라고 하였고, 그 구체적인 내용으로 ≪논어·안연편(顔淵篇)≫에서 공자는 "君君, 臣臣, 父父, 子子."라고 하였다. 같은 글자를 반복해서 썼는데, 앞의 군신부자(君臣父子)는 명사이면서 주어이고, 뒤의 군신부자는 술어이다. 번역은 "임금은 임금다워야 하고, 신하는 신하다워야 하고, 아버지는 아버지다워야 하고, 자식은 자식다워야 한다."라고 하거나, "임금은 임금 노릇을 하고, 신하는 신하 노릇을 하고, 아버지는 아버지 노릇을 하고, 자식은 자식 노릇을 한다."라고 하면 될 것이다. 즉 그 이름에 내용이 따라가야 한다는 말씀이다.

이러한 주장은 언어학적 관점에서 보면 수긍하기가 어렵다. 사물의 이름은 그 실질적인 내용과는 무관하게 지어지는 것이며, 그 지어지는 과정 역시 임의적이기 때문이다. 공자는 당시 사회 현실에 대하여 자신의 정치적·철학적 견해를 표현한 것일 뿐 언어 자체를 놓고 그 형성 과정을 말한 것은 아니다. 그렇지만 "그 이름에 그 뜻이 담겨야 한다"는 생각은 언어학 이론에 맞고 안 맞고를 떠나서 중국인들의 언어

감정 속에 지금도 살아 움직이고 있다. 이에 관한 이야기는 뒤에 틈나는 대로 계속하겠다.

중국이나 우리나라나 공히 공맹(孔孟)사상을 말하면 곧바로 노장(老莊)사상을 떠올리게 된다. 거의 대구(對句) 수준이다. 다 아는 얘기지만 유가(儒家)의 대표 주자인 공자·맹자와 도가(道家)의 두 거두인 노자·장자를 말함이다.

노자(老子)의 본명은 이이(李耳), 자는 담(聃)이며, 초(楚)나라 사람이라고 전해진다. 전해진다고 하는 것은 그의 이름이나 행적에 관해서 확실한 것이 거의 없기 때문이다. 그의 저서라고 하는 ≪도덕경(道德經)≫ 조차도 과연 그가 진짜 썼는지 언제 지어졌는지도 분명하지 않다. 이 자리는 그것을 증명하기 위한 곳이 아니므로, 그가 '말'에 대하여 어떤 언급을 했는지를 알아보고자 한다.

노자는 ≪도덕경≫ 제1장에서 "道可道, 非常道; 名可名, 非常名."이라고 하였다. 필자는 이것을 "도(道)라고 할 수 있는 도는 (영원불변의) 상도(常道)가 아니고, 이름 지어 부를 수 있는 이름은 상명(常名)이 아니다."라고 번역했었다. 그리고 "여기에서 '상명'은 객관적인 사물이 갖는 실질적 개념이고, '가명(可名, 지어 부를 수 있는 이름)'은 그 사물의 이름, 즉 단어이다."라는 설명도 곁들였다. 이 번역과 해설은 필자 자신이 만든 것이 아니라 역대 많은 학자들의 견해를 종합한 것이다. 그런데 ≪노자를 웃긴 남자≫를 쓴 이경숙씨의 간단하면서도 명쾌한 해설을 보고는 "만약 나중에 기회가 돼서 중국언어학사를 다시 쓰게 된다면 이 부분은 이 분의 설명을 소개해야겠다"고 생각했다. 이제 그 기회가 왔으니 혼자 마음속으로 약속한 것이긴 하지만 이경숙씨의 해설을 소개하겠다.

> 도(는 그 이름을)를 도라고 해도 좋겠지만 (그 이름이) 꼭(항상) 도이어야 할 필요는 없다. (어떤) 이름으로 (어떤 것의) 이름을 삼을 수는 있지만 꼭(항상) 그 이름이어야 하는 것은 아니지 않은가.

위의 내용은 이경숙씨의 번역이고, 다음은 그에 대한 해설이다. 원문은 중간 중간 다른 이야기도 있기 때문에, 필요한 것을 편집해서 소개한다.

'도'라는 것은 그저 이름일 뿐이고 그것(이름)은 꼭 도가 아니어도 무방하다. … 사과나 애플이나 능금이나 이름은 어떻게 붙이든 그 가르치는('가리키는'이어야 할 것 같다. 저자) 대상이 하나의 약속으로 받아들여지면 좋지 않은가라는 말이다.

이렇게 노자는 사물의 이름과 실질과는 관계가 없다고 여겼다. 중국 역사상 사물의 이름과 그 실질과의 관계를 위와 같이 간단하지만 정확하게 짚어낸 학자는 아마도 노자가 첫 번째 사람일 것이다.
이름과 실질과의 관계에 대한 문제는 공손룡자(公孫龍子)에 이르러 한 걸음 더 나아가게 된다. 공손룡자는 명가(名家)에 속하는 사람이다. 학파의 이름에 '名'자가 들어가니 '말'과 관계가 없을 수 없는 사람들의 집단이다. 그리스 로마 시대의 소피스트 계열의 사람들이라고 보면 된다. 그는 ≪공손룡자·명실론(名實論)≫에서 다음과 같이 말하였다.

그 실질을 바르게 한다는 것은 그 이름을 바르게 하는 것이다. 그 이름을 바르게 한다는 것은 단지 저것과 이것을 구분하는 데 있다. 저것을 저것이라고 하면 저것이 되지만, 저것이 아닌 것을 저것이라고 하면 안 된다. 이것을 이것이라고 하면 이것이 되지만, 이것이 아닌 것을 이것이라고 하면 안 된다.(「正其所實者, 正其名也. 其名正則唯乎其彼此焉. 謂彼而彼, 不唯乎彼, 則彼謂不行. 謂此而此, 不唯乎此, 則此謂不行.」)

이 뜻은 객관적인 사물의 이름은 사람들이 정하기 나름이라는 것이다. 어떤 사물의 이름이 아직 정해지지 않았을 때는 하늘을 땅이라고 부르면 하늘이 땅이 되는 것이고, 땅을 하늘이라고 부르면 땅이 하늘이 되는 것이므로, 이것과 저것의 구분은 본래 없다는 것이다. 그러나 사물의 이름이 이미 정해진 다음에는 하늘은 하늘이고 땅은 땅이므로 바꾸어서는 안 된다고 하였다.

　사람들이 처음 사물의 이름을 지을 때 모든 사물에 대해 그 이름과 실질적인 내용을 고려해서 지을 수는 없었을 것이다. 어떤 것은 생긴 모양을 따라 짓기도 하였을 것이고 또 어떤 것은 그 소리를 듣고 지었을 수도 있다. 그러나 대부분의 것들은 임의로 약속해서 정해진 것들일 것이다. 그러나 한 번 정해진 이름들은 특별한 경우가 아니고는 변하지 않으며 그 뒤 새롭게 만들어지는 이름들은 먼저 있던 이름들을 참고하여 불리어지게 된다. 따라서 이렇게 지어진 이름들은 먼저 있던 이름들과 어느 정도 연관이 있게 되는 것이다.

　묵자(墨子, B.C.468?~B.C.376?)는 성이 묵(墨)이고 이름은 적(翟)이며, 노(魯)나라 사람이다. 성이 '墨'이라고 하는 것에 대해서는 두 가지 설이 있다. 하나는 그 출신이 죄수라는 것과 다른 하나는 목수라는 것이다.

　옛날에는 무거운 죄를 지으면 얼굴에 죄명을 새겨 넣었다. 그것을 이름하여 묵경(墨黥)이라고 한다. 옛날 어른들께서 아이들을 야단치실 때 "경을 칠 놈"이라고 하셨던 말씀은 여기에서 나온 말이다. 다른 하나, 목수들은 도면을 그리기 위해서 항상 먹을 갈았고, 먹줄과 함께 생활하는 사람들이다. 그래서 ≪묵자≫를 읽어보면 저자가 건축가임을 짐작케 하는 수학이나 물리학에 관련된 내용이 제법 많다. 아무튼 묵자는 그 출신이 하층 계급이었던 것 같다. 그래서 그런지 묵자는 공자만큼 교양과 어려움이 느껴지지 않고, 노자만큼 철학적이고 신비적이지도 않다.

　≪묵자≫는 전국시대 말기에 그의 제자들이 완성한 것으로서 그 중에서도 <경(經)> 상·하, <경설(經說)> 상·하, <대취(大取)>, <소취(小取)> 등의 여섯 편은 중국 언어학사뿐만 아니라 논리학사에서도 중요한 자료로 꼽힌다.

　언어에 대한 묵자의 관점을 몇 가지로 요약해 보면 다음과 같다.

　첫째, 언어와 사유(思惟)의 관계 및 언어가 의사소통의 도구임을 밝혔다.

> 聞(문)이라는 것은 귀가 밝은 것이다. … 들어서 그 뜻을 아는 것은 마음이 살피기 때문이다. … 言(언)이라는 것은 말이 유창한 것이다. … 말하는 것을 조절하여 뜻이 드러나는 것은 마음이 분별하기 때문이다.(「聞, 耳之聰也. … 循所聞而得其意, 心之察也. … 言, 口之利也. … 執所言而意得見, 心之辯也.」)(<경(經)·상>)

이것은 언어를 통해 자신의 의사를 전달하거나 상대방의 의사를 이해하는 것을 지적한 것이며, 이 모든 것은 마음[心(심)]이라는 사유 작용을 통해 일어난다는 것이다.

둘째, 처음으로 이름의 종류를 달명(達名)·유명(類名)·사명(私名)으로 나누었다.

달명은 가장 개괄적인 명칭으로서 철학의 범주(範疇)에 해당하는 개념으로, 예를 들면 사물의 일반적인 명칭인 '물(物)'이 이에 해당한다. 유명은 말[馬(마)]과 같이 한 종류의 사물의 명칭이며, 사명은 개별 사물의 명칭이다. 예를 들면 고대 남자 노예를 뜻하는 '장(臧)'과 같은 개별적인 명칭이 이에 해당한다. 이러한 분류는 순자(荀子)의 공명(共名)·별명(別名) 등과 같은 분류보다 더 먼저 나온 것이어서 눈여겨볼 가치가 있다.

셋째, 이름과 실체가 부합되지 않는 현상을 지적했다. 즉 어떤 경우에는 서로 다른 글자가 같은 뜻을 나타내기도 하고[이자일의(異字一義)], 또는 한 글자가 서로 다른 뜻으로 쓰이기도 한다[일자이의(一字異義)]. 이자일의(異字一義)의 예는 <경설·상>에서 "두 가지 이름이 한 가지 실물을 가리키는 것을 중동(重同)이라 한다.(「二名一實, 重同也.」)"라고 한 것과 같고, 일자이의(一字異義)의 예는 <경·상>에서 "已(이)는 '다 만들다', '고치다'의 뜻이다.(「已: 成, 亡.」)"라고 하고 <경설·상>에서 "已는 옷을 만드는 경우는 成(성)이라 하고, 병을 고치는 경우에는 亡(망)이라 한다.(「已: 爲衣, 成也; 治病, 亡也.」)"라고 풀이한 것과 같다.

이상에서 볼 때 당시 제자(諸子)들이 이름과 실질의 문제를 정치적·철학적으로 접근하였던 것에 비하면, 묵자(또는 묵자학파)는 좀 더 언어에 대한 객관적인 관점과 이해를 하고 있었던 것으로 보인다.
이와 아울러 묵자는 중국 역사상 처음으로 허사(虛詞)의 용법을 지적하기도 했다.

且(차)는 바야흐로 그러하다는 것을 말한 것이다.(「且, 言且然也.」)(<경・상>)
앞으로 될 일을 미리 말할 때 且라 하고, 이미 일어난 일을 후에 말할 때 已라 하고, 이제 막 일어나는 일을 말할 때 또한 且라 하는데, 이것은 이름[名]과 같은 것이다.(「自前曰且, 自後曰已, 方然亦且, 若名者也..」)(<경설・상>)

위의 예에서 "이름과 같은 것이다.(「若名者也」)"에서의 '이름[名]'은 오늘날의 용어로는 '실사(實詞)'에 해당한다.
이상에서 살펴본 바와 같이 묵자(또는 묵자학파)는 언어를 사유(思惟)의 도구로 인식함으로써 언어 그 자체를 연구 대상으로 삼을 수 있었다. 이는 현대 언어학의 시각에서 보더라도 언어에 대해 매우 깊은 이해를 하고 있었음을 짐작케 한다.

2.1.2 순자(荀子)의 언어관

순자(B.C.298?~B.C.238?)는 성이 순(荀)이고 이름은 황(況)이며, 조(趙)나라 사람이다. 순자를 이렇게 따로 절을 마련하여 소개하는 이유는 그의 언어에 대한 이론이 지금의 관점으로 보더라도 매우 뛰어나기 때문이다. 그의 언어관은 ≪순자・정명(正名)≫편에 잘 나타나 있는데, 그것을 몇 가지로 요약해 보면 다음과 같다.
첫째, 순자는 언어의 사회성을 천명했다.

이름이란 본래 그렇게 불러야 마땅하다는 것은 없고, 약속해서 그렇게 부르자고 한 것이다. 약속해서 정해지고 오랫동안 써서 굳어진 것은 옳다고 하고, 약속한 것과 다른 것은 틀리다고 한다. 이름에는 원래 (그 사물의) 실체가 있는 것이 아니고, (그렇게 부르기로) 약속을 함으로써 (그 사물의) 실체를 부르는 것이니, 약속해서 정해지고 오랫동안 써서 굳어지면 그것을 그 사물의 실질적 이름이라고 하는 것이다. 이름은 본디부터 좋은 것이 있으니, 쉽고도 어긋나지 않으면, 그것을 좋은 이름이라고 하는 것이다.(「名無固宜, 約之以命, 約定俗成謂之宜, 異於約則謂之不宜. 名無固實, 約之以命實, 約定俗成謂之實名. 名有固善, 徑易而不拂, 謂之善名.」)

여기에서 순자는 중요한 두 가지 사실을 지적하고 있다. 하나는 처음 이름을 지을 때는 이름[名]과 사물의 실체[實] 사이에 본질적이거나 필연적인 관계가 없다는 것이고, 다른 하나는 사물의 명명(命名)은 개인의 임의(任意)에 따른 것이 아니라 사회의 약속에 의해 규정되는 것으로서, 일단 사회적 관습으로 정해지면 개인에 대해서는 일종의 강제성을 띠게 된다는 것이다. 순자의 이러한 언어의 사회성에 대한 인식은 현대의 언어학 이론과도 그대로 부합되는 것이다. 현재 시중의 언어학개론서 가운데 <제1장 언어란 무엇인가?>를 읽고 있는 착각이 들 정도이다. 지금으로부터 약 2,000년 전에 이미 이러한 견해를 가지고 있었다는 것은 놀라운 일이다.

둘째, 언어의 지속성과 변화를 아울러 지적했다.

만약 왕이 일어날 경우에는 반드시 옛 이름들을 따르는 동시에 새 이름들을 지어야 한다.(「若有王者起, 必將有循于舊名, 有作于新名.」)

순자는 어휘의 유지와 창조를 왕의 역할로 규정하고 있는데, 이것은 언어학적인 관점에서 본다면 잘못이지만, 그 당시의 상황에서 본다면 이렇게 생각하는 것도 무리는 아니라고 여겨진다. 그렇지만 어휘가 유지되고 창조되는 것이란 견해는 옳은 것이다.

셋째, 공용어(共用語)와 방언(方言)의 관계에 대해 언급했다.

만물에 붙이는 여러 가지 이름은 한족(漢族)의 습관에 따른 것으로서, 먼 지방 다른 풍속을 가진 동네의 경우에는 이것에 의거하여 서로 통할 수 있다.(「散名之加於萬物者, 則從諸夏之成俗曲期, 遠方異俗之鄕, 則因之而爲通.」)

이것은 한어(漢語) 중에는 지역 방언도 있고 통용 범위가 비교적 넓은 아언(雅言), 즉 공용어인 하어(夏語)도 있다는 사실을 지적함과 아울러 각 방언은 마땅히 아언에 의해 소통되어야 한다는 것을 말한 것이다.

넷째, 순자는 이름을 붙이는 방식을 제시하고, 포괄 범위에 따라 이름을 분류했다. 순자는 이름을 붙이는 방식에 따라 단명(單名) 즉 단음절어와 겸명(兼名) 즉 복음절어로 나누었는데, 단명으로 할 수 있으면 단명으로 하고, 단명으로 할 수 없으면 겸명으로 한다는 것이다.(「單足以喩則單, 單不足以喩則兼.」)

또한 그는 개념의 범위에 따라 이름을 대공명(大共名)·대별명(大別名)으로 나누었는데, 이것은 각각 묵자의 달명(達名)과 유명(類名)에 해당하는 개념이다.

> 그래서 만물은 비록 많으나, 때로는 그것들을 총괄하고자 해서 그것을 이름하여 물(物)이라고 한다. 물(物)이란 대공명이다. 그것을 구별하는데 같은 것은 같이 놓고 같은 것이 없을 때까지 계속한다. 때로는 그것들을 총괄하고자 해서 그것을 이름하여 조수(鳥獸)라고 한다. 조수(鳥獸)는 대별명이다. 그것을 통합하는데 구별되는 것은 구별하고 구별되는 것이 없을 때까지 계속한다.(「故萬物雖衆, 有時而欲徧擧之, 故謂之物. 物也者, 大共名也. 推而別之, 共則有共, 至于無共然後止. 有時而欲徧擧之, 故謂之鳥獸. 鳥獸也者, 大別名也. 推而共之, 別則有別, 至于無別然後止.」)

일찍이 기원전 3세기에 나온 이와 같은 순자의 통찰은 매우 정확하고 탁월한 것으로서, 세계 언어학사에서도 유례를 찾아보기 어려울 만큼 뛰어난 것이다.

순자는 이렇게 언어학사에 큰 업적을 남겼을 뿐만 아니라 고대 중국의 역사에 막대한 영향을 끼쳤던 한비자(韓非子)와 이사(李斯)라는 제자를 배출하기도 한다. 이에 관해서는 뒤에 진시황(秦始皇)을 이야기할 때 다시 하기로 하겠다.

2.2 훈고(訓詁)의 시작

'훈고(訓詁)'란 글자 그대로 풀이하면 '옛말[詁]을 풀이한다[訓]'는 뜻이다. 선진시대에는 이와 같은 용어는 없었지만 옛말 풀이를 위한 기본 방식이나 체제는 어느 정도 갖추었다고 볼 수 있다. 그 시작은 ≪춘추≫에 대한 해설로부터라고 해도 될 것이다.

앞에서도 잠깐 말했지만 ≪춘추≫는 공자가 지은 노나라의 역사책이다. 노 은공(隱公) 원년(B.C.722)부터 애공(哀公) 14년(B.C.481)까지 242년간의 일을 기록한 중국 최초의 편년체 스타일의 역사책이다. 문장은 간결하지만 글자 하나하나에 깊은 뜻을 담고 있기 때문에, 일반 사람들은 읽으면 그 드러나지 않은 뜻을 이해하지 못한 채 지나쳐 버리기 쉽다. 그래서 이를 풀이한 해설서가 좌구명(左丘明)의 ≪춘추좌전(春秋左傳)≫, 공양고(公羊高)의 ≪춘추공양전(春秋公羊傳)≫, 그리고 곡량적(穀梁赤)의 ≪춘추곡량전(春秋穀梁傳)≫이다.1)

참고로 ≪춘추좌전≫이라고 하면 '좌구명이 쓴 ≪춘추≫ 해설서'라는 뜻이다. 이들은 모두 '해설' 또는 '설명'이라는 뜻으로 '傳(전)'자를 썼다. 즉 성인(聖人)의 뜻을 '전한다'라는 의미이다. 글자 선택에서도 상당히 겸손함을 담고 있다고 할 수 있다.

그러면 이들이 어떻게 ≪춘추≫의 글귀를 설명하였는지 그 방식을 알아보도록 하겠다. 또 필요한 경우에는 이들 밖에서도 예를 들겠다.

---

1) 좌구명은 노나라의 사관(史官)이었고, 공양고와 곡량적은 모두 공자의 제자인 자하(子夏)의 문하생이었다.

2.2.1 글자의 형태로써 풀이하기[형훈(形訓)]

이 방식은 글자 그대로 글자의 모양을 보고 뜻을 해석하는 방식이다. 이러한 예로 가장 잘 알려진 것은 기원전 597년 초(楚)나라 장왕(莊王)이 '武(무)'자를 해석한 예이다.

≪좌전(左傳)·선공(宣公) 20년≫에 "무릇 글자에 대해 말하자면, 전쟁[戈(과)]을 멈추게 하는 것[止(지)]이 武이다.(「夫文, 止戈爲武.」)"라고 하였다. 현재는 갑골문(甲骨文)의 발견으로 '止'가 발을 그린 상형자로서, 본래 '이동(移動)하다'라는 뜻을 나타낸다는 것을 알고 있다. 따라서 '武'는 '창을 메고 행진하다'라는 뜻이 되고, 여기에서 나아가 '정벌(征伐)'이나 '무력시위(武力示威)'를 뜻한다는 것을 알고 있지만, 그 당시는 갑골문의 존재를 몰랐기 때문에 '武'를 '전쟁[戈]'과 '그치다[止]'의 결합으로 본 것이다.

이러한 형훈의 예로는 ≪좌전·선공 15년≫의 "正(정)을 뒤집은 것이 乏(핍)이다.(「反正爲乏.」)", ≪한비자(韓非子)·오두(五蠹)≫의 "스스로 둘러싸는 것이 私(사)이고, 私를 등진 것이 公(공)이다.(「自環爲私, 背私爲公.」)" 등이 있다.

이것을 풀이하자면, '正'자는 소전체(小篆體)로는 '𤴓'으로 쓰고, '乏'자는 '𠣛'으로 쓴다. 글자의 모양이 대칭을 이루고 있음을 알 수 있다. 또한 '私'자는 본래 'ㄗ(厶)'로 썼다. 그래서 '스스로 둘러쌌다'라고 한 것이고, '公'자는 '厶'를 '나눈[八]' 것이어서 그래서 '등졌다'라고 한 것이다.

참고로 '背(배)'자는 '北(북)'자에서 나온 글자이다. '北'자는 갑골문을 보면 '𣎳'으로 사람이 서로 등을 지고 있는 모양을 그린 상형자였다. 사람이 등을 지면 각각 다른 방향을 보기 마련이다. 이런 까닭으로 '背'자가 명사로 쓰이면 '등'이 되고, 동사로 쓰이면 '등을 지다'→'배반하다'가 된다.

2.2.2 소리로써 풀이하기[성훈(聲訓)]

이 방식은 같거나 비슷한 발음을 가진 글자를 가지고 뜻풀이를 하는 방식이다. ≪논어·안연편(顔淵篇)≫을 보면 계강자(季康子)가 공자에게 정치(政治)에 대하여 묻자 공자는 대답하기를, "정치란 바르게 하는[正(정)] 것입니다. 당신께서 먼저 바름을 가지고 솔선하여 나아가신다면, 누가 감히 바르게 하지 않겠습니까?(「政者, 正也. 子帥以正, 孰敢不正?」)"라고 하였다. '정치'에서의 '政'자를 소리부분인 '正'자를 빌어 뜻풀이를 하였다.

또 ≪맹자·등문공(滕文公) 상≫에 하(夏)·은(殷)·주(周)의 학교 이름의 차이를 말하고 있는데, 하나라는 '교(校)', 은나라는 '서(序)', 주나라는 '상(庠)'이라고 불렀다. 이에 대해 맹자는 "(주나라에서 학교 이름을) '庠'이라고 한 것은 학교란 사람을 '길러 내는[養(양)]' 곳이기 때문이고, (하나라에서 학교 이름을) '校'라고 한 것은 학교란 '가르치는[敎(교)]' 곳이기 때문이며, (은나라에서 학교 이름을) '序'라고 한 것은 학교에서 배우는 교과목 가운데 '활쏘기[射(사)]'가 있기 때문이다.(「庠者, 養也; 校者, 敎也; 序者, 射也.」)"라고 풀이를 하였.

위의 예는 모두 같거나 비슷한 발음으로 뜻풀이를 한 것인데, 그 풀이하는 내용을 자세히 보면 단순한 뜻풀이가 아니라 그 글자가 왜 그 뜻으로 그 발음을 가지게 되었는가 하는 어원(語源)까지도 추적하고 있음을 알 수 있다. 이 문제에 관해서는 다음 <3.5 한대(漢代) 어원학(語源學)>에서 자세히 말하겠다.

2.2.3 쉬운 말로 풀이하기

이 방식은 어떤 특정한 뜻을 갖는 낱말, 옛날 말, 방언 등을 당시에 통용되는 쉬운 말로 풀이하는 방식이다.

예를 들면, ≪좌전·장공(莊公) 3년≫에 "군대가 하룻밤을 머물러 주둔하는 것을 '舍(사)'라고 하고 이틀 밤을 머무르는 것은 '信(신)'이라고 하며, 그 이상 머무르는 것을 '次(차)'라고 한다.(「凡師一宿爲舍,

再宿爲信, 過信爲次.」)"라고 하였다. '舍(집 사)'·'信(믿을 신)'·'次(버금 차)' 등이 군사 용어로 쓰이면 자신의 본래 뜻과는 달리 위와 같은 뜻으로 쓰이기 때문에 풀이를 한 것이다.

또 ≪맹자·등문공 하≫에 "≪서경(書經)·우서(虞書)·대우모(大禹謨)≫편에 '홍수(洚水)가 나를 경계하도록 하였다.'라는 구절이 있는데, 여기에서 '洚水'란 '홍수(洪水)'를 말한다.(「書曰洚水警余, 洚水者, 洪水也.」)"라고 하여 당시의 말로 옛말을 해석하였고, ≪좌전·선공(宣公) 4년≫에서는 "초(楚)나라 사람들은 젖[乳(유)]을 곡(穀)이라고 하고, 호랑이를 어토(於菟)라고 한다.(「楚人謂乳, 穀; 謂虎, 於菟.」)"라고 하여 통용되는 말로 방언을 풀이하였다.

2.2.4 어법적 풀이

≪공양전≫과 ≪곡량전≫을 보면 뜻풀이를 하면서 오늘날의 어법적인 풀이를 한 대목을 어렵지 않게 발견할 수 있다. 예를 들면,

> ≪춘추·희공(僖公) 원년≫: 여름, 형(邢)나라는 이의(夷儀)지방으로 옮겼다.(「夏, 邢遷于夷儀.」)
> ≪공양전≫: '천(遷)'이란 무엇인가? 자기 뜻이다. '천지(遷之)'란 무엇인가? 자기 뜻이 아닌 것이다.(「遷者何? 其意也. 遷之者何? 非其意也.」)

라고 하였는데, 여기에서 '자기 뜻[其意(기의)]'이란 자동사를 말하고 '자기 뜻이 아님[非其意(비기의)]'은 타동사를 말한다.[2]

또 ≪춘추·장공(莊公) 28년≫에 "제후(齊侯)가 위(衛)나라를 정벌하였다.(「齊侯伐衛.」)"라는 구절이 있는데, ≪공양전≫에서는 "伐(벌)은 객체이다.(「伐者爲客.」)"라고 풀이를 하기도 하고, "伐은 주체이다.(「伐者爲主.」)"라고 하기도 하였다. 그런데 그 구분을 어떻게 하는지에 대해서는 설명이 없다.

---

[2] 양수달(楊樹達), ≪고등국문법(高等國文法)≫, 북경 상무인서관(商務印書館) 1984, pp.11~12.

이에 대해 한(漢)나라의 경학자 하휴(何休)는 ≪춘추공양전해고(春秋公羊傳解詁)≫에서 "남을 정벌하는 것이 객체이다. 여기에서 伐자는 길게 발음한다. 이것은 제(齊)나라 사람들의 말이다.(「伐人者爲客, 讀伐長言之, 齊人語也..」)" 또 "정벌을 당하는 것이 주체이다. 여기에서의 伐자는 짧게 발음한다. 제나라 사람들의 말이다.(「見伐者爲主, 讀伐短言之, 齊人語也..」)"라고 주를 하였다. 당시에도 말의 장단에 따라 의미가 달랐음을 짐작케 하는 대목이다.

또 이 두 ≪전≫은 허사의 쓰임에도 주의를 기울였다. 예를 들어 ≪춘추·선공(宣公) 8년≫에 "겨울 10월 기축(己丑)일, 나의 어머니 경웅(頃熊)을 장사(葬事)지내려 하였는데, 비가 와서 장사를 지낼 수가 없었다. 경인(庚寅)일, 해가 중천에 떠 있어 장사를 지낼 수 있었다.(「冬十月己丑, 葬我小君頃熊. 雨, 不克葬. 庚寅, 日中而克葬..」)"라는 구절이 있고 ≪춘추·정공(定公) 15년≫에는 "9월 정사(丁巳)일, 우리 군주(君主) 정공(定公)을 장사지내려 하였는데, 비가 와서 장사를 지낼 수가 없었다. … 무오(戊午)일, 해가 기울어 급히 장사를 지내었다.(「九月丁巳, 葬我君定公. 雨, 不克葬. … 戊午, 日下稷, 乃克葬..」)"와 같은 구절이 있다. 이 두 예를 비교하면 내용은 거의 비슷한데 하나는 '而(이)'를 썼고 다른 한 예는 '乃(내)'를 썼다. 그 차이는 무엇일까? ≪곡량전≫의 해설을 보면 그 차이가 분명해진다.

'而'는 '여유가 있다'는 뜻을 나타내는 허사이다. 해가 충분하다는 말이다.(「而, 緩辭也, 足乎日之辭也..」)
'乃'는 '급하다'는 뜻을 나타내는 허사이다. 해가 부족하다는 말이다.(「乃, 急辭也, 不足乎日之辭也..」)[3]

이상에서 살펴본 바와 같이 선진시대의 훈고 방식은 단편적이어서 체계성과 논리성은 뒤떨어지지만, 후대 훈고학의 기초는 다져 놓았다고 평가할 수 있다.

---

3) 호기광(胡奇光), ≪중국소학사(中國小學史)≫, 상해 인민출판사 1987, p.44.

2.3 진시황과 분서갱유(焚書坑儒)

진(秦)나라는 시황(始皇) 26년(B.C.221) 한(韓)·위(魏)·초(楚)·조(趙)·연(燕) 그리고 제(齊) 등 6나라를 차례로 물리치고 최초로 중국 천하를 통일한 후 멸망하기까지(B.C.207) 약 15년 간 유지했던 단명 왕조이다. 그렇지만 진나라는 짧은 통치 기간 동안 언어학사상 두 가지 큰 영향을 끼쳤다. 하나는 '서동문자(書同文字)' 즉 문자통일 정책이고, 다른 하나는 '분서갱유(焚書坑儒)' 사건이다. 이를 설명하기에 앞서 이런 사건이 있게 된 배경부터 알아보겠다. 다소 길더라도 이해하시기 바란다.

진시황의 성은 영(嬴)이고, 이름은 정(政)이다. 아버지의 이름은 자초(子楚)로, 조(趙)나라의 인질로 가 있었다. 당시 여러 나라를 다니며 사업을 했던 여불위(呂不韋)는 자초를 보고 나중에 크게 될 인물이라 여겨 여러모로 보살펴주었다.

하루는 여불위가 자초를 집에 초대하여 주연을 베풀었는데, 자초는 그의 첩에게 반하고 만다. 자초는 그 여자를 달라고 했다. 여불위는 자신도 좋아하고 있던 여자였기에 잠시 망설였으나, 앞날을 생각하고는 결국 자초에게 보낸다. 그런데 그 여인은 그 때 이미 홀몸이 아니었다고 한다. 기원전 259년 정월, 아들아이가 태어났다. 정월에 낳았다고 해서 이름을 정(政)이라고 했다. 이 아이가 바로 뒤의 진시황이다. 진시황이 여불위의 아들일지도 모른다는 설은 이렇게 해서 나온 것이다. ≪사기(史記)·여불위열전≫에 나오는 이야기이다.

기원전 257년, 진나라 소양왕(昭襄王)은 조나라를 공격해서 수도인 한단(邯鄲)을 포위한다. 자신의 손자와 증손자가 조나라에 인질로 있음에도 불구하고 말이다. 하긴 소양왕은 손자가 20명이 넘었다고 하니 그 중 한 둘 없어져도 큰 일이 아니라고 여길 수도 있겠다. 여불위는 다급한 나머지 자초만 빼내서 탈출시킨다. 시황은 당시 세 살이었다. 적의 수도에 어머니와 단 둘이 남게 된 것이다. 어떻게 그 위기를 벗어났는지는 자세히 알 수 없다. 다만 후에 시황이 조나라를 평정한 다음 직접 한단으로 가서, 지난날에 자기 어머니를 구박했던 사람들을 모조리 불러 모아 생매장했다는 기록이 있는 것으로 보아, 그 시절이 시황에게는 어린 마음에도 몹시 어려웠음을 짐작하게 한다.

기원전 250년, 소양왕이 죽고 효문왕(孝文王)이 즉위한다. 정부인에게 아들이 없었던 효문왕은 20여 명의 아들 가운데 자초를 태자로 지명한다. 그 과정에서 여불위의 공작이 있었음은 물론이다. 자초가 태자가 되자 그 아들 정 역시 이제는 피난 생활을 끝내고 당당히 진나라로 귀국하게 된다. 신분이 달라졌기 때문이다. 그 때가 아홉 살이었다. 우리 나이로 열 살이 될 때까지 시황은 그 세월을 인질과 도피 생활로 보낸 셈이다.

이듬해(기원전 249년) 정월, 효문왕은 즉위한지 3일 만에 죽고, 자초가 그 뒤를 이어 즉위한다. 그가 장양왕(莊襄王)이다. 장양왕은 집권 3년 만에 죽는다. 그리고 당연히 아들인 정, 즉 시황이 그 뒤를 잇는다. 기원전 246년의 일이고, 시황은 열 세 살이었다.

자초 즉 시황의 아버지를 왕에 앉힌 바 있는 여불위는 그 공로로 상국(相國)이 되었고, 나이 어린 시황을 대신해 섭정을 하였다. 시황은 그를 중부(仲父), 우리말로 하면 '작은 아버지'로 불렀다. 후에 승상이 되어 진나라의 정치를 좌지우지 했던 이사(李斯)는 당시 여불위의 식객(食客)이었다.

10년 후, 시황은 조심스럽게 기다리다가 여불위를 제거한다. 그 동안 여불위와 자신의 생모가 다시 연인 관계로 돌아가 지내는 것도 보았고, 게다가 어머니가 노애(嫪毐)라는 노예와 바람을 피워 아이를 둘씩이나 낳는 것도 지켜보았다. 노애의 반란은 22살 때 직접 진압했다. 당시 여불위도 무사하지 못할 것이라는 일반적인 생각과는 달리, 시황은 여불위를 함께 제거하지 않고 3년이라는 세월 동안 서서히 그의 힘을 빼앗은 끝에 자살로 몰아간다. 무서운 젊은이다.

왕권을 회복한 시황은 이제 천하통일이라는 대업을 향해 거대한 발걸음을 옮긴다. 준비는 충분했다. 100년 전에 상앙(商鞅)이라는 법가(法家)의 손에 의해 나라의 법과 제도를 정비하여 국력을 효율적으로 결집시킬 수 있는 바탕을 마련했고, 파(巴)와 촉(蜀) 지금의 사천성(四川省)과 중경시(重慶市)에 이르는 넓고 비옥한 땅을 확보하였다. 군대는 잘 훈련되어 있고, 우수한 기술력을 바탕으로 무기 체계 역시 다른 나라를 압도한다. 이제 시대는 영웅 출현만을 기다리면 되었다.

시황은 천하통일의 시험대로 먼저 가장 가까운 나라이면서 비교적 약한 상대인 한(韓)나라를 공격한다. 시황은 ≪한비자(韓非子)≫를 읽고, "아! 이 사람을 만날 수 있다면 죽어도 한이 없으리라!"라고 하였다고 한다.

한비는 인정과 특권이 없는 냉정하고 엄정한 법 집행을 강조하였고, 재능이 있는 사람이면 출신에 상관없이 누구라도 발탁해야 한다고 주장하였다. 나아가 한비는 유(儒)는 문(文)을 가지고 법을 어지럽히므로 이들을 우대해서는 안 된다고도 했다. 법가의 눈으로 보면 유생은 비생산적인 집단으로 비쳤을 것이다.

여담이지만 요즘 학문적 영역을 뛰어넘는 협력 프로젝트가 많은데, 공대 교수들이 인문대 교수들과 만나 한 두 시간 토론을 하고나면, "말은 많은데 쓸 데가 없다"며 자리에서 일어난다. 한비가 지금 필자와 같은 인문대 교수들을 만나면 어떤 말을 할까 하고 생각하면 절로 웃음이 나온다.

시황은 이런 한비를 좋아했다. 그래서 시황이 한비를 만나고자 한나라를 침공했다는 설도 있다. 한나라는 당연히 한비를 평화사절로 진나라에 보낸다. 이 때 가장 당황한 사람은 이사였다.

앞에서도 말했지만 이사와 한비는 둘 다 순자의 제자이다. 같이 공부를 해 보았기 때문에 한비의 실력은 누구보다도 이사 자신이 잘 안다. 그런 한비가 진나라에 와서 시황의 마음에 들기라도 하면 자신의 현재 위치는 물론 미래도 장담할 수 없게 된다. 이사의 생각에 한비는 같은 하늘 아래에서 살 수 없는 라이벌인 것이다.

이사의 갖은 모략 끝에 한비는 진나라의 감옥에서 숨을 거둔다. 이 대목을 두고 "법가는 잔인하다. 친구도 없구나!"라고 평을 하기도 하는데, 이는 법가의 문제가 아니라 인간이면 누구나 가지는 생존의 문제요, 인간의 역사에서 셀 수 없이 자행되어온 권력 다툼의 한 예라고 볼 수 있다.

여기에서 잠깐 법가와 유가의 이야기를 하고 지나가겠다. 그래야 뒤에 나올 분서와 갱유 사건을 이해하는데 도움이 되기 때문이다.

법가는 유가에서 나왔다고 할 수 있다. 유가와 법가의 차이를 논하자면 말이 한없이 길어지므로 우리가 익히 알고 있는 간단한 비교를 해보겠다. 맹자는 성선설(性善說)을 주장하였고, 순자는 성악설(性惡說)을 주장하였다.

인간이 본래 선하다면 그것을 잘 보존하고 키우는 것이 중요하다. 그러기 위해서는 도덕이나 인의(仁義)와 같은 정신적인 덕목이 중시되고, 그것의 실천을 위한 예법이 필요하게 된다. 예법이라는 것도 지키고자 하면 쉬운 것은 아니지만, 여기에는 약간의 인정이라는 것이 끼어 있다.

그런데 인간을 악한 존재로 보면 그 본성을 바로잡아야 하고, 바로잡히지 않으면 잡도록 해야 한다. 최소한 바로잡히는 것처럼 보이기라도 해야 하는 것이다. 그래야 사회의 질서가 잡히고 유지된다. 그러므로 사람의 생활에 대해서 세세한 부분까지 법으로 정해서 따르라고 하고, 상하 구분 없는 엄정한 법집행이 강조된다. 유가 가운데 대가에 속하는 순자에게서 한비와 이사라는 법가가 나왔다는 것이 그다지 이상하게 여겨지지 않는 것도 이런 까닭이 있어서이다.

진나라를 좋게 보았던 순자도 다음과 같이 말하였다.

> 진나라가 유(儒)의 정신을 온전히 받아들이면 천하의 왕자(王者)가 될 것이요, 뒤죽박죽 받아들이면 패자(覇者)가 될 것이고, 전혀 받아들이지 않으면 멸망할 것이다.

이처럼 유가와 법가는 이상과 현실이라는 이율배반으로 보이지만 사실상 상호보완적 관계라고 해도 좋을 것이다. 사람이 먹지 않으면 죽지만, 그렇다고 해서 빵만으로 살 수는 없는 것과 비슷한 이치이다.

진나라가 천하를 통일하는 데 가장 어려운 상대는 초나라였다. 초나라는 진나라와 자웅을 겨룰만한 국력을 가지고 있었고, 땅도 넓었다. 물산 역시 풍족했다. 다만 초나라의 약점은 인구가 적다는 것이었다. 진나라가 파·촉을 공략해서 군사적으로 중요한 장강의 상류를 점령할 때도 별다른 대책을 세울 수가 없었던 것은 그 곳을 차지해서 다스릴 사람이 부족해서였다.

기원전 300년, 진나라는 초나라의 회왕(懷王)에게 회담을 하자고 제의하고는 자기 나라에 온 상대방 왕을 감금했다. 3년 뒤 회왕은 그곳에서 죽었다. 있을 수가 없는 일이었다. 굴원(屈原)은 초나라의 중신으로 당시 회왕에게 진나라에 가지 말 것을 진언하였다. 그는 자신의 충정이 받아들여지지 않고 회왕이 비참한 죽음을 당하자 비통하여 강물에 몸을 던져 자살한다. 그 슬픔을 노래한 것이 중국 남방문학의 대표라고 하는 ≪이소(離騷)≫이다. 초나라 사람들은 분했다. 진나라를 용서할 수 없었지만 초나라는 복수를 하지 못했다. 국력이 그만큼 차이가 났기 때문이다. 그럴수록 분한 마음은 더해지는 법이다.

시황 23년, 기원전 224년, 시황은 20만의 군대로 초나라를 침공한다. 초나라는 잘 싸웠다. 진나라 군대는 대패하고 만다. 시황은 역전의 맹장인 왕전(王翦)에게 60만 대군을 주고 다시 초나라를 치라고 명한다. 60만은 진나라 군사의 대부분이다. 그만큼 상대가 강했던 것이다. 결국 초나라는 패한다. 질 수 없는 상대, 져서는 안 되는 상대에게 진 것이다. 초나라 사람들은 이가 갈렸다. 그래서 "초나라 세 집만 모여도 반드시 진나라를 멸하리라."라는 말이 나오게 된 것이다. 이 때 초나라의 대장군은 항연(項燕)이었는데, 이 시대의 또 하나의 영웅 항우(項羽)는 그의 후손이다.

시황 26년, 기원전 221년, 진나라는 마지막 상대인 제나라를 가볍게 제압하고 마침내 천하를 통일한다. 중국 역사상 최초의 일이다. 이 때 시황의 나이 39세였다. 지금의 기준으로 보면 너무나도 젊은 나이로 천하를 통일했다고 생각이 들지만, 당시의 나이 감각은 현대인과는 전혀 다르다.

세월의 간격을 좁히기 위해 간단하게 옛날 사람들의 나이를 계산하는 법을 하나 제시하겠다. 10살 때까지는 그 나이 그대로 인정하고, 그 다음부터는 해당 나이에 1.5를 곱하면 대략 지금 우리가 느끼는 나이가 된다. 이 계산법에 따르면 시황은 천하통일을 이루었을 때 나이가 39세이므로, 현재의 나이로는 약 54~55세쯤 된다고 보면 된다. 물론 이 계산법은 정확한 통계 자료에 의한 것이 아니라, 단지 이해를 돕기 위한 추정에 불과한 것이므로 독자 여러분은 너무 믿지 않으셔도 된다.

자 이야기를 다시 시황에게로 돌린다.

중국의 왕조는 나라를 세우고 나면 제일 먼저 하는 일이 앞의 왕조가 어떻게 해서 망했는가 하는 점을 연구한다. 이 점은 중국의 수 천 년 역사에 예외가 없다. 전철을 밟지 않겠다는 뜻이다. 주나라는 은나라를 멸망시키고 나서 맨 먼저 술을 금했다. 은나라가 많은 제사와 그에 따른 술로 나라를 망쳤다고 여겼기 때문이다. 주나라는 봉건제를 채택하였는데, 제후가 왕을 능가하는 세력으로 성장해 결국은 제후에 의해 멸망했다. 진나라가 이를 답습하지 않으리라는 것은 명백했다.

진나라는 전국을 36개 군(郡)으로 나누고, 그 아래에 현(縣)을 두었다. 이른바 역사에서 말하는 군현제(郡縣制)이고, 요즘말로 하면 중앙집권체제이다. 군에는 수(守), 위(尉), 감(監)이라는 행정관을 두고 통치하였다. 현대 중국의 성장(省長), 공안국(公安局), 감찰국(監察局)에 해당하는 조직이다. 전원 중앙정부에서 임명하고 파견하며, 세습은 물론 안 된다. 이런 정도면 현대 중국의 행정체계와 크게 다르지 않다. 지금의 시각으로 보면 봉건제에 비해 상당히 선진적이라고 할 수 있지만, 아무리 좋은 이론이나 제도라도 세상에는 때가 있는 법이다. 옳고 그름을 떠나 봉건제도는 1,000년이 넘게 유지되어온 제도였기 때문에, 진나라를 제외한 당시 대부분의 중국 사람들은 여기에 매우 익숙했다.

시황은 사회체제에서부터 일상생활에 이르기까지 온 천하의 모든 것을 진나라의 것으로 덮으려고 했다. 이에 따라 의복, 수레의 넓이, 도량형, 문자까지 모든 것을 진나라의 법식대로 따르도록 했다. 말이 나온 김에 여기에서 이 가운데 '서동문자(書同文字)' 즉 문자통일 정책을 설명하고 지나가겠다.

진나라의 글자체는 소전(小篆) 또는 진전(秦篆)이라고 한다. 이것은 천하통일 이전의 글자체인 대전(大篆)(또는 주문(籒文)이라고 부르기도 함)을 줄여서 쉽게 쓰도록 만든 것이다. 당시 전국시대의 일곱 나라는 크게 다르지는 않지만 서로 약간씩 다른 글자체를 쓰고 있었는데, 이것을 진나라의 글자체로 통일한 것이다. 당연한 조치라고 하겠다.

그리고 이와 같은 문자통일 정책을 보다 근본적으로 실천하기 위하여 당시 집권층에서는 글자 공부 책을 직접 펴내기도 하였다. 예를 들어 이사의 어린이를 위한 글자 교본 ≪창힐편(倉頡篇)≫, 차부령(車府令) 조고(趙高)의 옥리(獄吏) 강습용 ≪원력편(爰歷篇)≫, 태사령(太史令) 호무경(胡母敬)의 역법(曆法) 강습용 ≪박학편(博學篇)≫ 등이 그것인데, 이 책들은 모두 소전으로 썼다.

진나라의 이러한 문자통일 정책은 한자(漢字)를 규범화하고 어법과 어휘 방면의 표현법을 통일하였을 뿐만 아니라, 나아가 나라 전체에서 두루 쓰일 수 있는 언어, 즉 공통어의 통일성에 이바지하였다고 할 수 있다. 다시 말해서 뜻글자인 한자의 글자체를 통일함으로써 다른 지방에서 다른 말을 하는 사람일지라도 통일된 하나의 글자체로 서로 의사소통을 할 수 있는 발판이 마련되었다고 할 수 있는 것이다.

이제 다시 시황의 천하통일의 해로 돌아간다.

주나라는 당시 유행하였던 음양오행설에 따르면 '불' 즉 화(火)에 해당하는 나라였다. 시황은 '물' 즉 수덕(水德)에 의지하기로 한다. 불을 이기는 것은 물이기 때문이다. 이에 따라 몇 가지 조치가 취해진다.

먼저 황하(黃河)를 덕수(德水)로 개명하고, 색깔은 검은 색을 중시하여 의복이나 깃발은 검은 색을 위주로 하였고, 국가의 기준 숫자는 6으로 하였다. 예를 들어 부절(符節)의 길이는 6촌, 가마는 6척, 수레는 6마리의 말이 끌게 했고, 6척을 1보(步)로 삼았다. 또한 정치는 강경하고 과감하게 하며, 만사는 법에 의해 엄정하게 처리해 온정과 화의(和

義)를 없애는 것이 수덕에 합당하다고 여겼다.

여기에 시황은 자신에게 절대적인 권위를 부여하는 몇 가지 지침을 내린다.

먼저 왕이라는 칭호를 황제로 바꾼다. 황제는 중국 전설상의 임금인 삼황(三皇)4)과 오제(五帝)5)의 합성어이다.

둘째, 짐(朕)이라는 대명사는 황제만 쓴다. 그 때까지 '짐'은 일반적인 제1인칭 대명사로 '我(아)'나 '吾(오)'와 같은 말이었다.

그리고 셋째, 시호(諡號)법을 없앤다. 시호란 임금이 죽고 난 다음 신하들이 그 임금의 행적을 평가해서 붙이는 이름이다. 시황은 그런 일은 아들이 아버지를 평가하고, 신하가 임금을 논의하는 것이므로 감히 있을 수 없는 일이라고 생각했다. 한마디로 '건방지다'는 뜻이다. 그 대신 "나는 제1대 황제 즉 시황제가 되고, 그 다음 나의 아들은 제2세, 그 다음은 제3세 이렇게 해서 천세 만세까지 이어지도록 하라"고 지시하였다. 강력한 독재자의 탄생을 만천하에 고하는 명령인 것이다.

천하통일 그 다음해, 기원전 220년, 시황은 봉선(封禪)을 거행하기로 결정한다. 봉선이란 하늘과 땅에 제사를 지내는 일이다. '封'은 흙을

---

4) 삼황의 구성은 설이 여러 가지인데, 그것을 정리하면 대략 아래 5가지로 나뉜다.
  1) 천황(天皇)·지황(地皇)·인황(人皇)(《하도(河圖)·삼오력(三五曆)》);
  2) 복희(伏羲)·신농(神農)·수인(燧人)(《상서대전(尙書大傳)》);
  3) 복희·신농·축융(祝融)(《백호통(白虎通)》);
  4) 복희·여왜(女媧)·신농(《춘추운두추(春秋運斗樞)》);
  5) 복희·신농·황제(黃帝)(공안국(孔安國)의 《상서서(尙書序)》와 황보밀(黃甫謐)의 《제왕세기(帝王世紀)》)

5) 오제의 구성은 설이 여러 가지인데, 그것을 정리하면 대략 아래 3가지로 나뉜다.
  1) 태호(太昊)·신농(神農)·황제(黃帝)·소호(少昊)·전욱(顓頊)(《예기(禮記)·월령(月令)》)
  2) 황제(黃帝)·전욱·제곡(帝嚳)·요(堯)·순(舜)(《대대예기(大戴禮記)》·《사기·오제본기》)
  3) 소호·전욱·제곡·요·순(공안국의 《상서서》와 황보밀의 《제왕세기》)

봉긋하게 쌓아올려 하늘에 고하는 것이고, '禪'은 땅을 평평하게 고른 다음 땅에 고하는 것이다. '禪'은 '墠(선)'으로도 쓴다. '봉'은 태산(泰山)에서 하고, '선'은 그 옆에 있는 태산보다 낮은 양보산(梁父山)에서 거행하는 것이 관례라고 한다. 그러나 봉선은 왕이면 아무나 할 수 있는 것이 아니라 그럴 만한 자격을 갖추었다고 인정을 받은 왕이어야만 한다. 시황은 자신이 그럴만한 자격을 갖추었다고 생각했다. 사실 또한 그러했다.

시황은 봉선을 하기 위해 진나라의 박사 70여 명을 총동원했다. 평상시 유가들을 무시 또는 경멸했던 시황이었지만, 이번 봉선 행사만큼은 제대로 치루고 싶었던 모양이다. 옛날 예법에 관한 한 유가만한 조직이 없다는 것을 시황도 인정한 것이다.

이런 말이 있다. "내가 부산에서 서울까지 벼룩이 서 말은 너끈히 가져 갈 수 있지만, 교수 셋은 데리고 못가겠더라!" 이 말은 필자가 지어낸 우스갯소리가 아니라 부산의 어떤 대학 총장께서 직접 하신 말씀이다.

그런데 박사가 무려 70명이다. 그들은 태산 입구에서부터 의견이 달랐다. 태산은 성지(聖地)이니 마차를 타면 안 된다느니, 태산에 오르려면 수레바퀴 자국이 나서는 안 된다느니, 수레바퀴를 풀로 감싸야 한다느니, 수레 장막을 치워야 한다느니 등등....

사실 이런 주장이 무슨 근거가 있는 것은 아니다. ≪서경≫에 순(舜) 임금이 봉선을 했다는 기록이 있고, 춘추전국 시대에는 봉선이 거행된 적이 없으므로 이미 수 백 년 전의 일이다. 또 봉선의 기록이 남아 있는 것도 아니었다. 한(漢)나라의 역사가 사마천(司馬遷)마저도 ≪사기≫에서 봉선에 대해 자세한 것은 듣지도 보지도 못했다고 적고 있다.

그렇지만 그들은 여기까지 와서 명색이 박사인데 모른다고 발을 뺄 수가 없었기에 그런 주장들을 했을 것이다.

이런 말들을 그냥 듣고 어찌하나 하고 망설일 시황이 아니다.

"혹시나 해서 데리고 왔더니만, 역시나로구만....."

이렇게 생각했을지 모른다. 시황은

"그대들은 여기 있도록 하라!"

한 마디를 던지고는 태산 정상까지 곧바로 도로를 내도록 명령했다. 그리고 동자 하나만을 데리고 태산에 올라가버렸다. 역시 진시황답다.

혼자 봉선을 하고 내려오는 길에 시황은 폭풍우를 만났다. 박사들은 이 광경을 보고 하늘도 무심치 않으시다느니, 거 보라느니, 봉선은 그렇게 하는 게 아니라느니, 문자를 써서 사필귀정(事必歸正)이라느니…하고 자기들끼리 속닥거렸다. 보지 않아도 눈에 선하고, 안 들어도 귀에 쟁쟁하다.

그 때 마침 소나무 한 그루가 있어서 시황은 잠시 비를 피할 수 있었다. 시황은 비를 가려준 이 소나무에게 오대부(五大夫)의 작위(爵位)를 내렸다. 당시 진나라는 군공(軍功)을 세우면 신분의 고하를 감안하여 20개 등급 가운데 하나의 작위를 내렸는데, 오대부는 제9급에 속하였다. 중상(中上)에 해당하는 작위이다. 오늘날 우리나라의 공무원 체계와 정확하게 비교할 수는 없지만, 대체로 4~5급에 해당한다고 보면 될 것 같다. 소나무가 꽤 고마웠던 모양이다. 이후 후세에는 '오대부'라고 하면 소나무를 가리키기도 한다.

시황 29년, 기원전 218년, 시황에 대한 암살 미수 사건이 벌어진다. 하남성(河南省)을 순시하던 중 큰 철추가 날아들어 시황이 타고 있던 수레를 덮쳤다. 철추는 시황의 수레를 아슬아슬하게 빗겨가 다른 수레에 부딪치는 바람에 시황은 위기를 모면했다. 전국에 범인 검거령을 내렸으나, 범인은 잡히지 않았다. 후에 밝혀지지만 이 사건의 주모자는 유방을 도와 한나라를 건국하는데 큰 역할을 했던 장량(張良)이었다. "토끼를 잡으면 사냥개는 잡아먹는 법", 원문으로 쓰면 "狡兔殺, 走狗烹(교토살, 주구팽)"이라는 유명한 말을 남긴 사람이다.

시황에 대한 암살 기도는 이번이 처음은 아니다. 시황 20년, 연(燕)의 태자 단(丹)은 형가(荊軻)라는 자객을 시켜 시황을 암살하려 했다. 암살은 실패로 끝나고, 연나라는 혹독한 대가를 치르게 된다. 그러나 그 때는 통일의 과정이었고, 전쟁 중이었다. 연나라로서는 그럴 수도 있는 일이었다. 그렇지만 이번은 경우가 다르다. 이미 통일을 이룬 상태였고, 온 백성은 시황의 말발굽 아래에 있었다. 그런데도 암살 기도가 일어났던 것이다. 이 사건은 시황에게 독재 권력을 강화할 대로 강화했지만 아직 천하를 완벽하게 제압하지는 못하고 있다는 사실을 깨우쳐준다.

이제 시황의 나이 42세, 아까의 계산법에 따르면 58세가 되는 셈이다. 시황의 마음은 초조해진다.

"천하는 아직 불안하다. 지금은 나 때문에 모두들 숨을 죽이고 있지만, 나만 없으면 각지에서 반란이 일어날지도 모른다. 자식들은 아직 어리다. 내가 오래 살아야 보다 안정된 나라를 물려줄 수 있다."

생각이 여기에 미치면 마음이 바빠지게 마련이다. 산해진미에 몸에 좋다는 음식을 먹어보지 않은 것이 없는 진시황이었지만, 그래도 "좀 더 오래 살 수 있는 비결이 있다면…" 하는 마음이 생기게 된다.

바로 이 때 노생(盧生) 등과 같은 방사(方士)들이 접근한다. 이들은 이런 낌새는 동물적 감각으로 느낀다. 그들의 불로장생법과 불로초라는 말에 시황도 귀가 솔깃해진다. 시황도 늙어가고 있다는 증거이다.

사람이 늙어가면 피부만 탄력이 떨어지는 것이 아니라 정신도 유연성을 잃어간다. 그래서 나이를 먹으면 고집이 세지는 것이다. 독재 정권 말기에 강경한 조치가 잇따르는 것도 이 때문이다.

시황 32년, 기원전 215년, 노생이 예언서라고 하며 녹도서(錄圖書)라는 것을 바친다. 그 안에는 "진을 멸망시키는 자, 호(胡)다.(「亡秦者, 胡也..」)"라고 써 있었다. 시황의 가장 아픈 곳을 찌르는 말이다. 시황은 즉시 진나라 제일의 명장 몽염(蒙恬) 장군에게 30만 대군을 주어 호 즉 몽골을 치게 한다. 그리고는 만리장성을 쌓아 호의 침입에 대비한다. 여기까지는 우리가 익히 알고 있는 진시황이 만리장성을 쌓게 된 스토리다. 그렇지만 일이 이렇게 단순하게 진행된 것은 아니다. 그리고 시황 역시 그렇게 단순한 인물이 아니다.

천하를 통일한 시황에게는 두 가지 고민이 있었다. 하나는 내부의 불안 요소 즉 반대 세력을 뿌리 뽑는 것이고, 다른 하나는 외부의 적에 대한 방비였다. 둘 다 만만치 않은 과제이지만 절대 미룰 수도 없는 일이다.

시황은 먼저 대대적인 토목 공사를 일으킨다. 즉 통일 되기 전 각 나라 별로 쌓았던 장벽들을 제거하고 길을 내는 작업이다. 요즘 말로 하면 국가재건사업이요, 사회간접자본 확충사업이다. 각 지역 별로 많은 젊은이들이 동원되고, 그 곳에서 일도 하고 힘도 빼게 만든다. 군대에서 사병들을 심심하게 놔두지 않는 이치와 같다고 생각하면 된다.

통일제국을 위협하는 외부의 적이라면 남으로는 월(越)이고, 북으로는 중국 사람들이 몽고(蒙古) 또는 흉노(匈奴)라고 부르는 호(胡)였다. 월은 오월동주(吳越同舟)라는 고사성어도 있듯이 춘추 말 전국 초에 중국 남부를 대표하는 나라였다. 뒤에 초나라에 밀려나긴 했지만 월나라 사람들의 용맹함은 시황도 잘 알고 있었다. 그래서 일찍이 도망죄 전력이 있는 자, 가난해서 데릴사위로 팔려간 자, 상인 등을 징발하여 지금의 광동성과 광서성 일대를 지키게 한다. 즉 사회 불안 요소들을 한꺼번에 불러 모아 멀리 변방으로 보내고, 국방에도 도움이 되게 하는 조치이다. 돌 하나로 새 두 마리를 잡으려고 한 것이다.

아주 뒤의 일이지만 원나라의 쿠빌라이 황제가 고려와 남송의 군대를 규합해 일본을 치게 한 것도 이런 이유에서였다고도 생각된다. 역사에서는 일본 정벌이 쿠빌라이의 무지와 무리에서 비롯된 대실패라고 하지만, 쿠빌라이의 마음은 다른 곳에 있었다. 남송군은 허약하지만 수가 많고, 고려군은 수는 적지만 용맹하고 끈질기다. 이런 그들을 처리하고 싶었던 것이다. 실패해도 그만이고, 성공하면 일본에 주둔해서 살게 할 방침이었는지 모른다. 어찌됐던 고려와 남송 연합군의 병사들은 배를 타는 순간 이미 다시는 모국으로 돌아오지 못할 운명이었던 것이다.

호 즉 몽골에 대한 방비는 월의 경우와는 많이 달랐다. 호는 '말 잔등 위의 민족'이라고 불릴 만큼 매우 뛰어난 기동력을 자랑한다. 싸움도 물론 잘한다. 그들에게 싸움은 할 수 없이 하는 것이 아니라 살기 위해서 하는 생존수단이다. 척박한 땅에서 사는 유목민족의 숙명이다. 더구나 그들은 넓은 지역에 흩어져 살기 때문에 정벌도 쉽지 않을 뿐만 아니라 그럴 경우 사막을 건너가야 하는 어려움도 있다. 그래서 시황은 우선 호인들을 사막으로 몰아낸 다음 성을 쌓기로 결정한다. 이는 앞에서 말한 예언서하고는 상관이 없는 일이다. 다만 예언서의 내용이 이런 결정을 내리는데 약간의 도움은 되었을 것으로 생각된다. 당시 사람들은 이런 예언에 지금보다도 훨씬 더 믿음을 가졌다.

여담으로, 중국 역사에는 이런 예언이 종종 등장해서 팍팍한 역사에 기름을 쳐준다. 예를 들어 진나라는 호 즉 흉노족이 아닌 그의 아들 호해(胡亥)로 인해 망한다. 그래서 후세 사람들의 입장에서 보면 그런 예언들이 기가 막히게 들어맞는 것처럼 느껴지고, "세상에 이럴 수가?!"하고 놀라게 된다. 그렇지만 이런 예언들이란 대부분 후세에 만들어진 것이다. 그리고 역사란 본래 일이 있은 다음에 써지는 것이 아니던가. 이것을 현대로 옮겨 생각하면, 선거가 끝난 다음에 "나는 본래부터 선거 결과가 이렇게 될 것으로 예측했었노라"하면서 등장하는 전문가들이 얼마나 많은가!

시황은 당시 진나라 최고의 장군인 몽염에게 정예병 30만을 주고 북방 수비 및 만리장성 축조 사업을 맡긴다. 월족을 방비하기 위해 구성되었던 군대하고는 사뭇 다르다. 그 이유는 북방의 군대는 유사시 황궁 수비까지 염두에 두었기 때문이다. 남방의 군대는 유배 성격이 강했고, 또 당시 수도인 함양과는 너무 멀리 떨어져 있었기 때문에 급할 때 소집하기가 쉽지 않았다. 그렇지만 수도와 가까운 곳에 있는 북방 수비대는 혹시나 있을 내란에 대비해서 정예병으로 구성했고, 그 지휘도 충성심 깊은 몽염 장군에게 맡겨 국가 위난 시에 언제라도 소환할 수 있도록 했다. 더구나 나중에는 장남인 부소(扶蘇)까지 보낸다.

여기에서 잠깐 시황과 부소 부자에 얽힌 이야기를 하고 가겠다.

뒤에 나올 분서갱유 사건이 있은 다음, 부소는 아버지에게

"너무 법만을 강조하시면 천하 사람들이 귀복(歸服)하지 않을까 두려우니, 현찰(賢察) 있으시길 바랍니다."

하고 간언을 했다. 시황은 화를 벌컥 내고 아들을 변방으로 쫓아낸다. 이것이 우리가 알고 있는 역사적 사실이다. ≪사기≫에도 이렇게 적혀 있다. 그러나 이렇게 단순할까? 앞에서도 누누이 이야기 했지만 시황은 그렇게 단순·무식한 사람이 아니다.

한 국가의 지도자는 어떤 결정을 할 때 눈앞에 보이는 한 가지 일에만 집착하지 않고, 여러 가지 상황을 고려해서 종합적인 판단을 내려야 유능한 지도자라고 할 수 있다. 더구나 지금 이 사람은 천하를 통일한 시황이다.

현명한 왕은 부자가 언제나 같이 있지 않고, 특히 장남이 어느 정도 성장하면 변방 근무를 시킨다. 한편으로는 군무(軍務) 경험을 쌓게 하고, 다른 한편으로는 혹시 있을지도 모르는 암살과 같은 위해(危害)에 대비하기 위함이다. 그런데 장남이 아버지와 국가를 위해 충언을 한 다음 멀리 쫓아내면, 백성들은 "아버지는 포악하지만, 아들은 인자하구나"라고 여길 것이고, 자연히 민심도 얻을 수 있다. 이것은 간단하지만 아주 효과적인 방법이다. 그리고 몽염 장군과 함께 있으면 장남의 신변은 이제 더 이상 걱정을 안 해도 된다.

"만약 내게 무슨 일이 생겼을 때 장남과 몽염이 같이 와준다면...."
이렇게 생각하면 자다가도 흐뭇해지는 것이 아버지의 마음이다.

옛날 로마의 카이사르가 똑똑하지만 병약했던 옥타비아누스(뒷날의 아우구스투스)에게 충직한 무장 아그리파 장군을 파트너로 붙여준 것도 다 같이 이러한 배려에서였다. 아그리파는 미술을 배우는 학생들이 석고상을 그릴 때, 맨 처음으로 그리게 되는 각이 많이 진 얼굴을 한 바로 그 사람이다.

진시황 34년, 기원전 213년, 시황이 함양궁(咸陽宮)에서 주연을 베풀었다. 박사들이 앞다투어 시황의 만수무강을 축원하고, 신하들도 갖은 아첨하는 말을 늘어놓았다. 그 때 박사 순우월(淳于越)은 저런 아첨하는 무리들의 말을 듣지 마시고 국가의 만년대계를 위해 이제는 봉건제를 도입하는 것이 좋겠다고 진언한다. 사실 이러한 제안이 처음은 아니었다.

천하를 통일하고 난 그 해, 승상 왕관(王綰)은 제(齊)·초(楚)·연(燕) 같은 지역은 멀어서 다스리기 어려우니 황족을 왕으로 임명하시어 다스리도록 하는 것이 좋겠다고 건의한 바 있다. 그 때는 시황이 직접 나서서 반대했다. 이유는 간단했다. 바로 그 방식 때문에 주나라가 망했노라고.... 그로부터 약 10년 후 그와 비슷한 건의가 다시 나온 것이다. 이번에는 달랐다. 시황은 이 제안을 중신들에게 검토해보도록 했다. 이 때 승상 이사가 나선다.

이사는 순우월의 진언이 법가의 근간을 흔드는 것이라 생각했다. 그의 말대로 된다면 나라는 다시 봉건제로 회귀하여 유가들이 득세할 것이고, 법가이자 일인지하(一人之下) 만인지상(萬人之上)인 자신의 위치는 하루아침에 몰락하고 만다. 이사는 이때를 기회로 삼아 유가에게 결정적인 타격을 입히고자 한다. 그는 열변을 토한다.

"어리석은 유생이 시대의 흐름을 망각하고, 옛 것만을 숭상하고 현실을 비판하여 백성을 혼란케 한다."
는 것이 그 요지이다. 2,000년 전에 한자로 쓰인 문장이지만, 그의 격한 감정을 느낄 수 있다. 그리고 그 끝에 다음과 같은 건의를 한다. 바로 '분서'에 관한 구체적 실천 방안이다.

　1. 진나라의 역사책인 ≪진기(秦記)≫를 제외한 모든 6국의 역사책은 태워 버릴 것.
　2. 박사관이 직무상 가지고 있는 것을 제외하고 ≪시(경)≫와 ≪서(경)≫ 및 제자백가서를 소지하고 있는 자는 일률적으로 군수(郡守)와 군위(郡尉)에게 바치고, 이를 태워 버릴 것. 명령이 있은 지 30일이 지나도 이를 시행하지 않는 자는 경형(黥刑, 얼굴에 죄명을 문신해 넣는 형벌)에 처하고 아울러 성단(城旦, 4년간의 성 쌓기 노역)에 복역시킬 것.
　3. 사사로이 ≪시≫와 ≪서≫를 담론하는 자는 사형에 처하고, 옛 것을 가지고 현실을 비판하는 자는 멸족시킬 것. 다른 사람의 이러한 범죄 사실을 알고도 고발하지 않는 자는 같은 죄목으로 다스릴 것.
　4. 의약서, 점술책, 농경에 관한 책들은 태워 버리지 말 것.
　5. 사학(私學)을 엄금하고, 국가의 법령을 배우고자 하는 자는 관리를 스승으로 삼을 것.

시황은 이때도 이사의 손을 들어준다. 시황의 결정적인 실책이 드러나는 순간이다. 훗날 역사가들이 말하는 '분서' 때문만은 아니다. 바로 그 때가 천하의 백성들에게 숨을 쉴 수 있는 여유를 줄 타이밍이었던 것이다. 천하를 통일한 지 9년 째, 이제는 조였던 끈을 조금씩 풀어줄 때였다는 말이다. 시황의 나이 이미 47세, 냉철했던 시황의 판단력에도 조금씩 허점이 보이기 시작한다. 먼저 이야기하자면 시황은 이제 3년 뒤에 죽는다.

분서 사건이 있은 지 그 다음 해, 후생(侯生)은 노생과 더불어 "시황제는 천성이 포악하고, 자신이 천하에서 제일 잘났다고 여긴다. 권세를 너무 탐하니 이런 사람에게는 불로초를 구해도 주지 말아야 한다"라고 시황을 욕하고 잠적한다. 간이 부었다고도 생각되지만, 이들은 불로초 운운 하면서 시황의 건강 상태를 아주 가까이서 관찰할 수 있었던 자들이다. 이들이 이런 말을 던지고 달아난다는 것은 요즘 말로 권력의 누수 현상이기도 하지만, 시황이 얼마 살지 못할 것을 알았기 때문이기도 하다. 시황이 죽게 된다면 자신들도 살아남지 못하리라는 것은 자명한 일이다.

"아니! 이 놈들이?!!"

시황은 분노했다. 국가원수 모독죄와 유언비어 살포죄에 대한 대대적인 검거가 시작된다. 서로가 서로를 밀고한 끝에 460여 명의 사람이 붙잡힌다. 예나 지금이나 마찬가지지만 이럴 때는 억울한 사람도 있게 마련이고, 유생들은 평소에도 현 체제에 비판을 일삼던 사람들이다. 이들은 모두 함양성 안에서 생매장된다. 본보기인 셈이다. 이것이 '갱유' 사건이다.

'분서갱유'라고 하면 오랜 세월 동안 진시황의 폭정과 잔혹함을 대변하는 말로 굳어졌다. 물론 이것이 잘한 일은 아니다. 그렇지만 이러한 평가에는 약간은 감정적인 면도 깃들어 있음을 알아야 한다. 시오노 나나미는 ≪로마인 이야기≫에서 서양 사람들은 기독교나 기독교인을 핍박하면 사실보다 훨씬 강하게 반응한다고 하였다. 이를 중국에 적용하면 유가나 유생을 건드리면 그런 현상이 나타난다.

유가 사람들은 고대에 글을 쓸 줄도 알고 읽을 줄도 알도록 전문적으로 교육까지 했던 유일한 집단이다. 또한 명분이라는 독특한 신념을 가지고 사는 사람들이다. 그들을 핍박하는 것은 오늘날 기자를 건드리는 것과 비슷하다고 생각하면 이해하기 쉬울 것이다. 그리고 단명 왕조의 평가는 대체로 나쁘게 마련이다. 진나라도 그렇고 수(隋)나라도 그렇다.

한 나라의 역사는 그 나라가 망하고 나서 다음 왕조에 의해 쓰인다. 그리고 역사는 승자의 기록이다. 자신들의 정당성을 강조하려면 앞의 왕조에 대해 망할 수밖에 없었던 이유를 여러 가지로 들게 된다. 왕조가 오래가면 후손들이 자신의 할아버지나 증조할아버지에 대해서 나쁜 일을 굳이 들추어서 비판하지 않게 되지만, 반대로 단명하면 이런 바람막이가 완전히 없다. 이럴 경우 역사적 평가가 어떻게 내려지겠는가 하는 것은 불을 보듯 뻔하다.

아무튼 분서갱유 사건에 대한 평가는 학자들 사이에 다른 의견도 있지만, 그로 인해 많은 책이 손실되고 중국 학술의 발전에 커다란 걸림돌이 되었던 것만은 사실이다. 이 사건은 훗날 한(漢)나라에 훈고학이 일어나게 만드는 원인이 되기도 하였다.

제3장

한(漢)

說文解字 附檢字

〔漢〕許慎 撰
〔宋〕徐鉉 校定

中華書局 影印

제3장 한(漢)

3.1 시대 상황

3.1.1 초한(楚漢) 전쟁

기원전 210년, 진시황이 죽고 막내아들 호해가 제2세 황제에 오르자, 천하는 기다렸다는 듯이 여기저기에서 반란이 일어났다. 그 첫 테잎을 끊은 것이 "왕후장상(王侯將相)에 씨가 따로 있더냐?!"라고 외쳤던 진승(陳勝)이다. 진승은 자신의 능력 부족 탓에 일찌감치 역사에서 사라지지만, 사마천은 그의 공로를 인정하여 ≪사기≫에 <진섭세가(陳涉世家)>를 만들어 대접했다. 제후의 반열에 올린 것이다. 섭(涉)은 그의 자이다.

그 다음 많은 사람의 이름이 등장하지만, 그들 모두는 항우(項羽)라는 영웅 앞에 머리를 조아리게 된다. 항우, 조상이 항(項) 지방에 봉해졌기 때문에 그 지명을 따서 성씨로 삼았다. 항은 지금의 하남성(河南省)에 속한다. 이름은 적(籍)이고, 우(羽)는 자이다. 그의 막내 작은 아버지가 항량(項梁)인데, 항량은 앞에 나온 바 있는 초나라 대장군 항연의 아들이다. 귀족일 뿐만 아니라 당당한 대장군 가문의 후손이다.

항우는 스스로를 "역발산(力拔山), 기개세(氣蓋世)"라고 평했다. "힘은 산을 뽑고, 기세는 천하를 덮는다"는 말이다. 초나라 사람답게 다소 과장이 느껴지지만, 중국의 수많은 영웅호걸 가운데 이러한 말을 해도 되는 사람은 항우, 이 한 사람뿐이라고 해도 과언이 아니다. 그리고 항우는 죽을 때까지 오직 한 여인만을 사랑했다. 바로 우미인(虞美人)

이다. 이 여인은 항우와 마지막 전투까지 동행했고, 그를 편안하게 해주기 위해 그의 앞에서 먼저 목숨을 끊었다. 만약 항우가 평화로운 시대에 태어났다면 뭇 여인들의 가슴을 설레게 만들 호남아가 되었을 것이다.

항우의 맞상대였고, 초한전쟁에서 최후의 승자가 된 유방(劉邦), 그는 성은 유(劉)지만 이름은 없었다. 나라를 뜻하는 방(邦)이라는 이름은 나중에 한중(漢中) 지방의 왕이 된 다음 새로 붙인 이름이다. 이름은 없는데 자는 계(季)라고 했다. ≪사기≫에 그렇게 적혀 있다. 그런데 사실 '계'는 자가 아니다. 사람들은 그의 형을 중(仲)이라고 했고, 유방은 계라고 불렀다. 항렬로 백중숙계(伯仲叔季), 즉 유씨네 둘째, 유씨네 막내라는 뜻이다.

또한 유방의 아버지는 태공(太公)이고, 어머니는 유온(劉媼)이다. 태공이나 온 역시 이름이 아니다. 우리말로 하면 그냥 할아버지요, 유씨 할머니 또는 아주머니다. 중국에서는 동성(同姓)끼리는 결혼하지 않고, 여자는 결혼을 하더라도 성을 바꾸지 않는다. 그런데 유방은 어머니의 성을 따랐다. 부모가 정식으로 결혼하지 않았거나, 아버지가 데릴사위였을 가능성도 있다. 어쨌거나 유방의 집 안에는 정식 이름이 있는 사람은 하나도 없었던 셈이다. 지극히 평민이었기 때문이다.

유방은 천성이 술을 좋아하고 여자를 밝혔으며[好酒及色(호주급색)], 하는 일 없이 동네 친구들과 어울려 놀기 좋아했고, 외상술을 잘 마셨다고 한다. 한마디로 건달이었다는 뜻이다. 나라의 시조인 유방에 대해 이렇게 쓰고 있는 사마천의 용기가 대단하다.

진나라를 타도하는데 가장 앞장섰던 사람들은 말할 것도 없이 항우가 이끄는 초나라 군사였다. "초나라 세 집만 모여도 반드시 진나라를 멸하리라"라고 이를 갈았던 바로 그 사람들이다. 그들은 이 말을 실천에 옮겼다. 지금의 하북성(河北省)에 있는 거록(鉅鹿)에서의 전투는 그 하이라이트였다.

2만의 병사를 이끌고 황하를 건넌 항우는 배를 불사르고 식기를 모두 깨뜨린다. 이기지 않으면 돌아가지 않겠다는 결의이다. 항우는 3일간 9번을 출전하여 모두 이겼다. 전신(戰神)이라는 별명은 여기에서 붙었다. 이 기세에 눌린 진의 마지막 장수 장한(章邯)은 20만 군사를 이끌고 항복한다. 이로써 진은 더 이상 싸울 힘을 잃고 만다. 항우는 항복한 진나라 군사 20만을 언제 모반할지 모른다는 이유에서 생매장한다. 항우가 초한전쟁에서 지게 되는 첫 번째 실착(失着)이다.

유방은 항우가 장한 군대와 싸우고 있는 동안 지름길을 통해 함양성을 공략한다. 그 때 이미 호해는 조고의 손에 목숨을 잃었고, 자영(子嬰)이 왕위에 올라 있었다. 자영은 진시황의 맏아들 부소의 아들로 알려져 있다. 싸울 의지를 잃은 자영은 유방의 군대에게 항복한다.

함양성 사람들은 공포에 떨었다. 점령군이 왔기 때문이다. 통일 과정에서 진나라 군사들이 다른 나라 군대나 백성들에게 자행했던 잔혹 행위를 생각하면 그럴 만도 했다. 진나라 장군 백기(白起)는 조나라 군사 40만 명을 골짜기에 몰아넣고 산을 허물어 생매장한 적도 있다. 2,000년 뒤 제2차 세계대전 말, 러시아군의 입성을 바라보는 베를린 시민의 마음도 이러했을 것이다.

함양성에 입성한 유방은 진나라의 모든 법을 효력 중지시키고, 임시 법령을 선포한다. 그 유명한 약법삼장(約法三章)이다.

　　내 백성들에게 약속하노니, 법은 단 3장뿐이라.
　　사람을 죽인 자는 사형.
　　사람을 상하게 하거나 도둑질 한 자는 그에 해당하는 벌을 내린다.
　　(「與父老約, 法三章耳: 殺人者, 死; 傷人及盜抵罪.」)

함양성 백성들은 "그것뿐이냐?"고 물었다.
유방은 "그렇다"고 답했다.
사실 가방끈이 짧았던 아니 전혀 없었던 유방에게 더 이상 복잡한 법령을 말하라고 해도 무리였을지 모른다.
성 안 사람들은 환호했다. 모두 죽을 줄로만 알았는데, 해치지 않는단다. 길거리에 모여서 정치 얘기를 나눠도 사형죄에 해당되었던 것이 진나라의 법이었다. 긴급조치법, 국가보안법, 특정범죄가중처벌법, 집회와 시위에 관한 특별법 등등 거미줄처럼 사람들의 생활을 옥죄고 있었 던 법령이 하루아침에 중지되고, 간단한 법 세 개만 지키면 된다니..... 유방의 군대는 점령군이 아니라 해방군처럼 느껴졌다. 유방은 단번에 인심을 얻게 된다.

 진시황의 아방궁에 들어간 유방은 너무나 행복했다. 저 수많은 미녀들, 창고마다 가득한 금은보화, 한 번도 맛보지 못한 산해진미 요리, 혀를 녹이는 듯한 이름을 알 수 없는 술들.... 유방은 누리고 싶었다.

 이것을 본 손아래 동서 번쾌(樊噲)가 한마디 한다.

 "형님, 그러시지 않는 게 좋겠수."

 유방은 "아니 얘가 왜 이러나?"하는 마음으로 들은 척도 안했다.

 이야기가 잠시 빗나가지만, 유방의 장인 여공(呂公)은 유방의 고향인 패현(沛縣, 강소성(江蘇省)에 있음)의 유지였다. 그는 유방을 보고 첫눈에 크게 될 인물이라 여겨 그 자리에서 맏딸을 주었고, 둘째는 번쾌와 결혼시켰다. 번쾌는 훗날 ≪삼국지≫에 나오는 장비를 연상하면 그대로 들어맞는 인물이다. 그렇지만 당시 번쾌는 개를 잡는 백정이었다. 한 고을의 유지가 자기의 금지옥엽(金枝玉葉) 친 딸 둘을 하나는 건달에게, 다른 하나는 개백정에게 주었으니, 그 여씨 부인의 마음이 어땠을까?

 이번에는 장량이 나서서 말린다.

 "한 지역의 맹주가 되시려면 지금 마음껏 즐기십시오. 그러나 천하의 주인이 되시려거든 물러나 때를 기다리십시오."

 유방은 시큰둥했다.

 "그게 이거 하고 무슨 상관이람?"

 이렇게 생각했을지 모른다.

 아쉬운 마음을 뒤로 한 채 유방은 함양성을 나와 근처 패상(覇上)에 진을 치고 항우를 기다린다. 어르신을 맞이한다는 태도를 보인 것이다. 당시 항우와 유방의 실력 차이는 그러했다.

 곧이어 항우가 도착했고, 홍문(鴻門)에 진을 쳤다. 항우의 군사(軍師)이자 아버지로 받드는 범증(范增)이 말했다.

"유방이 산동에 있을 때는 재물을 탐하고 여자를 좋아했는데, 지금 함양성에 들어가서는 재물을 착취하지도 않고, 부녀자를 건드리지도 않았습니다. 이것은 그의 뜻이 작지 않은데 있다는 증거입니다."

항우는 유방을 자기 진지로 불렀다. 항우군이 함곡관(函谷關)을 통과하려 할 때, 유방군이 방해했던 일을 핑계로 삼았다.
"물어볼 것이 있으니 잠시 오라. 혼자서...."
중국에서는 문책을 하기 위해 사람을 부를 때 종종 이런 방식을 택한다. 가면 없던 죄도 만들어지고, 가지 않으면 죄를 인정하게 만드는, 아주 고약한 수법이다.
당시 항우의 군대는 40만이었고, 유방의 군대는 10만이었다고 한다. 숫자상으로만 보면 결사항전이라도 해볼 만한 수치이지만, 항우에게 정면으로 맞선다는 것은 자살 행위와 같다. 더구나 초군은 막강 진나라 군대를 전멸시킨 정예병이지만, 유방의 군대는 군대라고 할 것도 없는, 요즘말로 하면 무늬만 군인인 오합지졸이다.
유방은 도망치려고 했다. 이때도 장량이 말린다.
"그러시면 안 됩니다. 도망치신들 항우의 천하에서 어디로 가시렵니까? 차라리 내일 일찍 가셔서 항왕에게 사죄하시는 것이 좋을 듯합니다."
내일 죽으나 모레 죽으나, 청명(清明)에 죽으나 한식(寒食)에 죽으나 마찬가지라는 얘기다.
이튿날 유방은 약간의 호위병들만 데리고 홍문으로 갔다. 가고 싶지 않지만 억지로 갈 수 밖에 없는 잔치, '홍문의 잔치[鴻門之宴(홍문지연)]'라는 말은 이렇게 해서 생겨났다.
범증의 재촉에도 불구하고 항우는 유방을 죽이지 않는다. 역사가들은 이를 항우의 최대 실수라고 평한다. "끝낼 수 있을 때 끝내지 못한 것이 패인이었다"는 것이다. 또 항우의 이런 면을 두고 어설픈 낭만주의자니, 천하를 쟁취할 만큼 마음이 강건하지 못했다느니 전문가다운 말솜씨를 뽐낸다.

그러나 이것은 모두 일이 끝난 다음에 하는 이야기다. 예를 들어, 유방은 팽성(彭城) 싸움에서 항우군에게 쫓기자 "무거워서 수레가 빨리 달리지 못 한다"며 아들과 딸을 마차 밖으로 던졌다. 그것도 세 번씩이나. 이런 행위도 이기면 대를 위해 소를 희생할 수 있는 '구국(救國)의 결단'이 된다.

항우는 처음부터 유방을 죽일 생각이 없었는지도 모른다. 사실 죽일 필요가 없었을 것이다. 항우가 볼 때 유방은 상대가 아니다. 출신도 미천하고, 배운 것도 없는데다가 입만 열면 상소리요, 남의 욕은 또 얼마나 잘하는지…. 무예는 물론이고 병법 또한 익힌 바가 없다.

"이런 유방을 천하의 항우가 불러다 죽인다? 뭘 그럴 필요까지 있나?!"

항우는 이렇게 생각했을지도 모른다. 바둑으로 비유해서 프로 9단이 아마 5급의 대마를 초반에 몰살시키고 이겼다고 낄낄거리며 좋아한다면 그 무슨 체통인가 말이다.

며칠 뒤, 항우는 함양성에 들어가 진나라에 대한 마지막 복수를 한다. 진나라에 충성했던 사람들을 색출해서 도륙했던 것이다. 그러나 당시 함양성에 사는 사람치고 진나라에 충성하지 않았던 사람이 어디 있으랴! 항우는 진왕 자영도 죽이고, 아방궁도 불사른다. 옛날 점령군들이 저질렀던 전형적인 야만 행위이다. 이 사건으로 인해 천하의 민심은 유방에게로 급격히 쏠리게 되었다.

아방궁은 3개월간 불길이 꺼지지 않았다고 한다. 이 때문에 역사가 중에는 '분서'로 말하자면 진시황보다 항우의 죄가 더 크다고 말하는 사람도 있다. 진시황이 분서를 명했지만 그것은 시범적으로 태웠을 뿐 대부분의 책들은 함양성의 도서관에 보관하였는데, 이것을 항우가 아방궁을 불태우면서 함께 소실시켰다는 주장이다.

초한전쟁은 유방의 승리로 끝난다. 항우는 싸우면 이겼고, 군사력도 지도자의 자질도 유방보다 훨씬 뛰어났지만, 세상의 이치란 강하다고 반드시 이기는 것은 아닌가 보다. 약자가 강자를 이겨서 그런지 역사가들에게나 일반사람들에게나 모두 유방과 항우의 비교 평가는 그 둘의 성격에서부터 전략·전술에 이르기까지 옛날부터 좋은 얘깃거리가 되어 왔다.

그렇지만 이럴 때면 앞에서도 줄곧 말했지만 그 모든 것은 일이 끝난 다음의 말들이다. 여기에서는 초한전쟁의 결과에 대해 당사자의 말을 인용하는 것으로 끝맺고자 한다. ≪사기·고조본기≫에 나오는 내용이다.

유방이 황제에 오르고, 낙양에서 주연을 베푸는 자리에서 물었다.
"내가 천하를 차지하게 된 이유가 무엇이며, 항씨가 천하를 잃게 된 이유는 또 무엇인가?"
신하들 가운데 고기(高起)와 왕릉(王陵)이 대답하였다.
"폐하께서는 오만하시어 사람을 업신여기십니다. 항우는 인자하여 사람을 사랑합니다. 그러나 폐하께서는 남에게 성을 공격하게 하고 땅을 공략하게 해서는, 그 곳을 항복시킨 자에게 그것을 주어 천하 사람들과 이익을 같이 했습니다. 그러나 항우는 현명한 자를 질투하고 유능한 자를 미워하며, 공 있는 자에게 해를 주고 현자를 의심했습니다. 전쟁에서 승리하더라도 남에게 공로를 돌리지 않고, 땅을 점령하더라도 그 이익을 나누어 주지 않았습니다. 이것이 항우가 천하를 잃게 된 까닭입니다."
유방이 말하였다.
"그대들은 하나만 알고 둘은 모르는구려. 본진의 군막에서 작전을 세워 천 리 밖의 전투에서 승리를 얻게 하는 데에는 나는 자방(子方, 장량의 자)만 못하고, 나라를 안정시키고 백성을 위무(慰撫)하며 군량을 공급하고 보급선이 끊어지지 않도록 하는 데에는 나는 소하(蕭何)만 못하며, 100만 군사를 이끌고 싸우면 반드시 이기고 공격하면 반드시 성공하는 데에는 나는 한신(韓信)만 못하오. 이 세 사람은 모두 인걸이오. 나는 이 세 사람을 쓸 수 있었소. 이것이 내가 천하를 얻게 된 까닭일 것이오. 항우는 단 한 사람 범증이라는 인물이 있었으나 그 사람마저도 쓰질 못했소. 이것이 항우가 내게 패한 이유일 것이오."

유방의 말을 들어보면, 그 후손인 유비가 제갈공명을 얻어서 촉나라의 황제가 되었던 과정과 매우 흡사하다. 한나라의 유씨 집안은 비록 자신은 능력이 부족하지만, 남을 믿고 맡겨서 큰 업적을 이루는 데는 남다른 재능이 있는 것 같다.

3.1.2 한나라 창업 시기

해하(垓下), 초한전쟁의 마지막 전장의 이름이다. 한신의 10면 매복 전술과 장량의 사면초가(四面楚歌) 작전이 절묘하게 맞아 떨어지면서, 항우는 일생에 딱 한 번 패배하는 전투를 치르고 있었다.

이 때, 장량과 한신은 언덕에서 항우의 최후를 지켜보고 있었다. 장량이 말하였다.

"한 장군, 이제 우리는 물러날 때가 되었나보오."
한신: "물러나다니? 그게 대체 무슨 말씀이시오?"
장량: "우리의 할 일이 끝났으니, 나와 함께 아무도 모르는 곳으로 멀리 떠나자는 말이오."
한신: "떠나다니요? 우리는 한나라 창업의 일등 공신 아니오? 그대와 내가 없었다면, 오늘 이날이 있기나 하겠소?"
장량: "그렇기 때문에 하는 말이오. 토끼를 잡으면 사냥개는 잡아먹고, 새를 잡으면 활은 버리는 게 세상의 이치라오."
한신: "나는 그렇게 못하겠소! 나의 군사와 전술이 아니었다면, 어떻게 항우를 이길 수 있었겠소? 한왕은 절대로 나를 무시하지 못할 것이오. 또 그래서도 안 되고..."
장량: "하는 수 없군요. 그러시다면, 저는 그럼 이만...."

한신은 잠시 왕이 되었다가 후(侯)로 강등되고, 결국에는 모반죄로 처형당한다. 물론 모반은 없었다. 단지 신하로 거느리기에는 공이 너무 컸을 뿐이다. 그것이 죄라면 죄였다.

나라를 세우면 맨 먼저 하는 일이 앞의 왕조가 어떻게 망했는지를 연구한다고 앞에서 말한 바 있다. 한나라도 마찬가지였다. 이 때 그 기틀을 마련한 사람은 앞서 말한 장량과 한신 이외의 또 한 사람의 창업 공신인 소하(蕭何)였다.

우선 나라에는 통치 이념이 있어야 한다. 먼저 법가사상을 보자. 이건 무조건 안 된다. 진나라 멸망의 일등 공신이기 때문이다. 한나라뿐만 아니라 이 이후 모든 왕조에서 법가사상을 채택한 경우는 없다.

그 다음 묵가사상. 이 사상은 평등을 지나치게 강조하기 때문에 기득권 세력에게는 받아들일 수 없는 이념이다. 그래서 묵가사상은 법가와 마찬가지로 역대 어느 왕조에게도 환영받지 못한다.

이제 그 다음은 유가사상인데, 이 사상은 기득권뿐만 아니라 아예 계급사회를 인정하고 있다. 혹시나 있을 계급 사이의 갈등은 '예법'이라는 절묘한 무기로 차단하고 있어서 하극상(下剋上)을 일으키기 힘들게 만들어 놓았다. 가진 자들이 보기에는 무척 매력적인 요소들로 구성되어 있다.

그런데 한나라 초기에는 도가사상이 유행했다. 유가에 관해서는 다음 절에서 다시 이야기하도록 하겠다.

상식적으로 생각할 때 나라를 세우면 거창하게 개혁을 하고 법과 제도를 정비하고 등등 그래야 할 텐데, 도가의 "무위자연(無爲自然)", 다시 말해 일을 억지로 벌이지 않고 될 수 있는 한 그대로 놔두는 정책을 채택한 것이 이상할지도 모르겠다.

그렇지만 그 때는 10년간의 초한전쟁이라는 내전을 치르느라 농업으로 대표되는 경제는 엉망이었고, 나라의 재정은 바닥을 드러냈다. 무슨 일을 하려고 해도 할 수 없었던 현실적인 이유도 있었다. 그리고 '약법삼장'이라는 간단한 법으로 톡톡히 재미를 보았던 경험도 한 몫 했다. 일은 일을 낳는 법이라, 줄이고 간단하게 할수록 효과적일 때가 많다.

둘째, 제1세·제2세.... 하는 숫자로 세는 왕의 호칭, 이 역시 단명할 우려가 있으니 폐지한다. 중국 사람들은 이렇게 숫자로 왕을 표기하는 것이 점잖지도 못하고 재수가 없다고 여겼는지, 이 역시 다시는 역사에 등장하지 않는다. 이러면 당연히 옛날의 시호법으로 되돌아간다.

셋째, 군현제로 불리는 중앙집권체제, 이 역시 그대로 놔둘 수는 없었다.

진나라는 여러 곳에서 반란이 일어났을 때 초기 진압에 실패했다. 그것은 중앙에서 파견된 관리가 위급 상황에서는 국가보다는 자신의 안위를 먼저 고려해서, 반란이 일어나자 도망을 치거나 아니면 아예 반란에 가담하기도 하였다. 또 언제 떠날지 모르는 낯설고 물 설은 곳에 와서 잠시 있다가 다른 곳으로 전근 가면 그만이라는 생각에서 그 지역을 관리하는데 소홀했다. 그야말로 지방에 파견된 공무원의 전형적인 복지부동과 무사안일의 근무 태도를 보인 것이다. 그런 와중에 반란이 일어나니 영(令)이 설 리 없다.

그렇지만 군현제에도 나름대로의 장점이 있다고 판단하였는지 옛날의 봉건제와 서로의 장단점을 보완해서 실시한다. 그래서 한나라는 장안 일대 즉 수도권과 변방은 유씨 성을 가진 사람으로 왕을 삼아 책임지고 다스리도록 하고, 나머지 지역은 중앙에서 직접 통치하는 방식을 채택한다. 역사에서는 이를 군국제(郡國制)라고 부른다.

또 소하는 자신이 공무원 출신이었기 때문에, 나라 살림을 꾸려가자면 유능한 일꾼이 필요하다는 것을 알고 있었다. 그리고 당시에는 통일이 된지 얼마 지나지 않아서 수많은 전국시대의 책과 문서를 정리하고 관리해야 했기 때문에, 여러 가지 형태의 글자를 읽고 쓸 줄 아는 사람도 필요했다. 소하는 공무원의 채용과 승진 시험에 글자 시험을 필수로 지정한다.

소하는 지금으로 말하면 조그만 지방의 면서기 출신으로, 초한전쟁 때는 100만 대군의 병참을 담당했고, 건국 초기에는 서한(西漢) 200년의 기초를 만들었으며, 승상으로서 유방 대신 나라 살림을 맡아 처리했다. 놀라운 능력을 가진 사람임에 틀림없다. 그리고 약간의 굴곡은 있었지만 천수를 다하였다. 중국 사람들이 보기에 소하는 부와 명예를 누리고 게다가 천수를 다한, 그야말로 너무나도 따르고 싶은 인물의 모범을 보여주었다고 할 수 있다.

3.1.3 문자 교육의 중시와 훈고학의 발흥

≪한서(漢書)·예문지(藝文志)≫를 보면,

> 한(漢)나라가 세워지고 소하(蕭何)가 율령(律令)을 기초(起草)하고, 그 법률 역시 만들었는데, (그 법에) 이르기를 "태사(太史)가 학동들에게 시험을 치게 하여, 9,000자 이상을 외우고 이해해서 쓸 줄 아는 사람은 곧 관리가 될 수 있다. 또 여섯 가지 글자체를 가지고 시험을 보아, 성적이 가장 우수한 사람은 상서어사(尙書御史)·사서령사(史書令史)로 삼는다. 관리나 백성이 글을 올릴 때 만약 글자가 틀리면 바로 적발하여 문책한다."라고 하였다.(「漢興, 蕭何草律, 亦著其法, 曰: "太史試學童, 能諷書九千字以上, 乃得爲史. 又以六體試之, 課最者以爲尙書御史·史書令史. 吏民上書, 字或不正, 輒擧劾."」)

라고 하였고, 허신(許愼)의 ≪설문해자(說文解字)·서(敍)≫에서도

> 정위(廷尉)의 법률에 "학동(學童)들은 17세 이상부터 비로소 시험을 치르는데, 글자 9,000자를 외우고 이해하고 쓸 줄 알면 사(史)가 될 수 있다. 또 여덟 가지 글자체를 가지고 시험을 보아, (합격자는) 군(郡)에서 (조정의) 태사(太史)에게 이첩(移牒)하여 함께 모아서 시험을 보아, 성적이 가장 우수한 사람은 상서사(尙書史)로 삼는다. (관리나 백성이 글을 올릴 때) 글자를 틀리게 쓰면 바로 적발하여 문책한다."라고 하였다.(「尉律: "學童十七歲以上始試諷籀書九千字, 乃得爲吏. 又以八體試之, 卽移太史幷課最者以爲尙書史, 書或不正, 輒擧劾之."」)

라고 한 것으로 보아, 한나라가 얼마나 문자 교육을 중시하였는지를 잘 알 수 있다.

국가의 방침이 이렇게 정해지면, 실리에 밝은 중국 사람들은 글자공부를 열심히 하게 되고, 수요와 공급의 법칙에 따라 글자공부를 위한

책이 쏟아져 나오게 마련이다.

한나라는 진나라 때 있었던 글자공부책인 ≪창힐편(倉頡篇)≫·≪원력편(爰歷篇)≫·≪박학편(博學篇)≫ 등을 합해서 ≪창힐편(倉頡篇)≫ 또는 ≪삼창(三倉)≫이라고 불러서 사용하였다.

또 새로 짓기도 하였는데 이 때 나온 책으로는 사마상여(司馬相如, B.C.179?~B.C.118)의 ≪범장편(凡將篇)≫, 양웅(揚雄, B.C.53~A.D.18)의 ≪훈찬편(訓纂篇)≫, 사유(史游)의 ≪급취편(急就篇)≫, 이장(李長)의 ≪원상편(元尙篇)≫ 그리고 가방(賈魴)의 ≪방희편(滂喜篇)≫ 등이 있다. 이 8가지 책 가운데 현재 전해지는 것은 ≪창힐편≫ 약간과 ≪급취편≫ 뿐이다.

≪급취편≫은 ≪급취장(急就章)≫이라고도 부른다. 저자인 사유는 무제(武帝, B.C.140~B.C.87 재위) 때 황문령(黃門令)이라는 벼슬을 지냈다.

'급취(急就)'란 오늘날 말로 하면 '속성(速成)'이라는 뜻으로서, 책의 이름은 이 책의 맨 처음에 나오는 두 글자를 따서 지은 것이다.

≪급취편≫은 모두 2,016자를 수록하고 있는데, 처음 다섯 구(句)에 이 책을 지은 목적을 설명하고 있다.

> 빨리 익힐 수 있고 재미있는 이 글자공부책은 다른 것들과는 다르다. 여러 가지 사물의 이름을 나열하되 그 종류별로 구분하여 섞이지 않도록 하였으므로, 약간의 시간으로 빨리 배울 수 있으며, 잘 익혀 놓으면 반드시 좋은 일이 있을 것이다.(「急就奇觚與衆異, 羅列諸物名姓字, 分別部居不雜厠, 用日約少誠快意, 勉力務之必有喜..」)

≪급취편≫은 모두 34장으로 이루어졌는데, 대부분 7자 구(句)로 운을 맞추어 읽고 외우기 쉽도록 하였다. 그 내용은 사물의 이름, 음식, 의복, 신민(臣民), 기물(器物), 충어(蟲魚), 음악, 병기(兵器), 차마(車馬), 궁실(宮室), 식물, 동물, 질병, 약품, 상장(喪葬) 등으로 배열되어 있다.

혜제(惠帝, B.C.194~B.C.188 재위)는 나라의 기틀을 다지는 정책 가운데 하나로 진나라 때 시행하였던 책을 가지지 못하게 했던 법령을 폐기시키고 전국에 흩어져 있는 책을 다시 모으고 정리하는 작업을 시작하였다.

그런데 수집한 책 가운데는 한나라에서 쓰고 있는 글자체인 예서(隸書)로 쓰여 있는 것도 있고, 진나라 때 쓰던 글자체인 소전(小篆)으로 써진 것도 있었으며 또는 각 지방의 글자체 즉 이른바 '육국문자(六國文字)'로 써진 것도 있었다. 게다가 남아 있는 고적(古籍) 역시 그 보존 상태가 완전하지 않을 뿐만 아니라 그에 대한 해석도 학자마다 견해를 달리하였으니, 자연히 이러한 현상을 극복하려는 작업이 필요하게 되었다. 이러한 이유로 한대에는 옛날 책에 대한 정확한 해석을 하기 위한 훈고학이 일어나게 되었다.

3.1.4 유가의 득세

한나라 초, 나라가 세워지고 법가 사상이 폐기되는 시기에 유가가 등장하지 않았던 것도 이상했다. 전장제도(典章制度)라 일컫는 국가의 법률과 제도에 관해서는 그 어떤 학파보다도 앞서 있다고 자부하고 있던 유가가 말이다. 그런데 사실은 유가가 이런 기회를 놓쳤다거나, 그 자리를 도가에게 빼앗긴 것이 아니라, 유방이 유가를 진시황에 버금갈 만큼 싫어했기 때문이다.

무식했던 유방은 입만 열면 가르치려 들고 말만 하면 성인군자를 예로 들면서 모르는 소리만 해대는 유생을 아주 싫어했다. 그들이 찾아오면 일부러 시녀들에게 발을 씻기게 하면서 맞이했다. 때로는 마음에 안 들면 모자를 벗겨 그 안에 오줌도 눴다.

유방이나 그의 부하 장수들도 배운 것이 없기로는 마찬가지였다. 그들은 궁정에서 매일같이 술잔치를 벌였다. 술에 취하면 사람들이 하는 행동은 예나 지금이나 큰 차이가 없다. 다만 옛날 그들은 칼이 있었기에 궁정의 기둥을 칼로 치고 탁자를 두 동강 내기도 했다는 것이 다르다면 다르다고 할 수 있다.

술과 친구를 좋아했던 유방도 가끔씩은 참석해서 놀았다. 술이 거나해지면 그들은 유방을 "형님"이라고 불렀다. 정통 유가에서 보면 혼돈의 극치요, 목이 몇 개 있어도 유지하기 힘든 상황이다.

유방은 처음에는 즐거웠지만 차츰 "그래도 내가 황제인데…."하는 생각이 들었다. 이 때 한 유생이 등장한다. 그의 이름은 숙손통(叔孫通).

"폐하. 제가 그들을 얌전하게 길들이겠나이다."

유방은 반신반의 했다.

"어떻게? 그 친구들이 얼마나 거친데…."

"유가의 예법으로 교육시키겠나이다. 한 달간만 시간을 주시옵소서."

유방은 손해 볼 것이 없었다.

"윤허하노라."

숙손통이 어떻게 했는지는 알려져 있지 않다. 아마 단순·무식형 사람들의 가장 아픈 곳, 즉 '교양'이라는 치명적 약점을 찌르고 들어갔을 것이다.

"장군님, 장군님 정도 되시는 분이라면 당연히 그에 따르는 위엄이 있어야 합니다. 이럴 때는 이렇게 하시고, 저럴 때는 저렇게 하신다면 지금보다 훨씬 더 부하들에게 더욱 교양 있고 더욱 의젓한 분으로 보이실 것입니다."

"정말인가?"

"물론입니다."

"교양? 의젓? 거 좋은 말이지….."

한 달 뒤, 어느 정도 숙손통의 훈화 교육이 먹혔는지 그들은 예전에 비해 훨씬 얌전해졌다. 야생마에게 재갈은 아니더라도 안장을 얹은 정도는 되었다. 유방은 "유가도 쓸 만한 구석이 있구만….."이라고 생각했다.

그러나 이 일 하나로 유가가 각광을 받은 것은 아니다. 유가의 득세는 이로부터 50년 뒤의 일이다.

한나라의 전성기를 이룩했던 무제(武帝, B.C.140~B.C.87 재위)는 할머니 두태후(竇太后)의 도움으로 황제가 되었다. 두태후는 황로(黃老)사상 즉 도가사상에 심취했다. 두태후는 무제의 아버지 경제(景帝, B.C.156~B.C.141 재위) 때 노자(老子)를 욕했던 원고생(轅固生)이라는 유생을 돼지우리에 가둔 일도 있었다. 경제는 그가 불쌍했던지 몰래 칼을 넣어주었고, 원고생은 그 칼로 돼지를 찔러 죽였다고 한다.

아버지 경제나 할아버지 문제(文帝, B.C.179~B.C.157 재위)에 비해 적극적인 성격이었던 무제는 유가사상으로 마음이 기운다. 될 수 있는 한 아무 일도 하지 말라는 도가사상이 갑갑하게 느껴졌던 것이다. 또 할아버지와 아버지 시절에 별 큰 일이 없었던 탓에 농업 생산도 나아지고 국가 재정도 넉넉해졌다. 그래서 할머니 몰래 은밀히 유가로 체제를 바꾸기 시작한다.

그러나 궁중에는 눈과 귀가 많은 법이다. 이와 같은 사실이 할머니 두태후에게 알려졌고, 두태후는 이와 관련되어 채용된 신하들을 처형, 추방, 해임 등 다양한 방법으로 척결한다. 자존심 강한 무제였지만 할머니가 하는 일이었기 때문에 지켜볼 수밖에 없었다.

기원전 135년, 두태후가 죽자 무제는 드디어 자신의 뜻을 펴기 시작한다. 이 때 무제에게 결정적인 조언을 한 사람은 동중서(董仲舒)였다. 동중서의 이론을 요약하면 다음과 같다.

> 지금의 나라에는 여러 가지 종류의 신이 존재한다. 산의 신, 강의 신, 물의 신, 불의 신 게다가 부엌의 신도 있다. 그 모든 신 위에 하늘[天(천)]이 있고, 바로 아래에 그의 아들 즉 천자(天子)가 있다. 그러므로 천하 모든 만물은 천자의 명령에 복종해야 한다. 그는 하늘의 아들이기 때문이다.

이쯤 되면 중세 서양의 왕권신수설(王權神授說)과 큰 차이가 없어 보인다. 공자가 존경했던 안영(晏嬰, 춘추시대 제나라 사람)은 군주 위에 사직(社稷)을 놓았고, 공자는 이를 발전시켜 사직 위에 천하를 놓았으며, 맹자는 인의(仁義)를 놓았다. 같은 유가라 하더라도 주장하는 바는 조금씩 다르다.

무제는 동중서의 건의를 받아들여 유학을 국가의 유일한 정통 학술사상으로 인정하였다. 유학이 다른 학술사상과 비교해 독보적인 위치를 차지하게 된 것이다. 그리고 유학의 창시자라고 할 수 있는 공자를 제1 성현(聖賢)으로, 맹자를 그 다음 성현으로 받들게 하였다. 조정에는 태학(太學)을 설립하고 오경박사(五經博士)를 두어, 유가 경전에 대한 연구를 집중적으로 하게끔 하였다. 이로써 유가는 수 백 년 동안의 사상싸움에서 완벽한 승리를 거두었다고 할 수 있다.

유가가 국가 정통 학술사상으로 굳어졌다는 것은 출세와 이재(理財)를 인생의 두 축으로 살아가는 중국 사람들에게는 그만큼 해야 할 '공부'가 늘어났음을 의미한다. 이제부터 입신양명(立身揚名)을 위해서는 유가 관련 서적을 독파해야 한다. 그러나 이 일은 말이 쉽지 일반사람들에게는 불가능한 이야기다. 오죽하면 엄청난 독서량으로도 유명한 사마천조차 "유가의 서적들은 읽어야 할 것이 너무 많아서 일생동안 읽어도 다 못 읽어낼 정도"라고 했던가!

요즘 어떤 대학에서 고등학생들에게 대학 논술을 위해 읽어야 할 필독서로 동서양의 명저 200권을 추천했다는데, 과연 그 대학 교수들은 그 책들을 다 읽고 추천했는지 궁금하다. 장담하건대 아마 단 한 분도 안계시리라. 출세를 위한 통로로 유학이 지정 된 이상 중국 사람들은 이 이후 2,000년 동안 '공부'라는 한없는 가시밭길을 가게 된다.

3.1.5 금문경(今文經)학파와 고문경(古文經)학파의 논쟁

유가의 경전으로 대표적인 것은 ≪역(易)≫, ≪서(書)≫, ≪시(詩)≫, ≪예(禮)≫, ≪악(樂)≫ 그리고 ≪춘추(春秋)≫ 등 이른바 '육예(六藝)'를 들 수 있다. 한나라 때는 이미 ≪악≫이 없어졌기 때문에 나머지 5경을 모으는데 주력하였다.

그런데 수집한 경전들 가운데는 서로 다른 글자체로 쓰인 것이 많았고, 나이 많은 유생들이 기억하고 있는 경전의 내용을 불러 주고 그것을 받아 적은 글자체는 당시에 통용되던 예서(隸書)였기 때문에, 경전의 해석을 둘러싸고 이른바 예서로 쓰인 경전을 따르는 금문경학파(今文經學派)와 예서 이전의 글자체로 쓰인 경전을 따르는 고문경학파(古文經學派)의 논쟁이 생겨나게 되었다.

당시 서한(西漢)에는 ≪서경≫을 해석하는데 구양고(歐陽高)의 구양씨학(歐陽氏學), 하후승(夏侯勝)의 대하후씨학(大夏侯氏學) 그리고 하후건(夏侯建)의 소하후씨학(小夏侯氏學) 등 3가(家)가 있었는데, 이들이 보았던 ≪서경≫은 모두 예서로 쓰인 것이었다.

무제 때 유가가 국가의 정통 사상으로 인정받자, 노(魯) 공왕(恭王)은 이에 발맞춰 공자의 옛 집을 허물고 다시 짓고자 한다. 요즘 말로 '공자 생가 복원 및 확충 사업'이었던 것이다. 이를 위해 공자의 옛집의 벽을 허물자, 그 속에서 옛날 글자체로 쓰인 많은 책들이 발견되었다. 이름하여 '벽중서(壁中書)'라는 책들이다.

공자의 12대손인 공안국(孔安國)은 이것을 해독하여 무제에게 헌상하였고, 서한 말 고서의 수집과 정리를 맡고 있던 유흠(劉歆)은 이에 대한 연구를 위해 학관을 세우려 하였다. 그런데 이 일이 당시 5경박사를 모두 차지하고 있던 금문경학파의 반대에 부딪히면서 경전에 대한 금고문(今古文)의 논쟁이 본격적으로 일어나게 되었다.

금고문 논쟁은 본래 학술적인 견해 차이에서 비롯된 것이지만, 정치권력의 세력 다툼이라는 성격도 가진 논쟁이었다고 볼 수 있다. 왜냐하면 어떤 학파에서 어떤 학자가 배출되느냐 하는 것은 학문의 계승이란 학술적인 면도 있지만, 그것을 통한 인재와 관리의 인맥을 형성하는 데도 중요한 역할을 하기 때문이다.

금문경학파와 고문경학파는 경전을 해석하는 데 있어서 글자체의 차이보다 더 큰 차이를 보였다.

우선 금문경학파는 경전을 해석하는데 매우 세밀하였다. 예를 들어 ≪서경≫의 대사(大師)라고 하는 진연군(秦延君)은 ≪서경≫의 첫 번째 편인 <요전(堯典)> 두 글자를 해석하는데 무려 10여 만 자를 들였고, 또 <요전> 첫머리에 나오는 "왈약계고(曰若稽古)"를 설명하는데도 약 3만 여 자를 썼다. 사실 이런 장황한 해설치고 그 낱말을 이해하는

데 도움이 되는 경우는 거의 없다.

　금문경학파의 이러한 경전 해석은 실사구시(實事求是)에 입각했다기 보다는, 때때로 통치자의 통치 논리를 뒷받침하고 그에 따라 자신의 출세를 도모하고자 하는 목적도 있었다. 금문경학파 모두를 싸잡아서 비난하면 안 되겠지만, 그래도 그들은 이런 어용적(御用的) 태도가 짙었던 것도 사실이다. 이와 같은 금문경학파의 학술 태도는 한때는 매우 성행하였으나, 꼼꼼하게 연구하는 고문경학파가 등장하면서 쇠락의 길을 걷게 되었다.

　고문경학파는 문자의 연구와 훈고에 기초하여 경전의 옛 뜻을 밝히는데 주력하고 자기 마음대로 해석하려 하지 않았다. 한나라 언어학의 박학(樸學) 전통은 고문경학파에서 나온 것이다. 그들은 비록 사학(私學)이었지만 저명한 학술 대가를 많이 배출하였다. 정중(鄭衆), 마융(馬融), 두림(杜林), 가규(賈逵), 위홍(衛宏), 복건(服虔), 정현(鄭玄) 등이 그들이다. 이 가운데 가규는 허신(許愼)의 스승으로 허신의 ≪설문해자≫는 그의 영향을 많이 받았다.

3.1.6 중국 언어학의 시작

　한대는 중국의 언어학이 비로소 시작된 시기라고 할 수 있다. 한나라 이전에 몇몇 사상가(특히 순자)들이 언어에 대해서 단편적인 지식은 갖고 있었지만 체계를 갖추지는 못하였다. 그런데 한나라에 이르러 경학이 부흥하면서 경전의 수집과 정리, 그리고 이에 따른 금고문학파의 갈등 등으로 말미암아 훈고학이 매우 발달하게 되었다.

　또한 한대는 훈고학뿐만 아니라 문자학, 방언학, 그리고 어원학 등 언어학 각 분야의 기초가 마련된 시기이기도 하다. 그 가운데 서한 초기에 나온 ≪이아(爾雅)≫, 서한 말 양웅(揚雄, B.C.53~A.D.18)이 지은 ≪방언(方言)≫, 동한(東漢) 초 허신(許愼)의 ≪설문해자(說文解字)≫(121), 그리고 동한 말 유희(劉熙)의 ≪석명(釋名)≫ 등이 각 분야를 대표하는 책들이라고 할 수 있다.

　≪이아≫는 동의어자전(同義語字典)으로 고서에 있는 동의어를 모아

놓음으로써 경학 연구에 큰 도움을 주었고, ≪방언≫은 그 말 그대로 각 지방의 방언을 서로 비교한 책이며, ≪석명≫은 같은 발음을 가진 글자를 이용해 낱말의 어원을 밝히고자 한 책이다. 그리고 ≪설문해자≫는 중국 최초의 완전한 자전으로서, 문자의 형체에 대한 해석뿐만 아니라 주진(周秦) 시대의 고음을 연구하고 문자의 본의를 파악하는데 귀중한 자료이기 때문에 문자학은 물론 성운학과 훈고학에서도 높은 위치를 차지하고 있다.

3.2 훈고학

한대의 훈고학은 두 가지 유형으로 나누어진다. 그 중 하나는 경전에 대한 훈석(訓釋)이고, 다른 하나는 훈고학 전문 서적의 편찬이다.

경전에 대한 훈석 방면에 있어서는 정현(鄭玄)의 경전에 대한 주석이 대표한다고 할 수 있고, 훈고학 전문 서적의 편찬에 있어서는 중국 최초의 체계적 훈고 서적이라고 할 수 있는 ≪이아(爾雅)≫의 출현을 꼽을 수 있다. 한대 훈고학의 정황을 이 두 가지를 중심으로 살펴보면 다음과 같다.

3.2.1 경전의 주석

한대 훈고학자들의 경전에 대한 훈석 방법과 체제 그리고 훈고 용어 등은 후대 중국 훈고학에 거의 절대적인 영향을 끼쳤다. 서한의 경학가로 중요한 사람은 호모생(胡母生), 원고생(轅固生), 한영(韓嬰), 공안국(孔安國), 동중서(董仲舒) 등을 들 수 있다.

호모생은 ≪공양전(公羊傳)≫을 전하였고, 원고생은 ≪제시(齊詩)≫를 전하였으며, 한영은 ≪한시외전(韓詩外傳)≫을 전하였다. 또 공안국은 ≪고문상서(古文尙書)≫를 연구하였고, 동중서는 ≪춘추번로(春秋繁露)≫를 지었다.

동한의 경학가로 유명한 사람으로는 정흥(鄭興)·정중(鄭衆, ?~83)

부자(父子), ≪한서(漢書)≫와 ≪백호통의(白虎通義)≫를 지은 반고(班固, 32~92), ≪좌전≫과 ≪주례≫에 정통하였던 가규(賈逵, 30~101), 가규의 제자인 허신(許愼, 58?~147?), 마융(馬融, 78~166), 동한 공양학(公羊學)의 대가 하휴(何休, 129~182), 노식(盧植, 159~192), ≪맹자장구(孟子章句)≫를 지은 조기(趙歧, 108?~201) 그리고 정현(鄭玄, 127~200) 등을 들 수 있다. 이 중에서도 정현은 한대 경학의 집대성자이자 가장 큰 업적을 남긴 사람이라고 할 수 있다.

정현은 북해(北海) 고밀(高密, 지금의 산동성 고밀현) 사람으로, 자는 강성(康成)이다. ≪후한서≫ 권35 <정현전>에 따르면, 그는 가난한 집안에서 태어났지만 공부하기를 좋아하고 벼슬에는 별 관심을 보이지 않았다고 한다. 청년 시절 때는 장공조(張恭祖)와 마융 등에게서 사사(師事)를 받았고, 그 후 잠시 관직에 있었던 때를 제외하고는 일생의 대부분을 경전에 주석을 다는 일과 학생을 가르치는 일에 전념하였다.

그는 수많은 고서에 주석을 하였는데, 지금까지 완전하게 전해지는 것은 ≪모시전(毛詩箋)≫과 이른바 ≪삼례주(三禮注)≫라고 하는 ≪주례주(周禮注)≫·≪의례주(儀禮注)≫·≪예기주(禮記注)≫ 등 4책이다. 이 4책은 하휴의 ≪공양전해고(公羊傳解詁)≫·조기의 ≪맹자장구≫ 등과 더불어 오늘날 한나라의 주석서 가운데 가장 중요한 책들로 평가받고 있다.

정현은 한나라 말에 태어났기 때문에 선진(先秦) 시대와 시간적으로 어느 정도 거리가 있었다. 그래서 고서를 주해할 때 고금의 언어에 대해 차이점을 느끼고 이 문제를 해결하려고 노력하였다. 그가 고어(古語)를 당시의 말로 해석하는 데는 다음 세 가지의 방법을 썼다.

첫째는 독여(讀如)이다. 독여는 단순히 발음을 표시하거나 또는 그 발음을 가지고 뜻을 설명할 때 쓰는 용어이다. 예를 들어 ≪주례·동관(冬官)·시인(矢人)≫에 "欲生而搏(욕생이단)"이라는 구절이 있는데, 정현은 "搏은 '기장을 묶다[搏黍(단서)]'라고 할 때의 搏자처럼 읽는다. 즉 '두르다[圜(환)]'라는 뜻이다.(「搏, 讀如搏黍之搏, 謂圜也」)"라고 주를 하였다.

둘째는 독위(讀爲)이다. 독위란 발음이 같아서 빌려 쓴 글자에 대해 그 본래의 글자를 찾아 줄 때 쓰는 용어이다. 예를 들어 ≪주례·천관(天官)·총재(冢宰)≫에 "胥十有二人.(서십유이인)"이라는 구절이 있는데, 정현은 "胥는 諝(슬기 서)라고 읽는다. 그 뜻은 능력이 있는 사람이 12명의 우두머리가 된다는 뜻이다.(「胥, 讀爲諝, 謂其有才知爲什長」)"라고 주를 하였다.

그리고 셋째는 당위(當爲)이다. 당위란 틀린 곳을 바로 잡을 때 쓰는 용어이다. ≪주례·천관(天官)·전부공(典婦功)≫에 "무릇 빈부(嬪婦)의 공(功)을 받다.(「凡授嬪婦功.」)"라는 구절이 있는데, 정현은 "授(줄 수)는 마땅히 受(받을 수)라고 해야 하는데, 발음이 잘못되었다.(「授當爲受, 聲之誤也..」)"라고 주를 하였다.

위와 같이 소리로써 뜻을 구하는 방법 외에도 정현은 훈고 용어면에서도 적지 않은 공헌을 하였다. 예를 들어 '뜻이 없는 글자'라는 뜻의 '어조(語助)', 글자의 겹쳐 쓰기 현상을 가리키는 '중언(重言)', 서로 대칭 되게 쓰여 보충하는 방식인 '호언(互言)' 또는 '호문(互文)', 그리고 자구(字句)의 생략 현상을 가리키는 '생문(省文)' 등은 모두 정현이 만든 용어들로서, 지금까지도 쓰이고 있다.

물론 이것은 옛날에 한 번 정해진 것에 대해서는 별 문제가 없는 한 바꾸지 않고 그대로 쓰는 중국 사람들의 습관 탓도 있지만, 그 당시에 정현이 이미 어법과 문장의 구성 면에서 이와 같은 분석적인 태도를 가지고 있었다는 점은 인정해야 할 것이다.

또한 정현은 경전에 주석을 달 때 여러 사람의 견해를 참고하고 금문(今文)과 고문(古文)을 비교하여 어느 한 쪽에 치우치지 않으려고 노력하였으며, 교감과 고증에도 뛰어났고, 여러 경전을 꿰뚫어 체계적이고 논리적인 설명을 하였다. 후세 사람들은 이러한 정현의 훈고 방법과 학문적 태도를 일컬어 '정학(鄭學)'이라고 부르기도 하였다.

한나라의 훈고학자들이 후대의 훈고학에 끼친 영향은 실로 지대하다고 할 수 있지만 결점이 전혀 없는 것은 아니다.

한대의 훈고학자들 즉 유학자들은 오직 유학의 경전에 대한 훈석에만 매달렸을 뿐 다른 분야의 책은 거들떠보지 않았다. 이것은 당시 유학을 중시하는 정치·사회적 이유 때문이기도 한데, 이러한 학문의 편중 풍조는 후대에도 계속 이어져 내려갔다.

또한 그들은 실사구시를 내세워 한 글자 한 글자 꼼꼼하게 따지고 분석하는 것에는 뛰어났지만, 그 전체를 총괄하는 체계나 이론은 세우지 못하였다. 그래서 후세 사람들은 한대에는 훈고는 있었으나 훈고학은 없었다고 말하기도 한다.

3.2.2 고훈(古訓)의 집성(集成) --- ≪이아(爾雅)≫

≪이아≫는 중국 최초의 언어학 저작으로 소학류 저작 가운데서 유일하게 유가 경전에 속한 책이다. ≪이아≫는 각종 낱말과 물품들의 명칭을 풀이하고 같은 뜻의 고훈을 집대성한 일종의 동의어사전이라고 할 수 있다.

3.2.2.1 ≪이아≫의 작자

≪한서·예문지≫를 보면 "≪이아≫ 3권 20편"이라고만 했을 뿐 작자가 누군지는 밝히지 않고 있다. 진(晉)나라 곽박(郭璞, 276~324)의 ≪이아주(爾雅注)·서(序)≫에서도 단지 ≪이아≫는 "대개 중고(中古, 주대(周代)를 말함)에 출현하여, 한대(漢代)에 흥성하였다.(「蓋興於中古, 隆於漢氏..」)"라고만 하였고, 작자에 대해서는 설명하지 않았다. 지금까지 어느 누구도 ≪이아≫의 작자가 누구인가에 대해서는 정확하게 설명하지 못하고 있는데, 비교적 영향이 큰 3가지 설을 소개하면 다음과 같다.

첫째, 공자의 문하생들이 지었다고 하는 설이다.

정현은 ≪박오경이의(駁五經異義)≫에서 "내가 듣기에 ≪이아≫는 공자의 문하생이 지은 것이다. 이로써 육예(六藝)의 의의를 설명하였는데, 대체로 틀리지 않는다.(「某之聞也, ≪爾雅≫者孔子門人所作. 以釋六藝之旨, 蓋不誤也..」)"라고 말하고 있으며, 또 장일(張逸)에게 대답하여 말하기를 "≪이아≫의 문장은 (여러 가지가) 섞여 있어 일가(一家)의 저작이 아니고, 공자의 문하생이 지은 것인데 역시 한 사람이 지은 것이 아니다.(「≪爾雅≫之文雜, 非一家之著, 則孔子門人所作, 亦非一人..」)"라고 하였다. 즉 정현은 공자의 문하생들이 ≪이아≫를 지었다고 생각했다.

둘째, 주공(周公)이 지었다는 설이다.

위(魏)나라 장읍(張揖)은 <상광아표(上廣雅表)>에서,

> 신(臣)이 듣기에, 옛날에 주공(周公)은 당(唐, 즉 요(堯))·우(虞, 즉 순(舜))를 이어서 서술하고, 문무를 으뜸으로 삼고 공경하였으며, 사해를 평정하고, 성왕(成王)을 삼가 보필하였습니다. … 6년간 예법을 제정하여 이로써 천하를 이끌었으며, ≪이아≫ 1편을 지어 그 의의를 설명하였다고 합니다. 지금 세간에 전하는 3편의 ≪이아≫는 공자가 더했다고도 하고, 혹은 자하(子夏)가 보탰다고도 하며, 혹은 숙손통(叔孫通)이 보충했다고도 하고, 혹은 패공(沛公) 양문(梁文)이 고증했다고도 말하는데, (이것은) 모두 해석가들의 말이고, 선사(先師)들의 구전(口傳)은 이미 정확하게 검증할 수 없으니, 성인이 말씀하신 바를 이러한 이유로 밝힐 수 없을 것 같습니다.(「臣聞昔在周公, 纘述唐虞, 宗翼文武, 剋定四海, 勤相成王, … 六年制禮以導天下. 著≪爾雅≫一篇, 以釋其意義. 今俗所傳三篇≪爾雅≫, 或言仲尼所增, 或言子夏所益, 或言叔孫通所補, 或言沛郡梁文所考, 皆解家所說, 先師口傳, 既無正諭, 聖人所言, 是故疑不能明也..」)

라고 하였는데, 여기서는 주공 한 사람이 지은 것으로 보고 있다.

셋째, 진한(秦漢) 때의 유학자들이 지었다는 설이다.

당나라 육덕명(陸德明, 550~630)은 ≪경전석문(經典釋文)≫에서 다음과 같이 말하였다.

> ≪이아≫는 오경을 훈석함에 문장의 같고 다름을 밝히고, 초목조수(草木鳥獸)의 이름을 많이 기록하여 놓았는데, 두루 살펴보면서 한 부분에 치우치지 않았다. 爾는 가깝다는 뜻이고, 雅는 바르다는 뜻이다.

"(뜻이) 가깝다고 할 수 있으면서 바른 것을 취한다"는 말이다. <석고(釋詁)> 1편은 대개 주공(周公)이 지은 것이며, <석언(釋言)> 이하는 공자가 더하고, 자하(子夏)가 채우고, 숙손통(叔孫通)이 보태고, 양문(梁文)이 보충하고, 장읍(張揖)이 상세하게 논한 것이다.(「≪爾雅≫所以訓釋五經, 辨章同異, 多識草木鳥獸之名, 博覽而不惑者也. 爾, 近也. 雅, 正也. 言可近而取正也. <釋詁>一篇蓋周公所作, <釋言>以下, 或言仲尼所增, 子夏所足, 叔孫通所益, 梁文所補, 張揖論之詳矣.」)

송나라 구양수(歐陽修, 1007~1072)는 ≪시본의(詩本義)≫에서 ≪이아≫에 대해 "문장의 이치를 살펴보면 진(秦)·한(漢) 사이에 ≪시경≫을 공부하던 사람들이 ≪시경≫박사의 옛말 풀이 자료를 모아 엮은 책(「考其文理, 乃是秦漢間之學≪詩≫者, 纂集說≪詩≫博士解詁」)"이라고 하여, 진·한 때의 학자들이 편집한 것으로 보고 있다.

이상의 설을 종합해 보면 ≪이아≫의 저자는 "모르겠다"는 말과 같다. 그 이유는, ≪이아≫의 내용 대부분은 유가 경전에 쓰인 동의어 낱말을 모아 놓은 것이다. 그러므로 이 책을 유생들이 지었다고 하는 것은 삼척동자도 다 짐작할 수 있다.

또 구체적으로 이름을 든 경우도 있다. 그럼 그들을 알아보자.

먼저 주공.

주공이 누구인가? 주공은 은나라를 물리치고 주나라를 세운 무왕의 동생이다. 무왕은 건국 3년 만에 죽고, 그의 아들 성왕은 아직 어렸다. 주공은 성왕 대신 주나라의 법과 제도를 정비하고 섭정을 하다가 성왕이 성년이 되자 그대로 물러난다. 우리나라의 예와 비교하자면 조선시대 세조가 단종을 보필해서 나라의 기초를 굳건히 하고, 단종이 성인이 되자 조용히 은퇴했다고 생각하면 된다. 물론 세조는 그러지 않았지만....

주나라를 본받으려고 했던 공자에게 주공은 마음속의 우상이었다. 공자는 "이제는 늙어서 꿈에서나마 주공을 다시 뵙지 못하게 되었다"라며 한탄하기까지 했다. 더구나 주공은 노(魯)나라의 영주였으므로 공자에게는 국조(國祖)이기도 했다. 이런 주공이기 때문에 유가와 관련되는 일에 주공의 이름을 빌리면 공자까지는 안 되어도 상당한 권위가 인정된다.

그 다음 공자, 자하 그리고 숙손통.

공자님이야 유가들에게 더 말할 필요가 없는 분이시고, 자하는 공자의 문하생 가운데 공부에 관한 한 안연(顔淵)과 쌍벽을 이루는 인물이다. 그런데 안연은 일찍 죽었기 때문에 후세 유가들에 대한 영향력은 자하가 훨씬 크다. 더구나 자하는 제자도 많이 길러냈다. 전국시대에 자하의 제자 또는 그 제자의 제자로서 활약한 사람들이 꽤 있다.

숙손통, 이 사람은 앞에서 말했지만 유방에게 유가의 도를 맛보게 한 바로 그 사람이다.

이렇게 세 사람을 내세워서, "공자님이 시작하시고, 자하가 잇고, 숙손통이 마무리 했다"라고 하면 그야말로 '완벽' 그 자체이다. 그러나 세상 모든 일은 이렇게 너무 완벽할수록 조심해야 되는 법이다.

이제 근세에서 최근 사람들의 견해를 소개해 보겠다. 판단은 독자 여러분에게 맡긴다.

양계초(梁啓超, 1873~1929)는 ≪고서 진위 및 그 연대(古書眞僞及其年代)≫라는 책에서 ≪이아≫에 ≪시경≫의 말을 해석한 부분이 많다고 여기고 그 제작 연대를 ≪시경≫ 이후라고 하였다. <석지(釋地)>에서 구주(九州)와 오악(五岳) 및 한초(漢初)의 지리를 풀이하고 있으니, 주공 시대의 책이 아님은 물론이고 공자 이전의 것도 아니므로, 이는 한대의 유학자가 검사하기에 편리하도록 하기 위해, 과거와 동시대인의 고서에 대한 훈고 중에서 소용되는 것만을 뽑아서 기록한 것이라고 하였다. 그리고 ≪이아≫는 본래 숙손통이 편찬한 것인데, ≪예기(禮記)≫ 중의 일부분에서는 유흠에 이르러 ≪이아≫에 능통한 자 천여 명을 모아 각자 자료를 기록하게 하였다고 하였으니, ≪이아≫는 아마도 이 때 방대한 자료가 되었던듯하다고 적고 있다.

하구영(何九盈, ≪중국고대어언학사(中國古代語言學史)≫ 하남 인민 출판사 1985)과 이개(李開, ≪중국어문(中國語文)≫ 1989년 제1기)는 ≪이아≫에서 쓰인 방언 자료를 근거로 전국시대 말기 제(齊)와 노

(魯) 지방 일대의 유생들이 지었을 것으로 보고 있다.

한편 일본의 내등호차랑(內藤虎次郞)은 ≪이아신연구(爾雅新硏究)≫에서 ≪이아≫ 각 편의 제작 연대에 대하여 비교적 상세하게 고찰하였는데, 그의 견해는 아래와 같다.

≪이아≫ 중의 <석고(釋詁)>편은 아마도 70제자와 멀지 않은 시대에 지어진 것이거나 70제자의 만년에 제작된 것이며, 전국(戰國) 초년에 이르러 여러 가지로 보태어진 것일 것이다. 그리고 <석언(釋言)>편은 70제자 시대의 작품으로 공자가 소왕(素王)[1]이던 시대에 지어진 것으로 학문이 흥성하던 시대에 보태어진 것이다. <석훈(釋訓)>편은 더욱 각 시대를 포함하여 <석언>편과 더불어 대체로 한초(漢初)에까지 이어지면서 수시로 보태어진 것이다. <석친(釋親)>에서 <석천(釋天)>까지의 각 편들은 ≪공양춘추(公羊春秋)≫가 발달하고 ≪예기≫의 학문이 성행한 시대에, 즉 순자(荀子)를 전후한 시대로부터 한대 후창(后倉)·고당생(高堂生)의 시대에 제작된 것이다. <석지(釋地)>이하 <석수(釋水)>에 이르는 각 편은 역시 전국시대 말에서 한나라 초기에 이루어졌다. <석초(釋草)>에서 <석수(釋獸)>까지의 각 편중 어떤 것은 ≪시경≫을 해석한 것이기 때문에 예로부터 존재했던 것이나, 한나라 초에 이르러서야 제작 완성되었다. 마지막 <석축(釋畜)>편은 한대 문제(文帝)·경제(景帝) 시대에 제작된 것으로 여겨진다.(「在≪爾雅≫中之<釋詁>, 殆作於距七十子不遠之時代, 或製作於七十子之晩年乎! 迨後戰國初年, 有種種附益. 而<釋言篇>乃七十子時代之作品, 卽製成於孔子爲素王之時代, 殆稷下學問興盛之時有所附益. <釋訓篇>尤含有各種之時代, 與<釋言篇>大體亙於漢初, 隨時有所附益. <釋親>以下至於<釋天>各篇, ≪公羊春秋≫發達, ≪禮≫學盛行之時代, 卽從荀子前後, 至於漢后倉·高堂生之時所製作也. <釋地>以下, 至於<釋水>各篇, 亦從戰國之末, 至漢初而成也. 自<釋草>至<釋獸>各篇, 或因解≪詩≫之故而自古時已存在者, 然製成迨在漢初之時焉. 最後<釋畜篇>想是從漢文·景之時所製成.」)

---

1) 제왕(帝王)의 위(位)에 오르지는 않았으나, 임금의 덕망을 갖춘 사람으로 유가(儒家)에서는 공자(孔子), 도가(道家)에서는 노자(老子)를 말한다.

지금까지 언급한 바를 종합하여 보면, 현재로서는 ≪이아≫의 지은이 또는 엮은이가 누구인지 말하기 어렵다. 그렇지만 ≪이아≫의 내용을 분석해 보면 한 사람에 의해서 지어진 것이라고 보기 어려운 현상이 나타난다. 예를 들면,

舒(서)·業(업)·順(순) 등은 실마리[敍(서)]라는 뜻이다.(「舒·業·順, 敍也.」)
舒·業·順·敍(서) 등은 실마리[緖]라는 뜻이다.(「舒·業·順·敍, 緖也.」)
粵(월)·于(우)·爰(원) 등은 어조사[曰(왈)]이다.(「粵·于·爰, 曰也.」)
爰·粵 등은 어조사[于]이다.(「爰·粵, 于也.」)(이상 <석고(釋詁)>)
潛(잠)은 깊다[深(심)]는 뜻이다.(「潛, 深也.)
潛·深은 깊다[測(측)]는 뜻이다.(「潛·深, 測也.」)
揆(규)는 헤아리다[揆(규)]라는 뜻이다.(「葵, 揆也.」)
揆는 헤아리다[度(도)]라는 뜻이다.(「揆, 度也.」)(이상 <석언(釋言)>)

라고 한 것처럼 낱말 해석에 있어서 중복 현상이 보인다. 이것은 여러 시대를 거치면서 동의어나 뜻이 비슷한 단어를 발견하면 그것을 모아 함께 배열하다가, 나중에 또 다른 단어들을 발견하면 다시 배열하였기 때문에 이러한 현상이 생겨난 것이 아닌가 생각된다.

이 밖에도 ≪이아≫는 내용 면과 고서를 인용한 부분에 있어서도 모순과 체제의 불일치를 보이고 있다. 그러므로 ≪이아≫는 한 시대 한 사람의 손에 의해 이루어진 것이 아니라, 오랜 세월 동안 여러 사람의 손을 거쳐 이루어졌을 것으로 믿어진다.

3.2.2.2 ≪이아≫라는 이름의 유래

경학을 숭상한 한대에는 옛 글이나 말을 풀이하는 작업이 성행하게 되었다. ≪한서·예문지≫에서는 "고문을 읽을 때는 마땅히 '바름에 가까워야' 하니, 그래야만 고금의 말을 이해하고 알 수 있다.(「古文讀應爾雅, 故解古今語可知也.」)"라고 하였다. 또 당나라 육덕명(陸德明)의 ≪경전석문(經典釋文)≫에서도 '爾'는 '近(근)'의 뜻이고 '雅'는 '正(정)'의 뜻이라고 풀이하였으니, ≪이아≫라는 명칭은 '바름에 가깝다'라고

해석할 수 있다.

여기에서 바름이란 바른 말, 즉 아언(雅言) 또는 통용어를 가리키므로 '바름에 가깝다'라는 것은 옛날 여러 경전에 쓰인 낱말들을 현재 누구나 알 수 있는 통용어에 가깝게 모아 놓았다는 뜻이다.

그러므로 ≪이아≫라는 이름은 "(경전에 쓰인) 여러 가지 낱말 용례를 현재의 통용 낱말로 풀이한 동의어자전(同義語字典)"이라는 뜻의 함축적 표현이라고 하겠다.

3.2.2.3 ≪이아≫의 내용과 체제

≪한서・예문지≫에서는 "≪이아≫는 3권 20편이다.(「≪爾雅≫, 三卷二十篇.」)"라고 적고 있으나, 현존하는 ≪이아≫는 모두 다음과 같이 19편으로 되어 있다.

제1 <석고(釋詁)>, 제2 <석언(釋言)>, 제3 <석훈(釋訓)>,
제4 <석친(釋親)>, 제5 <석궁(釋宮)>, 제6 <석기(釋器)>,
제7 <석악(釋樂)>, 제8 <석천(釋天)>, 제9 <석지(釋地)>,
제10 <석구(釋丘)>, 제11 <석산(釋山)>, 제12 <석수(釋水)>,
제13 <석초(釋草)>, 제14 <석목(釋木)>, 제15 <석충(釋蟲)>,
제16 <석어(釋魚)>, 제17 <석조(釋鳥)>, 제18 <석수(釋獸)>,
제19 <석축(釋畜)>.

≪이아≫ 19편에 수록된 낱말과 고유명사는 2,091항목으로, 모두 4,300여 개의 낱말을 수록하고 있다. 그 중에 자주 쓰이는 낱말은 모두 623항목의 2,000여 개 낱말로 <석고>・<석언>・<석훈> 세 편에 나뉘어져 들어가 있고, 낱말의 총수는 전체의 반을 차지한다.

이러한 낱말들은 주로 경전에서 자주 쓰이는 낱말과 일상적으로 쓰이는 낱말 및 각지의 풍속에 대한 말들이다. 이중에서 ≪시경≫과 관련된 낱말이 10%를 차지하며, 5경을 해석한 것이 약 40%에 이른다.

앞의 3편에는 사물의 이름과 형상에 관계되지 않는 일반적인 단어를 모아 놓았는데, 주로 '뜻이 같은 것을 모아 두는[同義類聚(동의류취)]' 방식으로 분류하여 매 조(條)마다 하나의 비교적 통용되는 낱말로 해석하였다. 그리고 나머지 16편에서는 사물의 이름과 형상에 관련된 고유명사들만 모아 놓아 공통된 명칭으로 특수 명칭을 해석하였고, 구어(口語, 입말)로서 서면어(書面語, 글말)를 해석하였으며, 몇몇 고어들이나 그 뜻을 명확하게 찾기 힘든 것들은 어구 설명 등을 통해 해석하는 방법을 취하였다. 각 편마다 설명하고 있는 것을 상세하게 예를 들어보면 아래와 같다.

<석고>·<석언>·<석훈>에 수록되어 있는 낱말들은 명사, 동사, 형용사, 부사 등으로 비교적 복잡하다.

제1 <석고(釋詁)>는 옛 사람들이 사용하던 동의어를 열거하였고, 맨 끝에는 당시의 통용되는 단어로 마무리를 하였다. 만약 자주 쓰이지 않는 낱말의 자주 쓰이지 않는 뜻으로 해석을 한다면 앞에 나열한 낱말들의 의미를 이해하기 어렵기 때문이다. 예를 들면 다음과 같다.

初(초)·哉(재)·首(수)·基(기)·肇(조)·祖(조)·元(원)·胎(태)·俶(숙)·落(락)·權輿(권여) 등은 시작한다[始(시)]는 뜻이다.(「初·哉·首·基·肇·祖·元·胎·俶·落·權輿, 始也.」)

弘(홍)·廓(곽)·宏(굉)·溥(부)·介(개)·純(순)·夏(하)·幠(무)·厖(방)·墳(분)·嘏(하)·丕(비)·弈(혁)·洪(홍)·誕(탄)·戎(융)·駿(준)·假(가)·京(경)·碩(석)·濯(탁)·訏(우)·宇(우)·穹(궁)·壬(임)·路(로)·淫(음)·甫(보)·景(경)·廢(폐)·壯(장)·冢(총)·簡(간)·箌(도)·昄(판)·晊(질)·將(장)·業(업)·席(석) 등은 크다[大(대)]는 뜻이다.(「弘·廓·宏·溥·介·純·夏·幠·厖·墳·嘏·丕·弈·洪·誕·戎·駿·假·京·碩·濯·訏·宇·穹·壬·路·淫·甫·景·廢·壯·冢·簡·箌·昄·晊·將·業·席, 大也.」)

위와 같은 ≪이아≫의 훈고는 대부분 옛날 책에 그 사용례가 있는 것들이다. <석고>편 제1조 '시작하다[始]'라는 뜻을 갖는 낱말들의 용례를 보면 아래와 같다.

哉(재), ≪서경・강고(康誥)≫: "삼월 달그림자가 생기기 시작한 열엿샛날, 주공이 터를 닦기 시작하였다.(「惟三月哉生魄, 周公初基.」)"
肇(조), ≪서경・순전(舜典)≫: "새로이 12주를 마련하고 12산을 봉하였으며, 하천의 준설(浚渫) 작업을 하였다.(「肇十有二州, 封十有二山, 濬川.」)"
元(원), ≪공양전・은공(隱公) 원년(元年)≫: "원년이란 무엇인가? 임금의 시작 년을 말한다.(「元年者何? 君之始年也.」)"
俶(숙), ≪시경・주송(周頌)・재삼(載芟)≫: "제각기 날카로운 보습 들고, 남쪽 밭에서 일을 시작하네.(「有略其耜, 俶載南畝.」)"
落(락), ≪좌전・소공(昭公) 7년≫: "초왕(楚王)이 장화대(章華臺)가 완공되자 제후들과 함께 낙성식(落成式)을 갖고자 하였다.(「楚子成章華之臺, 願與諸侯落之.」)"
權輿(권여), ≪시경・진풍(秦風)・권여(權輿)≫: "슬프도다! 처음의 대접을 받을 수 없구나.(「於差乎! 不承權輿.」)"

제2 <석언(釋言)>편은 대부분이 상용어이고, 해석되는 것이 가끔 낱말 한 개만을 갖고 있으며, 많아도 두세 개의 단어를 넘지 않는다. 예를 들면 아래와 같다.

還(환)・復(복) 등은 돌아간다[返(반)]는 뜻이다.(「還・復, 返也.」)
格(격)・懷(회) 등은 온다[來(래)]는 뜻이다.(「格・懷, 來也.」)

제3 <석훈(釋訓)>편에 수록된 낱말은 사물의 모양을 묘사하는 데 중점을 두고 있으며, 해석되는 단어는 대부분이 첩자(疊字)이다. 예를 들면 다음과 같다.

明明(명명)・斤斤(근근)은 살핀다[察(찰)]는 뜻이다.(「明明・斤斤, 察也.」)
穆穆(목목)・肅肅(숙숙)은 공경한다[敬(경)]는 뜻이다.(「穆穆・肅肅, 敬也.」)

제4 <석친(釋親)>에는 모두 96항목을 모아 110개의 고유명사를 수록하고 있는데 종족(宗族), 외가의 친척[母黨(모당)], 부인의 친척[妻黨(처당)], 혼인(婚姻)의 친족에 관한 훈고로서 예를 들면 아래와 같다.

아버지는 考(고)라고 하고, 어머니는 妣(비)라고 한다.(「父爲考, 母爲妣.」)(<종족(宗族)>)

어머니[母(모)]의 아버지[考]는 외왕부(外王父)라고 하고, 어머니[母]의 어머니[妣]는 외왕모(外王母)라고 한다.(「母之考爲外王父, 母之妣爲外王母.」)(<모당(母黨)>)

처의 아버지는 외구(外舅)라고 하고, 처의 어머니는 외고(外姑)라고 한다.(「妻之父爲外舅, 妻之母爲外姑.」)(<처당(妻黨)>)

지어미[婦(부)]는 지아비[夫(부)]의 아버지를 舅(구)라고 부르고, 지아비의 어머니를 姑(고)라고 부른다.(「婦稱夫之父曰舅, 稱夫之母曰姑.」)(<혼인(婚姻)>)

제5 <석궁(釋宮)>편은 집에 관한 낱말의 해석을 모아 놓았는데, 예를 들면 다음과 같다.

창문과 문 사이를 일컬어 扆(의)라 하고, 그 안을 家(가)라고 한다.(「牖戶之間謂之扆, 其內謂之家.」)

동쪽과 서쪽 담을 일컬어 序(서)라고 한다.(「東西牆謂之序.」)

제6 <석기(釋器)>편은 그릇·도구 등에 관한 훈고로, 예를 들면 아래와 같다.

나무로 만든 제기를 일컬어 豆(두), 대나무로 만든 제기를 籩(변), 질그릇으로 만든 제기를 登(등)이라 한다.(「木豆謂之豆, 竹豆謂之籩, 瓦豆謂之登.」)

불률(不律)을 일컬어 붓[筆(필)]이라고 한다.(「不律謂之筆.」)

제7 <석악(釋樂)>편은 음악과 악기에 관한 것들로 예를 들면 다음과 같다.

宮(궁)을 일컬어 重(중)이라고 하고, 商(상)을 敏(민)이라고 하고, 角(각)을 經(경)이라고 하고, 徵(치)를 迭(질)이라고 하며, 羽(우)를 柳(류)라고 한다.(「宮謂之重, 商謂之敏, 角謂之經, 徵謂之迭, 羽謂之柳.」)
　큰 종을 鏞(용)이라고 한다.(「大鐘謂之鏞.」)

　제8 <석천(釋天)>에서는 천문에 관한 훈고를 모아 놓았는데, 그 범위는 매우 넓어서 4시(四時)·상(祥)·재(災)·세양(歲陽)·세명(歲名)·월양(月陽)·달이름·풍우(風雨)·별이름·제명(祭名)·강무(講武)·깃발 등 모두 12종류나 된다. 예를 들면 아래와 같다.

　봄은 창천(蒼天)이라고 하고, 여름은 호천(昊天)이라고 하고, 가을은 민천(旻天)이라고 하며, 겨울은 상천(上天)이라고 한다.(「春爲蒼天, 夏爲昊天, 秋爲旻天, 冬爲上天.」)(<사시(四時)>)
　봄은 청양(靑陽)이라고 하고, 여름은 주명(朱明)이라고 하고, 가을은 백장(白藏)이라고 하며, 겨울은 현영(玄英)이라고 한다.(「春爲靑陽, 夏爲朱明, 秋爲白藏, 冬爲玄英.」)(<상(祥)>)
　곡식이 익지 않은 것은 饑(기)라고 하고, 채소가 익지 않은 것은 饉(근)이라고 하고, 과일이 익지 않은 것은 荒(황)이라고 하며, 계속해서 흉년이 드는 것은 荐(천)이라고 한다.(「穀不熟爲饑, 蔬不熟爲饉, 果不熟爲荒, 仍饑爲荐.」)(<재(災)>)
　載(재)는 1년을 뜻한다. 하(夏)나라에서는 歲(세)라고 하였고, 상(商)나라에서는 祀(사)라고 하였고, 주(周)나라에서는 年(년)이라고 하였으며, 당우(唐虞)에서는 載라고 하였다.(「載, 歲也. 夏曰歲, 商曰祀, 周曰年, 唐虞曰載.」)(<세명(歲名)>)
　남풍을 일컬어 개풍(凱風)이라고 하고, 동풍은 곡풍(谷風)이라고 하고, 북풍은 양풍(涼風)이라고 하며, 서풍은 태풍(泰風)이라고 한다.(「南風謂之凱風, 東風謂之谷風, 北風謂之涼風, 西風謂之泰風.」)(<풍우(風雨)>)
　북극성은 북진(北辰)이라 하고, 하고성(何鼓星)은 견우(牽牛)라고 한다.(「北極謂之北辰, 何鼓謂之牽牛.」)(<성명(星名)>)
　봄에 사냥하는 것은 蒐(수)라고 하고, 여름에 사냥하는 것은 苗(묘)라고 하고, 가을에 사냥하는 것은 獮(선)이라고 하며, 겨울에 사냥하는

것은 狩(수)라고 한다.(「春獵爲蒐, 夏獵爲苗, 秋獵爲獮, 冬獵爲狩.」)(<강무(講武)>)

제9 <석지(釋地)>편은 지리에 관련된 낱말을 수록하고 있는데, 9주(九州)·10수(十藪)·8릉(八陵)·9부(九府)·5방(五方)·야(野)·4극(四極) 등 모두 7종류를 포함하고 있다. 예를 들면 다음과 같다.

하남(河南)과 하북(河北) 사이는 기주(冀州)라 하고, 하남(河南)은 예주(豫州)라 하고, 하서(河西)는 옹주(雝州)라 하고, 한수(漢水) 이남은 형주(荊州)라 하고, 강남(江南)은 양주(揚州)라 하고, 제수(濟水)와 황하(黃河) 사이는 연주(兗州)라 하고, 제수(濟水) 동쪽은 서주(徐州)라고 하고, 연(燕)은 유주(幽州)라고 하며, 제(齊)는 영주(營州)라고 한다.(「兩河間曰冀州, 河南曰豫州, 河西曰雝州, 漢南曰荊州, 江南曰揚州, 濟河間曰兗州, 濟東曰徐州, 燕曰幽州, 齊曰營州.」)(<9주(九州)>)

지대가 낮고 습한 곳은 隰(습)이라 하고, 큰 들녘은 平(평)이라고 하고, 넓고 평평한 곳은 原(원)이라 하고, 지대가 높고 평평한 곳은 陸(륙)이라고 한다.(「下溼曰隰, 大野曰平, 廣平曰原, 高平曰陸.」)(<야(野)>)

제10 <석구(釋丘)>는 언덕[丘(구)]과 벼랑[厓岸(애안)]에 관한 훈고를 모아 놓았는데, 예를 들면 아래와 같다.

인위적으로 높게 만든 언덕은 京(경)이라고 하고, 자연적으로 만들어진 언덕은 丘(구)라고 한다.(「絶高爲之京, 非人爲之丘.」)(<구(丘)>)

겹쳐진 벼랑이 岸(안)이고, 岸 위가 滸(호)이다.(「重厓, 岸. 岸上, 滸.」) (<애안(厓岸)>)

제11 <석산(釋山)>편은 산에 관련된 훈고이다. 예를 들면 다음과 같다.

산이 크고 높은 것은 崧(숭)이라고 하고, 산이 작고 높은 것은 岑(잠)이라 한다.(「山大而高, 崧; 山小而高, 岑.」)

작은 산은 岌(급)이라고 하고, 큰 산은 峘(환)이라고 한다.(「小山, 岌; 大山, 峘」)

제12 <석수(釋水)>에서는 물에 관한 훈고를 모아 놓고 있는데, 수천(水泉)·수중(水中)·하곡(河曲)·9하(九河) 등 4종류를 포함하고 있다. 예를 들면 아래와 같다.

물이 위로 거슬러 올라가는 것은 소회(泝洄)라고 하고, 아래로 흘러 내려가는 것은 소유(泝游)라고 한다.(「逆流而上曰泝洄, 順流而下曰泝游」)(<수천(水泉)>)
물 사이에 머물 수 있는 곳은 洲(주)라고 하고, 작은 洲는 渚(저)라고 하고, 작은 渚는 沚(지)라 하며, 작은 沚는 坻(지)라고 한다.(水中可居者曰洲, 小洲曰渚, 小渚曰沚, 小沚曰坻.)(<수중(水中)>)

제13 <석초(釋草)>편은 식물에 관한 것들이다. 여기에는 모두 252항목에 460여 개의 단어가 수록되어 있는데, 어느 것이 표준어이고 속명(俗名)인지, 혹은 동일한 사물인데 명칭이 다르다거나 혹은 동일한 사물인데 그것의 일부분만을 따라서 이름을 지은 것들에 대해서 일일이 나열하고 있다. 예를 들면 다음과 같다.

藿(육)은 산부추이다. 茖(각)은 달래이다. 蒚(경)은 염교이다. 蒚(역)은 산마늘이다.(「藿, 山韭. 茖, 山葱. 蒚, 山䖝. 蒚, 山蒜.」)
나무(에 꽃이 피는 것)는 일컬어 華(화)라고 하고 풀은 榮(영)이라고 한다. 꽃은 피지 않으면서 열매를 맺는 것을 일컬어 秀(수)라 하고, 꽃은 피지만 열매를 맺지 못하는 것을 英(영)이라고 한다.(「木謂之華, 草謂之榮; 不榮而實者謂之秀, 榮而不實者謂之英.」)

제14 <석목(釋木)>은 나무에 관한 훈고로 예를 들면 아래와 같다.

관목(灌木)은 떼지어 자라는 나무이다.(「灌木, 叢木.」)
榮(영)은 오동(梧桐)나무이다.(「榮, 桐木.」)

제15 <석충(釋蟲)>편은 벌레의 종류에 관한 낱말의 해석으로 예를 들면 다음과 같다.

다리가 있는 벌레를 일컬어 蟲(충)이라 하고, 다리가 없는 것을 豸(치)라 한다.(「有足謂之蟲, 無足謂之豸.」)
蚍蜉(비부)는 큰 개미이다. 작은 것은 蟻(의)라고 한다.(「蚍蜉, 大蟻; 小者, 蟻.」)

제16 <석어(釋魚)>에서는 물고기에 관한 것과 파충류를 설명하고 있다. 예를 들면 아래와 같다.

鯤(곤)은 물고기 알이다.(「鯤, 魚子.」)
蟒(망)은 왕뱀이다. 蝮虺(복훼)는 넓이가 세 치이며, 머리 크기가 엄지손가락만 하다.(「蟒, 王蛇. 蝮虺, 博三寸, 首大如擘.」)

제17 <석조(釋鳥)>편에서는 새에 관한 훈고를 적고 있다. 예를 들면 다음과 같다.

서안(舒雁)은 거위이다. 서부(舒鳧)는 집오리이다.(「舒雁, 鵝. 舒鳧, 鶩.」)
제비[燕(연)]는 목이 하얀 까마귀이다.(「燕, 白脰烏.」)

제18 <석수(釋獸)>편은 짐승에 관한 훈고인데, 들짐승류[寓屬(우속)]·쥐 종류[鼠屬(서속)]·되새김 종류[齸屬(익속)]·숨 쉬는 종류[須屬(수속)] 등 4종류로 나뉜다. 예를 들면 아래와 같다.

羆(비)는 곰과 같으며 황색과 백색의 무늬가 있다.(「羆如熊, 黃白文.」)(<우속(寓屬)>)
소(가 되새김하는 것)는 齝(치)라고 하고, 양은 齥(세)라고 하고, 사슴은 齸(익)이라고 하고, 새는 嗉(소)라고 하며, 들짐승과 쥐는 嗛(겸)이라고 한다.(「牛曰齝, 羊曰齥, 麋鹿曰齸, 鳥曰嗉, 寓鼠曰嗛.」)(<익속(齸屬)>)

짐승(이 숨 쉬는 것)은 齅(혼)이라고 하고, 사람은 撟(교)라고 하고, 물고기는 須(수)라고 하며, 새는 狊(격)이라고 한다.(「獸曰齅, 人曰撟, 魚曰須, 鳥曰狊.」)(<수속(須屬)>)

제19 <석축(釋畜)>은 가축에 관한 낱말의 해석을 모아 놓은 편인데, 이 안에는 마속(馬屬)·우속(牛屬)·양속(羊屬)·구속(狗屬)·계속(鷄屬)·6축(六畜) 등 6종류가 있다. 예를 들면 다음과 같다.

　　네 발굽이 모두 하얀 말은 首(수)라고 하고, 앞발이 하얀 것은 騥(혜)라고 하고, 뒷발이 하얀 것은 狗(구)라고 한다.(「四蹄皆白, 首; 前足皆白, 騥; 後足皆白, 狗.」)(<마속(馬屬)>)
　　귀가 검은 소는 犚(위)라고 하고, 배가 검은 소는 牧(목)이라고 하고, 발이 검은 것은 觠(권)이라고 한다.(「黑耳, 犚; 黑腹, 牧; 黑脚, 觠.」)(<우속(牛屬)>)
　　말이 8척인 것은 駥(융)이라고 하고, 소가 7척인 것은 犉(순)이라고 하고, 양이 6척인 것은 羬(겸)이라고 하고, 돼지가 5척인 것은 貐(액)이라고 하고, 개가 4척인 것은 獒(오)라고 하고, 닭이 3척인 것은 鵾(곤)이라고 한다.(「馬八尺爲駥, 牛七尺爲犉, 羊六尺爲羬, 彘五尺爲貐, 狗四尺爲獒, 鷄三尺爲鵾.」)(<6축(六畜)>)

≪이아≫는 글자 뜻과 단어 뜻을 함께 연구한 중국 최초의 언어학 전문서이다. 언어란 사회현상의 하나로 사회의 발전과 함께 발전하는데, 이는 왕왕 어휘와 어의에 비교적 빠르게 반영된다. 그러므로 ≪이아≫는 옛날 뜻의 보존과 어의의 발전 변화 등 여러 방면에 있어 많은 귀중한 자료를 제공해 준다.

3.2.2.4 ≪이아≫의 장단점 및 공헌

≪이아≫는 중국 최초의 언어학 저작으로 고대 전적에 수록된 단어의 총집합체이다. 진(晉)의 곽박(郭璞, 276~324)이 ≪이아주(爾雅注)·서(序)≫에서,

≪이아≫는 훈고의 종지(宗旨)를 통하게 하는 도구이고, 시인의 흥(興)과 읊조림을 기록하고, 고대의 흩어진 말들을 모았으며, 실질은 같으나 호칭이 다른 것을 변론한 책이다. 진실로 구류(九流)를 두루 통하게 하고 육예(六藝)를 알게 하는 중요한 열쇠이다. 널리 배우는 사람들에게 도움을 주는 심오한 이치를 담은 보고(寶庫)이며, 글을 짓는 사람들에게 도움을 주는 풍부한 자료이다. 온갖 사물에 의혹됨이 없게 하고, 널리 조수·초목(草木)의 이름을 알게 하는데 ≪이아≫만한 것은 없다.(「夫≪爾雅≫者, 所以通訓詁之指歸, 敍詩人之興咏, 摠絶代之離詞, 辨同實而殊號者也. 誠九流之津涉, 六藝之鈐鍵, 學覽者之潭奧, 擒翰者之華苑也. 若乃可以博物不惑, 多識於鳥獸草木之名, 莫近於≪爾雅≫.」)

라고 하였는데, 이는 ≪이아≫가 고대 언어학의 각 방면에 미친 작용과 중요한 공헌에 대해 설명해 주고 있는 부분이다.

≪이아≫가 후세에 미친 공헌 부분 중 장점만을 간략하게 정리해 보면 다음과 같다.

첫째, ≪이아≫는 고대 중국어의 어휘를 같은 것끼리 분류하였는데, 이는 고대 중국어 낱말의 뜻을 이해하거나 연구하는데 큰 도움을 준다. 또한 이것은 고대 문헌을 읽는데도 지대한 영향을 미쳤을 뿐만 아니라, 나아가 ≪이아≫가 독립적으로 어휘를 연구하는 학문 분야를 여는 저작이 되었다.

≪이아≫는 서로 연관성이 없는 낱말들을 단순히 모아 놓은 것이 아니라 나름대로의 분류법으로 고대 중국어 어휘를 연구한 대체적으로 규모가 갖추어진 저작이다. 그러므로 ≪이아≫는 중국 고대 언어학의 초기 단계에서 건립에 이르는 중요한 작용을 한 책이라고 할 수 있다.

둘째, ≪이아≫의 내용을 보면 고대 중국어의 문학 언어가 상당히 발전되고 성숙되었음을 알 수 있다. ≪이아≫에서 수집한 많은 통용어와 전문용어는 일반적인 백과명사사전(百科名詞辭典)의 규모를 갖고 있어 후대의 사전 편찬에도 계도적인 역할을 하였다.

셋째, ≪이아≫의 편차와 훈고는 어휘 연구에 있어 이미 통용어와 전문용어, 기본 어휘와 일반 어휘로 구분할 수 있었다는 것을 반영해 주고 있다.

넷째, ≪이아≫는 고대사회의 문물 교환 제도와 고대인의 객관 사물에 대한 의식을 반영하고 있어 고대의 사회 모습을 이해하는데 도움이 된다. 예를 들어 <석친(釋親)>편에 아버지의 여자 형제를 '姑(고)'라고 하고 또 시어머니 역시 '姑'라고 하는데, 이것으로 보아 고대 중국에서는 사촌 간에 서로 결혼을 할 수 있었음을 알 수 있다.2) 또한 ≪이아≫는 경전에 대한 훈고뿐만 아니라 중국 고대 백성의 일상생활 용어에도 주의를 기울였다.

다섯째, 천문이나 산천구릉(山川丘陵) 및 동식물의 상황을 설명하고 있어 고대의 자연계 현상을 이해하는데 도움이 된다.

한편 ≪이아≫는 시대가 오래되었으며 편찬자도 한 사람에 의한 것이 아니기 때문에 부족한 곳도 많이 있다.

첫째, 동의어・유사어의 배열이 과학적이고 체계적이지 못한 면이 있다. 즉 <석고>편에서 "育(육)・孟(맹)・耆(기)・艾(애)・正(정)・伯(백) 등은 長(장)이다.(「育・孟・耆・艾・正・伯, 長也.」)"라고 하였는데, 곽박의 주에서는 "育・養(양)은 '기르다'라는 뜻이며 正・伯은 모두 관직의 우두머리를 뜻한다.(「育・養亦爲長, 正・伯皆官長.」)"라고 하였다. '기르다[長]'와 '우두머리[長]'는 다른 의미의 낱말이므로 억지로 함께 끌어다 놓아 설명하는 것은 무리가 있다.

또한 같은 <석고>편에서 "林(림)・烝(증)・天(천)・帝(제)・皇(황)・王(왕)・后(후)・辟(벽)・公(공)・侯(후) 등은 君(군)이다.(「林・烝・天・帝・皇・王・后・辟・公・侯, 君也.」)"라고 하였는데, 여기에서 林과 烝은 '무리'라는 뜻의 群(무리 군)이고, 나머지는 '임금'이라는 뜻의 君이다. 이는 君과 群의 발음이 같기 때문에 같이 배열한 예이다.

둘째, 해석한 글자가 여러 가지 뜻을 가지고 있을 때는 어떤 뜻으로

---

2) 풍한기(馮漢驥), <중국 친속 명사로 본 중국 고대 혼인제도(由中國親屬名詞上所見之中國古代婚姻制)>, 제로학보(齊魯學報) 1941 제1기.

쓰였는지 분명하지 못하다. 예를 들어 <석언>편에서 "貽(이)는 주다[遺(유)]라는 뜻이다.(「貽, 遺也..」)"라고 했지만, ≪설문해자≫에서는 "遺는 없어지다[亡(망)]라는 뜻이다.(「遺, 亡也..」)"라고 하였으니, 만약 '貽(남길 이)'자를 '亡'의 뜻으로 새긴다면 이 또한 잘못 해석한 것이다. 이것은 고대 자서에서 한 글자로 글자의 뜻을 설명할 경우에 종종 빚어지는 오류라고 할 수 있다.

셋째, 많은 방언들을 모아 표준어로 해석하였으나 너무 간단하여 서로의 관계를 잘 알 수 없는 부분도 있다. 예를 들면 <석충>편에 "蟫(담)은 백어(白魚)이다.(「蟫, 白魚也..」)"라는 구절이 있는데, 이런 글귀는 만약 주석을 보지 않는다면 그 상세한 내용을 알 수 없다. 곽박은 "蟫은 옷이나 책 안에 사는 벌레로서, 일명 병어(蛃魚)라고도 한다."라고 하였다. '백어(白魚)'라고 하면 무슨 물고기 이름 같지만 '좀'을 뜻하는 말이다.

넷째, 편명과 맞지 않는 내용이 섞여 있기도 하다. 예를 들면 제사 이름[祭名(제명)]이나 깃발[旌旗(정기)] 등이 모두 <석천(釋天)>편에 포함되어 있고, 비목어(比目魚)와 비익조(比翼鳥) 등은 <석지(釋地)>편에 포함되어 있어 편명과 내용이 서로 어울리지 않는다.

≪이아≫의 편찬은 한사람에 의한 것이 아니고 또한 각 시대마다 보충되고 고증되어, 편집과 체제면에 있어서 그다지 과학적이거나 체계적이지 못하다. 그런데 한대의 학자들은 기존의 규범만을 고집하여 고치지 않았으며, 후세의 몇몇 학자들도 ≪이아≫나 ≪설문해자≫ 등을 맹목적으로 추종하여, 체제상의 결점이나 불합리한 점은 지적하지 않고 도리어 여러 가지 이유를 들어 잘못된 것을 설명하려고 하였다.

이상과 같이 몇 가지 부족한 점이 있고 또 편찬에 있어서도 결점이 있기는 하지만, 그럼에도 불구하고 ≪이아≫는 중국 고대 언어학사에 있어서 최초의 전문적인 훈고서로서 특별한 가치가 있다.

3.2.2.5 ≪이아≫의 주석본

동한에서 진(晉)에 이르기까지 주석을 단 사람은 유흠(劉歆)·번광

(樊光)·이순(李巡)·손염(孫炎) 등 10여 명인데, 지금까지 전해 오는 것은 단지 진 곽박의 ≪이아주≫ 3권밖에 없다.

곽박의 ≪이아주≫는 여러 책을 인증하여 ≪이아≫의 훈고를 주석하는 한편, 당시의 구어와 방언을 사용하여 선진(先秦) 고어를 훈석하였고 진대의 어휘를 대량으로 남겨 놓았다. 그래서 오늘날 가장 잘 정리된 주석본으로 손꼽힌다. 또한 이 책은 중국어의 역사와 중국어의 방언을 연구하는데 중요한 자료가 된다. 한편 곽박은 ≪이아음의(爾雅音義)≫ 2권과 ≪이아도찬(爾雅圖贊)≫ 2권도 지었다고 하는데 지금은 전하지 않는다.

곽박 이후 ≪이아≫에 주석을 달거나 연구한 학자와 저작으로는 위(魏)나라 손염(孫炎)의 ≪이아정의(爾雅正義)≫, 남조(南朝) 진(陳)의 사교(謝嶠)가 지은 ≪이아음(爾雅音)≫과 양(梁) 고야왕(顧野王, 519~583)의 ≪이아음(爾雅音)≫, 강관(江灌)의 ≪이아도찬(爾雅圖贊)≫ 2권 및 심선(沈旋)의 ≪이아집주(爾雅集注)≫와 당(唐) 배유(裴瑜)의 ≪이아주(爾雅注)≫와 조헌(曹憲)의 ≪이아음의(爾雅音義)≫ 3권이 있다. 이 책들 중 일부는 이미 손실되었고, 일부는 해석이 훌륭해서 참고할 만한 가치가 있다.

그 후 북송 때 형병(邢昺, 932~1012)이 ≪이아소(爾雅疏)≫를 지었는데, 곽박의 책을 더욱 보충하고 새로운 각도에서 ≪이아≫의 해설 방식을 고찰하였다. 그리고 손석(孫奭, 962~1033)의 ≪이아석문(爾雅釋文)≫과 육전(陸佃, 1042~1102)의 ≪이아신의(爾雅新義)≫ 20권도 이때 나왔다.

남송 때는 정초(鄭樵, 1103~1162)가 다시 ≪이아≫에 주를 달아 틀린 부분과 이치에 맞지 않는 것들을 고증하였다. 또 나원(羅願, 1136~1185)은 ≪이아익(爾雅翼)≫ 32권을 지었는데, 이 책은 전적으로 풀과 나무 그리고 새 등의 이름과 형상에 대하여 풀이한 것이다. 왕백(王柏, 1197~1274)이 ≪이아육의(爾雅六義)≫를 지었다고 하나 지금은 전하지 않는다.

그리고 원 위소(危素)의 ≪이아략의(爾雅略義)≫와 진력(陳櫟, 1252~

1334)의 ≪이아익절본(爾雅翼節本)≫, 호병문(胡炳文, 1250~1333)의 ≪이아운어(爾雅韻語)≫도 있다.

명·청 이후 근대에 이르기까지 ≪이아≫를 연구한 사람은 비교적 많아 20명이 넘는다. 그들의 저서를 내용별로 분류해 보면 대략 4가지로 나누어 볼 수 있다.

첫째, 단순히 내용만을 고친 것들로 완원(阮元, 1764~1849)의 ≪이아주소교감기(爾雅注疏校勘記)≫와 엄원조(嚴元照, 1773~1817)의 ≪이아광명(爾雅匡名)≫ 20권이 있다.

둘째, 곽박의 ≪이아주≫와 형병의 ≪이아소≫를 보충하고 수정한 것인데, 주춘(周春, 1729~1815)의 ≪이아보주(爾雅補注)≫ 4권과 반연동(潘衍桐)의 ≪이아정곽(爾雅正郭)≫ 3권이 그러하다.

셋째, ≪이아≫를 소증(疏證)한 것들로 그 중 가장 중요한 것은 소진함(邵晉涵, 1743~1796)과 학의행(郝懿行, 1757~1825)의 책이다. 소진함은 ≪이아정의(爾雅正義)≫ 20권을 지었는데, 문자의 교정에 중점을 두어 옛 서적을 가지고 ≪이아≫의 내용을 증명하였다. 학의행은 ≪이아의소(爾雅義疏)≫를 지었는데, 청나라 때 유행하였던 "소리로써 뜻을 구함에 발음이 비슷하면 뜻이 통한다.(「因聲求義, 音近義通」)"는 방법을 사용하여, 문자의 형태에 구애받지 않고 어원을 탐구함으로써 그 성과가 전인들보다 훨씬 뛰어났다. 하지만 소진함의 내용을 그대로 옮겨 쓴 곳도 많다.

넷째, ≪이아≫ 해설 방식의 예를 연구한 것으로, 진옥수(陳玉樹, 1853~1906)의 ≪이아석례(爾雅釋例)≫ 5권과 왕국유(王國維, 1877~1927)의 ≪관당집림(觀堂集林)≫ 권5에 실려 있는 <≪이아≫초목충어조수석례(爾雅草木蟲魚鳥獸釋例)>가 있다.

이 밖에 이미 소실되어 대부분 전하지 않지만 ≪이아≫와 관계되어 참고할 만한 것들로는 명나라 설경지(薛敬之, 1435~1508)의 ≪이아변음(爾雅便音)≫, 나일구(羅日求)의 ≪이아여(爾雅余)≫와 청대 왕념손(王念孫, 1744~1832)의 ≪이아곽주간오(爾雅郭注刊誤)≫, 적호(翟灝, 1736~1788)의 ≪이아보곽(爾雅補郭)≫ 2권, 왕백년(汪柏年)의 ≪이아보석(爾雅補釋)≫ 2권, 유옥린(劉玉麐, 1738~1797)의 ≪이아보소(爾雅補疏)≫, 강조석(姜兆錫, 1666~1745)의 ≪이아참의(爾雅參義)≫ 6권, 옹방강(翁方綱, 1733~1818)의 ≪이아부기(爾雅附記)≫, 담길총(譚吉璁, 1624~1680)의 ≪이아강목(爾雅綱目)≫ 120권, 전점(錢坫, 1741~1806)의 ≪이아고의(爾雅古義)≫ 2권과 ≪이아석지사편주(爾雅釋地四篇注)≫, 여소객(余蕭客, 1729~1777)의 ≪이아고주(爾雅古注)≫ 2권, 동계신(董桂新, 1773~1804)의 ≪이아고주합존(爾雅古注合存)≫ 20권, 엽혜심(葉蕙心)의 ≪이아고주각(爾雅古注斠)≫ 3권, 서부길(徐孚吉)의 ≪이아고(爾雅詁)≫ 2권, 왕수남(王樹枏)의 ≪이아곽주일존보정(爾雅郭注佚存補訂)≫ 20권, 장용(臧庸, 1767~1811)의 ≪이아한주(爾雅漢注)≫ 3권, 왕개운(王闓運)의 ≪이아집해(爾雅集解)≫, 유옥린(劉玉麐, 1738~1797)의 ≪이아교의(爾雅校義)≫ 2권, 용계서(龍啓瑞, 1814~1858)의 ≪이아경주집증(爾雅經注集證)≫ 7권, 이증백(李曾白)의 ≪이아구주고증(爾雅舊注考證)≫ 2권, 송사단(宋士端)의 ≪이아고략(爾雅考略)≫, 공원개(龔元玠)의 ≪이아객난(爾雅客難)≫ 1권, 이발식(李拔式)의 ≪이아몽구(爾雅蒙求)≫ 2권, 유월(俞樾, 1821~1907)의 ≪이아평의(爾雅平議)≫ 2권, 요정보(姚正甫)의 ≪이아계몽(爾雅啓蒙)≫, 진옥수(陳玉樹, 1853~1906)의 ≪이아석례(爾雅釋例)≫ 5권, 전역(錢繹, 1770~1855)의 ≪이아석문(爾雅釋文)≫과 ≪이아소증(爾雅疏證)≫, 옥수남(玉樹枏)의 ≪이아설시(爾雅說詩)≫ 22권, 대진(戴震, 1723~1777)의 ≪이아문자고(爾雅文字考)≫ 1권, 강번(江藩, 1761~1831)의 ≪이아소전(爾雅小箋)≫ 3권, 엄가균(嚴可均, 1762~1843)의 ≪이아일체주음(爾雅一切注音)≫, 손경세(孫經世, 1783~1832)의 ≪이아음소(爾雅音疏)≫ 6권, 왕형(汪瑩)의 ≪이아정명(爾雅正名)≫, 왕곤(王琨, 1736~1806)의 ≪이아정의간오(爾雅正義刊誤)≫, 서내(徐鼐, 1810~1862)의 ≪이아주소(爾雅注疏)≫, 장종태(張宗泰, 1750~1832)의 ≪이아주소본정오(爾雅注疏本正誤)≫ 5권, 임기진(任基振)의 ≪이아주소전보(爾雅注疏箋補)≫, 당달(唐達)의 ≪이아보(爾雅補)≫, 반익(潘翼)의 ≪이아석(爾雅釋)≫, 그리고 근대 사람 유사배(劉師培, 1884~1919)의 ≪이아충명금석(爾雅蟲名今釋)≫ 1권,

고윤생(高潤生)의 ≪이아곡명고(爾雅谷名考)≫ 8권이 있다.

최근에도 ≪이아≫를 연구한 저서들과 정리한 책들이 적지 않게 등장하는데, 황작(黃焯, 1902~1984)이 편찬한 황간(黃侃, 1886~1935)의 ≪이아음훈(爾雅音訓)≫(1983)과 방준길(方俊吉)이 지은 ≪이아의소석례(爾雅義疏釋例)≫, 그리고 미국 하버드대학 연경학사(燕京學舍)에서 편찬한 색인으로 ≪이아인득(爾雅引得)≫ 등이 있다.

3.2.2.6 ≪이아≫가 후세에 미친 영향

가장 먼저 중국 고대의 낱말 뜻을 연구한 ≪이아≫는 그 영향이 어느 언어학 저서보다도 지대하다. 진한(秦漢)이래 적지 않은 언어학 저작이 ≪이아≫의 영향을 받아 ≪이아≫ 이래로 '雅'자가 책이름에 많이 쓰이기 시작하여 아학(雅學)을 이루었다.

아학은 ≪이아≫의 본문과 곽박 등의 학자들이 단 주석의 교감과 전문적인 고증 작업 그리고 훈고의 법칙 등을 주로 연구하였다. 그리고 주로 ≪이아≫의 체제를 따랐으며 세밀하게 고증하고 보충하였다.

이러한 아학류의 훈고 서적으로는 진(秦)나라 공부(孔鮒, B.C.262~B.C.207?)의 ≪소이아(小爾雅)≫와 삼국시대 위(魏) 장읍(張揖)의 ≪광아(廣雅)≫, 송 육전(陸佃)의 ≪비아(埤雅)≫, 나원(羅願)의 ≪이아익(爾雅翼)≫, 명 주모위(朱謀㙔)의 ≪변아(駢雅)≫, 방이지(方以智, 1611~1671)의 ≪통아(通雅)≫ 및 청 오옥진(吳玉搢, 1699~1774)의 ≪별아(別雅)≫, 진환(陳奐, 1786~1863)의 ≪모시전의류(毛詩傳義類)≫, 주준성(朱駿聲, 1788~1858)의 ≪설아(說雅)≫, 정선갑(程先甲)의 ≪선아(選雅)≫, 홍량길(洪亮吉, 1746~1809)의 ≪비아(比雅)≫, 하미당(夏味堂)의 ≪습아(拾雅)≫, 사몽란(史夢蘭, 1813~1898)의 ≪첩아(疊雅)≫, 유찬(劉燦, 1780~1849)의 ≪지아(支雅)≫ 등이 있다.

≪이아≫는 중국 최초의 훈고학 전문 서적으로서 중국 고대 언어학 연구에 끼친 영향이 매우 지대하여 후대 '아학'이라는 학문 분야를 형성했을 뿐만 아니라, 뒤이어 나온 양웅(揚雄)의 ≪방언(方言)≫, 허신(許愼)의 ≪설문해자(說文解字)≫, 유희(劉熙)의 ≪석명(釋名)≫ 등에도

큰 영향을 끼쳤다. 이들 ≪방언≫·≪설문해자≫·≪석명≫ 등은 ≪이아≫와 함께 중국 고대 언어학 중의 4대 주요 저작이 되었고, 중국 고대 언어학의 학문 영역을 훈고학·문자학·방언학·어원학 등 4대 분야로 정립하도록 하는 역할을 하였다.

3.3 방언학 --- ≪방언(方言)≫

언어는 사회적인 산물이고, 또한 사회가 존재하면서 언어 역시 존재한다고 할 수 있다. 사회의 발전에 따라 언어도 발전하며, 사회가 변하면 언어도 변하고, 사회가 다르면 언어도 다르다. 또 언어는 종적으로는 시간의 영향을 받고 횡적으로는 공간의 영향을 받는다.

중국의 방언 연구는 중국의 역사만큼이나 오랜 역사를 가지고 있다. 그 역사는 서한의 양웅(揚雄)으로부터 시작되는데, 그는 각 지방 사람들과의 접촉을 통해 중국의 방언을 연구한 중국 최초의 방언학자라고 말할 수 있다. 이제 그에 관한 사항과 그의 저작 ≪방언≫에 대하여 알아보도록 하겠다.

3.3.1 ≪방언≫의 편찬

3.3.1.1 지은이

≪방언≫은 중국 최초의 방언사전으로 서한의 양웅(B.C.53~A.D.18)에 의해 만들어졌다. 동한 응소(應劭)의 ≪풍속통의(風俗通義)·서(序)≫를 보면 양웅과 ≪방언≫에 관한 기록이 보인다.

> 주(周)나라·진(秦)나라 때는 항상 해마다 8월이면 유헌사자(輶軒使者)를 파견하여 방언을 수집하게 하고, 돌아오면 그것을 책으로 엮어 밀실에 보관하였다. 진나라가 망하면서 버려지고 유실되어 남아 있는 것이 거의 없었다. 촉군(蜀郡) 사람 엄군평(嚴君平)은 1천여 자의 기록을 가지고 있었고, 임려옹유(林閭翁孺)는 대강의 법칙을 알았다. 양웅은 방언을 좋아하여, 나라의 효렴(孝廉, 효자와 지방 관리)과 변경을

지키는 군사들이 장안에 모이는 기회를 이용해서 널리 자문을 구하고 그것을 기록하였다. 27년이 걸려 비로소 완성하니, 모두 9천자에 이르렀다.(「周·秦常以歲八月遣輶軒之使, 求異代方言, 還奏籍之, 藏於秘室. 及嬴氏之亡, 遺棄脫漏, 無見之者. 蜀人嚴君平有千餘言, 林閭翁孺才有梗概之法. 揚雄好之, 天下孝廉衛卒交會, 周章質問, 以次注續. 二十七年爾乃治正, 凡九千字.」)

양웅은 촉군(蜀郡), 즉 지금의 사천성(四川省) 성도(成都)사람으로, 자는 자운(子雲)이다. 어려서부터 말을 더듬어서 말하기 보다는 책읽기를 좋아했다고 한다. 사부(辭賦)를 잘 지었는데, 초년의 작품으로는 굴원(屈原)을 기린 ≪반이소(反離騷)≫가 있다.

성제(成帝, B.C.32~B.C.7 재위) 때 대사마(大司馬) 왕음(王音)의 추천으로 황문시랑(黃門侍郎)이 되어 ≪장양부(長楊賦)≫·≪감천부(甘泉賦)≫·≪우렵부(羽獵賦)≫ 등과 같은 작품을 황제에게 바쳤다. 그 후 양웅은 사부는 현인들의 시작(詩作)의 올바름이 아니고, 조탁과 수사는 대장부가 할 일이 아니라고 여겨 철학과 언어 문자를 연구하기 시작하였다.

평제(平帝) 원년(A.D.1)에 소학에 통달한 사람 100여 명을 모집하여서 글자를 기록하게 하였는데, 양웅 역시 그 안에 속하였다. 그는 유용한 문자를 선택해서 ≪창힐편≫을 이은 ≪훈찬편(訓纂篇)≫을 지었고, 이어 ≪역경≫을 모방한 ≪태현(太玄)≫, ≪논어≫를 모방한 ≪법언(法言)≫ 등과 같은 저작을 지었다.

왕망(王莽, 9~23 재위) 때는 천록각(天綠閣)에서 교서(校書)의 일을 보았는데, 그러던 중 유분(劉棻)사건[3]에 연루되어 옥리가 체포하러 오자 누각에서 뛰어내려 하마터면 죽을 뻔하기도 하였다. 이 소식을 들은 왕망은 "양웅은 평소 청렴하고 강직한 성품을 가지고 있는 사람이어서 그랬을 것이다"라고 하며, 오히려 대부(大夫)로 승진시켰다.

---

3) 유분은 유흠의 아들로서, 왕망에게 상소를 올린 것이 화가 되어 죽임을 당하였다. 유분은 한 때 양웅에게 글을 배운 일이 있었기 때문에, 양웅도 이른바 유분사건에 연루되었던 것이다.

양웅의 저작으로 현존하는 것은 위에서 소개한 ≪태현≫·≪법언≫ 외에 본 장에서 말하고자 하는 ≪방언≫ 등이 있고, ≪훈찬편≫은 이미 오래 전에 산실되었다. 그리고 명나라 때 장부(張溥)가 양웅의 사부 등 작품들을 모아 ≪양시랑집(揚侍郎集)≫을 펴냈는데, 이 책은 청대 엄가균(嚴可均)이 펴낸 ≪전상고삼대진한육조문(全上古三代秦漢六朝文)≫에 실려 있다.

3.3.1.2 지은이에 대한 논란

양웅이 ≪방언≫을 진짜 지었느냐 아니냐 하는 문제는 과거부터 있어 왔다. 그 논란의 시작은 ≪한서·양웅전≫과 ≪한서·예문지≫ 그리고 당시의 도서목록총집인 유흠(劉歆)의 ≪칠략(七略)≫[4] 등에 양웅이 ≪방언≫을 지었다는 기록이 없다는 데서 비롯된 것이다. 그리고 또 한 가지는 ≪방언≫의 내용에서 일관성이 없다는 것이다.

예를 들어 ≪방언≫ <권1>에 "虔(건)·儇(현)은 지혜롭다[慧(혜)]는 뜻이다."라고 하였는데 <권12>에서는 "虔·儇은 속이다[謾(만)]라는 뜻이다."라고 하였고, 또 <권6>에서는 "爰(원)·暖(원)은 원망하다[恚(에)]라는 뜻이다."라고 하였는데 <권12>에서는 "爰·暖은 슬프다[哀(애)]는 뜻이다."라고 하였다. 만약 양웅이 정말 지었다면 이러한 현상은 벌어지지 않았을 것이란 주장이다.

그런데 이런 현상을 가지고 ≪방언≫을 양웅이 쓰지 않았다고 단정한다면, 그것은 공부를 해보지 않았거나 아니면 무지의 소치이다. 지금 21세기 컴퓨터가 자료 관리를 해주는 세상이 되었어도, 위와 같은 정도의 혼란은 필자도 종종 저지른다. 하물며 2,000년 전, 자료를 나무 판자에 써서 기록했고 그리고 27년간이나 그와 같은 작업을 계속했다면, 위와 같은 현상이 나오지 않는 것이 오히려 이상할 것이다. 그러므로 내용의 일관성에 관한 문제는 논외로 하겠다.

---

4) ≪칠략≫은 중국 최초의 도서분류목록집으로, 그 분류는 <집략(輯略)>·<육예략(六藝略)>·<제자략(諸子略)>·<시부략(詩賦略)>·<병서략(兵書略)>·<술수략(術數略)>·<방기략(方技略)> 등 7가지로 되어 있다.

주조모(周祖謨)의 ≪방언교전(方言校箋)≫(북경 중화서국 1993) 부록에 실려 있는 유흠과 양웅 사이의 편지 내용을 보면 ≪방언≫ 저작과정에 대한 여러 가지 사실을 알 수 있다.

유흠은 양웅이 방언에 관한 책을 쓰고 있다는 소문을 듣고, 그 책을 보자며 양웅에게 다음과 같은 편지를 보냈다.

> 듣건대 자운(子雲, 양웅의 자)께서 전(前)시대의 어휘와 여러 지방의 방언을 수집하여 15권을 지으시고 그 해설도 많이 하셨다고 하는데, 그 자세한 사정을 모르고 있습니다. … 이제 삼가 가까운 사람을 보내 그 원고를 받아 보고, 세목(細目)을 적어 저의 ≪칠략≫에 싣고자 합니다.(「屬聞子雲獨採集先代絶言, 異國殊語, 以爲十五卷, 其所解略多矣, 而不知其目. … 今謹使密人奉手書, 願頗與其最目, 得使入錄.」) (≪유흠여양웅서(劉歆與揚雄書)≫)

이에 대해 양웅은 답을 하기를,

> 일찍이 제가 들은 바 선대(先代)에는 유헌(輶軒)의 사자(使者)가 바친 기록은 모두 주(周)나라와 진(秦)나라의 서고에 보관되었었다고 합니다. 그런데 그것이 훼손되어 남겨진 것이 거의 없었는데, 오직 촉 지방 사람인 엄군평(嚴君平)과 임공(臨邛)지방 사람 임려옹유(林閭翁孺)만이 옛말을 매우 좋아하여, 옛날 유헌사자가 황제에게 바쳤던 말을 알아보았습니다. … 엄군평은 천 여 개의 어휘를 알고 있었고, 임려옹유는 대략의 법칙을 가지고 있었습니다. …
> 황문시랑(黃門侍郞) 시절 성제(成帝)께 상소하기를, "제가 어렸을 때 배움은 부족하였지만 심오하고 아름다운 글을 좋아하였습니다. 바라옵건대 3년간의 봉급을 받지 않아도 좋으니 휴직을 하도록 허락하여 주시면, 편안한 마음으로 제가 평소 하고 싶었던 바를 이루고자 하오니 윤허해 주십시오"라고 간청하였었습니다. 그런데 성제께서는 봉급을 안 주시는 것이 아니라 오히려 상서(尙書)를 시켜 필묵과 돈 6만냥을 하사하시고 석실(石室, 도서보관실)에서 책을 볼 수 있도록 해주셨습니다. …

그리하여 저는 각 지방에서 올라온 감찰부 관리·지방정부 추천 관리·병사 등에게 3촌짜리 붓과 기름칠을 한 4척짜리 천을 들고 다니면서 직접 그 지방의 말을 물었고, 집에 돌아와서는 즉시 납으로 서판에 적어 두었습니다. 이렇게 하기를 27년, 지금에 이른 것입니다. …

이제 선생께서는 위세로 저를 협박하시고 무력으로 저를 능멸하시며 이것을 손에 넣고자 하시는데, 이 책은 아직 완성되지 않아서 보여드릴 수가 없습니다. 만일 선생께서 끝까지 원하신다면 목을 매 죽음으로써 명령을 따를 수밖에 없나이다.(「常聞先代輶軒之使奏籍之書, 皆藏於周秦之室; 及其破也, 遺棄無見之者. 獨蜀人嚴君平·臨邛林閭翁孺者, 深好訓詁, 猶見輶軒之使所奏言. … 君平財有千言耳, 翁孺梗槪之法略有. … 雄爲郞之歲, 自奏少不得學, 而心好沈博絶麗之文, 願不受三歲之奉, 且休脫直事之繇, 得肆心廣意, 以自克就. 有詔可不奪奉, 令尙書賜筆墨錢六萬, 得觀書於石室. … 故天下上計孝廉及內郡衛卒會者, 雄常把三寸弱翰, 齎油素四尺, 以問其異語; 歸卽以鉛摘次之於槧, 二十七歲於今矣. … 卽君必欲脅之以威, 陵之以武, 欲令入之於此, 此又未定, 未可以見; 今君又終之, 則繼死以從命也.」)(≪양웅답유흠서(揚雄答劉歆書)≫)

라고 하였다. 여기에서 우리는 다음과 같은 사항을 알 수 있다.

우선 양웅이 그 책이름이 무엇이든 방언에 관한 저작을 쓰고 있었다는 사실이다. 그랬기 때문에 유흠이 자신의 도서목록집인 ≪칠략≫에 등재하고자 했던 것이고, 양웅 또한 그 사실을 숨기지 않고 그 책을 쓰게 된 배경, 자료의 수집 방법, 저작 과정 등을 밝히고 있다.

그런데 유흠에게 보여주기 싫어서였는지 아니면 정말로 아직 완성이 안 되었는지는 알 수 없지만, 완성이 안 되었다는 핑계로 유흠의 청을 끝내 거절하였다. 아마 이것이 ≪한서·예문지≫나 ≪칠략≫에 양웅의 ≪방언≫ 저작에 관한 기록이 빠진 이유가 아닌가 생각된다.

왜냐하면 양웅으로부터 "죽어도 못 보여주겠다"고 거절을 당한 유흠으로서는 소문만 듣고 ≪칠략≫에 등재를 할 수 없었을 것이고, ≪한서·예문지≫는 ≪칠략≫을 근거로 해서 썼기 때문에, 결국 두 책 모두에 양웅의 ≪방언≫저작에 관한 기록이 빠지게 된 것이라고 보아도 무방할 것이다.

양웅의 답장에서도 밝혔듯이, ≪방언≫은 순수한 양웅 개인의 창작이거나 단기간 내에 쓴 저작이 아니라, 수 십 년 동안 수많은 책과 셀 수 없이 많은 사람들을 만나고 묻고 듣고 하여 이루어 낸 역작(力作)이다.

먼저 양웅은 엄군평이나 임려옹유 등과 같은 사람들의 견해를 기초로 하여 시작하였다. 엄군평은 양웅과 같은 고향 사람이고, 임려옹유는 외가쪽 친척이다. 그래서 그들과 사귀며 방언에 대한 기본 지식을 쌓았을 것으로 짐작된다.

그 후 장안으로 가서 황제의 도움을 받아 많은 도서를 볼 수 있었던 기회를 활용하고, 그 다음 여러 계층의 여러 사람으로부터 직접 탐문하여 지은 것이다.

이렇게 힘들게 쓴 책을 유흠이 쉽게 생각하고 사람을 시켜 "좀 보자"하니까, "완성되지도 않았고, 또 죽어도 못 보여주겠다!"라고 거절하였다는 것이 일반적인 추측이다.

필자는 이것은 양웅의 성격과 두 사람의 사이에 있었던 모종의 사건이 더해진 결과라고 생각한다.

앞에서도 말한 바 있는데, 중국 사람은 기본적으로 돈과 출세를 인생의 두 축으로 해서 산다. 그런데 양웅은 중국 사람들의 이러한 일반적인 기질에서 약간 벗어나 있다. 먼저 ≪방언≫이라는 책을 쓰는 것만 보아도 알 수 있다.

방언은 20세기 들어서 칼그렌이라는 서양 학자가 그 중요성을 일깨우기 전까지 군자가 연구할 만한 학문 분야가 아니었다. 학문이라 하면 먼저 경서요 그 다음이 시로 대표되는 문학을 기본 소양으로 하고, 그 다음이 역사요 그리고 철학, 소학 등의 순서다. 방언을 연구한다는 것은 그야말로 순수한 학문적 호기심이나 열정일 뿐이다. 쉽게 말해서 먹고 사는데 전혀 도움이 안 된다는 말이다.

양웅은 그런 사람이었다. 임금에게 월급을 안 받아도 좋으니 평소 읽고 싶은 책을 읽을 수 있도록 휴직을 청원했을 정도였다. 그러니까 왕위를 찬탈했던 왕망 역시 연좌제에 얽혔던 양웅을 그의 사람 됨됨이를 알고 살려주었던 것이다.

한편 유흠은 머리 좋고 눈치가 빠른 사람이었다. 당연히 왕망의 쿠데타 세력에 적극 가담해서 부귀영화와 권세를 누리고 있었다. 양웅의 눈에 유흠은 약삭빠른 기회주의자요 어용학자다. 반대로 유흠 같은 사람이 보기에 양웅은 답답하고 미련한 백면서생(白面書生)이다. 한마디로 둘은 상극(相剋)이다.

더구나 유흠은 양웅이 제자들을 가르치고 있는 장소에 예고도 없이 불쑥 들어와서, 양웅에게 "≪태현≫·≪법언≫ 같은 책을 뭐 하러 쓰나? 그런 것들은 장독 뚜껑으로 쓰게나!"하고 내뱉고 나간 적도 있다. 그 때 양웅은 아무 대꾸도 못했다고 한다. 대꾸를 못한 것이 아니라, 유흠이 휑 하고 나가 버린 것일 것이다. 더구나 양웅은 약간 말을 더듬었다. 사정이 이러한데 자신의 필생의 저작을 유흠이 "좀 보자"한다고 고분고분 보여 줄 양웅이 아니다.

그런데 양웅은 유흠에게 답장을 쓴 그 다음 해(A.D.18) 세상을 떠났으니, 답장에서 밝힌 양웅의 말을 그대로 믿는다면 아마도 양웅은 이른바 ≪방언≫을 탈고하지 못하고 죽었고, 그의 저작은 후대 사람들의 손에 의하여 완성되었을 것이다. 따라서 양웅이 오랜 세월 동안 수집하고 정리한 자료들을 후대 사람들이 다시 정리하고 편집하는 과정에서 ≪방언≫의 내용 가운데 일관성이 없는 부분이 생기게 된 것이 아닌가도 생각된다.

3.3.1.3 책이름의 명명(命名)

≪방언≫의 본래 책이름은 ≪유헌사자절대어석별국방언(輶軒使者絕代語釋別國方言)≫이다. 이 이름은 세 가지의 뜻을 담고 있다.

첫째, 유헌사자(輶軒使者)는 자료의 수집 과정을 밝히는 말이다.

유헌이란 수레의 일종으로, 요즘으로 치면 티코나 마티즈급에 해당하는 수레이다. 유헌사자란 주(周)나라와 진(秦)나라 때 이 수레를 타고 각 지방의 방언·동요·민가(民歌) 등을 수집하였던 관리의 이름이다.

앞에서 소개한 바 있는 응소(應劭)의 ≪풍속통의·서≫에 있는 것처럼, 주나라·진나라 때는 항상 해마다 8월이면 유헌사자를 파견하여 방언을 수집하게 하고, 돌아오면 그것을 책으로 엮어 밀실에 보관하였다.(「周·秦常以歲八月遣輶軒之使, 求異代方言, 還奏籍之, 藏於秘室.」) 이렇게 유헌사자를 통해 수집된 기록을 보고 황제는 직접 궁 밖에 나가지 않고도 민간의 동향을 파악했던 것이다.

책이름에 유헌사자를 거론한 것은 비록 양웅 자신이 유헌관리가 되어 각 지방을 돌아다니면서 자료를 수집하지는 않았지만, 각 지방에서 올라온 사람들을 본인이 직접 만나 묻고 들은 것을 기록하였고, 또 황제의 허락을 얻어 석실(石室, 도서보관실)을 출입하면서 옛날 유헌사자들이 남겼던 기록을 보았을 가능성도 없지 않다. 그래서 유헌사자라는 이름을 제일 먼저 언급한 것이 아닌가 생각된다.

둘째, 절대어석(絕代語釋)이란 "전시대(前時代)의 말을 풀이함"이라는 뜻이다.

절대(絕代)란 "대가 끊어졌다"는 뜻이므로 오래 전의 시대를 가리킨다. 그러므로 양웅의 ≪방언≫이 당시에 각 지방의 방언 어휘의 소개에 그치지 않고, 각 방언 중에 남아 있는 옛날 말의 어휘까지 풀이하고 있음을 알 수 있다.

셋째, 별국방언(別國方言)이란 글자 그대로 한(漢)나라 만이 아닌 이전 시대의 국가·지역을 포함한 방언을 수록하고 있다는 뜻이다. 이 책의 중점은 여기에 있기 때문에 책이름도 간단히 ≪방언≫이라고 부르는 것이다.

이상을 종합해 볼 때 ≪방언≫의 책이름은 "옛날 유헌사자의 방식으로 쓴 옛말과 방언 풀이집"이라고 이해하면 될 것이다.

3.3.2 ≪방언≫의 체제

3.3.2.1 권수(卷數)와 자수(字數)

유흠이 양웅에게 보낸 편지에 의하면 ≪방언≫은 모두 15권이라고 하였고, 진(晉)나라 곽박(郭璞)의 ≪방언주(方言注)·서(序)≫에는 '삼오지편(三五之篇)'이라고 하였다. 즉 "3×5=15편"이라는 뜻이다. 그런데 ≪수서(隋書)·경적지(經籍志)≫와 ≪신당서(新唐書)·예문지≫에서는 13권이라고 하였고, 현재 전해지는 ≪방언≫은 곽박의 주본(注本)으로 이 역시 13권이다. 따라서 원본보다는 2권이 적다. 그렇다면 언제 어떠한 이유로 2권이 적어졌을까? 이 문제에 대하여 마학량(馬學良)은 다음과 같이 추측하고 있다.

> 양웅의 미완성 원고는 곽박이 ≪방언≫에 주를 다는 시점까지 그대로 전해졌을 것이다. 그래서 곽박은 서에서 '삼오지편'이라고 했던 것이다. 그런데 곽박이 주를 달면서 2권이 다른 13권과 체제가 다르기 때문에 그것을 빼고 주를 달지 않았다. 그 후 사람들은 곽박의 주본(注本)을 정본(定本)으로 삼아서 주를 달지 않은 2권은 사라지게 되었다. 이 때문에 수·당의 ≪경적지≫에는 13권으로 기록되어 있는 것이다. 그러므로 ≪방언≫이 15권에서 13권으로 줄어들게 된 것은 곽박 이후 수나라 이전의 일임이 분명하다.5)

자수에 관해서는 응소의 ≪풍속통의·서≫에서는 9천자라고 했는데, 지금의 곽주본(郭注本)은 11,900여 자로서, 응소가 말한 것보다 거의 3천자 정도 더 많다. 이 글자들이 언제 어떻게 더해졌는지는 고증할 길이 없다.

오늘날의 ≪방언≫은 모두 13권 675항목으로 구성되어 있는데, 권 앞에 그 내용을 나타내는 표제어(標題語)가 붙어 있지 않다. 그래서 내용별로 분류를 해보면, <권>1·2·3·6·7·10·12·13 등은 말을

---

5) 마학량, <≪방언≫고원(≪方言≫考原)>, ≪나상배기념논문집(羅常培紀念論文集)≫, 북경 상무인서관 1984, p.72.

해석했고, <권4>는 복제(服制)를, <권5>는 기물(器物)을 해석했고, <권8>은 짐승, <권9>는 병기(兵器) 그리고 <권11>은 곤충을 해석했다.

3.3.2.2 ≪이아≫와의 관계

≪한서·양웅전≫의 기록을 보면 양웅은 말수가 적은 대신 문장으로 자신의 웅대한 뜻을 표현하고자 하였다고 한다. 상거(常璩)의 ≪화양국지(華陽國志)≫ 권10 <선현사녀총찬(先賢士女總贊)>을 보면 양웅의 저작 상황을 잘 설명한 대목이 있다.

> 경(經)에는 ≪역경≫보다 위대한 것이 없으므로 이를 본받아 ≪태현(太玄)≫을 짓고, 전(傳)에는 ≪논어≫보다 위대한 것이 없으므로 ≪법언(法言)≫을 짓고, 사서(史書)로는 ≪창힐(倉頡)≫보다 나은 것이 없으므로 ≪훈찬(訓纂)≫을 짓고, 부(賦)에는 ≪이소(離騷)≫보다 유명한 것이 없으므로 굴원(屈原)을 추모하여 (≪반이소(反離騷)≫를 지어) 널리 퍼뜨렸고, 책 가운데는 ≪이아≫보다 올바른 것이 없으므로 ≪방언≫을 지었다.(「以經莫大于≪易≫, 故則而作≪太玄≫; 傳莫大于≪論語≫, 故作≪法言≫; 史莫善于≪倉頡≫, 故作≪訓纂≫; 賦莫弘于≪離騷≫, 故反屈原而廣之; 典莫正于≪爾雅≫, 故作≪方言≫.」)

≪방언≫의 형식과 내용은 위의 기록에서 보아도 알 수 있듯이 상당 부분 ≪이아≫를 모방하고 있다. 즉 수집한 말은 비록 명확한 분류는 아니지만 대체로 ≪이아≫의 체제를 따라 분류하고 배열하고 있으며, 어휘를 해석하는 데에도 ≪이아≫와 마찬가지로 같은 뜻을 가진 단어들을 먼저 열거한 다음 공통으로 쓰이는 말로 마무리를 한다. 예를 들면,

> ≪이아·석고(釋詁)≫: 如(여), 適(적), 之(지), 嫁(가), 徂(조), 逝(서) 등은 간다[往(왕)]는 뜻이다.(如·適·之·嫁·徂·逝, 往也..」)
> ≪방언≫ <권1>: 嫁(가), 逝(서), 徂(조), 適(적) 등은 간다[往]는 뜻이

다. 집에서 나가는 것을 嫁라고 하는데, 여자가 결혼하면 집에서 나가
므로 嫁라고 하는 것이다. 逝는 진(秦)과 진(晉)의 말이고, 徂는 제(齊)
의 말이며, 適은 송(宋)과 노(魯)의 말이다. 往은 통용어이다.(「嫁·
逝·徂·適, 往也. 自家而出謂之嫁, 由女而出爲嫁也. 逝, 秦晉語也; 徂,
齊語也; 適, 宋魯語也; 往, 凡語也.」)

라고 하였다. 다만 이 둘의 차이점이라면 ≪이아≫는 고서 경적에 있는
고훈(古訓)을 모아 놓은 것이고, ≪방언≫은 당시 실제로 쓰이고 있던
방언을 수집하여 해설까지 덧붙인 점이라고 할 수 있다.

3.3.2.3 ≪방언≫에서의 지역 구분

한(漢)나라는 중국 역사에 있어서 매우 강성하고 국토 확장에 많은
노력을 기울인 왕조였다. 따라서 ≪방언≫에 보이는 지역도 동으로는
제(齊)에서 서로는 진(秦)·양주(涼州)까지, 북으로는 연(燕)·조(趙)에
서 남으로는 상수(湘水)·구의산(九嶷山)까지, 동북으로는 조선(朝鮮)
에서 동남의 오(吳)·월(越), 서남의 익주(益州)까지를 포함하는 광대
한 영역이다. 또한 그 지역을 나타내는 이름도 넓게는 나라이름에서
좁게는 군·현 이름에 이르고 또 산 이름과 강 이름까지 출현하여 무
척 다양하고 복잡한 양상을 띤다. 그 대강을 말하면 다음과 같다.

① 나라이름으로는, 진(秦)·진(晉)·한(韓)·위(魏)·조(趙)·연(燕)·
제(齊)·노(魯)·위(衛)·송(宋)·진(陳)·정(鄭)·주(周)·초(楚)·오
(吳)·월(越) 등이 있다. 이 중 진(晉)과 한(韓)·위(魏)·조(趙) 세 나
라는 중복되는데, 비교적 넓은 지역을 가리킬 때는 진(晉)이라고 하고,
좁은 지역을 가리킬 때는 한·위·조라고 하였다.
② 주(州)이름으로는, 유(幽)·기(冀)·병(幷)·예(豫)·청(靑)·연
(兗)·서(徐)·양(揚)·형(荊)·옹(雍)·양(涼)·양(梁)·익(益) 등이 있
다. 이 중 옹주(雍州)와 양주(涼州), 양주(梁州)와 익주(益州)는 중복되
는데, 한(漢)나라 때는 옹주(雍州)를 양주(涼州)로 양주(梁州)를 익주
(益州)로 개칭하였다.

③ 군(郡)이름으로는, 대(代)·여남(汝南)·패(沛)·평원(平原)·임치(臨淄)·회계(會稽)·광한(廣漢)·촉(蜀)·파(巴) 등이 있다.

④ 현(縣)이름과 기타 지명으로는, 곡부(曲阜)·거야(鋸野)·영(郢) 등이 있다.

⑤ 강 이름으로는, 강(江, 즉 장강)·하(河, 즉 황하)·분(汾)·제(濟)·여(汝)·영(潁)·회(淮)·사(泗)·상(湘)·원(沅)·열(洌) 등이 있다.

⑥ 산 이름으로는, 대(垈, 즉 태산), 형(衡)·숭(嵩)·구의(九嶷) 등이 있다.

⑦ 이 밖에 변방 지역으로 조선(朝鮮)과 구(甌), 지역 경계로 함곡관(函谷關) 등이 있다.

이상과 같은 ≪방언≫의 복잡한 지역 구분에 대하여 나상배(羅常培)와 주조모(周祖謨)는 7개 방언구(方言區)로 나누었고[6], 임어당(林語堂)은 14개 방언구로 나누었다.[7] 또 하구영(何九盈)은 당시의 지리와 행정구역의 상관관계를 고려하여 다음과 같이 대·중·소 3개 방언구역으로 나누었다.[8]

(1) 대방언구. ①관(關): 즉 함곡관(函谷關), ②산: 즉 화산(華山), ③하(河): 황하, ④강: 장강 등을 경계로 하여 동서 또는 남북으로 나뉘는 구역.

---

6) 나상배·주조모 공저, ≪한위진남북조운부연변연구(漢魏晉南北朝韻部演變研究)≫ 제1분책(分冊), 과학출판사 1958, p.72.
7) 임어당, <전한방음구역고(前漢方音區域考)>, ≪어언학논총(語言學論叢)≫, 대만 민문(民文)출판사 1967, pp.35~44.
   (1)진(秦)·진(晉), (2)익주(益州)와 초(楚) 서부, (3)조(趙)·위(魏), (4)송(宋)·위(衛), (5)정(鄭)·한(韓)·주(周), (6)제(齊)·노(魯), (7)연(燕)·대군(代郡), (8)연(燕)·대군(代郡) 북부와 조선(朝鮮)의 열수(洌水), (9)청주(靑州)·연주(兗州)·서주(徐州), (10)초(楚), (11)초(楚) 남부, (12)오(吳)·월(越)·양주(揚州), (13)진(秦) 서부, (14)진(秦) 북부
8) 하구영, ≪중국고대어언학사(中國古代語言學史)≫, 광동 교육출판사 1995, pp.48~49.

(2) 중방언구. ①옛날 나라들을 경계로 하는 지역. 예를 들어 진(秦)·진(晉)·한(韓)·위(魏)·조(趙)·연(燕)·제(齊)·노(魯)·위(衛)·송(宋)·진(陳)·정(鄭)·주(周)·초(楚)·오(吳)·월(越) 등. ②주군(州郡)을 경계로 하는 지역. 예를 들어 유(幽)·기(冀)·병(幷)·예(豫)·청(靑)·연(兗)·서(徐)·양(揚)·형(荊)·옹(雍)·양(梁)·익(益)·양주(涼州)·촉군(蜀郡) 등

(3) 소방언구. ①강을 경계로 하는 지역. 예를 들어 분(汾)·제(濟)·여(汝)·영(潁)·회(淮)·사(泗)·원(沅)·예(澧)·상(湘)·폭(瀑)·광(洭)·열(洌) 등. ②옛날 지역을 경계로 하는 지역. 예를 들어 주남(周南)·소남(召南)·낙(洛)·영(郢)·완(宛)·상담(湘潭) 등.

한편 주조모는 ≪방언교전≫에서 ≪방언≫에 보이는 주요 지명을 <방언지도간요도(方言地圖簡要圖)>라는 이름의 지도로 그려내어 좋은 참고가 되고 있다.(<3.3 방언학> 설명 끝에 있는 그림 참조)

3.3.3 ≪방언≫의 내용

≪방언≫은 책이름에서 밝힌 바와 같이 각 지역의 방언뿐만 아니라 옛날 말까지 수집하여 해설을 하였다. 그래서 ≪방언≫에서는 이들 어휘를 통어(通語), 고금어(古今語), 전어(轉語) 등 여러 가지의 용어를 써서 구별하여 설명하고 있다. 뿐만 아니라 ≪방언≫에서는 같은 어휘라도 쓰임새의 차이를 설명하기도 하였고 때로는 한자(漢字)를 음표화하기도 하였다. 그러면 이에 해당하는 예들을 살펴보도록 하겠다.

3.3.3.1 통어

≪방언≫에서의 통어라는 용어는 전국적인 통용어, 지역간 통용어 그리고 지역 방언 등 세 가지의 범위로 나누어진다.

첫째, 그냥 통어라고 표현할 때는 지역적인 한계가 없는 전국적으로 통용되는 어휘를 가리킨다. ≪방언≫에서는 통어 외에도 범어(凡

語)・범통어(凡通語)・통명(通名)・사방지통어(四方之通語) 등으로 표현하였다.

膠(교)9)・譎(휼)은 속인다[詐(사)]는 뜻이다. 양주(凉州) 서남 사이에서는 膠라고 하고, 함곡관(函谷關) 동서부 지역에서는 譎이라고 하기도 하고 膠라고 하기도 한다. 詐는 통용어이다.(「膠・譎, 詐也. 凉州西南之間曰膠, 自關而東西或曰譎, 或曰膠. 詐, 通語也.」)(<권3>)

嫁(가), 逝(서), 徂(조), 適(적) 등은 간다[往]는 뜻이다. 집에서 나가는 것을 嫁라고 하는데, 여자가 결혼하면 집에서 나가므로 嫁라고 하는 것이다. 逝는 진(秦)과 진(晉)의 말이고, 徂는 제(齊)의 말이며, 適은 송(宋)과 노(魯)의 말이다. 往은 통용어이다.(「嫁・逝・徂・適, 往也. 自家而出謂之嫁, 由女而出爲嫁也. 逝, 秦晉語也; 徂, 齊語也; 適, 宋魯語也; 往, 凡語也.」)(<권1>)

庸(용)・恣(자)・比(비)・侹(정)・更(경)・佚(일) 등은 바꾼다[代(대)]는 뜻이다. 제(齊)에서는 佚이라고 하고, 장강(長江)・회수(淮水)・진(陳)・(楚) 사이에서는 侹이라고 한다. 나머지는 전국적인 통용어이다.(「庸・恣・比・侹・更・佚, 代也. 齊曰佚, 江・淮・陳・楚之間曰侹, 餘四方之通語也.」)(<권3>)

둘째, 지역간의 통용어를 가리킨다. 이것은 통용되는 지역이 비교적 넓은 방언이다. ≪방언≫에서는 어떤 지역과 지역 사이의 통어 또는 서로 달리 쓰지만 통하는 것[四方異語而通者(사방이어이통자)]등으로 표현하였다.

泭(뗏목 부)를 撐(부)라고 하고, 撐는 筏(벌)이라고도 한다. 筏은 진(秦)・진(晉) 지역간의 통용어이다.(「泭謂之撐, 撐謂之筏. 筏, 秦晉之通語也.」)(<권9>)

---

9) 주조모는 膠는 謬(류)로 고쳐야 한다고 하였는데, 이 견해가 맞는 것 같다. ≪방언교전≫, 북경 상무인서관 1993, p.21.

蠀蠾(자조, 굼뱅이)를 蠀(비)라고 한다. 함곡관 동쪽에서는 蝤蠀(추자)라고 하고, ……, 진(秦)·진(晉) 사이에서는 蠹(두) 혹은 천루(天螻)라고 한다. 서로 달리 쓰지만 통한다.(「蠀蠾謂之蠀. 自關而東謂之蝤蠀, ……, 秦晉之間謂之蠹, 或謂之天螻. 四方異語而通者也.」)(<권11>)

셋째, 한 지역의 통용어를 가리킨다. 이것은 지역간 통어에 비해 범위가 좁다.

撲(박)·翕(흡)·葉(엽) 등은 모여 있다[聚(취)]는 뜻이다. 초(楚)에서는 撲이라고 하기도 하고 또는 翕이라고 하기도 한다. 葉은 초 지역 통용어이다.(「撲·翕·葉, 聚也. 楚謂之撲, 或謂之翕. 葉, 楚通語也..」)(<권3>)

嫣(안)·婧(책)·鮮(선) 등은 좋다[好(호)]는 뜻이다. 초(楚) 남부 외각 지역의 통용어이다.(「嫣·婧·鮮, 好也. 南楚之外通語也..」)(<권10>)

悅(열)·舒(서)는 한 숨 돌려 쉰다[蘇(소)]는 뜻이다. 초(楚)지역 통용어이다.(「悅·舒, 蘇也. 楚通語也..」)(<권10>)

3.3.3.2 고금어

≪방언≫에서는 각 지역의 방언에 남아 있는 옛날 말도 수집하여 정리·해설하였는데, 이들을 고금어 또는 고아지별어(古雅之別語)등으로 표현하였다.

敦(돈)·豐(풍)·厖(방)·夼(개)·幠(무)·般(반)·嘏(하)·奕(혁)·戎(융)·京(경)·奘(장)·將(장) 등은 크다[大(대)]는 뜻이다. 대개 사물이 큰 모양을 豐이라고 한다. 厖은 심도(深度)가 크다는 뜻이다. 제(齊) 동부와 태산(泰山) 사이에서는 夼 또는 幠라고 하고, 송(宋)·노(魯)·진(陳)·위(衛) 사이에서는 嘏 또는 戎이라고 한다. 진(秦)·진(晉) 사이에서는 사물이 큰 것을 嘏 또는 夏라고 하고, 사람이 큰 것을 奘 또는 壯이라고 한다. 연(燕)의 북부와 제(齊)·초(楚) 경계에서는 京 또는 將

이라고 한다. 이 모두는 옛날 말이다. 처음에는 나라끼리 서로 통하지 못하였던 말들인데, 지금은 같이 쓰기도 한다.(「敦・豐・厖・奔・幠・般・嘏・奕・戎・京・奘・將, 大也. 凡物之大貌曰豐; 厖, 深之大也. 東齊海岱之間曰奔, 或曰幠; 宋・魯・陳・衛之間謂之嘏, 或曰戎; 秦晉之間凡物壯大謂之嘏, 或曰夏. 秦晉之間凡人之大謂之奘, 或謂之壯; 燕之北鄙・齊楚之郊或曰京, 或曰將. 皆古今語也. 初別國不相往來之言也, 今或同.」)(<권1>)

假(가)・㐭(격)・懷(회)・摧(최)・詹(첨)・戾(려)・艐(종) 등은 다다르대(至(지)]라는 뜻이다. 빈(邠)・당(唐)・기주(冀州)・연주(兗州) 사이에서는 假 또는 㐭이라고 하고, 제(齊)와 초(楚)의 경계 지역에서는 懷라고 하기도 한다. 摧・詹・戾 등은 초나라의 말이고, 艐은 송(宋)나라의 말이다. 모두 옛날 고아(高雅)한 말들이다. 지금은 같이 쓰이기도 한다.(「假・㐭・懷・摧・詹・戾・艐, 至也. 邠・唐・冀・兗・之間曰假, 或曰㐭; 齊楚之會郊或曰懷; 摧・詹・戾, 楚語也; 艐, 宋語也. 皆古雅之別語也, 今則或同.」)(<권1>)

3.3.3.3 전어

같은 어휘라고 할지라도 시간과 공간의 차이로 말미암아 발음이 변하기도 한다. ≪방언≫에서는 이런 낱말들을 전어 또는 어지전(語之轉)으로 표현하였다. "발음의 변화"를 가리키는 옛날 말이다.

'轉'이란 '구른다'는 뜻이다. 요즘말로는 '변화'를 의미하는데, 순수하게 낱말의 뜻으로만 보자면, '변화'는 변(變)해서 다른 것으로 화(化)하는 것을 뜻하기 때문에 완전히 다른 것으로 '변화'하는 것까지 포함한다. 그렇지만 '轉'은 구르는 것이기 때문에 원래의 모습을 어느 정도는 간직하고 있음을 내포하고 있다. 그러므로 발음에 관한한 '轉語'라는 용어는 매우 적합한 선택이라고 할 수 있다. 앞에서도 중국 사람들은 작명(作名)할 때 언제나 "그 이름에 그 뜻이 담기도록 배려한다"고 말한 적이 있는데, 역시 한자 용어는 중국 사람들이 잘 만드는 것 같다.

庸(못날 용)을 倯(송)이라고 한다. 발음이 변한 말이다.(「庸謂之倯, 轉語也..)(<권3>)

緤(설)・末(말)・紀(기) 등은 실마리[緒(서)]를 뜻한다. 초 남부 지역에서는 모두 緤이라고 한다. 端(단)이라고 하기도 하고 紀라고 하기도 하고 末이라고 하기도 하는데 이들은 모두 초의 발음이 변한 말이다. (「緤・末・紀, 緒也. 南楚皆曰緤. 或曰端, 或曰紀, 或曰末, 皆楚轉語也.」)(<권10>)

䵓鼄(지주)는 鼅蝥(주모, 거미)이다. 함곡관 서쪽으로부터 진(秦)・진(晉) 사이에서는 鼅蝥라고 하고, 함곡관 동쪽으로부터 조(趙)・위(魏)의 경계에서는 䵓鼄 또는 蠾蝓(촉유)라고 한다. 蠾蝓는 侏儒(주유)에서 발음이 변한 것이다. 연(燕)의 북부와 조선의 열수(洌水) 사이에서는 蝳蜍(독여)라고 한다.(「䵓鼄, 鼅蝥也. 自關而西秦晉之間謂之鼅蝥; 自關而東趙・魏之郊謂之䵓鼄, 或謂之蠾蝓. 蠾蝓者, 侏儒語之轉也. 北燕朝鮮洌水之間謂之蝳蜍.」)(<권11>)

3.3.3.4 어휘의 의미 구별

≪방언≫은 ≪이아≫와 마찬가지로 같은 뜻을 갖는 어휘를 나열하고 있지만, 때로는 그 의미의 차이를 설명하기도 하였다.

鬱(울)・悠(유)・懷(회)・㤿(녁)・惟(유)・慮(려)・願(원)・念(념)・靖(정)・愼(신) 등은 생각하다[思(사)]라는 뜻이다. 진(晉)・송(宋)・위(衛)・노(魯) 사이에서는 鬱悠(울유)라고 한다. 惟는 일반적인 생각을 뜻하고, 慮는 무슨 일을 꾸미려는 생각을 뜻하고, 願은 무엇을 하려는 생각이고, 念은 늘 생각한다는 뜻이다. 제 동부와 태산 사이에서는 靖이라고 하고, 진(秦)・진(晉) 사이에서는 愼이라고 하기도 하는데, 일반적으로 생각하는 모습도 愼 또는 㤿이라고 한다.(「鬱・悠・懷・㤿・惟・慮・願・念・靖・愼, 思也. 晉・宋・衛・魯之間謂之鬱悠. 惟, 凡思也; 慮, 謀思也; 願, 欲思也; 念, 常思也. 齊東海岱之間曰靖; 秦晉或曰愼, 凡思之貌亦曰愼, 或曰㤿.」)(<권1>)

搜(수)·略(략)은 구한다[求(구)]는 뜻이다. 진(秦)·진(晉) 사이에서는 搜라고 하는데, 집안에서 구하는 것을 搜라고 하고 길에서 구하는 것을 略이라고 한다. 略은 강제로 갖는 것이다. 擦(찰)·撼(척)은 취한다 [取(취)]는 뜻이다. 이것은 통용어이다.(「搜·略, 求也. 秦晉之間曰搜, 就室曰搜, 于道曰略. 略, 强取也. 擦·撼, 取也. 此通語也.」)(<권2>)

褸裂(루렬)·須捷(수첩)·挾斯(협사)는 낡았다[敗(패)]는 뜻이다. 초 남부지역에서는 일반적으로 사람이 가난하고 의복이 낡고 헤진 것을 일컬어 須捷 또는 褸裂, 襤褸(남루) 등으로 말한다. 그러므로 ≪좌전(左傳)·선공(宣公) 12년≫에서 "땔감 운반용 수레를 타고 다 떨어진 옷을 입고 산림을 개척하였다."라고 한 것은 대체로 이것을 말한 것이리라. 때로는 挾斯라고도 하는데, 그릇이 못쓰게 된 것도 挾斯라고 한다.(「褸裂·須捷·挾斯, 敗也. 南楚凡人貧衣被丑弊謂之須捷, 或謂之褸裂, 或謂之襤褸. 故≪左傳≫曰: "篳路襤褸, 以啓山林", 殆謂此也. 或謂之挾斯, 器物弊亦謂之挾斯.」)(<권3>)

3.3.3.5 한자의 음표화

양웅은 각 지방의 방언을 듣고 기록하면서 때로는 한자를 단순히 음표로서 사용하기도 하였다. 이것은 넓은 의미의 가차(假借)에 해당한다고 할 수 있다.

黨(당)·曉(효)·哲(철) 등은 안다[知(지)]는 뜻이다. 초에서는 黨 또는 曉라고 하고, 제와 송 사이에서는 哲이라고 한다.(「黨·曉·哲, 知也. 楚謂之黨, 或曰曉; 齊宋之間謂之哲.)(권1)

위의 예에서 '黨'은 아마도 오늘날의 '懂(동)'의 전신일 것이다. 당시 초 지역에서는 '黨'처럼 발음을 하였다는 것이지 '黨'자 자체가 본래 '안다'라는 뜻을 가지고 있었다는 것이 아니다. 이러한 예들은 적지 않다.

央亡(앙망)·嘿尿(묵뇨)·姡(활) 등은 교활하다[獪(회)]라는 뜻이다. (「央亡·嘿尿·姡, 獪也.」)(권10)

蠅(승, 파리)을 제 동부 지역에서는 양(羊)이라고 한다.(「蠅, 東齊謂
之曰羊.」)(권11)

위의 예에서 '央亡'・'噎尿', '羊' 등은 뜻과 상관없이 발음만 빌린 것
이다.
또한 다음의 예와 같이 한 조 안에 섞여 있을 때는 그것을 판별해
내기가 쉽지 않다.

碩(석)・沈(심)・巨(거)・濯(탁)・訐(우)・敦(돈)・夏(하)・于(우) 등
은 크다[大(대)]는 뜻이다. 제와 송 사이에서는 巨 또는 碩이라고
한다. 일반적으로 사물이 크고 많은 것을 寇(구)라고 한다. 제와 송
의 경계와 초・위(魏) 사이에서는 夥(과)라고 하고, 함곡관 서쪽부
터 진(秦)・진(晉) 사이에서는 사람의 말이 지나친 것을 過(와) 또
는 僉(첨)이라고 하며, 제 동부에서는 劍(검) 또는 弩(노)라고 하는
데 弩는 怒(노)와 같다. 진(陳)・정(鄭) 사이에서는 敦이라고 하고,
형주(荊州)・오(吳)・양주(揚州)・구(甌)의 외각 지역에서는 濯이라
고 하고, 제 중부와 초 서부에서는 訐라고 한다. 함곡관 서쪽부터
진(秦)・진(晉) 사이에서는 사물이 장대(壯大)하고 그것을 좋아하는
것을 夏라고 하고, 주(周)・정(鄭) 사이에서는 嘏(하)라고 한다. 梆
(침)은 제의 말이다. 于는 통용어이다.(「碩・沈・巨・濯・訐・敦・
夏・于, 大也. 齊宋之間曰巨, 曰碩. 凡物盛多謂之寇. 齊宋之郊・楚
魏之際曰夥; 自關而西秦晉之間凡人語而過謂之過, 或曰僉; 東齊謂之
劍, 或謂之弩; 弩猶怒也. 陳・鄭之間曰敦; 荊・吳・揚・甌之郊曰濯;
中齊西楚之間曰訐; 自關而西秦晉之間凡物之壯大者而愛偉之謂之夏,
周鄭之間謂之嘏. 梆, 齊語也. 于, 通詞也.」)(<권1>)

위의 예에서는 '寇(도둑 구)'・'劍(칼 검)'・'弩(쇠뇌 노)' 등은 뜻과
상관없이 발음이 비슷하여 빌려 쓴 글자들이다. 이 가운데 '寇'는 오늘
날 '夠(모을 구)'의 전신이 아닌가 생각된다.
한편 양웅은 기록할 때 적당한 글자가 없을 경우에는 자신이 글자
를 만들어 사용하였다. 예를 들어 사랑하다[愛(애)]라는 뜻의 '俺

(엄)'(<권1>), 슬프다[哀(애)]라는 뜻의 '悷(릉)'(<권1>), 좋다[好(호)]라는 뜻의 '姝(봉)'(<권1>) 등이 그러한 글자이다.

이상에서 든 예들은 모두 뜻과는 상관없이 발음만 빌려 쓴 글자이므로, ≪방언≫을 읽을 때 주의해야 한다.

3.3.4 ≪방언≫의 가치

≪방언≫은 한대(漢代)에 통용되었던 많은 살아 있는 각지의 어휘를 보존하고 있어서 후대 사람들로 하여금 한대 방언의 실태와 통용어와의 관계, 고대 어휘의 뜻, 고음의 변화, 당시의 사회 상황 등을 연구하는 데 귀중한 자료가 되고 있다. 이를 간추려 보면 다음과 같다.

(1) 한나라 시대의 지역적인 언어의 차이를 초월하여 통용어가 존재하였음을 알 수 있다.

≪방언≫에서의 '통어'·'범어' 등과 같은 용어는 전국적으로 사용되는 통용어라는 의미로서, 이미 당시에 오늘날 중국의 보통화(普通話)와 같은 민족 공통어가 존재하였음을 알 수 있게 한다.

또한 각 방언 구역 가운데 진(秦)·진(晉)어계의 예가 81번으로 가장 많이 거론되고 있고 그 어휘 역시 통어와 같은 경우가 많은 것으로 볼 때, 한대에서는 진·진어계가 가장 널리 쓰이는 방언이라고 짐작된다. 아마 이것은 진(秦)나라가 통일을 하여 진나라의 말을 공용어로 삼았었다는 역사적인 배경과 중국 중원 지역에 위치한 진(晉)나라의 지리적인 요인이 작용한 것이 아닌가 생각된다.

(2) 방언도 통용어가 될 수 있다는 어휘의 발전 규칙을 알 수 있다.

≪방언≫에서의 예를 보면 당시에는 방언이었던 어휘도 시간이 지나면서 통용어가 될 수 있음을 보여준다.

예를 들어 '알다[知(지)]'라는 뜻의 '曉(새벽 효)'는 본래 초 방언이었고, '치료하다'라는 뜻의 '療(료)'는 장강(長江)·상수(湘水) 사이의 방언이었으며, "의복이 남루하다"라고 할 때의 '남루(襤褸)'와 '재촉하다'라는 뜻의 '종용(慫慂)'은 초 남부 지역의 방언이었다. 현재 '曉', '療', '襤褸', '慫慂' 등은 모두 오늘날 보통화에서 쓰이는 말들이다.

(3) 동의어 간의 뜻의 차이를 구별하였다.

≪방언≫에서는 같은 뜻의 어휘를 나열하면서 때로는 그 뜻의 차이를 구별하여 설명하기도 하였다. 이것은 고대 중국어 어휘의 의미 차이를 알게 해주는 중요한 기틀이 된다.

위에서 예로 들었던 '생각하다[思(사)]'라는 뜻을 나타내는 어휘 가운데 "惟(유)는 일반적인 생각을 뜻하고, 慮(려)는 무슨 일을 꾸미려는 생각을 뜻하고, 願(원)은 무엇을 하려는 생각이고, 念(념)은 늘 생각한다는 뜻이다.(「惟, 凡思也; 慮, 謀思也; 願, 欲思也; 念, 常思也.」)"(<권1>)의 예가 그러한 것이다.

(4) 옛날 책을 해석하는데 도움을 준다.

≪방언≫은 선진(先秦)과 한대의 방언·구어 등을 수록하고 있기 때문에 고대의 책들을 해석하는데 도움을 준다.

예를 들어 ≪시경·소아(小雅)·육아(蓼莪)≫의 "어머니 날 기르시니(「母兮鞠我」)"에서의 '鞠(국)'과 ≪시경·소아·남산유대(南山有臺)≫의 "후손까지 길러 주십시오(「保艾爾後」)"에서의 '艾(애)'에 대하여 모전(毛傳)에서는 모두 '기르다[養(양)]'의 뜻으로 풀이하고 있다. 그 근거는 어디에 있을까? ≪방언≫을 보면,

> 台(태)·胎(태)·陶(도)·鞠(국) 등은 기르다[養]라는 뜻이다. 진(晉)·위(衛)·연(燕)·위(魏) 등지에서는 台라고 하고, 진(陳)·초(楚)·한(韓)·정(鄭) 사이에서는 鞠이라고 하고, 진(秦)에서는 陶라고 하기도 하며, 여수(汝水)·영수(潁水)·양주(梁州)·송(宋) 사이에서는 胎 또는 艾라고 한다.(「台·胎·陶·鞠, 養也. 晉·衛·燕·魏曰台; 陳·楚·韓·鄭之間曰鞠; 秦或曰陶; 汝·潁·梁·宋之間曰胎, 或曰艾.」)(<권1>)

라고 하였으니, '鞠'은 진(陳)·초(楚)·한(韓)·정(鄭) 등지의 방언이고 '艾'는 여수(汝水)·영수(潁水)·양주(梁州)·송(宋) 지역의 방언이었음을 알 수 있다.

(5) 고음의 변화를 알 수 있게 한다.

≪방언≫에서 이른바 '전어(轉語)'라고 한 예들은 고음의 상관관계를

엿볼 수 있게 한다. 예는 위에서 들었으므로 생략한다.

(6) 어휘의 발전 역사를 알 수 있게 한다.

≪방언≫에 보이는 몇몇 어휘들과 오늘날의 어휘를 비교해 보면 고금어(古今語)의 관계를 엿볼 수 있게 한다. 위에서 예를 든 바 있는 '알다'라는 뜻의 '黨(당)'(권1)과 지금의 '懂(동)', '많다'라는 뜻의 '寇(구)'(<권1>)와 지금의 '够(구)' 등이 그러한 예들이다.

(7) 당시에 이미 적지 않은 복음절사가 쓰이고 있었음을 알 수 있다.

어휘 면에서 볼 때 고대 중국어에서는 일반적으로 단음절의 낱말이 주류를 이루고 복음절로 이루어진 어휘는 쌍성(雙聲)·첩운(疊韻) 등 발음상 연관성을 갖는 연면사(連綿詞)가 대부분이었다. 그런데 ≪방언≫에서 복음절로 된 어휘 가운데는 발음과 상관없는 순수한 의미의 복음절사도 적지 않다. 예를 들어 '두렵다[懼(구)]'라는 뜻의 '만태(謾台)'(<권1>), '넓고 크다'는 뜻의 '항개(恒慨)'·'수역(羞繹)'(<권2>), '옷이 낡고 헤졌다'는 뜻의 '수첩(須捷)'·'협사(挾斯)'(<권3>) 등은 모두 그러한 예이다.

(8) 당시의 사회 상황을 짐작할 수 있게 한다.

≪방언≫에서는 당시 사회의 여러 방면에 대한 어휘를 기록해 놓고 있기 때문에 우리는 그것을 통해 서한 시대의 사회상을 짐작해 볼 수 있다.

예를 들어 권4에서 기록하고 있는 의복에 관한 어휘를 보면 당시 한나라 사람들의 의생활을 알 수 있고, <권5>에 있는 누에에 관한 기록을 보면 당시에 이미 양잠(養蠶)이 매우 발달되었음을 알 수 있게 한다. 또한 "연(燕)·제(齊) 사이에서는 말[馬(마)]을 기르는 것을 娠(신)이라고 한다. 관청의 여자 노예를 娠이라고 한다.(『燕·齊之間養馬者謂之娠. 官婢女廝謂之娠.』)"(권3)과 "臧(장)·甬(용)·侮(모)·獲(획) 등은 노비를 천하게 부르는 말이다.(『臧·甬·侮·獲, 奴婢賤稱也..』)"(권3) 등과 같은 예로 볼 때 한대에는 노예제도가 보편화되었을 뿐만 아니라, 그 신분 또한 매우 낮았음을 알 수 있다.

3.3.5 ≪방언≫의 판본

≪방언≫의 판본은 송나라본, 명나라본 그리고 청나라본이 있다. 현재 전해지는 송나라본은 남송 때(1200년) 심양(尋陽) 태수 이맹전(李孟傳)의 각본(刻本)이다. 또한 남송 조공무(晁公武)의 ≪군재독서지(郡齋讀書志)≫에 의하면 당시에는 북송의 국자감(國子監)본, 남송의 촉(蜀)지방 본(本)·민(閩)지방 본·공(贛)지방 본 등이 있었다고 한다. 이 가운데 공본(贛本)을 제외한 나머지 판본은 현재 전하지 않는다. 주조모(周祖謨)는 이맹전의 각본은 촉본(蜀本)의 중각본(重刻本)으로 이는 북송 국자감본의 제2차 각본이라고 하였다.10) 뒤에 나온 명각본은 모두 이맹전본을 번각(翻刻)한 것이다.

청나라의 대학자 대진(戴震)은 ≪영락대전(永樂大典)≫ 안에 있는 ≪방언≫을 근거로 명나라본을 교감하였는데, ≪사고전서(四庫全書)≫와 무영전(武英殿)의 ≪취진판총서(聚珍版叢書)≫ 안에 있는 ≪방언≫은 모두 대진의 교정본이다. 후에 대진은 이 교정본을 ≪방언소증(方言疏證)≫이라고 이름하였다.

---

10) 주조모, ≪방언교전·자서(自序)≫, p.15.

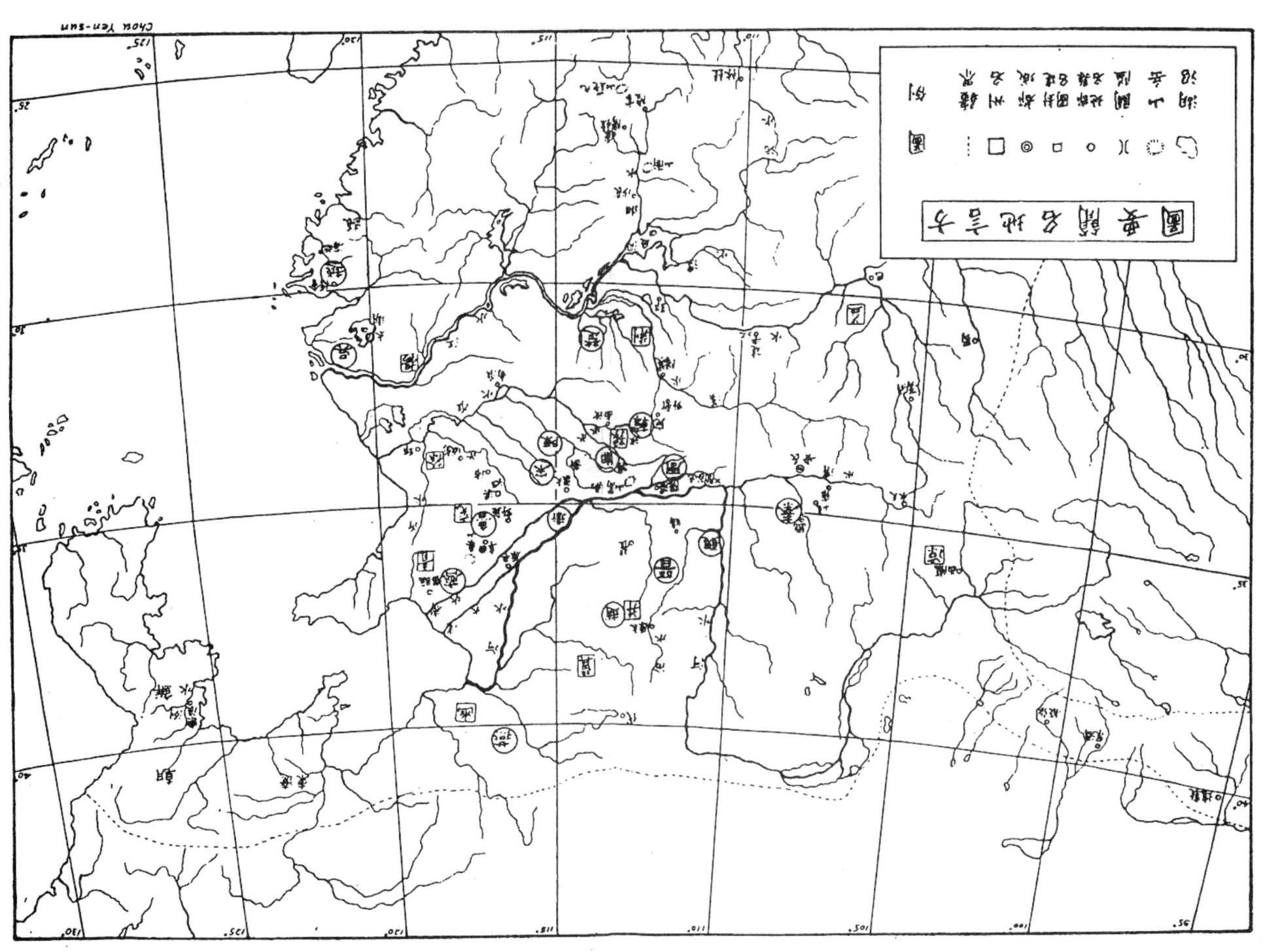

《여지도, 천하고금대총편람도(天下古今大總便覽圖)》

3.4 문자학 --- ≪설문해자(說文解字)≫

≪설문해자≫는 글자 그대로 문자(文字)를 설해(說解)하는, 즉 한자의 구조 및 뜻을 설명한 책으로서 중국문자학을 연구하는데 있어서 가장 필수적인 책이다. ≪설문해자≫ 이전의 문자학 관련 서적은 이미 없어졌기 때문에 그 내용을 정확히 알 수 없어 문자학의 연구에 실질적인 도움을 줄 수가 없는데 비해, ≪설문해자≫는 지금까지 거의 본래의 모습 그대로 전해지고 있는 것은 물론, 자전(字典)으로서의 내용이나 체제 등이 매우 충실하고 잘 짜여 있어 고대 한자의 연구에 커다란 도움을 주고 있다.

고대의 한자 자형은 지금의 글자와는 너무 다른 형상을 하고 있기 때문에, 당시와 근접된 시기의 문헌을 이용할수록 고문자 자형 분석에서 좀 더 정확한 추론을 가능하게 한다. 그런 의미에서 약 2,000년 전에 한자의 근원을 파악하기 위해 만들어진 이 책은 현재까지 알려진 문자학서로서 가장 중요한 위치를 차지하고 있다.

그러면 아래에서 이와 관련된 여러 사항을 알아보기로 한다.

3.4.1 ≪설문해자≫의 편찬

3.4.1.1 지은이 허신(許愼)의 생애

≪설문해자≫의 지은이는 허신이다. 그에 관한 사항으로는 ≪후한서(後漢書)·유림전(儒林傳)≫에,

> 허신은 자가 숙중(叔重)이고, 여남군(汝南郡) 소릉현(召陵縣, 지금의 하남성(河南省) 언성현(堰城縣) 동부) 사람이다. 성품이 순박하고 성실하며, 어려서 경서를 두루 공부하였고, 마융(馬融)이 항상 그를 존중하였다. 당시 사람들은 그를 칭하여 "오경(五經)에는 허신을 능가하는 사람이 없다"라고 하였다. 군(郡)의 공조(功曹)가 되었다가 효렴(孝廉)으로 추천받았고, 다시 교장(交長)을 제수받았으며, 집에서 생애를 마쳤다. 처음에 허신은 그때까지 전해지는 5경 내용에 대해 사람들의 이

견(異見)이 분분하여 ≪오경이의(五經異義)≫를 지었으며, 또 ≪설문해자≫ 14편을 저술했는데, 모두 후세까지 전해지고 있다.(「許愼, 字叔重, 汝南召陵人也. 性淳篤, 少博學經籍, 馬融常推敬之. 時人爲之語曰: "五經無雙許叔重." 爲郡功曹, 擧孝廉, 再遷除洨長, 卒于家. 初愼以五經傳說臧否不同, 於是撰爲五經異義, 又作說文解字十四篇, 皆傳於世..」)

라는 기록이 있을 뿐, 생졸연대에 대한 것은 물론 그의 자세한 사적(事跡)을 기록치 않고 있다.

그런데 청대 엄가균(嚴可均)의 ≪허군사적고(許君事跡考)≫와 도방기(陶方琦)의 ≪허군년표고(許君年表考)≫ 등의 고증에 의하면, 그는 한나라 명제(明帝) 영평(永平, A.D.58~75) 초에 태어나서 환제(桓帝) 건화(建和, 147~149) 초에 생애를 마친 것으로 보인다. 이에 따라 각종 언어학 사전에서는 허신의 생졸년을 대략 서기 58년에 태어나 147년에 죽은 것으로 적고 있다.

그의 첫 관직은 군의 공조(功曹)였는데, 이것은 공무원의 근무 태도를 심사하고 그 공적과 과실을 판정하는 직분이었다. 그는 이 공조의 직에서 효렴(孝廉)으로 천거되면서 상경을 하게 된다. 그래서 동한 장제(章帝) 건초(建初, 76~84) 때에 있었던 백호관(白虎館)의 오경강의(五經講議)에 참여하게 되었고, 이에 기초하여 ≪오경이의(五經異議)≫를 저술하게 되었다.

또 허신의 아들 허충(許冲)이 안제(安帝)에게 ≪설문해자≫를 바칠 때 올린 <상설문표(上說文表)>에 "신(臣)의 아비 태위(太尉) 남각좨주(南閣祭酒) 허신"이라는 대목이 있는 것으로 미루어 효렴으로 천거된 뒤에 바로 이 태위 남각좨주라는 관직에 오른 듯하다. 좨주라면 지금의 국립대학 총장에 해당한다. 그리고 안제 영초(永初) 4년(110)에는 유진(劉珍), 마융(馬融, 79~166) 등과 함께 궁중의 비서각(藏書閣)에서 서적들을 교열하였다.

허신은 처음에는 금문학파의 학문을 배웠으나 당시 유명한 학자이자 고문경에 능한 가규(賈逵, 30~101)의 문하에서 수학하면서부터 고문학파로 돌아서게 되었고, 고문(古文)을 비롯한 주문(籒文)·전문(篆

文) 등에 능통하게 되었다고 한다.

기록에 따르면 저자는 화제(和帝) 영원(永元) 12년(100)에 ≪설문해자≫를 쓰기 시작하였고, 21년 후인 안제 건광(建光) 원년(121)에 아들인 허충에 의해 조정에 바쳐진 것으로 되어 있다.

3.4.1.2 ≪설문해자≫의 저작 동기

허신이 ≪설문해자≫를 짓게 된 동기에는 양한의 정치사상 및 학술 경향과 매우 밀접한 관계가 있다. 그것에 대해 알아보면 다음과 같다.

첫째, 사회 발전의 요구에 의해서였다.

한대 초기에는 문자 교육이 중시되고 나라에서는 각종 글자체의 판독 능력 시험으로 관리를 뽑았으므로, 이전 시대에 있었던 여러 가지 글자체를 안다는 것은 벼슬을 하는 것과 밀접한 관계가 있었다. 이로 인해 진(秦)·한(漢) 시대에는 자서(字書)가 비교적 많이 출현했다.(앞의 <3.1.3 문자 교육의 중시와 훈고학의 발흥> 참조)

그러나 동한 시대에 와서는 글자 교육이 해이해져서, 예서만을 알고 고대 한자에 대한 지식이 부족한 사람들이 문자를 임의대로 해석하기에 이르렀다. 그래서 고문과 문자에 밝은 허신이 이러한 잘못을 바로 잡으려는 생각을 했다는 것은 자연스러운 일이다. 그의 이러한 생각은 그가 ≪설문해자≫의 편찬 동기를 설명하는 과정에서 잘 나타나고 있다.

≪설문해자·서≫를 보면,

벽중서는 노(魯) 공왕(恭王)이 공자의 집을 허물다가, (벽 속에서) ≪예기(禮記)≫·≪상서(尙書)≫·≪춘추(春秋)≫·≪논어(論語)≫·≪효경(孝經)≫ 등을 얻은 것이다. 또 북평후(北平候) 장창(張蒼)은 ≪춘추좌씨전(春秋左氏傳)≫을 바쳤다. 각 군국(郡國)에서도 때때로 산천에서 솥과 제기(祭器)를 얻었는데, 거기에 새겨진 글자들은 곧 전대(前代)의 고문(古文)으로, (벽중서와 장창이 바친 책에 쓰인 글자와) 모두 비슷하였다. 비록 옛날 글자의 모습을 다시 볼 수 없지만, 그 상세함은 어느 정도 이야기할 수 있다. 그런데 세상 사람들은 모두 크게 비난하면서, (고문가들을) 이상한 것을 좋아하는 사람들이라 여기고, (그들은) 고의로 바른 글자(즉 당시의 정자체(正字體)인 예서)를 그릇되이 고치고, 시골의 담벽에 알 수 없는 글자들을 날조해서, 통용되고 있는 것을 바꾸고 어지럽혀, 세상을 현혹시키려 한다고 하였다. 여러 학자들은 경쟁적으로 다투어 글자를 설명하고 경전의 뜻을 풀이하는데, 진(秦)나라의 예서는 창힐(倉頡) 때의 글자체라고 하면서, 말하기를 "부자(父子) 사이에 전해진 것인데 어찌 고친 것이 있겠는가!"라고 하였다. 이에 함부로 말하기를: "馬(마)자의 윗부분과 人(인)자가 합쳐진 것이 長(장)자이고, 人이 十(십)을 쥔 형상이 '斗(두)'자이며, 虫(충)자는 中(중)자의 아래 부분을 구부려 만든 것이다."라고 하였다. 정위(廷尉)들은 법률을 해설할 때 글자를 가지고 그 뜻을 판단하는데, "다른 사람을 질책하여 돈을 받다(「苛人受錢」)"라고 할 때의 '苛(가)'자가 '止(지)'와 '句(구)'자로 이루어졌다고 (하여 "다른 사람을 막고 돈을 받다"라는 뜻으로) 해석하였다. 이와 같은 것이 매우 많은데, 이들은 모두 공자 벽중서의 고문(古文)과 다른 것이며, 또한 사주(史籒)의 글자와도 어긋나는 것들이다. 속된 유생과 학식이 부족한 사람들은 자기들이 익힌 글자만을 즐겨 사용하며, 들어보지 못했던 것을 가려두고, 통달한 학문을 보지 못하고, 자례(字例)의 조리(條理)를 본 적이 없었으면서, 옛날의 예(藝)를 괴이하게 여기면서 속설을 좋다고 하였으며, 자기들이 알고 있는 것을 신비하고 오묘하다고 여기며, 성인(聖人)의 깊은 뜻을 통찰하였다고 생각한다.(「壁中書者, 魯恭王壞孔子宅, 而得≪禮記≫·≪尙書≫·≪春秋≫·≪論語≫·≪孝經≫. 又北平侯張蒼獻≪春秋左氏傳≫, 郡國亦往往於山天得鼎彝, 其銘卽前代之古文, 皆自相似, 雖叵復見遠流, 其詳可得略說也. 世人大共非訾, 以爲好奇者也. 故詭更正文, 鄕壁虛造不可知之書, 變亂常行, 以燿於世. 諸生競逐說字解經誼, 稱秦之隷書爲倉頡時書, 云父子相傳, 何得改易, 乃猥曰: "馬頭人爲長, 人持十爲斗, 虫者屈中也." 廷尉說律, 至以字斷法, 苛人受錢, 苛之字止句也. 若此者甚衆, 皆不合孔氏古文, 謬於史籒, 俗儒鄙夫, 翫其所習, 蔽所希聞, 不見通學, 未嘗覩字例之條, 怪舊藝而善野言, 以其所知爲祕妙, 究洞聖人之微指.」)

둘째, 한대 경학의 흥성과 금·고문학의 논쟁에 의해서였다.

앞에서도 설명한 바 있듯이 금·고문은 본래의 한대 유가 경전의 두 종류의 다른 자체의 전본(傳本, 옛 경학자의 전통적인 주해본)을 말한다. 원래는 쓰인 문자만 다른 것이었는데, 이를 연구하는 학자들에 의해 서로 다른 학파로 발전하게 되었다. 이들 두 파는 근거 자료·해설·연구 관점 등에서 매우 큰 차이를 보여서, 광무제(光武帝, 25~57 재위) 때부터 동한 말까지 정치상·학술상에서 격렬한 논쟁이 계속되었다.

동한 초에는 금문경학이 유행하여, 고문경학은 ≪좌전(左傳)≫만 박사를 두었다가 이것도 곧 폐지되었다. 두림(杜林)·정흥(鄭興)·가규(賈逵) 등 고문학자들은 금문학을 압도하고 더 높은 지위에 오르기 위하여, 먼저 언어문자학을 중시할 것을 주장하고 그 지위를 경학과 대등한 위치로 끌어올리려 하였다. 이로 인하여 금문경학파와 고문경학파의 치열한 경쟁이 시작되게 되었다.

장제(章帝, 76~88 재위)는 79년 백호관(白虎觀)에서 금·고문학자들을 모아 회의를 개최하였다. 이 회의에 초대된 학자들의 대부분은 금문학파 박사들이었고, 고문학파에 속하는 학자로는 가규와 반고(班固)뿐이었다. 이 회의의 결과 금문경학파는 금문경학파의 정치 학설을 실은 ≪백호통덕론(白虎通德論)≫(줄여서 ≪백호통≫ 또는 ≪백호통의(白虎通義)≫라고도 함)을 출판하게 되었는데, 기이한 것은 이 책을 써낸 사람은 고문경학파의 반고였다. 아마도 금문경학파는 글귀를 나누고 쪼개서 말을 장황하게 늘어놓는 데는 남다른 소질이 있었지만, 대의를 총괄하는 글재주는 뛰어나지 않았던 것 같다.

어쨌든 고문경학파는 이 이후 서서히 득세를 하게 되어, 83년에는 장제의 윤허를 받아 ≪좌전≫·≪곡량전(穀梁傳)≫·≪고문상서(古文尙書)≫·≪모시(毛詩)≫ 등 과목에 고재생(高才生)제도를 두게 되었다. 비록 박사를 두지는 못했지만 그래도 고문경이 세상에 전해지는 계기는 마련되었던 것이다. ≪설문해자≫의 편찬은 바로 이러한 때에 시작되었다.

허신의 아들 허충(許沖)의 상소 중의 한 단락을 보면, 허신이 ≪설문해자≫를 쓴 이유가 고문 경전을 발전시키고, 오경을 제대로 해석하기 위함에 있다고 설명하고 있다.

    대개 성인(聖人)은 함부로 자기의 견해를 말하지 않고, (자신의 견해에는) 모두 그 근거가 있었다. 오늘날 오경의 이치는 밝고 분명한데, 문자는 바로 그 근본에서 생겨난 것이다. ≪주례(周禮)≫로부터 ≪한률(漢律)≫에 이르기까지 모두 마땅히 육서(六書)를 배워 그 뜻을 꿰뚫어야 한다. 그런데 궤변과 사설(邪說)이 배우고자 하는 사람들을 미혹케 할까 염려되어, 허신은 전문가에게 널리 묻고 가규(賈逵)의 의견을 참고하여 ≪설문해자≫를 지었다.(「蓋聖人不妄作, 皆有依據. 今五經之道, 昭炳光明, 而文字者其本所由生. 自≪周禮≫・≪漢律≫, 皆當學六書, 貫通其意. 恐巧說衺辭使學者疑. 愼博問通人, 考之於逵, 作≪說文解字≫.」)

그러므로 ≪설문해자≫는 오늘날 관점에서 보면 명백한 자전이지만, 당시로 보면 올바른 경전 해석을 위한 자전 형식의 참고서라고 할 수도 있을 것이다.

3.4.1.3 ≪설문해자≫의 명명(命名)

≪설문해자≫를 이름 그대로 풀이하면 "문을 설명[說文(설문)]하고 자를 해석[解字(해자)]한다"라고 할 수 있다. 또 첫 글자와 셋째 글자를 합하여 '설해(說解)'라고 하고, 둘째와 넷째 글자를 합하여 '문자(文字)'라고 하여 "문자를 설해함"이라고 볼 수도 있을 것이다.

생각건대 허신의 뜻은 첫 번째 풀이에 있을 것 같다. 그 이유는 그가 쓴 ≪설문해자・서≫를 보면 문(文)과 자(字)는 구별되는 개념으로, 오늘날 우리가 쓰는 글자 또는 문자 등과 같은 단순한 의미로 쓰지 않았음을 알 수 있다.

    창힐이 처음 글자를 만들 때, 무릇 사물의 유별(類別)에 의거하여 형태를 본떴는데, 그러므로 그것을 일컬어 '文'이라고 한다. 그 후 형태와 소리가 서로 더해지니, 곧 그것을 일컬어 '字'라고 한다. ('文'은 사물 형상의 근본이요,) '字'는 불어나고 키워내서 점점 많아졌음을 말하는 것이다.(「倉頡之初作書, 蓋依類象形, 故謂之文. 其後形聲相益, 卽謂之字. (文者物象之本,)11) 字者言孶乳而寖多也.」)

여기서의 '文'은 '무늬[紋(문)]'의 의미로서, 사물의 종류에 따라 그 형체를 그려낸 것이다. '字'는 집[宀(면)] 안에 자손[子(자)]이 있어 '불어나다[孶(자)]'라는 뜻을 내포하고 있으니, 文이 증가하여 字가 된다는 것이다. 그래서 "文은 말하고[說], 字는 풀이한다[解]"라고 이름을 지은 것이라고 생각된다.

3.4.2 ≪설문해자≫의 체제

3.4.2.1 수록 글자의 수

≪설문해자≫는 그 이전에 만들어진 ≪창힐편(倉頡篇)≫ 등의 글자 모음집에 수록된 5,340자와 5경 중의 문자, 종정이기(鐘鼎彝器) 위에 쓰인 문자, 다른 사람이 수집한 자형 등을 모두 수집한 후 매 글자마다 설명을 가하였다.

수록된 한자의 수는 표준 자형인 정문(正文)이 9,353자이고, 표준 자형에 대한 다른 글자체인 중문(重文)이 1,163자 그리고 해설자가 133,441자이다. 정문은 소전(小篆)을 취하고 주문(籒文)이나 고문(古文)을 중문으로 추가하였으나, 부수자(部首字)의 경우는 주문이나 고문을 정문으로 하고 소전을 중문으로 하였으며, 해설자는 예서를 사용하였다.

수록된 글자 수는 판본마다 약간의 차이가 있다. ≪설문해자·서≫에는 정문이 9,353자, 중문 1,163자, 해설자 133,441자라 하였으나, 현재 전해지는 서현(徐鉉, 916~991)이 정리한 이른바 대서본(大徐本)에는 정문 9,431자, 중문 1,279자, 해설자 122,699자이고, 청나라 단옥재(段玉裁, 1735~1815)의 ≪설문해자주(注)≫ 본에는 정문 9,447자, 중문

---

11) ( ) 안의 내용은 ≪설문해자주(說文解字注)≫에 있는 내용.

1,280자가 수록되어 있다. 또 각 판본마다 수록된 글자의 종류도 약간씩 차이가 있다.

이렇게 ≪설문해자·서≫에 비해 글자 수가 증가된 것은 두 가지의 요인이 작용했다고 보인다. 하나는 허신 스스로 글자를 추가시킨 것이고, 둘째는 후인들이 추가한 것으로 보인다.

≪설문해자≫의 글자 수가 9,353자라 말한 것은 초고가 완성되었을 시기에 밝힌 것이다. 그런데 저자는 초고가 완성된 후에도 글자와 관련된 일을 계속했으므로, 그가 죽기 전에 글자 수를 증가시켰을 가능성도 있다. 후인들이 추가한 것은 서현이 스스로 19자를 증보시켰다고 언급한 것 외에 단옥재나 계복(桂馥, 1736~1805) 등의 ≪설문해자≫ 주석서에도 글자를 추가한 흔적이 보이는데, 이러한 것은 그들의 주석에서 모두 설명하고 있다.

3.4.2.2 부수와 수록자의 배열

≪설문해자≫의 정문 9,353자는 다시 540부로 나뉜다. ≪설문해자≫의 부수 분류야말로 허신의 독창적인 업적이며, 후대 자전의 체제에 결정적인 영향을 끼친다.

부수의 분류법에 관해서 허신은 ≪설문해자·서≫에서 말하기를,

> 그 머리글자를 세움에 '一(일)'자를 첫 번째로 하였다. 일은 종류별로 모으고, 사물은 집단별로 나누었다. 같은 계열은 끌어 당겨 같이 속하게 하고, 같은 이치인 것은 서로 꿰어 놓았다. 섞여 있어도 (그 경계를) 넘지는 않고, 형태에 의거하여 연결시켰다. 당기고 늘려서 모든 (글자의) 근원을 궁구하였으며, 마지막은 (12지지(地支)의) '亥(해)'에서 끝나게 하여, 그 변화가 무궁함을 알도록 하였다.(「其建首也, 立一爲耑, 方以類聚, 物以群分. 同條牽屬, 共理相貫. 雜而不越, 據形系聯. 引而申之, 以究萬原. 畢終於亥, 知化窮冥.」)

라고 하였다.

단옥재는 주에서 "540부수의 차례는 대략 자형이 비슷한 순서로 정하여, 사람들이 기억하기 쉽고 찾기 쉽도록 하였다.(「五百四十部次第, 大略以形相連次, 使人記憶易檢尋.」)"라고 말하고 있는데, 이들로부터 다음과 같은 부수 분류의 특징을 알 수 있다.

첫째, 제1부가 <一(일)부>이고 마지막 제540부가 <亥(해)부>라는 것은 허신이 당시 유행하던 음양오행설의 영향을 받았기 때문이다. 그래서 만물의 근원인 '一'을 맨 처음 부수로 하였고, 12지지 중의 마지막인 '亥'를 맨 뒤에 배열한 것이다.

둘째, 이른바 형태에 의거한 배열법인 '거형계련(據形系聯)'을 근간으로 하고, 여기에 '인이신지(引而申之)' 즉 자형과 의미의 확대·발전·파생 등을 더하여 제1부에서 제540부까지 최대한 자연스럽고 이해하기 쉽게 연결되도록 배려하였다.

예를 들어 ≪설문해자≫ 제1부에서 제14부까지의 연결 구조를 보면 아래와 같다.

제1 一(일), 제2 ㅗ(上, 상), 제3 示(시), 제4 三(삼), 제5 王(왕), 제6 玉(옥), 제7 珏(각), 제8 气(기), 제9 士(사), 제10 丨(곤), 제11 屮(철), 제12 艸(초), 제13 蓐(욕), 제14 茻(망)

위의 연결 구조를 보면 우선 제1부에서 제9부까지는 가로획[一] 계열로서 형태상 획수를 늘려 나간 모습이고, 제10부에서 제14부까지는 세로획[丨] 계열이다. 여기에서 제11부 '屮(철)'은 초목이 땅을 뚫고 솟아난다는 의미에서 제10부 '丨(뚫을 곤)'의 뒤에 놓은 것이다.

또 9,353자가 540부수의 어느 한 부에 속해 배열될 때도 일정한 원칙하에 배열되었는데, 그 원칙을 추론하면 다음과 같다.

① 글자의 의미가 좋은 것을 전면에 배치하고, 나쁜 것은 뒤에 열거한다.
② 일반적으로 볼 때 고유명사는 전면에 배치하고, 보통명사는 뒤에

열거한다.

③ 의미가 비슷한 글자들은 서로 연결되게 배열하여, 글자의 검색에 편하도록 한다.

④ 한 부수가 끝날 즈음에 다음 부수자와 관련이 있는 글자를 배치함으로써, 다음 부수가 무엇인지를 짐작할 수 있도록 한다.

오늘날의 자전은 부수와 획수에 의거해서 글자를 찾는 것이 일반적이지만, 이것은 약 5세기에 해서체가 쓰이기 시작하면서부터의 일이다. 허신의 시대에는 아직 이러한 개념이 없었기 때문에, 저자는 부수와 글자의 배열에 고심했었을 것으로 짐작된다.

≪설문해자≫는 위와 같은 원칙 아래 글자를 배열하였기 때문에, 비록 지금의 자전과 같은 색인이나 검자표는 없지만, 당시에 이미 글자의 검색을 편하도록 하기 위한 배려까지 했다는 점에서 그 가치를 더욱 인정받고 있다.

3.4.2.3 편장(篇章)의 안배

≪설문해자≫는 본래 14편으로 만들어졌으나, 송대 서현(916~991)이 편집하는 과정에서 후에 각 편을 상·하로 나누었다. 그리고 다시 서(敍)와 부수의 목차인 부목(部目)을 추가해 15권 상으로 하고, 그의 아들인 허충이 안제(安帝)에게 올린 상주서(上奏書)를 15권 하로 하여 총 30권으로 이루어졌다.

각 편마다 수록된 부수의 수와 글자 수는 정문을 기준으로 어느 정도 균형을 유지하려고 한 흔적이 보이는데, 이를 도표로 정리하면 아래와 같다.

편(篇)	부수수(部首數)	정문(正文)	중문(重文)	합 계
1	14	672	81	753
2	30	693	88	781
3	53	630	145	775
4	45	748	112	850
5	63	527	122	649
6	25	753	61	814
7	56	714	115	829
8	37	611	63	674
9	46	496	63	559
10	40	810	87	897
11	21	685	62	747
12	36	779	84	863
13	23	699	123	822
14	51	630	74	704

3.4.3 ≪설문해자≫의 해설 방식

≪설문해자≫의 해설 방식은 대체적으로 자형의 제시, 뜻풀이, 구조 분석, 발음 표시 그리고 부수 설명 등 5단계로 나뉜다. 예를 들어 제1부 <一부>의 예를 직접 보면 아래와 같다.

　一, 惟初太始, 道立於一, 造分天地, 化成萬物. 凡一之屬皆从一. 弌, 古文一.(「一, 태초 맨 처음 시작에, 도(道)는 一에서 세워지고, 나아가 하늘과 땅으로 나뉘고, 화하여 만물을 이루었다. 무릇 一부에 속하는 글자들은 모두 一을 의미부분으로 삼는다. 弌은 一의 고문(古文)이다.」)

　元, 始也. 从一, 从兀.(「元(원)은 처음(始)이라는 뜻이다. 一과 兀(올)은 모두 의미부분이다.」)

　天, 顚也, 至高無上. 从一·大.(「天(천), 하늘을 '천'이라고 부르는 까닭은 사람의 정수리[顚(전)]와 같이 가장 높기 때문이다. 一과 大(대)는 모두 의미부분이다.」)

丕, 大也. 从一, 不聲.(「丕(비)는 크다는 뜻이다. 一은 의미부분이고, 不(불)은 발음부분이다.」)

吏, 治人者也. 从一, 从史, 史亦聲.(「吏(리)는 사람을 다스리는 자이다. 一과 史(사)는 모두 의미부분인데, 史는 발음부분이기도 하다.」)

文五. 重一.(「정문(正文)은 5글자이고, 중문(重文)은 한 글자이다.」)

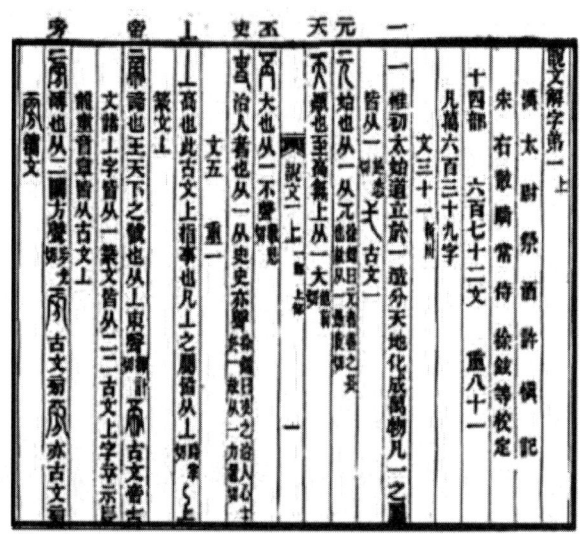

≪설문해자≫

이상과 같은 5단계의 해설 방식을 하나하나 구체적으로 살펴보면 다음과 같다.

3.4.3.1 자형의 제시

≪설문≫에서는 보통 소전(小篆)을 기본 자형 즉 정문(正文)으로 제시한다. 다만 소전 외에 주문(籒文)이나 고문(古文) 등의 다른 자형 즉 중문(重文)이 있을 경우는 본문의 설명 뒤에 중문을 추가하고 그것이 중문임을 밝힌다. 그러나 만일 그 글자가 부수자인 경우는 반대로 주문이나 고문을 정문으로 제시한 후, 소전을 중문으로 삼는다.

참고로 소전이란 진시황 시대의 표준 자체를 말하고, 주문이란 소전의 전신인 '사주대전(史籒大篆)' 즉 주(周)나라 선왕(宣王)의 태사(太史)였던 주(籒)가 지은 ≪대전15편(大篆十五篇)≫ 중의 문자를 가리킨다.

또한 ≪설문해자≫에서 말하는 고문은 두 가지 뜻이 있는데, 하나는 이른바 '벽중서(壁中書)'에서 쓰인 글자체를 가리키거나, 또는 전국시대 진(秦)나라를 제외한 나머지 여섯 나라의 문자, 이른바 육국문자(六國文字)를 가리킨다.

3.4.3.2 뜻풀이

위의 예에서도 알 수 있듯이 ≪설문해자≫에서는 자형을 제시한 후 그 뒤에 뜻을 풀이한다. 만일 허신의 생각에 뜻풀이가 명확하지 못하거나 다른 뜻풀이가 있을 경우에는 '일왈(一曰)'이나 '혹왈(或曰)' 등을 덧붙여 그 의미를 부연 설명하였다.

예를 들어 '掖(액)'자의 경우, "掖은 손으로 사람의 팔을 잡아 땅에 던진다는 뜻이다. … 일설에는 겨드랑이를 뜻한다고도 한다.(「掖, 以手之人臂投地也. … 一曰臂下也.」)"라고 하였다.

본래 '겨드랑이'라는 뜻을 나타내는 글자는 '亦(역)'자였다. 亦자는 사람[大]의 두 겨드랑이를 '八'와 같은 부호를 써서 가리키는 지사자(指事字)였는데, 후에 '또한'·'역시' 등과 같은 부사적인 의미로 가차(假借)되어 사용되자, 본래의 뜻을 보존시켜 주기 위해 手(수)자를 추가한 '挾'자를 만들어 썼다. 이 '挾'자는 후에 다시 亦 부분이 夜(야)로 바뀌어 '掖'자로 변하였다가, 다시 부수인 扌(수)가 肉(육)으로 바뀌어 지금의 '腋(액)'자가 된 것이다.

어떤 글자에는 뜻풀이가 없는데, 이는 자형의 분석에 이미 그 의미가 내포되어 있기 때문이다.

예를 들어 '珏(각)'자의 경우, "珏, 두 개의 옥(玉)이 합쳐 하나의 珏이 된다.(「珏, 二玉相合爲一珏.」)"라고 설명하고 있는데, 두 개의 옥을 합친 모양에는 이미 '珏'의 본의인 쌍옥(雙玉)이라는 뜻이 내포되어 있기 때문에 따로 뜻풀이를 하지 않은 것이다.

3.4.3.3 구조 분석

≪설문해자≫의 구조 분석은 전통적인 육서(六書)에 따라 분석하는데, 허신은 이러한 분석을 통해 그 글자의 형·음·의 관계와 문자 구조의 원리를 설명하고 있다.

비록 육서의 원리가 허신의 독창적인 견해가 아니라 그때까지 있었던 문자 구조에 대한 이론을 허신이 집대성한 것이라고 하더라도, 육서에 대하여 각 항목마다 정의를 내리고, 그 원리를 책 안에 있는 글자 하나하나에 모두 적용하려 했던 허신의 공적은 결코 작지 않다.

그러면 허신이 육서의 원리를 어떻게 적용하여 글자의 구조를 분석하였는지 알아보면 아래와 같다.

허신은 육서의 순서를 지사(指事), 상형(象形), 형성(形聲), 회의(會意), 전주(轉注) 그리고 가차(假借)의 순으로 정하였다. 여기에서도 이 순서에 따라 설명하겠다.

(1) 먼저 허신은 지사에 대하여 "지사란 보아서 식별할 수 있고, 자세히 살피면 그 뜻이 드러나는 것으로, 上(상)과 下(하)가 그 예이다.(「指事者, 視而可識, 察而見意, 上下是也.」)"라고 정의하였다.

≪설문해자≫에서 지사라고 명시한 것은 上자와 下자 두 글자뿐이다. 그 예를 보면 "丄은 '위'라는 뜻이다. 이것은 고문(古文)의 上자이다. 지사자이다.(「丄, 高也. 此古文上, 指事也.」)"라고 하였고, "丅는 '아래'라는 뜻이다. 지사자이다.(「丅, 底也. 指事.」)"라고 하였다.

그리고 나머지는 대부분 "어떠어떠한 모양을 그렸다(象某某之形)"라고 표현하였다. 여기서의 '某某(모모)'는 어떤 사물의 모양을 그대로 그려낸 것이 아니라 사건을 나타낸다. 예를 들어 "刃(인)은 칼의 날카로운 부분이다. 刀(도)는 의미부분이고, 칼에 날[刃]이 있는 모양을 그렸다.(「刃, 刀堅也. 从刀, 象刀有刃之形.」)"와 같은 예가 그러하다.

(2) 상형에 대해서는 "상형이란 그 사물을 그려내는데 형체를 따라

구부렸다 폈다 하(며 그려내)는 것으로, 日(일)과 月(월)이 그 예이다. (「象形者, 畵成其物, 隨體詰詘, 日月是也.」)"라고 하였다.

상형의 경우는 상형이라고 명시하거나, 또는 "어떠어떠한 모양을 그렸다(象某某之形)"라고 표현하였다. 예를 들면 "口(구)는 사람이 말하고 먹는 기관이다. 상형자이다.(「口, 人所以言食也, 象形.」)"라고 하거나, "人(인)은 세상에서 가장 귀한 존재이다. 이는 주문(籒文)이다. 사람의 팔과 다리를 그린 것이다.(「人, 天地之性最貴者也. 此籒文. 象臂脛之形.」)"라고 하였다.

(3) 형성에 대해서는 "형성이란 일로써 글자를 만들고, 비슷한 소리를 취해서 이루어지는 것으로, 江(강)과 河(하)가 그 예이다.(「形聲者, 以事爲名, 取譬相成, 江河是也.」)"라고 하였다. '江'과 '河'는 모두 '水(수)'를 의미부분으로 삼고, 'エ(공)'과 '可(가)'를 각각 발음부분으로 하고 있다.

형성의 경우는 "A는 의미부분이고, B는 발음부분이다(从A, B聲)" 또는 "A·B는 (모두) 의미부분인데, B는 발음부분이기도 하다(从A·B, B亦聲)"와 같은 형식이 대표적이다. 예를 들면 "瑛(영)은 옥의 광채를 뜻한다. 玉(옥)은 의미부분이고, 英(영)은 발음부분이다.(「瑛, 玉光也. 从玉, 英聲.」)"라고 하거나, 또는 "珥(이)는 옥으로 귀를 막는다는 뜻이다. 玉과 耳(이)는 모두 의미부분인데, 耳는 발음부분이기도 하다.(「珥, 瑱也. 从玉·耳, 耳亦聲.)」"라고 하는 형식이다.

(4) 회의에 대해서는 "회의란 (같거나 다른) 종류의 글자를 나란히 하고 뜻을 합함으로써, 지향(指向)하는 바가 드러나도록 하는 것으로, 武(무)와 信(신)이 그 예이다.(「會意者, 比類合誼, 以見指撝, 武信是也.」)"라고 하였다. '武'자는 '止(지)'와 '戈(과)'로 이루어져 있는데, '止'는 '멈추다'의 뜻이 아니라, 갑골문을 보면 ' '로 본래 '사람의 발'을 그린 상형자로서 '이동(移動)'을 뜻하였다. 따라서 '武'는 "창을 메고 이동하다"라는 의미로 '정벌(征伐)하다' 또는 '무력시위(武力示威)'를 뜻한다. 또 '信'자는 '人(인)'과 '言(언)'으로 이루어져 있는데, "사람[人]의 말[言]에는 믿음[信]이 있어야 한다"는 뜻을 나타내고 있다.

회의의 경우 ≪설문≫에서는 "A·B는 (모두) 의미부분이다(从A·B)" 또는 "A와 B는 (모두) 의미부분이다(从A, 从B)" 등과 같은 형식이 대표적이다. 즉 "及(급)은 '다다르다'라는 뜻이다. 又(우)·人은 의미부분이다.(「及, 逮也. 从又·人.」)" 또는 "建(건)은 조정(朝廷)의 법률을 세운다는 뜻이다. 聿(율)과 廴(인)은 (모두) 의미부분이다.(「建, 立朝律也. 从聿, 从廴.」)" 등과 같다.

그런데 때로는 "圂(환)은 측간(厠間)을 뜻한다. 囗(위)는 의미부분이고, 돼지([豕(시)]가 울타리[囗] 안에 있는 모습을 그렸다. 회의이다.(「圂, 厠也. 从囗, 象豕在囗中也. 會意.」)"의 경우와 같이 직접 회의임을 표시한 것도 있고, "休(휴)는 멈추어 쉰다는 뜻이다. 사람이 나무에 의지하고 있는 구조이다.(「休, 息止也. 从人依木.」)"와 같이 구조 분석의 형식으로 그것이 회의임을 밝힌 것도 있다.

한편 앞의 지사·상형·형성·회의 네 가지가 글자를 만드는 원리라고 한다면 전주(轉注)와 가차(假借)는 글자를 운용하는 원리이다. 그러므로 여기의 구조 분석이라는 이름과는 맞지 않는다. 그러나 이 둘 역시 육서의 한 부분이므로 함께 설명을 하기로 하겠다.

(5) 전주에 대해서는 "전주란 같은 종류끼리 모아 놓고 하나를 머리글자로 삼되, 같은 뜻이면 서로 주고받는 것으로, 考(고)와 老(로)가 그 예이다.(「轉注者, 建類一首, 同意相受, 考老是也.」)"라고 정의한 이래 전주는 육서 가운데에서도 가장 그 내용이 어려운 것으로 알려져 있다. 그래서 전주에 대한 해석은 학자마다 다르고 그에 따른 예들도 역시 다르다. 여기에서는 많은 논란은 생략하고 '동부호훈(同部互訓)'설에 따라 설명하겠다.12)

'동부호훈'이란 같은 부수 안에 있는 호훈자(互訓字)를 전주로 보는 것이다. 허신은 비록 전주라고 직접 표현은 하지 않았지만, 극소수의 경우를 제외하고는 같은 부수 안의 호훈자들을 바로 옆 또는 아주 가

---

12) 전주의 정의에 관해서는, 이병관의 <현행 중·고 한문교과서 문제점 연구 ---- 전주(轉注)의 정의·지(之)자의 용법·보어(補語)의 정의를 중심으로>, ≪중국어문학논집(中國文學論集)≫ 제7집, 서울 중국어문학연구회(中國語文學研究會) 1995, pp.516~524를 참조.

까운 곳에 배열하고 있다. 예를 들어 제1편 하 <초부(艸部)>의 '策(책)'과 '莿(자)', 제8편 상 <인부(人部)>의 '倚(의)'와 '依(의)', 제11편 상 <수부(水部)>의 '濫(람)'과 '氾(범)' 등이 그러한 예이다. 전주자들은 발음상 서로 매우 비슷하다는 특징을 갖는다.

(6) 끝으로 가차를 말하자면, "가차란 본래 그 글자가 없어서 소리에 의지하여 일을 맡기는 것으로, 令(령)과 長(장)이 그 예이다.(「假借者, 本無其字, 依聲託事, 令長是也..」)"라고 하여, 어떤 뜻을 나타내려 할 때 그에 해당하는 글자가 없어서 발음이 비슷한 다른 글자를 빌려쓰는 방식을 말한다.

그런데 허신이 든 예는 가차가 아니라 뜻의 확대·발전인 인신(引伸)이어서 논란이 되기도 한다. 위의 정의에 따른다면 진정한 가차자로는 '來(래)', '難(난)' 등이 보다 적합한 예라고 할 수 있다. '來'는 본래 '보리'를 그린 상형자였는데 '오다'라는 뜻으로 가차되었고, '難'은 본래 '새의 이름'이었는데 '어렵다'라는 뜻으로 가차되었다.

3.4.3.4 발음 표시

뜻풀이 다음에는 글자의 발음을 밝혔다. 그러나 매 글자마다 발음을 표시한 것은 아니고, 형성자의 경우는 구조 분석을 할 때 이미 발음을 밝혔으므로 따로 발음을 표시하지 않았고, 지사·상형·회의 등은 따로 발음을 밝혀 주었다.

그런데 이 같은 원칙이 완전히 지켜진 것은 아니어서, 형성자라도 발음을 단 경우도 있고, 또 지사·상형·회의자라도 자주 쓰이는 글자의 경우는 발음을 표시하지 않고 잘 쓰이지 않는 글자의 경우만 발음을 달았다.

≪설문해자≫에서 쓴 발음 표시 방식은 직음법(直音法)이다. 직음법이란 어떤 글자의 음가를 발음이 같은 다른 글자로 예를 들어 표시하는 방식이다.

≪설문해자≫에 보이는 발음 표시 형식 가운데 가장 대표적인 것은 "A처럼 발음한다(「讀若A」)"이다. 예를 들면 "珣(순)은 … 宣(선)처럼

발음한다.(「珣, … 讀若宣.」)"라든지 "昕(흔)은 … 希(희)처럼 발음한다.(「昕, … 讀若希.」)" 등과 같다.

이 밖에도 "珛(후)는 … '기른다'라고 할 때의 畜(휵)자처럼 발음한다.(「珛, … 讀若畜牧之畜.」)"의 경우처럼 낱말의 예를 들어 발음을 표시하기도 하였고[13], "赳(규)는 반걸음이란 뜻이다. 走(주)는 의미부분이고, 圭(규)는 발음부분이다. 발음은 跬(규)와 같다.(「赳, 半步也. 从走, 圭聲. 讀若跬同.」)"의 경우처럼 발음을 표시하는 글자와 의미의 연관을 두기도 하였다. 이러한 직음법은 후에 반절법(反切法)으로 발전하게 되고, 또 직음법에 사용된 글자들의 발음은 시간적·공간적 변화로 인해 지금은 변한 것도 많다.

3.4.3.5 부수 설명

≪설문해자≫ 안에 있는 모든 글자는 540부 중의 어느 하나에 속해 있다. 그래서 한 글자가 어느 부에 속해 있는지를 밝혀야 하는데 모든 글자마다 그에 해당하는 부수를 설명한 것은 아니고, 부수자(部首字)의 경우에만 설명을 하고 그 부에 속하는 글자들은 그 뒤에 열거하였다.

형식은 위에서 예로 든 것처럼 <一부>에 속하는 글자의 경우 부수자인 '一'자의 마지막에 "무릇 一부에 속하는 글자는 모두 一을 (의미부분으로) 따른다.(「凡一之屬皆从一.」)"라고 하였다.

3.4.4 ≪설문해자≫의 가치

≪설문해자≫가 비록 중국 최초의 문자학 관계 서적은 아니지만, 그 이전에 나온 어느 문자학서보다 수록된 글자와 체제상에 있어서 훌륭하게 구성되어 있기 때문에, 후세의 많은 학자들이 고대의 한자를 연구함에 있어 없어서는 안 될 소중한 책으로 여기고 있다.

---

13) 畜의 발음은 ①가축 축, ②기를 휵, ③기를 수 있는 짐승 휴, ④집짐승 추 등 네 가지이다.

≪설문해자≫의 가치는 여러 방면에서 말할 수 있는데, 호박안(胡樸安)은 그의 ≪중국문자학사≫에서 다음과 같은 여덟 가지로 설명하고 있다.

첫째, 부수를 창립하였다.

이전의 ≪사주편(史籀篇)≫이나 ≪창힐편(倉頡篇)≫ 등은 글자를 수록하고 이를 설명하는 수준에 그쳤으나, ≪설문해자≫는 9,353자를 자형에 의거하여 모두 540부로 나누어 각 글자의 구조에 대한 이해나 검자(檢字)에 편리하도록 하였다. 비록 ≪설문해자≫의 부수를 나눈 방법이 현재의 관점으로 보면 잘못된 점이 없지 않으나, 처음으로 이러한 시도를 하였다는 점에서 그 가치를 인정받을 수 있으며, 이에 따라 후대의 자서들은 대부분 이 방식을 그대로 따르거나 약간 수정하여 사용하였다. 현재 우리가 한자의 부수로 널리 사용하는 ≪강희자전(康熙字典)≫의 217부도 ≪설문해자≫의 부수에서 유래된 것이다.

둘째, 한자의 구조를 밝혔다.

한자의 구성 원리를 귀납한 육서가 비록 완전한 원리는 아니지만, 허신은 ≪설문해자≫ 안의 모든 글자를 분석하여 한 글자가 육서의 어디에 속하는지를 밝힘으로써, 형·음·의의 상호관계를 알 수 있도록 하였다. 비록 허신이 때때로 자형에 대한 정확한 분석을 하지 못한 것이 있기는 하지만, 이전의 어느 책에서도 볼 수 없었던 것을 처음 시도했다는 것은 매우 의미 있는 일이다.

셋째, 자형을 통일시켰다.

갑골문이나 금문은 물론 그 이후의 한자는 동일한 글자가 여러 가지의 자형을 가지고 있어 쓰기에 어려움이 뒤따랐다. 그래서 이사(李斯) 등이 자형의 통일화를 이루어 놓았으나, 현재는 전해지지 않고 있어 이를 정확히 알 수가 없다. 그러나 ≪설문해자≫에서는 소전을 정자(正字)로 하고 고문이나 주문(籀文)을 중문(重文)으로 수록하여 통일화된 자형을 현재까지 전해 주고 있다.

넷째, 고음을 연구하는데 도움을 준다.

≪설문해자≫에 수록된 9,353자 중 약 80%가 형성자이다.[14] 형성자

는 글자 자체에 발음부분을 지니고 있기 때문에 이 발음부분의 음가를 알면 당시의 글자 발음을 알 수 있다. 그러므로 고음을 연구하는 사람들은 형성자를 이용하여 고음을 추정하고 있다. 또한 독약(讀若), 중문(重文)끼리의 발음 등도 고음 연구의 중요한 자료가 된다.

다섯째, 고의(古義)를 알 수 있다.

5경의 문자들을 비롯한 옛날 책들은 가차의를 사용한 것이 매우 많다. 그런데 ≪설문해자≫에서는 본의(本義)를 밝혔을 뿐만 아니라 가차의도 많이 수록하고 있어서, 이를 통한 옛날 책들의 자의(字義)를 정확하게 파악할 수 있다. 예를 들어, '捷(첩)'은 현재는 '빠르다'라는 뜻으로 쓰인다. 그러나 '捷'의 본래 뜻은 "捷은 사냥한다는 뜻이다.(「捷, 獵也」)"라고 하여 '사냥하다'라는 뜻이었는데, 뒤에 '빠르다'라는 뜻으로 가차된 것이다. 고대에 '捷'은 본의로 사용되기도 하고 가차의로 사용되기도 하였다.

여섯째, 자형의 근원을 파악하는데 도움을 준다.

≪설문해자≫는 비록 소전을 위주로 한 자전이지만 소전이 사실상 주문(籀文)이나 고문에 근원을 둔 것이라서 소전 이전의 자형을 파악하는 데 중요한 역할을 하고 있다. 또 중문(重文)으로 수록한 주문이나 고문도 역시 자형의 근원을 고찰하는 데 도움을 준다.

일곱째, 언어학의 보조 역할을 한다.

소리가 있은 다음 말이 있고, 말이 있은 다음 문자가 있다. 그래서 문자의 발음은 말에서 온 것이고, 말은 자연의 음에서 온 것이다. ≪설문해자≫에는 이러한 흔적이 많이 보이는데, 뜻풀이 가운데 소리로써

---

14) 청나라 설문학자 주준성(朱駿聲)의 통계에 따르면 ≪설문해자≫ 9353자 가운데 지사는 125자(1.3%), 상형은 364자(3.9%), 회의는 1167자(12.5%), 형성은 7697자(82.3%)라고 하였다.
한편 현대학자 왕영(王寧)과 이국영(李國英)은 8233자(87.4%)가 형성자라고 하였고(<≪설문해자≫의 형성자를 논함(論≪說文解字≫的形聲字)>), 관섭초(管燮初)는 8545자(91.3%)가 형성자라고 하였다(<≪설문≫ 중의 해성자(諧聲字)로 본 상고 중국어의 성류(聲類)(從≪說文≫中的諧聲字看古代漢語聲類)>).

뜻을 풀이한 음훈(音訓)이 바로 이러한 예이다. 예를 들어 "天(천)은 顚(전)이다.(「天, 顚也..」)", "日(일)은 實(실)이다.(「日, 實也..」)", "月(월)은 闕(궐)이다.(「月, 闕也..」)" 등에서의 '顚(정수리 전)'·'實(가득 찰 실)'·'闕(빌 궐)' 등이 바로 왜 그 말이 있게 되었는가 하는 근원을 알게 하는 요소들이다.(이 문제는 다음 <3.5 어원학(語源學)---≪석명(釋名)≫>에서 보다 자세하게 다루도록 하겠다.) 또 지금은 사라진 고대의 나라이름이나 방언 등도 언어학을 연구하는데 도움을 준다.

여덟째, 고대 사회를 연구하는데 도움을 준다.

≪설문해자≫에 나타난 글자들이 비록 원래 글자의 형태는 아니라고 하더라도 원시 시대의 자형에서 계승 발전된 형태이기 때문에 이들을 근거로 하여 고대 사회를 연구할 수가 있다.

3.4.5 ≪설문해자≫의 부족한 점

≪설문해자≫는 허신의 훌륭한 연구 결과에도 불구하고 당시에 접할 수 있던 자료의 불충분 등으로 인하여 현재의 시각으로 볼 때 부족하다고 생각되는 점이 없을 수 없다. 이러한 점들은 크게 ≪설문해자≫의 범례상 빠진 부분과 잘못된 부분으로 나눌 수 있는데, 이들을 다시 세분하여 살펴보면 다음과 같다.

3.4.5.1 빠진 부분

(1) 글자가 없는 경우

형성자나 회의자의 경우 그 구성에 사용된 글자는 이미 존재하고 있는 글자이므로, 정문에 그 글자에 대한 설명이 있어야 하나 그 글자가 없는 경우이다.

예를 들어 '希(희)'자를 발음부분으로 쓴 글자는 제4편 상의 '睎(바라볼 희)', 제7편 상의 '晞(마를 희)'와 '稀(드물 희)', 제9편 하의 '豨(멧돼지 희)', 제13편 상의 '絺(칡베 치)' 등이 있으나, 정작 希자는 수록되지 않았다. 또 '免(면)'자를 발음부분으로 쓴 글자로는 제3편 하의 '鞔(신울 만)', 제7편 상의 '晚(저물 만)', 제7편 하의 '冕(면류관 면)', 제11편 상의 '鮸(참조기 면)'과 '浼(더럽힐 매)', 제13편 하의 '勉(힘쓸 면)', 제14편 상의 '輓(끌 만)' 등이 있으나 정작 '免'자는 없다.

단옥재(段玉裁)는 ≪설문해자주(注)≫에서 이를 보충하여 "허신의 원서(原書)에는 이 글자가 빠져 있다. 그러나 형성자에는 이 글자가 편방(偏旁)으로 많이 사용되므로 빠뜨릴 수가 없어 이를 보충한다.(「許書失此字, 而形聲多用爲偏旁, 不可闕也, 今補免..」)"라고 주를 달았다.

(2) 뜻풀이·발음 표시 등 해설을 하지 않은 경우

≪설문해자≫에는 매 글자마다 뜻풀이와 발음을 표시하였다. 다만 '珏(각)'자와 같이 구조 분석만으로도 그 글자의 의미를 알 수가 있을 때는 뜻풀이를 생략하기도 하였다.

그런데 처음부터 글자만 제시하고 뜻풀이를 하지 않는 경우도 있다. 예를 들면 제12편 하의 '戠(찰진 흙 시)'자의 경우는 뜻풀이 부분에 '비워둔다'라는 의미에서 '闕(궐)'이란 말로 대신하고 있다. 즉 "모르겠다"는 의미이다.

또 그 글자의 발음을 알 수 없는 경우에도 '闕'이라 표시하였다. 예를 들어 제11편 하의 '灥(많은 물줄기 순)'자는 "灥은 세 개의 샘[泉(천)]을 뜻한다. (이 이상은 알 수 없어 해설란을) 비워 둠.(「灥, 三泉也. 闕」)"이라고 하였다.(이 글자의 발음은 '상순절(詳遵切)' 즉 '순'이다.)

허신은 그 의미를 알지 못하거나 또는 근거할 바가 없는 경우에 이와 같은 '闕'이란 표현으로 설명을 대신하여 자기 마음대로 설명하지 않고 있다. 즉 모르면 설명치 않는 것이 잘못 설명하는 것보다 옳은 태도라는 것이 저자의 생각인 듯하다. 그런데 이것은 학자적 신중함에서 비롯된 것이므로, 결점이라기보다는 오히려 후세 학자들에게 귀감(龜鑑)이 되는 저작 태도라고 하겠다.

3.4.5.2 잘못된 부분

(1) 자형의 분석이 잘못된 경우

제2편 하의 '行(행)'자를 보면, "行은 사람의 걸음을 뜻한다. 彳(척)과 亍(촉)은 모두 의미부분이다.(「行, 人之步趨也, 从彳·亍.」)"라고 하여, '行'자를 '彳'과 '亍'이 합쳐 이루어진 글자로 설명하고 있다. 그런데 갑골문을 보면 '行'은 '𣎵'으로, 본래는 '사거리'를 그린 상형자였는데 인신(引伸)되어 '다니다'의 의미로 쓰인다. 이것은 구조 분석이 잘못됨에 따라 상형을 회의로 잘못 분석한 결과가 되었다.

허신은 갑골문을 보지 못하였기 때문에 자형 분석에 있어서는 가끔씩 잘못된 분석을 하기도 하였다.

(2) 뜻풀이가 잘못된 경우

≪설문해자≫의 범례로 본다면 글자에 대한 뜻풀이는 본뜻을 밝히는 것이 원칙이다. 그러나 본뜻 대신 가차의(假借義)나 인신의(引伸義)로 뜻풀이를 하는 경우가 있는데, 이는 원칙적인 면에서 잘못된 것이다.

예를 들어 가차의로 뜻풀이를 한 경우로서는 제14편 하에 "子(자)는 11월에 양기(陽氣)가 움직여 만물이 자라난다[滋(자)]는 뜻이다. 사람에 대한 호칭으로도 쓰인다. 상형자이다.(「子, 十一月陽氣動, 萬物滋. 人以爲偁. 象形.」)"라고 하여 子를 12지지 가운데 하나의 뜻으로 설명하였다. 본래 子는 어린아이의 형상을 그린 상형자로서 본래의 뜻은 '아이'인데, 뜻이 확대·발전되어 성인(成人)이나 공자·맹자처럼 사람에 대한 경칭의 의미로도 사용되고, 또 가차되어 간지의 이름이나 작위명·접미사 등으로 사용된다.

그러나 만일 본뜻을 알면서도 가차의를 사용했다면 이는 잘못으로 볼 수 없다. 왜냐하면 당시의 사람들이 가차의를 사용하는데 익숙했다면 본래의 뜻을 취하는 대신 당시 사람들이 알기 쉬운 가차의를 취할 가능성이 얼마든지 있기 때문이다.

　인신의로 뜻풀이를 한 예는 제12편 하의 '瓦(와)'자가 있다. ≪설문해자≫에서는 "瓦는 이미 구워 낸 질그릇의 총칭이다.(「瓦, 土器已燒之總名.」)"라고 하여, 瓦를 불로 구워 낸 토기들에 대한 총칭이라 설명하고 있다. 그러나 자형상 瓦는 '기와'를 그린 것으로서 본뜻 역시 '기와'이다. 그러나 기와는 불로 구워 만든 토기의 일종이므로 인신되어 토기의 총칭으로 사용될 수 있다. 그러므로 ≪설문해자≫의 설명은 인신의로서 본의를 대신한 것이라 할 수 있다.

(3) 육서를 잘못 분류한 경우

　이는 자형의 분석에서 상형을 회의로 여긴다든가 혹은 회의를 형성으로 취급했다든가 하는 육서의 분류가 잘못된 것을 말한다. 이 역시 자형의 분석을 잘못한 데서 비롯된다.

　예를 들어 제3편 상의 '干(간)'자를 보면, "干은 범한다는 뜻이다. 一(일)과 入(입)자가 거꾸로 된 자형은 모두 의미부분이다.(「干, 犯也. 从一, 从反·入.」)"라고 하여, 一과 入자가 합쳐 이루어진 회의자로 보고 있다. 그러나 갑골문과 금문을 보면 '干'자는 '방패' 모양을 그린 상형자로서 본뜻도 방패인데, 인신되어 '범하다(犯也)'라는 뜻을 갖게 된 것이다. 그러므로 허신의 설명은 인신의로서 뜻풀이를 했으므로 잘못이며, 단순한 상형자를 회의자로 보고 있으므로 구조 분석도 잘못하였으니, 따라서 육서의 분류도 잘못한 셈이 된다.

　그런데 위에서 본 것처럼 ≪설문해자≫에서 부족하다고 지적되는 사항은 대부분 허신이 ≪설문해자≫를 편찬할 당시 갑골문이나 금문을 참고할 수 없었기 때문에 빚어진 것이다. 그러므로 모든 잘못을 허신의 능력 부족이나 학문적 미숙으로 몰아세워서는 안 될 것이며, 오히려 그러한 제약에도 불구하고 이러한 위대한 저작을 지을 수 있었던 허신의 학자로서의 깊은 내공과 성찰 그리고 진지한 저작 태도를 높이 평가해야 할 것이다.

3.4.6 ≪설문해자≫의 판본(版本)

≪설문해자≫의 원본은 이미 없어졌지만 당나라 때까지는 전해졌던 것 같다. 그런데 당의 이양빙(李陽冰)이 ≪설문해자≫의 내용을 제멋대로 고쳐 그 진면목을 고찰할 수 없게 하였다고 전해진다. 확인된 ≪설문해자≫의 판본 중에는 이양응(李陽凝)본이 가장 오래된 것이라 볼 수 있으나 이 역시 이미 소실되었다.

현재까지 전하는 판본 중에 가장 오래된 것은 당사본(唐寫本) ≪목부잔권(木部殘卷)≫과 ≪구부잔권(口部殘卷)≫이다. 이 중 ≪목부잔권≫은 청대 막우지(莫友芝)가 1836년에 안휘성(安徽省) 흑다현(黑多縣)의 현령인 장인법(張仁法)으로부터 얻은 것으로서 모두 6장(張)에 188자가 수록되어 있다. 이것은 지금 일본인 내등호(內藤虎)가 소장하고 있다. ≪구부잔권≫은 일본인 평자상(平子尙)이 소장하고 있는 것으로서 총 6행(行)에 12자를 수록하고 있을 뿐이다. 이들은 ≪설문해자≫ 전체에 비해 극히 일부분에 지나지 않는 것들이어서 ≪설문해자≫의 전반적인 것을 살피기에는 큰 도움이 안 된다.

현재 ≪설문해자≫ 판본 중에 비교적 중요한 것이라면 송나라 때 나온 서현(徐鉉)과 서개(徐鍇) 형제의 대서본(大徐本) ≪설문해자≫와 ≪설문해자계전(繫傳)≫(일명 소서본(小徐本)이라고도 함)이 있다. 이에 대해서는 <6.3 송(宋)나라 문자학>에서 다시 설명하겠다.

≪설문해자·서≫

허신(許愼)

　옛날 포희씨(庖犧氏)의 천하를 다스림에, 위로는 하늘에서 상(象)을 관찰하고 아래로는 땅에서 법을 관찰하였으며, 새와 짐승의 무늬와 땅의 모양새를 살펴보았는데, 가깝게는 (사람의) 몸에서 취하고 멀리는 여러 사물에서 취하여, 이에 처음으로 ≪주역≫ 팔괘를 만들어서, 법도의 형상을 보여주었다. 신농씨(神農氏)에 이르러 결승(結繩)으로 다스리고, 그 일을 통괄하였는데, 많은 일들이 극히 번잡해지면서 꾸밈과 거짓이 생겨나게 되었다. 황제(黃帝)의 사관(史官) 창힐(倉頡)이 새와 짐승의 발자국을 보고 그 무늬가 서로 다른 것을 알게 되어, 처음으로 서계(書契)를 만들었다. 여러 가지 일들은 이로써 다스려지고, 만물은 이로써 살피게 되었는데, 이것은 대부분 (≪주역≫의) <쾌괘(夬卦)>에서 취한 것이다. "夬, 궁정에 휘날리다"라고 한 것은 문자가 왕실과 조정에 교화(敎化)의 역할을 하였다는 말이다. 군자는 이것으로써 녹을 베풀어 아래에까지 미치게 하였고, 덕에 머무르면 곧 조심하였다.
창힐이 처음 글자를 만들 때, 무릇 사물의 유별(類別)에 의거하여 형태를 본떴는데, 그러므로 그것을 일컬어 '文(문)'이라고 한다. 그 후 형태와 소리가 서로 더해지니, 곧 그것을 일컬어 '字(자)'라고 한다. '字'는 불어나고 키워내서 점점 많아졌음을 말하는 것이다. 대나무와 비단에 쓴 기록을 '書(서)'라고 하는데, '書'란 '같다[如(여)]'는 뜻이다. 5제(五帝)와 3왕(三王)을 거치는 동안 고쳐지고 바뀌어 글자체가 달라졌다. 태산(泰山)에서 봉선(封禪)을 한 것이 72대였는데, (문자가) 같은 것이 없었다.
　주(周)나라 제도에, 여덟 살에 소학(小學)에 들어가고, 보씨(保氏)는 국자(國子, 공경대부와 왕의 자제들)를 가르쳤는데, 우선 육서(六書)로써 하였다. 첫째는 지사(指事)이다. 지사란 보아서 식별(識別)할 수 있고, 살피면 드러날 수 있는 것으로, 上(상)과 下(하)가 그 예이다. 둘째는 상형(象形)이다. 상형이란 그 사물을 그려내는데, 형체를 따라 구부렸다 폈다 하(며 그려내)는 것으로, 日(일)과 月(월)이 그 예이다. 셋째는 형성(形聲)이다. 형성이란 일로써 글자를 만들고, 비슷한 소리를 취해서 서로 이루어지는 것으로, 江(강)과 河(하)가 그 예이다. 넷째는 회의(會意)이다. 회의란 (같거나 다른) 종류의 글자를 나란히 하고 뜻을 합함으로써, 지향(指向)하는 바가 드러나도록 하는 것으로, 武(무)와 信(신)이 그 예이다. 다섯째는 전주(轉注)이다. 전주란 같은 종류끼리 모아 놓고 하나를 머리글자로 삼되, 같은 뜻이면 서로 주고받는 것으로, 考(고)와 老(로)가 그 예이다. 여섯째는 가차(假借)이다. 가차란 본래 그 글자가 없어서 소리에 의지하여 일을 맡기는 것으로, 令(령)과 長(장)이 그 예이다.

(주나라) 선왕(宣王)에 이르러 태사(太史) 주(籒)가 대전(大篆) 15편을 지었는데, 고문과 간혹 다른 것이 있었다. 공자가 육경(六經)을 쓰고, 좌구명(左丘明)이 《춘추전》을 서술할 때에는 모두 고문으로 썼기 때문에, 그 뜻을 얻어서 설명할 수 있었다. 그 후 제후들이 정치에 힘을 쏟아 왕에 의해 통치되지 않게 되고, 예악(禮樂)이 자신에게 해가 되는 것을 싫어하여 모두 그 전적(典籍)들을 없애 버렸다. (천하가) 일곱 개의 나라로 갈라지면서, 전답은 면적 단위가 달라졌고, 수레와 길은 폭이 달라졌고, 율령은 법이 달라졌고, 의관(衣冠)은 규격이 달라졌고, 말은 소리가 달라졌으며, 문자는 모양이 달라졌다.

진시황이 처음으로 천하를 통일하자, 승상인 이사(李斯)는 문자를 통일해야 한다고 주청하여, 진나라의 문자와 부합하지 않는 것은 쓰지 못하도록 하였다. 이사는 《창힐편(倉頡篇)》을 지었고, 중거부령(中車府令) 조고(趙高)는 《원력편(爰歷篇)》을 지었고, 태사령(太史令) 호무경(胡毋敬)은 《박학편(博學篇)》을 지었는데, (이들은) 모두 사주(史籒)의 대전(大篆)을 취하되, 때때로 많이 줄이고 고쳤으니, (이것이) 이른바 소전(小篆)이라는 것이다. 이 때 진나라는 경서를 불살라 없애고 옛 전적을 씻은 듯이 제거하였으며, 관리와 병졸들을 대대적으로 징발하여 노역과 변방 수비에 종사하게 하니, 관청과 감옥의 직무가 번잡해졌다. 처음으로 예서(隸書)가 생겨나서 간략하고 쉬움을 추구하니, 고문은 이로 말미암아 끊어지게 되었다.

이로부터 진나라의 문자에는 여덟 가지의 체식(體式)이 있었다. 첫째는 대전(大篆)이요, 둘째는 소전(小篆)이요, 셋째는 각부(刻符)요, 넷째는 충서(蟲書)요, 다섯째는 모인(摹印)이요, 여섯째는 서서(署書)요, 일곱째는 수서(殳書)요, 여덟째는 예서(隸書)이다.

한(漢)나라가 세워지고, 초서(草書)가 있었다. 정위(廷尉)의 법률에 "학동들은 17세 이상부터 비로소 시험을 치르는데, 글자 9,000자를 외우고 이해하고 쓸 줄 알면 사(史)가 될 수 있다. 또 여덟 가지 글자체를 가지고 시험을 보아, (합격자는) 군(郡)에서 (조정의) 태사(太史)에게 이첩하여 함께 모아서 시험을 보아, 성적이 가장 우수한 사람은 상서사(尙書史)로 삼는다. (관리나 백성이 글을 올릴 때) 글자를 틀리게 쓰면 바로 적발하여 문책한다."라고 하였다.15) 오늘날 비록 위율(尉律)이 있기는 하지만 시험은 보지 않고, 소학(小學)을 공부하지 않아 그 내용을 잘 아는 사람이 없게 된 지 오래되었다.

선제(宣帝, B.C.73~B.C.49 재위) 때에 ≪창힐편≫에 정통한 사람을 불러서, 장창(張敞)이 그를 따라 배우도록 하였다. 양주자사(涼州刺史) 두업(杜業), 패(沛)지방 사람 원례(爰禮), 강학대부(講學大夫) 진근(秦近) 등도 그것을 능히 말할 수 있었다. 평제(平帝, A.D.1~5 재위) 때 원례 등 100여 명을 소집하여 미앙정(未央廷)에서 문자를 해설하게 하였고, 원례를 소학원사(小學元士)로 삼았다. 황문시랑(黃門侍郎) 양웅

---

15) 여기까지의 내용은 ≪한서・예문지≫에도 비슷한 글귀가 전해진다. 그것을 소개하면 아래와 같다.

漢興, 蕭何草律, 亦著其法, 曰：“太史試學童, 能諷書九千字以上, 乃得爲史. 又以六體試之, 課最者以爲尙書御史・史書令史. 吏民上書, 字或不正, 輒擧劾.”(「한나라가 세워지고 소하(蕭何)가 율령(律令)을 기초(起草)하고, 그 법률 역시 만들었는데, (그 법에) 이르기를 "태사(太史)가 학동들에게 시험을 치게 하여, 9,000자 이상을 외우고 이해해서 쓸 줄 아는 사람은 곧 관리가 될 수 있다. 또 여섯 가지 글자체를 가지고 시험을 보아, 성적이 가장 우수한 사람은 상서어사(尙書御史)・사서령사(史書令史)로 삼는다. 관리나 백성이 글을 올릴 때 만약 글자가 틀리면 바로 적발하여 문책한다."라고 하였다.」)

(揚雄)은 논의된 내용을 모아서 ≪훈찬편(訓纂篇)≫을 지었는데, ≪창힐편≫ 이하 14편이고 총 5,340자로, 여러 책에 실려 있던 글자들이 거의 있게 되었다.

망한 신(新)(의 왕망)이 섭정(攝政)을 하던 때(A.D.6~8)에, 대사공(大司空) 견풍(甄豐) 등에게 문자의 부류(部類)를 교정하는 일을 맡겼는데, 스스로 황제의 명에 응하여 만들어 내야 한다고 여기고, 고문을 약간 개정하였다. 당시에 여섯 가지 글자체가 있었다. 첫째는 고문으로 공자 벽중서(壁中書)이고, 둘째는 기자(奇字)로 고문(古文)이기는 하지만 다른 이체자(異體字)이고, 셋째는 전서(篆書) 즉 소전(小篆)으로 진시황이 하두인(下杜人) 정막(程邈)을 시켜 만든 것이고, 넷째는 좌서(左書)로 진(秦)나라의 예서(隸書)이고, 다섯째는 무전(繆篆)으로 도장에 쓰이는 것이고, 여섯째는 조충서(鳥蟲書)로 깃발과 신표(信標) 등에 쓰이는 것이다.

벽중서(壁中書)는 노(魯) 공왕(恭王)이 공자의 집을 허물다가, (벽 속에서) ≪예기≫·≪상서(尙書)≫·≪춘추≫·≪논어≫·≪효경≫ 등을 얻은 것이다. 또 북평후(北平候) 장창(張蒼)은 ≪춘추좌씨전(春秋左氏傳)≫을 바쳤다. 각 군국(郡國)에서도 때때로 산천에서 솥과 제기(祭器)를 얻었는데, 거기에 새겨진 글자들은 곧 전대(前代)의 고문으로, (벽중서와 장창이 바친 책에 쓰인 글자와) 모두 비슷하였다. 비록 옛날 글자의 모습을 다시 볼 수 없지만, 그 상세함은 어느 정도 이야기할 수 있다.

그런데 세상 사람들은 모두 크게 비난하면서, (고문가들을) 이상한 것을 좋아하는 사람들이라 여기고, (그들은) 고의로 바른 글자(즉 당시의 정자체(正字體)인 예서)를 그릇되이 고치고, 시골의 담벽에 알 수 없는 글자들을 날조해서, 통용되고 있는 것을 바꾸고 어지럽혀, 세상을 현혹시키려 한다고 하였다. 여러 학자들은 경쟁적으로 다투어 글자를 설명하고 경전의 뜻을 풀이하는데, 진(秦)나라의 예서는 창힐(倉頡) 때의 글자체라고 하면서, 말하기를 "부자(父子) 사이에 전해진 것인데 어찌 고친 것이 있겠는가!"라고 하였다. 이에 함부로 말하기를: "馬

(마)자의 윗부분과 人(인)자가 합쳐진 것이 長(장)자이고, 人이 十(십)을 쥔 형상이 '斗(두)'자이며, 虫(충)자는 中(중)자의 아래 부분을 구부려 만든 것이다."라고 하였다. 정위(廷尉)들은 법률을 해설할 때 글자를 가지고 그 뜻을 판단하는데, "苛人受錢(『책임 있는 사람[訶人(가인)]이 돈을 받다』)"라고 할 때의 '苛(가)'자를 '止(지)'와 '句(구)'자로 이루어졌다고 (하여 "(조사를) 멈추고 갈고리[鉤(구)]처럼 다른 사람의 돈을 긁어내다"라는 뜻으로) 해석하였다. 이와 같은 것이 매우 많은데, 이들은 모두 공자 벽중서의 고문과 다른 것이며, 또한 사주(史籀)의 글자와도 어긋나는 것들이다.

  속된 유생과 학식이 부족한 사람들은 자기들이 익힌 글자만을 즐겨 사용하며, 들어보지 못했던 것을 가려두고, 통달한 학문을 보지 못하고, 자례(字例)의 조리(條理)를 본 적이 없었으면서, 옛날의 예(藝)를 괴이하게 여기면서 속설을 좋다고 하였으며, 자기들이 알고 있는 것을 신비하고 오묘하다고 여기며, 성인(聖人)의 깊은 뜻을 통찰하였다고 생각한다. 또 ≪창힐편≫에 있는 "어린 아들이 제위(帝位)를 계승한다(『幼子承詔』)"라는 구절을 보고, "이것은 옛날 황제(黃帝) 시대에 쓰인 것인데, 그 말은 (진시황이 막내아들 호해(胡亥)에게 제위를 물려주리라는 예언까지 담겨 있을 만큼) 신선의 술법이 있도다!"라고 주장하였다. 그 미혹과 잘못을 깨닫지 못하고 있으니, 어찌 어긋나지 않겠는가?

  ≪서경·우서(虞書)·고요모(皐陶謨)≫에 "나는 고인의 상(象)을 보고자 한다."라고 하였는데, 이는 반드시 옛글을 따르고 연구하되 천착(穿鑿)하지 않아야 함을 말한 것이다. 공자는 ≪논어·위령공(衛靈公)≫편에서 "나는 그래도 (예전에는) 역사 기록의 궐문(闕文, 잘 모르는 일에 대해서는 빼놓고 기록하지 않은 것)을 보았는데, 오늘날에는 없어져버렸구나!"라고 하였다. 이것은 아마도 모르면서도 묻지 않고, 사람들이 개인의 사사로운 주장을 내세우고, 시비(是非)에 바름이 없으며, 궤변과 사설(邪說)이 세상의 배우고자 하는 사람들을 미혹케 하는 것을 비난한 것이다.

  무릇 문자란 경예(經藝)의 근본이요 왕정(王政)의 시작이다. 앞 시대 사람들이 이것을 가지고 후세 사람들에게 전해주고, 후세 사람들은 그것을 가지고 옛 것을 알게 된다. 그래서 (≪논어·학이(學而)≫편에서) "근본이 서야 도가 생긴다", (≪주역·계사전(繫辭傳)≫에서) "천하의 지극한 이치를 알아야 어지럽지 않게 된다"라고 말한 것이다.

이제 (이 책을 지음에) 전문(篆文, 즉 소전)을 앞에 쓰고 고문과 주문(籒文)으로써 합치시켰다. 전문가의 의견을 널리 구하였는데, 그 의견의 크고 작음에 이르러서는, 믿음이 가고 증거가 있으면 그 주장들을 검토하고 해설하였다. 이로써 여러 사물을 정리하고, 그릇되고 잘못된 견해를 풀이하여, 공부하는 사람들에게 신묘한 뜻에 도달하도록 하였다. (글자들은) 부(部)에 따라 나누어 놓아 서로 뒤섞이지 않도록 하였고, 세상 만물이 모두 보이고, 싣지 않은 것이 없도록 하였다. 그 뜻이 분명하지 않은 것은 밝혀서 알도록 하였다. 예로 든 맹희(孟喜)의 ≪역경≫, 공안국(孔安國)의 ≪고문상서(古文尙書)≫, 모형(毛亨)의 ≪시경≫, ≪주례≫, ≪춘추≫, ≪논어≫, ≪효경≫ 등은 모두 고문으로 쓰인 판본들이다. 끝으로 모르는 것에 대해서는 대체로 (해설란을) 비워두었다.

서에 이르기를: 이 책은 14편, 부수는 540부, 정문은 9353자, 중문은 1163자, 해설은 총 133,441자이다. 그 머리글자를 세움에 '一(일)'자를 첫 번째로 하였다. 일은 종류별로 모으고, 사물은 집단별로 나누었다. 같은 계열은 끌어 당겨 같이 속하게 하고, 같은 이치인 것은 서로 꿰어 놓았다. 섞여 있어도 (그 경계를) 넘지는 않고, 형태에 의거하여 연결시켰다. 당기고 늘려서 모든 (글자의) 근원을 궁구하였으며, 마지막은 (12지지(地支)의) '亥(해)'에서 끝나게 하여, 그 변화가 무궁함을 알도록 하였다.

현 대한(大漢) 왕조는 성덕(聖德)이 광명(光明)하고, 천명을 받들고 당요(唐堯)를 상고하여, 숭고한 덕을 펴고 시령(時令)을 확정하였으며, 가깝고 먼 곳 모두 혜택을 입는 것이 흠뻑 젖어들고 흘러 넘치도록 하였다. 학업을 넓히고 인재를 육성하여, 공부하는 사람들이 방향을 알게 되었고, (학문의) 요체를 탐구하고 깊은 의미를 찾아내어, 그 뜻을 가히 전할 만 하게 되었다.

(이 책을 짓기 시작한 때는) 한 화제(和帝) 영원(永元, 89~105), 경자(庚子)년(100), 정월 초하루 갑신(甲申)일이다.

증증(曾曾) 손자, 조상은 염제(炎帝) 신농씨(神農氏)이며, (그 후예인) 진운씨(縉雲氏)는 황제(黃帝)를 보필하였고, 공공씨(共工氏)는 전욱(顓頊) 고신씨(高辛氏)를 받들었고, 태악(太岳)은 하우(夏禹)를 보좌하였고, (그 후예인) 여숙(呂叔)은 (주 무왕(武王)의) 번병(藩屛)이 되었다. (무왕은) 허(許) 지방에 후로 임명하여, 조상 대대로 좋은 유산을 이어왔다. (후에) 허 지방에서 소릉(召陵)으로 옮겨와 여기 여수(汝水)의 물가에 자리를 잡았다.

삼가 대도(大道)를 앙망(仰望)하고 감히 성문(聖門)을 섭렵하니, 그 넓음이 어떠한가, 저 우뚝한 남산 같도다. 그만두려고 하였지만 그러지 못하고, 내 어리석은 재주를 다하였다. 도의 의미를 아끼고, 의심스러운 것을 들으면 그 의심을 실었다. 이미 있어왔던 기록을 부연하여 설명하였고, 그 다음 나의 부족한 의견을 열거하였다. 이를 아는 사람이 드물겠지만 혹시 잘못을 드러나면, 통달한 분께서 다스려 바로잡아 주시기 바란다.

(「古者庖犧氏之王天下也, 仰則觀象於天, 俯則觀法於地, 視鳥獸之文與地之宜, 近取諸身, 遠取諸物, 於是始作≪易≫八卦, 以垂憲象. 及神農氏, 結繩爲治, 而統其事, 庶業其繁, 飾僞萌生. 黃帝之史倉頡, 見鳥獸蹏迒之跡, 知分理之可相別異也, 初造書契, 百工以乂, 萬品以察. 蓋取諸夬, 夬, 揚于王庭, 言文者宣敎明化於王者朝廷, 君子所以施祿及下, 居德則忌也.

倉頡之初作書, 蓋依類象形, 故謂之文, 其後形聲相益, 卽謂之字. 字者言孳乳而寖多也. 箸於竹帛謂之書. 書者, 如也. 以迄五帝三王之世, 改易殊體, 封于泰山者七十有二代, 靡有同焉.

≪周禮≫八歲入小學, 保氏敎國子, 先以六書. 一曰指事, 指事者, 視而可識, 察而見意, 上下是也. 二曰象形, 象形者, 畫成其物, 隨體詰詘, 日月是也. 三曰形聲, 形聲者, 以事爲名, 取譬相成, 江河是也. 四曰會意, 會意者, 比類合誼, 以見指撝, 武信是也. 五曰轉注, 轉注者, 建類一首, 同意相受, 考老是也, 六曰假借, 假借者, 本無其字, 依聲托事, 令長是也.

及宣王太史籀著大篆十五篇, 與古文或異. 至孔子書≪六經≫, 左丘明述≪春秋傳≫, 皆以古文, 厥意可得而說. 其後諸候力政, 不統於王, 惡禮樂之害己, 而皆去其典籍. 分爲七國, 田疇異畝, 車涂異軌, 律令異法, 衣冠異制, 言語異聲, 文字異形.

秦始皇帝初兼天下, 丞相李斯乃奏同之, 罷其不與奏文合者. 斯作≪倉頡篇≫, 中車府令趙高作≪爰歷篇≫, 太史令胡毋敬作≪博學篇≫, 皆取史籀·大篆, 或頗省改, 所謂小篆者也. 是時秦燒滅經書, 滌除舊典, 大發吏卒, 興役戍, 官獄職務繁, 初有隸書, 以趣約異, 而古文由此絶矣.

自爾秦書有八體, 一曰大篆, 二曰小篆, 三曰刻符, 四曰蟲書, 五曰摹印, 六曰署書, 七曰殳書, 八曰隸書.

漢興有草書. 尉律: '學僮十七已上始試, 諷籀書九千字乃得爲吏. 又以八體試之, 郡移大史竝課最者以爲尙書史, 書或不正, 輒擧劾之.' 今雖有慰律不課, 小學不修, 莫達其說久矣.

孝宣皇帝時, 召通≪倉頡≫讀者, 張敞從受之, 涼州刺史杜業, 沛人爰禮, 講學大夫秦近亦能言之. 孝平皇帝時, 徵禮等百餘人, 令說文字未央廷中, 以禮爲小學元士. 黃門侍郞揚雄採以作≪訓纂篇≫, 凡≪倉頡≫已下十四篇, 凡五千三百四十字, 群書所載, 略存之矣.

及亡新居攝, 使大司空甄豐等校文書之部, 自以爲應製作, 頗改定古文. 時有六書: 一曰古文, 孔子壁中書也. 二曰奇字, 卽古文而異者也. 三曰篆書, 卽小篆, 秦始皇使下杜人程邈所作也. 四曰左書, 卽秦隸書. 五曰繆篆, 所以摹印也. 六曰鳥蟲書, 所以書幡信也.

壁中書者, 魯恭王壞孔子宅, 而得≪禮記≫·≪尙書≫·≪春秋≫·≪論語≫·≪孝經≫. 又北平侯張蒼獻≪春秋左氏傳≫, 郡國亦往往於山天得鼎彝, 其銘卽前代之古文, 皆自相似, 雖叵復見遠流, 其詳可得略說也.

而世人大共非訾, 以爲好奇者也. 故詭更正文, 鄕壁虛造不可知之書, 變亂常行, 以燿於世, 諸生競逐說字解經誼, 稱秦之隸書爲倉頡時書, 云"父子相傳, 何得改易!" 乃猥曰: "馬頭人爲長, 人持十爲斗, 虫者屈中也." 廷尉說律, 至以字斷法, 苛人受錢, 苛之字止句也, 若此者甚衆, 皆不合孔氏古文, 謬於史籒.

俗儒啚夫玩其所習, 蔽所希聞, 不見通學, 未嘗覩字例之條, 怪舊藝而善野言, 以其所知爲祕妙, 究洞聖人之微指. 又見≪倉頡篇≫中"幼子承詔", 因號"古帝之所作也. 其辭有神仙之術焉." 其迷誤不諭, 豈不悖哉!

≪書≫曰: "予欲觀古人之象", 言必遵修舊文而不穿鑿. 孔子曰: "吾猶及史之闕文, 今亡矣夫." 蓋非其不知而不問, 人用己私, 是非無正, 巧說衺辭, 使天下學者疑.

蓋文字者, 經藝之本, 王政之始, 前人所以垂後, 後人所以識古, 故曰本立而道生, 知天下之至賾而不可亂也.

今敍篆文, 合以古籒. 博采通人, 至於小大, 信而有證, 稽譔其說. 將以理羣類, 解謬誤, 曉學者, 達神恉. 分別部居, 不相雜廁也. 萬物咸睹, 靡不兼載, 厥誼不昭, 爰明以諭, 其稱≪易≫孟氏, ≪書≫孔氏, ≪詩≫毛氏, ≪禮≫周官, ≪春秋≫左氏, ≪論語≫, ≪孝經≫皆古文也, 其於所不知, 蓋闕如也.

敍曰: 此十四篇, 五百四十部, 九千三百五十三文, 重文一千一百六十三, 解說凡十三萬三千四百四十一字. 其建首也, 立一爲耑. 方以類聚, 物以羣分. 同牽條屬, 共理相貫. 雜而不越, 據形系聯. 引而申之, 以究萬原. 畢終於亥. 知化窮冥.

于時大漢, 聖德熙明. 承天稽唐, 敷崇殷中. 遐邇被澤, 渥衍沛滂. 廣業甄微, 學士知方. 探賾索隱, 厥誼可傳.

粵在永元, 困頓之年, 孟陬之月, 朔日甲申.

曾曾小子, 祖自炎神. 縉雲相黃, 共承高辛. 太岳佐夏, 呂叔作藩. 俾侯于許, 世祚遺靈. 自彼徂召, 宅此汝瀕.

竊卬景行, 敢涉聖門. 其弘如何? 節彼南山. 欲罷不能, 旣竭愚才. 惜道之味, 聞疑載疑. 演贊其志, 次列微辭. 知此者稀, 儻昭所尤. 庶有達者, 理而董之."

3.5 어원학 --- ≪석명(釋名)≫

중국 사람들의 사물과 그 이름에 대한 인식은 소리글자를 가진 우리나라 서양 사람들이 이해하기 어려운 면이 있다. 예를 들어 우리나라 사람들은 '하늘'이면 "ㅎ+ㅏ=하", "ㄴ+ㅡ+ㄹ=늘"이고, '땅'하면 "ㄸ+ㅏ+ㅇ=땅"이지, '하늘'을 왜 '하늘'이라고 발음해야 하고, '땅'을 왜 '땅'이라고 발음해야 하는 지에 대해서는 따지지 않는다. 그렇지만 중국 사람들의 생각은 그렇지 않다.

그들은 '하늘'이라는 뜻은 '天'자에서 그 뜻을 보아서 알 수 있고, '천'이라고 발음하면 들어서 그 뜻을 알 수 있어야 한다. 이러한 관념은 중국 사람들이 글자를 만들어 내는 과정에서부터 시작된다.

중국 사람들은 그들이 표현하고자 하는 뜻이 있으면 그것을 부르게 되고, 그 다음 그 사물을 그려내는 과정을 밟는다. 이것이 중국의 문자가 만들어지는 과정이다. 이렇게 되어 형(形)·음(音)·의(義)는 삼위일체가 되고, 이 세 가지 요소는 서로 떨어질 수 없는 관계에 있게 되는 것이다.

그런데 여기에서 우리가 주의해야 할 점은 중국의 문자는 하나의 글자가 하나의 음절로 이루어진다는 것이다. 다시 말해서 어떤 사물을 부를 때 그 사물에 대한 그 사물 고유의 소리, 즉 이름이 정해진다는 의미이다. 그래서 중국 사람들은 '하늘'을 '천'이라고 하고 '땅'을 '토(土)'라는 이름으로 부르는 것은 그 나름대로의 이유가 있을 것이라고 생각했다.

이런 생각은 앞에서 소개한 바 있는 ≪순자·정명편≫에서 말한 "이름은 본래부터 그래야 옳다고 하는 것은 없으며, 사람들이 그렇게 쓰기로 약속해서 정하고 오랫동안 써서 굳어지면 되는 것이다.(「名無固宜, 約定俗成謂之宜.」)"라는 이론과는 서로 맞지 않는 것이다. 언어학의 관점에서 보면 순자의 이론이 옳지만, 중국 사람들은 이 이론의 옳고 그름과는 상관없이 자신들이 가지고 있는 독특한 언어 감정에 입각해서 '사물과 이름의 연관 관계'를 분석해 보고 싶어 했다.

이러한 시도는 선진(先秦)시대부터 있어 왔다. 예를 들면 아래와 같다.

≪주역(周易)·설괘(說卦)≫: "乾(건)은 建(건)이요, 坤(곤)은 順(순)이요, 坎(감)은 陷(함)이요, 離(리)는 麗(려)다.(「乾, 建也; 坤, 順也; 坎, 陷也; 離, 麗也.」)"

≪논어·안연(顔淵)≫: "政(정)은 正(정)이다.(「政者, 正也.」)"

≪맹자·등문공(滕文公)≫: "(하·은·주 시대의 학교 이름인) 庠(상)은 養(양)이요, 校(교)는 敎(교)요, 序(서)는 射(사)이다.(「庠者, 養也; 校者, 敎也; 序者, 射也.」)"

≪순자·대략(大略)≫: "禮(례)란 사람이 이수(履修)해야 할 바이다. (「禮者, 人之所履也.」)"

≪장자(莊子)·제물론(齊物論)≫: "庸(용)이란 用(용)이요, 또 用은 통(通)한다는 뜻이다.(「庸也者, 用也; 用也者, 通也.」)"

위의 예와 같이 이른바 성훈(聲訓) 방식 즉 발음이 같거나 비슷한 글자를 가지고 뜻풀이를 하는 방법은 한나라에 이르러 더욱 유행하였다.

예를 들어 허신의 ≪설문해자≫, 사마천의 ≪사기≫, 반고의 ≪한서≫ 등에도 부분적으로 이 방식으로 뜻풀이를 하고 있고, ≪춘추번로(春秋繁露)≫·≪백호통의(白虎通義)≫·≪풍속통의(風俗通義)≫ 등에서는 성훈 방식의 뜻풀이가 더욱 많아졌다. 특히 ≪백호통의≫에는 거의 매 장마다 성훈 방식으로 뜻풀이를 하고 있다.[16]

바로 이러한 풍조를 대표해서 어떤 사물에 대해 "왜 그러한 이름으로 불러야 하는가?"라는 그 이름의 연원을 밝히고자 했던 중국 최초의 전문 서적이 곧 유희(劉熙)의 ≪석명≫이다.

---

[16] 왕력(王力), ≪중국어언학사(中國語言學史)≫, 홍콩 중국도서간행사(中國圖書刊行社) 1981, pp.43~48 참조.

3.5.1 ≪석명≫의 편찬

3.5.1.1 지은이

≪석명≫의 지은이는 유희라고 알려져 있다. 유희는 동한 말 사람으로, 경학자이자 훈고학자였다. 자는 성국(成國)이고 북해(北海, 지금의 산동성 동유방(東濰坊) 서남부)사람이다. 유희 생애에 대해서는 그에 대한 자료가 부족하여 정확한 것은 알 수가 없다. 그래서 그의 생졸년도 확실하지 않다.

≪삼국지·오서(吳書)·정병전(程秉傳)≫과 <설종전(薛綜傳)>, <촉서(蜀書)·허자전(許慈傳)> 등에 이들 셋이 모두 유희로부터 가르침을 받았다는 부분적인 언급이 있다. 이를 종합해 보면 대체로 유희는 한 나라 말 교주(交州, 지금의 광동(廣東)과 광서(廣西) 지방)에서 경전을 강의하였고, 그 성망이 높았다고 전해진다.

당시 동한 말에는 외척과 환관들이 조정의 정치를 장악하고 각 대 관료 집단과 호족 세력도 서로 대립, 충돌하면서 사회가 매우 혼란하였다. 헌제(獻帝, 189~220 재위)의 등극 후 중원은 군웅이 할거하여 전란이 빈번하게 일어났고, 그로 인하여 황하 유역 일대는 거의 폐허가 되었다.

그러나 교주 일대는 지역상 남쪽에 치우쳐 중원과는 멀리 떨어져 있었기 때문에 사회가 비교적 안정되었고, 게다가 그곳의 태수 사섭(士燮)이라는 사람은 성품이 관대하고 온후하며 겸손한 사람이라, 전란을 피하여 많은 선비들이 이곳으로 오게 되었다. 아마 유희도 이런 와중에 교주로 피난을 오게 되어 많은 사람들과 경전의 뜻을 논하고 학문을 가르치게 된 것으로 추측된다.

유희는 아마 215년 이전에 죽었을 것으로 짐작된다. 이렇게 추측하는 것은 사섭이 오나라의 손권(孫權)을 따르게 되었을 때, 위에서 소개한 정병·설종 등도 초빙을 받아 관직에 등용되었는데, 만약 그 당시 유희가 살아 있었다면 손권은 당연히 그들의 스승인 유희를 초빙하지 않았을 리가 없었기 때문이다.

청나라 학자 학의행(郝懿行)은 ≪유희석명고(劉熙釋名考)≫에서 유희는 한 헌제 건안(建安, 196~220) 시기 사람이고, ≪석명≫은 220년 이전에 완성되었을 것으로 보고 있다. 또 왕념손(王念孫)은 ≪광아소증(廣雅疏證)·석고(釋詁)≫에서 ≪석명·석주국(釋州國)≫을 보면 옹주(雍州)는 있는데 교주(交州)는 없는 것으로 보아, ≪석명≫은 옹주 설치(194년) 후에서 교주 설치(203년) 전 사이에 지어진 것으로 추측했다. 이 두 주장이 맞는다면 ≪석명≫은 대체로 ≪이아≫보다는 약 200~300년, ≪설문해자≫보다는 약 100년 정도 뒤에 나온 셈이 된다.

한편 ≪한서≫에는 유희의 <전(傳)>이 없는 반면 ≪후한서·문원전(文苑傳)≫을 보면 유진(劉珍, ?~126)이 ≪석명≫ 30권을 지었다는 기록이 있다. 유진은 안제(安帝, 107~125 재위) 때 사람으로 자는 추손(秋孫), 일명 유보(劉寶)라고도 한다.

그런데 또 ≪수서(隋書)·경적지(經籍志)≫에는 유희의 ≪석명≫ 8권이라고 소개하고 있는데, 유진의 ≪석명≫에 관한 이야기는 없다. 이를 놓고 후대 학자들은 유진이 곧 유희다, 또는 유진이 시작하고 유희가 마무리를 한 것이다, 더 나아가 ≪후한서≫의 기록이 잘못된 것이다 등등 여러 가지 주장을 하였다.

이 문제는 아직도 명확한 결론이 나 있지 않지만, 대체로 ≪석명≫은 유진과 유희의 것 두 종류가 있었는데 유진의 책은 일찍이 없어졌고 유희의 것만 남아서 전해지는 것이 아닌가 하는 것이 중론이다.

3.5.1.2 저작 동기

유희는 ≪석명≫의 저작 동기에 대해 그의 자서(自序)에서 다음과 같이 말하였다.

> 무릇 이름과 그 실질과의 관계는 각기 뜻의 유형이 있다. 사람들은 매일 쓰면서도 왜 그 이름을 그렇게 부르는지 알지 못한다. 그래서 천지·음양·사시(四時)·방국(邦國)·도시와 시골[都鄙(도비)]·수레와 의복[車服(거복)]·제사와 기록[喪紀(상기)]에서 아래로는 민간에서 사용하는 일상용품에 이르기까지 그 종지(宗旨)를 논술하였으니, 이름하여 ≪석명≫이라 하고, 모두 27편이다.(「夫名之於實, 各有義類, 百姓日稱,

而不知其所以之意. 故撰天地·陰陽·四時·邦國·都鄙·車服·喪紀,
下及民庶應用之器, 論敍指歸, 謂之≪釋名≫, 凡二十七篇.」)

위의 자서에서 볼 수 있듯이 ≪석명≫의 저작 동기는 각종 사물의
명칭이 "왜 그 이름을 얻게 되었는가?"하는 그 이름의 유래를 연구하
는데 있다는 것을 알 수 있다. 그래서 책의 이름도 "이름을 풀이함"이
란 뜻의 ≪釋名≫이라고 한 것이다.

3.5.2 ≪석명≫의 체제

≪석명≫은 모두 8권 27편으로 되어 있는데 그 순서는 다음과 같다.

권1: 제1 <석천(釋天)>, 제2 <석지(釋地)>, 제3 <석산(釋山)>,
제4 <석수(釋水)>, 제5 <석구(釋丘)>, 제6 <석도(釋道)>
권2: 제7 <석주국(釋州國)>, 제8 <석형체(釋形體)>
권3: 제9 <석자용(釋姿容)>, 제10 <석장유(釋長幼)>,
제11 <석친속(釋親屬)>
권4: 제12 <석언어(釋言語)>, 제13 <석음식(釋飮食)>,
제14 <석채백(釋采帛)>, 제15 <석수식(釋首飾)>
권5: 제16 <석의복(釋衣服)>, 제17 <석궁실(釋宮室)>
권6: 제18 <석상장(釋牀帳)>, 제19 <석서계(釋書契)>,
제20 <석전예(釋典藝)>
권7: 제21 <석용기(釋用器)>, 제22 <석악기(釋樂器)>,
제23 <석병(釋兵)>, 제24 <석거(釋車)>, 제25 <석선(釋船)>
권8: 제26 <석질병(釋疾病)>, 제27 <석상제(釋喪制)>

위와 같은 편목을 보면 저자가 자서에서 밝힌 바와 같이 "천지·음
양·사시(四時)·방국(邦國)·도시와 시골·수레와 의복·제사와 기록
에서 아래로는 민간에서 사용하는 일상용품에 이르기까지(「故撰天地·
陰陽·四時·邦國·都鄙·車服·喪紀下及民庶應用之器」)"라고 밝힌 바
와 같이 그 수록 범위가 굉장히 광범위하다.

그 순서를 분석해 보면 대체로 먼저 천지에서 시작해 그 다음 국가·사회를 말하고 인사(人事)는 뒤에 놓았다.

그리고 각 권의 내용 역시 의미상 서로 연관성이 있는 것끼리 함께 배열하고 있다. 예를 들어 <권1>은 천지·자연에 관한 것으로 구성되어 있고, 그 순서도 큰 것에서 작은 것으로 나아가도록 배열하고 있으며, <권8>은 질병과 제사로 이루어져 있다.

또 ≪이아≫와 ≪석명≫의 편목을 비교하면 ≪이아≫와 똑같은 것도 있고, ≪이아≫에는 있으나 ≪석명≫에는 없고, 또 ≪석명≫에는 있으나 ≪이아≫에는 없는 것도 있다.

예를 들어 <석천(釋天)>·<석산(釋山)>·<석수(釋水)>·<석병(釋兵)>·<석궁실(釋宮室)>·<석악기(釋樂器)> 등 6편은 ≪이아≫와 같다. 그런데 ≪이아≫의 <석고(釋詁)>·<석훈(釋訓)>·<석언(釋言)> 등 언어에 관한 것은 ≪석명≫에서는 <석언어(釋言語)>로 통합되었고, <석초(釋草)>·<석목(釋木)>·<석충(釋蟲)>·<석어(釋魚)>·<석조(釋鳥)>·<석수(釋獸)>·<석축(釋畜)> 등 6편은 ≪석명≫에 없다.

또한 ≪이아≫의 <석친(釋親)>은 ≪석명≫에서는 <석장유(釋長幼)>·<석친속(釋親屬)>으로, ≪이아≫의 <석지(釋地)>는 <석지(釋地)>·<석주국(釋州國)>·<석도(釋道)>로, 그리고 ≪이아≫의 <석기(釋器)>는 <석채백(釋采帛)>·<석수식(釋首飾)>·<석상장(釋牀帳)>·<석용기(釋用器)>·<석병(釋兵)>·<석차(釋車)>·<석선(釋船)>으로 확대되었다.

끝으로 ≪석명≫에는 있으나 ≪이아≫에는 없는 편목은 <석형체(釋形體)>·<석자용(釋姿容)>·<석음식(釋飲食)>·<석서계(釋書契)>·<석전예(釋典藝)>·<석질병(釋疾病)>·<석상제(釋喪制)> 등 7편이다.

3.5.3 ≪석명≫의 해설 방식

≪석명≫은 발음을 위주로 뜻풀이를 하기 때문에, 해설을 담당하는 글자는 그 글자의 형태와는 상관없이 발음만 같거나 비슷하면 되는 것이 원칙이다.

그러나 중국의 글자는 형·음·의가 삼위일체적인 요소가 많기 때문에 발음만을 고려한다고 해도 자형을 완전히 무시할 수는 없다. 그러므로 발음의 상관성을 전제로 하고 글자의 형태로 ≪석명≫의 해설 방식을 분석하면, 대체로 같은 글자를 써서 풀이하는 방식, 형성자의 발음부분을 가지고 풀이하는 방식 그리고 다른 글자를 써서 풀이하는 방식 등 세 가지로 나눌 수 있다.

3.5.3.1 같은 글자로 풀이

같은 글자로 뜻풀이를 하는 방식으로는 아래의 예에 있는 '宿(숙)'·'寢(침)'·'闕(궐)' 등과 같이 똑 같은 글자를 쓰는 방식, '甲(갑)'의 경우처럼 같은 뜻의 '부갑(孚甲)'이라는 복음절사로 풀이하는 방식 그리고 '蒼(창)'의 경우처럼 반복해서 그 뜻을 풀이하는 방식 등이 있다.

> 별자리를 '宿(수)'라고 하는 까닭은 그 곳에 '머무르기[宿]' 때문이다. 별은 각자 자신의 위치에 머무른다.(「宿, 宿也. 星各止宿其處也..」)(<석천(釋天)>)
> 자는 곳을 '寢'이라고 하는 까닭은 그 곳에서 '자기[寢]' 때문이다. 자고 쉬는 곳이다.(「寢, 寢也. 所寢息也..」)(<석궁실(釋宮室)>)
> 대궐을 '闕'이라고 하는 까닭은 '비어 있기[闕]' 때문이다. 문 양쪽 옆 가운데를 비어 놓아 길을 만들었다.(「闕, 闕也. 在門兩旁中央闕然爲道也..」)(<석궁실>)
> (12간지에서 '甲'이 제일 먼저 자리하는 까닭은) '甲'은 '껍질[孚甲]'이기 때문이다. 만물은 껍질을 깨고 생겨난다.(「甲, 孚甲也. 萬物解孚甲而生也..」)(<석천>)
> 봄을 '창천(蒼天)'이라고 하는 까닭은 (봄에는) 따뜻한 기운이 시작되어 그 색이 '창창(蒼蒼)'하기 때문이다.(「春日蒼天, 陽氣始發, 色蒼蒼也..」)(<석천>)

3.5.3.2 형성자(形聲字)의 발음부분으로 풀이

흙을 '土(토)'라고 하는 까닭은 '토[吐(토)]해내기' 때문이다. (흙은) 만

물을 토해 내어 자라나게 한다.(「土, 吐也. 吐生萬物也.」)(<석지(釋地)>)
　길을 '道(도)'라고 하는 까닭은 '인도(引導)'하기 때문이다. (사람들은) 그것을 가지고 만물을 통하고 이끈다.(「道, 導也. 所以通導萬物也..」)(<석언어(釋言語)>)
　일반적으로 웃옷을 '衣(의)'라고 하는데, 그 까닭은 '의지(依支)'하기 때문이다. 사람들은 옷에 의지해서 추위와 더위를 막는다.(「凡服上曰衣, 衣, 依也. 人所依以芘寒暑也.」)(<석의복(釋衣服)>)
　소매를 '袖(수)'라고 하는 까닭은 '말미암기[由(유)]' 때문이다. 손이 그곳을 '통해서[由]' 들어가고 나간다.(「袖, 由也. 手所由出入也.」)(<석의복>)

형성자 풀이하는 방식은 대체로 위와 같은데, 때로는 반복을 해서 풀이하는 경우도 있다.

　구름[雲(운)]을 '운'이라고 하는 까닭은 그것이 '운운(云云)'하기 때문이다. '云云'은 많고 흥성하다는 뜻이다.(「雲猶云云, 衆盛意也」)(<석천(釋天)>)

3.5.3.3 다른 글자로 풀이

　해를 '日(일)'이라고 하는 까닭은 '가득 찼기[實(실)]' 때문이다. (해는) 밝고 그 안이 가득 차 있다.(「日, 實也. 光明盛實也.」)(<석천(釋天)>)
　달을 '月(월)'이라고 하는 까닭은 '비어 있기[闕(궐)]' 때문이다. (달은) 차면 기운다.(「月, 闕也. 滿則闕也.」)(<석천>)
　불을 '火(화)'라고 하는 까닭은 '변화(變化)'시키기 때문이다. (불은) 사물을 (태워) 없앤다. 또 '毀(훼)'라고도 한다. 그 까닭은 사물이 불 안에 들어가면 모두 훼멸(毀滅)・파괴(破壞)되기 때문이다.(「火, 化也. 消化物也; 亦言毀也, 物入中皆毀壞也.」)(<석천>)

다른 글자로 풀이하는 방식은 대체로 위와 같은데, 때로는 반복을 해서 풀이하는 경우도 있다.

여름을 '호천(昊天)'이라고 하는 까닭은 (여름에는) 그 기운이 퍼져 호호(皓皓)하기 때문이다.(「夏曰昊天, 其氣布散顥顥也..」)(<석천(釋天)>)[17]

≪석명≫의 해설 방식은 위에서 설명한 바와 같이 성훈을 위주로 하고 있다. 그런데 약 10%정도는 성훈 방식을 쓰지 않고 낱말의 뜻을 풀이하고 있다.

(해가) 산의 동쪽에 있는 것을 조양(朝陽)이라고 하고, 산의 서쪽에 있는 것을 석양(夕陽)이라고 하는데, 해가 비치는 것을 따라 이름을 붙인 것이다.(「山東曰朝陽, 山西曰夕陽, 隨日所照而名之也..」)(<석산(釋山)>)

안감이 있는 것을 '複(복)'이라고 하고 안감이 없는 것을 '襌(단)'이라고 한다.(「有裏曰複, 無裏曰襌.」)(<석의복(釋衣服)>)

3.5.4 ≪석명≫의 해설 특징

위에서 우리는 ≪석명≫에서 취하고 있는 성훈과 그 밖의 해설 방식을 알아보았다. 그러면 여기에서는 위에서 예로 든 ≪석명≫의 해설은 다른 책과 비교할 때 어떠한 특징이 있는가를 알아보도록 하겠다.

3.5.4.1 다른 경전과의 비교

≪석명≫의 해설은 경전의 해설과 비교할 때 보다 현실적이고 자유롭다고 할 수 있다. 그것은 ≪석명≫이 경전의 전통적인 해석에 얽매이지 않고 언어의 실제 생활에서의 쓰임새를 중시하였기 때문이라고 할 수 있다.

예를 들어 ≪석명≫에서는 '仁(인)'에 대하여 "어질다는 것을 '仁'이

---

17) '皓皓'는 밝다는 뜻이다. 청나라 학자 필원(畢沅, 1730~1797)은 ≪석명소증(釋名疏證)≫에서 "근래는 '顥顥(호호)'를 '皓皓'로 쓰는데, '皓(흴 호)'는 '顥(클 호)'의 속자(俗字)이고 또 ≪설문≫이나 초사(楚辭)에서 쓰인 예로 보더라도 마땅히 '顥顥'라고 써야 한다."라고 하였다.

라고 하는 까닭은 '참아야[忍(인)]' 하기 때문이다. 살리는 것을 좋아하고 죽이는 것을 싫어하는데 선(善)은 참을성을 가져야 한다.(「仁, 忍也, 好生惡殺, 善含忍也..」)"(<석언어>)라고 하였는데, ≪맹자・진심(盡心)하≫와 ≪예기(禮記)・중용(中庸)≫에서는 단순히 "仁은 人(인)이다.(「仁, 人也..」)"라고 하여 단순하면서 다소 철학적으로 풀이를 하고 있다.

또 ≪석명≫에서는 "가르치는 것을 '敎(교)'라고 하는 까닭은 '본받기[效(효)]' 때문이다. (교육이란) 아래 사람으로 하여금 본받고 따르게 하는 것이다.(「敎, 效也. 下所法效也..」)"(<석언어>)라고 한데 비해, ≪예기・학기(學記)≫에서는 "가르친다는 것은 잘하는 것을 키워 주고 잘못하는 것을 바로 잡아 주는 것이다.(「敎也者, 長善而救其失者也..」)"라고 하여 서로 다른 각도에서 해석을 하고 있다.

3.5.4.2 ≪이아≫와의 비교

≪이아≫는 경전에 있는 동의어 모음집이고, ≪석명≫은 성훈으로 뜻풀이를 한 책이라 본래 그 성격이 다르다. 그렇지만 ≪석명≫ 안에서도 약간은 ≪이아≫와 같이 어떤 낱말에 대해 정의를 내린 예도 있다. 그렇지만 같은 낱말에 대한 해석이라도 ≪이아≫는 경전의 훈석에 중점을 두고, ≪석명≫은 "왜 그렇게 불리는가?" 하는 것을 중시하는 점이 또 다르다고 하겠다.

예를 들어 ≪이아・석산(釋山)≫에서는 "(해가) 산의 서쪽에 있는 것을 석양(夕陽)이라고 하고, 산의 동쪽에 있는 것을 조양(朝陽)이라고 한다.(「山西曰夕陽, 山東曰朝陽」)"라고 하였는데, ≪석명・석산≫에서는 "(해가) 산의 동쪽에 있는 것을 조양이라고 하고, 산의 서쪽에 있는 것을 석양이라고 하는데, 해가 비치는 것을 따라 이름을 붙인 것이다.(「山東曰朝陽, 山西曰夕陽, 隨日所照而名之也..」)"라고 하여 그 이름에 대한 이유를 설명해 주고 있다.

또 ≪이아・석궁(釋宮)≫에서는 "宮(궁)을 室(실)이라고 하고, 室을 宮이라고 한다.(「宮謂之室, 室謂之宮..」)"라고 단순히 동의반복을 하고 있는데 비해, ≪석명・석궁실(釋宮室)≫에서는 "집을 '宮'이라고 하는 까닭은 '높고 둥글기[穹(궁)]' 때문이다. (집은) 담에서 지붕을 보면 활처럼 둥글다.(「宮, 穹也. 屋見于垣上, 穹隆然也.」)", "집을 '室'이라고 하는 까닭은 그 안을 '채우기[實(실)]' 때문이다. (집은) 사람이나 물건이 그 안을 가득 채우는 것이다.(「室, 實也. 人物實滿其中也..」)"라고 하여 그 차이를 설명하였다.

3.5.4.3 ≪설문해자≫와의 비교

≪설문해자≫는 문자의 본뜻을 밝히려고 하였던 책이고, ≪석명≫은 이름의 유래를 밝히려 하였기 때문에 성격이 다르다. 또한 허신은 고문경학파였고 경학의 대가였기 때문에, 글자의 해설에 있어서도 유희의 자유로운 해석 태도에 비해 매우 신중하고 엄밀하였다고 할 수 있다. 다만 몇 군데 ≪설문해자≫에서 소홀히 하였거나 빠진 부분을 ≪석명≫에서 참고할 수 있는 대목도 있다.

예를 들어 ≪설문해자·언부(言部)≫에서 "言(언), 직접 말하는 것을 言이라고 하고, 논란하는 것을 語(어)라고 한다.(「言, 直言曰言, 論難曰語.」)", "說(설)은 설명한다는 뜻이다. 또는 담론한다는 뜻이기도 하다.(「說, 說釋也. 一曰談說.」)"라고 하였는데, ≪석명·석언어≫를 보면 "말하는 것을 言이라고 하는 까닭은 '내보이기[宣(선)]' 때문이다. (말은) 피차의 뜻을 내보이는 것이다. 또 語라고 하는 까닭은 '풀어놓기[敍(서)]' 때문이다. 자신이 말하고자 하는 바를 풀어놓는 것이다. 說이라고 하는 까닭은 '펼치기[述(술)]' 때문이다. 다른 사람의 뜻을 펼쳐 내보이는 것이다.(「言, 宣也. 宣彼此之意也; 語, 敍也. 敍己所欲說也; 說, 述也. 宣述人意也..」)"라고 하여, '言'·'語'·'說' 등 세 가지 낱말에 대하여 그 쓰임새를 보다 구체적으로 나누어 설명하였다.

또 ≪설문해자≫에는 '銘(명)'이란 글자가 없는데, ≪석명·석언어≫에서는 "새기는 것을 '銘'이라고 하는 까닭은 그 이름[名(명)]을 새기기 때문이다. (銘은) 이름을 새겨 그 공적을 기록하는 것이다.(「銘, 名也. 記名其功也..」)"라고 하였다.

3.5.4.4 ≪방언≫과의 비교

≪석명≫에서 방언을 인용한 예는 모두 27번이다. ≪석명≫에서 방언을 인용한 예와 ≪방언≫을 비교해 보면 다음과 같다.

≪석명・석구(釋丘)≫: 꼭대기가 빼쪽한 언덕을 '융구(融丘)'라고 한다. 融은 '밝다[明(명)]'는 뜻이고, 明은 '햇빛이 비친다[陽(양)]'는 뜻이다. 대개 위가 빼쪽하면 모두 높고 태양에 가깝기 마련이다.(「銳上曰融丘. 融, 明也; 明, 陽也. 凡上銳皆高而近陽者也.」)

≪방언≫: 融은 길다[長(장)]는 뜻이다. 송(宋)・위(衛)・형주(荊州)・오(吳) 사이에서는 融이라고 한다.(「融, 長也. 宋・衛・荊・吳之間, 曰融.」)(<권1>)

또 유희는 산동사람이라 산동방언을 인용한 예도 적지 않다. 예를 들면 ≪석명・석음식(釋飮食)≫에서 "糝(삼)은 黏(점)이다. 왜냐하면 서로 '달라붙기[黏歃(점여)]' 때문이다.(「糝, 黏也, 相黏歃也..」)"라고 하였는데, ≪방언≫을 보면 "䵮(닐)・暗(암)・歃 등은 달라붙는다[黏]는 뜻이다. 제(齊)・노(魯)・청주(靑州)・서주(徐州) 등지와 함곡관 동쪽에서는 䵮이라고 하기도 하고 歃라고 하기도 한다.(「䵮・暗・歃, 黏也. 齊・魯・靑・徐, 自關而東, 或曰䵮, 或曰歃..」)"라고 하였다. 이렇게 보면 '歃'는 산동방언임을 알 수 있다.

3.5.5 ≪석명≫의 해석상의 문제점

(1) ≪석명≫에서 뜻풀이를 위해 채택하고 있는 성훈의 방법은 때로는 주관적이고 비과학적・비논리적인 면이 있기 때문에, 자칫 낱말의 뜻이 한 사람의 의지에 따라서 결정될 수 있는 위험 요소를 가지고 있다.

예를 들어 <석친속(釋親屬)>에서 "손위 누이를 '姉(자)'라고 하는 까닭은 (나이가) '쌓였기[積(적)]' 때문이다. 해가 나와 시간이 쌓이면 밝아지는 것과 같다.(「姉, 積也. 猶日始出積時多而明也..」)", "손아래 누이를 '妹(매)'라고 하는 까닭은 아직 '깨이지 못했기[昧(매)]' 때문이다. 해가 나온 지 얼마 되지 않으면 아직 어두운 것과 같다.(『妹, 昧也. 猶日始出歷時少尙昧也..』)"라고 하였고, 또 <석병(釋兵)>에서는 "칼을 '刀(도)'라고 하는 것은 '다다르기[到(도)]' 때문이다. (칼은) 무엇인가를 베려면 거기에 이르게 하고 친다.(『刀, 到也. 以斬伐到其所乃擊之也..』)"라고 하였는데, '姉'와 '積', '妹'와 '昧', '刀'와 '到' 사이에는 사실 아무런 의미상 관련이 없다.

(2) 같은 낱말에 대하여 때때로 여러 가지의 다른 성훈을 하고 있다.

예를 들어 <석의복(釋衣服)>을 보면 "소매를 '袖(수)'라고 하는 까닭은 '말미암기[由(유)]' 때문이다. 손이 그곳으로 말미암아 나가고 들어간다. 또 '受(수)'라고도 하는데, 소매는 손을 넣기도 하기 때문이다.(『袖, 由也. 手所由出入也; 亦言受也, 以受手也..』)"라고 하였고, <석서계(釋書契)>에서는 "도장을 '印(인)'이라고 하는 까닭은 '믿기[信(신)]' 때문이다. 봉(封)한 물건에 신용증명[信驗(신험)]을 하는 도구이다. 또는 '因(인)'이라고도 하는데, 봉한 물건은 서로 증명을 '붙이기[因付(인부)]' 때문이다.(『印, 信也. 所以封物爲信驗也; 亦言因也, 封物相因付也..』)"라고 하였다.

한 책에서 같은 사물에 대해 이렇게 다른 성훈을 한다는 것은 성훈이 그만큼 자의적이고 비과학적인 요소가 많다는 것을 스스로 나타내는 것이라 할 수 있다.

(3) 유희는 분리할 수 없는 복음사를 억지로 나누어 해석하기도 하였다.

예를 들어 <석언어>에서 "포복(匍匐)은 어릴 때의 일이다. 匍(포)는 捕(사로잡을 포)이다. (어릴 때는) 아무 것이나 찾아내어 가지고 노는 것을 말함이다. 匐(복)은 伏(엎드릴 복)이다. 땅에 엎드려 다니기 때문이다.(『匍匐, 小兒時也. 匍, 捕也. 藉索可執取言也. 匐, 伏也. 伏地行也..』)"라고 하였는데, '匍匐'은 연면사로서 이 둘을 분리하여 '匍'와 '匐'으로 만들면 각각의 글자는 아무런 뜻이 없는 글자가 된다. 이러한 연면사의 특성을 무시하고 하나씩 분리하여 설명한 것은 잘못된 것이다.

3.5.6 ≪석명≫의 가치

≪석명≫은 성훈이라는 방법을 통해 사물의 이름의 유래를 너무 주관적으로 해설한 점도 있지만, 다음과 같은 장점으로 인해서 중국 언어학사에서 빼놓을 수 없는 중요한 저작이 되고 있다.

(1) 어원탐구에 기초를 마련하였다.

어원을 탐구하는데 있어서 ≪석명≫은 약 1,500여 년 전에 이미 소리를 이용하여 뜻을 구하는 방법을 후대의 학자들에게 제공해 주었다는 점에서 가치가 있다고 하겠다. 특히 ≪석명≫의 해설 방식 가운데 형성자의 발음부분을 가지고 성훈을 하는 방법은 뒷날 송나라 왕성미(王聖美)의 우문설(右文說)과 청나라 훈고학자들의 인성구의법(因聲求義法, 소리로써 뜻을 구하는 방법) 등에 기초를 마련해 주었다고 할 수 있다.

한편 ≪석명≫에서는 때때로 다른 낱말을 같은 글자로 성훈을 하는 예도 있다. 앞에서 수 차례 말한 바 있듯이 ≪석명≫은 어떤 사물의 이름의 유래를 밝히고자 했던 책인데, 다른 사물에 대해 같은 글자로 성훈을 한다는 것은 그 낱말끼리 서로 같은 연원을 갖는다는 의미가 된다.

예를 들어 <석지(釋地)>에서 "흙을 '土(토)'라고 하는 까닭은 '吐(토)해내기' 때문이다. (흙은) 만물을 토해 내어 자라나게 한다.(「土, 吐也. 吐生萬物也..」)"라고 하였고, <석언어>에서 "쓴 맛을 '苦(고)'라고 하는 까닭은 토(吐)해내기 때문이다. 사람들은 쓰면 토해 낸다.(「苦, 吐也. 人所吐也..」)"라고 하여 '吐(토)'를 가지고 '土'와 '苦'를 같이 성훈하고 있다. 이 논리라면 '흙[土]'과 '쓴 맛[苦]'은 본래 '토해 낸다[吐]'라는 같은 뿌리에서 나왔다고 할 수 있다.

또 <석천(釋天)>에서 "해를 '日(일)'이라고 하는 까닭은 '가득 찼기[實(실)]' 때문이다. (해는) 밝고 그 안이 가득 차 있다.(「日, 實也. 光明盛實也..」)"라고 하였고, <석궁실>에서는 "집을 '室(실)'이라고 하는 까닭은 그 안을 채우기[實] 때문이다. (집은) 사람이나 물건이 그 안을 가득 채우는 것이다.(「室, 實也, 人物實滿其中也..」)"라고 하였으며, <석

언어>에서 "운이 좋은 것을 '吉(길)'이라고 하는 까닭은 가득 찼기[實] 때문이다. (운이 좋은 것은) 선함이 가득 차 있어서이다.(「吉, 實也, 有善實也.」)"라고 한 것을 종합하면, '해[日]'와 '室' 그리고 '운이 좋은 것[吉]'은 모두 '가득 차 있다[實]'는 뜻에서 비롯된 것이 된다.

이것을 다시 말하면 '오'라는 발음을 가진 낱말들은 '토해 내는[吐]' 것과 관련이 있으며, '일'이라는 발음을 가진 낱말들은 '가득 차 있다[實]'라는 뜻과 관련이 있다는 논리가 성립한다.

이렇게 발음이 같거나 비슷하고 뜻도 연관성이 있는 낱말군(群)에 대해서 근래에 들어 동원사(同源詞)라는 이름으로 연구를 하고 있는데, 청나라 장병린(章炳麟)의 ≪문시(文始)≫, 현대인 칼그렌(B. Karlgren, 중국이름 고본한(高本漢)의 ≪Word Families in Chinese≫ (장세록(張世祿)역, ≪한어사류(漢語詞類)≫, 상해 상무인서관 1939), 왕력(王力) 의 ≪동원자전(同源字典)≫(대만 문사철(文史哲)출판사 1983) 등은 모두 동원사에 관한 저작들이다.

(2) 고음의 연구에 많은 도움을 준다.

≪석명≫에서는 성훈의 광범위한 사용으로 인해 쌍성(雙聲)과 첩운(疊韻)이 많이 쓰였기 때문에 고음의 연구에 많은 도움을 주고 있다. 예를 들어, "나라를 '邦(방)'이라고 하는 까닭은 '봉(封)'해지기 때문이다.(「邦, 封也.」)"(<석주국(釋州國)>), "짐을 지는 것을 '負(부)'라고 하는 까닭은 '등[背(배)]'에 지기 때문이다.(「負, 背也.」)"(<석자용(釋姿容)>), "法을 '법'이라고 하는 까닭은 그것을 따르라고 '시키기[逼(핍)]' 때문이다.(「法, 逼也.」)"(<석언어>) 등과 같은 예를 보면, 당시에는 입술소리 중 [p]와 [f]의 구별이 없었음을 알 수 있다.

또 "바람을 '風(풍)'이라고 하는 까닭은 '넘치기[氾(범)]' 때문이다. (바람은) 그 기운이 널리 넘쳐서 사물을 움직인다.(「風, 氾也, 其氣博氾而動物也.」)"(<석천>)에서 '風'을 '氾'으로 해석한 것으로 볼 때 당시에는 '風'이 [-m]음으로 끝났음을 짐작할 수 있다.

(3) 한대 방언의 이해에 많은 도움이 된다.

≪석명≫에서는 단어의 뜻을 풀이하면서 때로는 각 지방 방언의 음

독까지 설명하고 있어서 한대의 방언을 이해하는데 도움을 주고 있다. 예를 들면 <석천> 중에서,

> 하늘[天(천)]을 예주(豫州)·사주(司州)·연주(兗州)·기주(冀州) 등지에서는 혀바닥소리[舌面音(설면음)]로 읽는다. 天은 '현(顯)'이라고 한다. 그 까닭은 (하늘은) 위에 있어서 높고 빛나기 때문이다. 청주(青州)·서주(徐州) 등지에서는 혀끝소리[舌頭音(설두음)]로 읽어서 '탄(坦)'이라고 한다. 그 까닭은 (하늘은) 넓고 높고 멀기 때문이다.(「天, 豫·司·兗·冀以舌腹言之. 天, 顯也. 在上高顯也. 青·徐以舌頭言之. 天, 坦也. 坦然高而遠也.」)
>
> 바람[風(풍)]을 연주(兗州)·예주(豫州)·사주(司州)·기주(冀州) 등지에서는 입을 가로로 펴고 두 입술을 모아 읽는다. 風은 '범(汎)'이라고 한다. (바람은) 그 기운이 널리 넘쳐서[汎] 사물을 움직이기 때문이다. 청주(青州)와 서주(徐州)에서는 입을 오므렸다가 입술을 크게 펼치면서 숨을 내쉬며 읽는다. 風은 '방(放)'이라고 한다. (바람은) 발산[放散(방산)]하기 때문이다.(「風, 兗·豫·司·冀横口合脣言之. 風, 汎也. 其氣博汎而物動也. 青·徐言風, 蹴口開脣推氣言之. 風, 放也. 其放散也.」)"

라고 하였다. 위와 같이 ≪석명≫에서는 어떤 낱말에 대해서는 때때로 한대 각 지방의 발음을 소개하고 있는데 그 발음의 방법까지 설명하고 있기 때문에 당시 각 지방의 정확한 독음을 추측할 수 있게 한다.

(4) 고훈(古訓)의 다름을 비교할 수 있도록 해준다.

예를 들어 ≪시경·주남(周南)·권이(卷耳)≫에 나오는 '岨(저)'와 '崔嵬(최외)'에 대한 해석을 보면, ≪모전(毛傳)≫과 ≪설문해자≫에서는 "돌산 꼭대기에 흙이 덮여 있는 산을 岨라고 하고, 토산(土山) 꼭대기에 바위가 있는 산을 崔嵬라고 한다.(「石載土曰岨, 土載石曰崔嵬.」)"라고 하였는데, ≪이아·석산(釋山)≫에서는 그 반대로 "돌산 꼭대기에 흙이 덮여 있는 산을 崔嵬라고 하고, 토산 꼭대기에 바위가 있는 산을 岨라고 한다.(「石載土曰崔嵬, 土載石曰岨.」)"라고 하였다.

그런데 《석명·석산》을 보면 "돌산 꼭대기에 흙이 덮여 있는 산을 岨라고 한다. 岨는 배가 불룩한 모습이다. 토산 꼭대기에 바위가 있는 산을 崔嵬라고 한다. 모습에 근거해서 이름을 붙인 것이다.(「石載土曰岨. 岨, 臚然也. 土載石曰崔嵬. 因形名之也.」)"라고 한 것으로 보아, 《이아》의 '岨'와 '崔嵬'에 대한 해석은 잘못된 것임을 알 수 있다.

(5) 한나라의 사회 상황을 이해하는데 많은 도움을 준다.

《석명》은 <자서>에서도 밝혔듯이 "천지·음양·사시(四時)·국가·도시와 시골·수레와 의복·제사와 기록에서 아래로는 민간에서 사용하는 일상용품에 이르기까지 그 종지(宗旨)를 논술(「故撰天地·陰陽·四時·邦國·都鄙·車服·喪紀, 下及民庶應用之器, 論敍指歸.」)"하였기 때문에, 《석명》 안에 실려 있는 낱말들을 보면 당시의 문화와 습속, 일상생활을 고찰하는데 도움을 준다.

예를 들어 <석채백(釋采帛)>에서의 "보라색을 '紫(자)'라고 하는 까닭은 결점[疵(자)]이 있기 때문이다. (보라색은) 올바른 색이 아니며, 5색의 하자(瑕疵)는 사람들을 혼란스럽게 한다.(「紫, 疵也. 非正色, 五色之疵瑕, 以惑人者也.」)"라고 하여 당시 사람들의 옷 색깔에 대한 관념을 엿볼 수 있다.

또 <석수식(釋首飾)>을 보면 "步搖(보요)는 위에 구슬이 매달려 있어서 걸으면[步] 흔들리기[搖] 때문에 그런 이름으로 불리는 것이다.(「步搖, 上有垂珠, 步則搖動也.」)", "눈썹을 그리는 것을 '黛(대)'라고 하는 까닭은 대신하기[代(대)] 때문이다. 눈썹을 제거했기 때문에 그 곳에 화장으로 대신 그려 넣는 것이다.(「黛, 代也. 滅眉毛去之, 以此畵代其處也.」)"라고 하여 당시 여인들의 장식품과 화장법의 일면을 알 수 있게 해준다.

3.5.7 《석명》 연구 저작

《석명》은 비록 성훈이라는 해석 방법을 채택하여 적지 않은 결점을 갖고 있긴 하지만, 이 책은 중국 언어학사상에서 최초의 어원사전이라 할 수 있는 중요한 가치를 가지고 있다.

또한 ≪석명≫은 한나라의 총괄적인 문화를 이해하는데 있어 후대의 학자들에게 많은 영향을 주었고 또한 어음에서부터 단어의 뜻을 연구해 나가는 것과, 형성자의 발음부분과 의미부분의 관계를 보다 잘 알 수 있게 하는데 많은 도움을 주었다.

이러한 ≪석명≫에 대한 연구 저작으로는 청대 필원(畢沅, 1730~1797)의 ≪석명소증(釋名疏證)≫과 왕선겸(王先謙, 1842~1917)의 ≪석명소증보(釋名疏證補)≫가 유명하고, 이 밖에 오익인(吳翊寅)의 ≪석명소증교의(釋名疏證校義)≫·성용경(成蓉鏡, 1816~1883)의 ≪석명보증(釋名補證)≫·손이양(孫詒讓, 1848~1908)의 ≪석명찰이(釋名札迻)≫·장금오(張金吾, 1787~1829)의 ≪광석명(廣釋名)≫·호옥진(胡玉縉, 1859~?)의 ≪석명보증(釋名補證)≫, 그리고 현대학자인 사운비(謝雲飛)의 ≪석명음훈소증(釋名音訓疏證)≫·이유분(李維棻)의 ≪석명연구(釋名硏究)≫ 등이 있다.

≪석명·자서≫

유희 찬(撰)

필자는 다음과 같이 생각한다: 예로부터 (하늘이) 조화를 일으켜 기물을 만들고 모양을 세워 물건이 있게 된 이래 오늘에 이르고 있다. 그것들은 어떤 것은 정부 기관에서 나온 것도 있고 또 어떤 것은 민간에서 나온 것도 있다. (그래서) 이름에는 아속(雅俗)이 있고 각 지방마다 부르는 것도 달랐으니, 성인(聖人)이 나타나 그것을 조정하시고 고치지 못하게 하였다. 기물이 만들어지면 옛날 이름에 의지하게 되자 똑똑하고 총명한 사람들은 그것이 그 사물의 이름이라고 여겼다. 그러므로 널리 쓰이게 되고 옛 것을 바꾸지 않게 되니, 그럼으로써 간단한 것을 높이 여기고 일을 줄일 수 있었다. 무릇 이름과 그 실질과의 관계는 각기 뜻의 유형이 있다. 사람들은 매일 쓰면서도 왜 그 이름을 그렇게 부르는지 알지 못한다. 그래서 천지(天地)・음양(陰陽)・사시(四時)・국가[邦國(방국)]・도시와 시골[都鄙(도비)]・수레와 의복[車服(거복)]・제사와 기록[喪紀(상기)]에서 아래로는 민간에서 사용하는 일상용품에 이르기까지 그 종지(宗旨)를 논술하였으니, 이름하여 ≪석명≫이라 하고, 모두 27편이다. 모든 사물을 다 거론할 수도 없었고 또 수록하지 않은 것에 대해서는 알려고 하는 분들이 이것을 유추해서 구하시기 바란다. 박식한 군자가 어려운 문제에 답을 하거나 의문나는 점을 푸는데 있어서, 또 왕이나 그 자손들에게 밤낮으로 옆에 있으면서 질문을 당하여 대답이 막혔을 때 이를 말할 수 있는 학자는 어느 정도 이것으로 어려움을 면할 수 있으리라.

(「熙以爲: 自古造化制器・立象有物以來, 迄于近代. 或典禮所制, 或出自民庶, 名號雅俗, 各方名殊, 聖人於時, 就而弗改; 以成其器, 著於旣往, 哲夫巧士以爲之名. 故興於用, 而不易其舊, 所以崇簡易, 省事功也. 夫名之於實, 各有義類, 百姓日稱, 而不知其所以之意. 故撰天地・陰陽・四時・邦國・都鄙・車服・喪紀, 下及民庶應用之器, 論敍指歸, 謂之≪釋名≫, 凡二十七篇. 至於事類, 未能究備, 凡所不載, 亦欲知者, 以類求之. 博物君子, 其於答難解惑, 王父幼孫, 朝夕侍問以塞, 可謂之士, 聊可省諸.」)

제4장

위진남북조(魏晉南北朝)

제4장 위진남북조(魏晉南北朝)

4.1 시대 상황

통일 국가였던 한나라는 동한 말에 이르러 붕괴되었고, 이후 중국 사회는 분열되어 장기간에 걸쳐 혼전의 국면으로 접어들었다. 220년 조조(曹操)의 아들 조비(曹丕)가 한(漢)왕조를 이어 위(魏)를 세우고, 뒤이어 유비(劉備)는 촉(蜀)을 세우고(221), 손권(孫權)은 오(吳)를 세움으로써(222) 중국은 삼국 시대로 접어들었다가, 280년 사마염(司馬炎)의 진(晉)이 통일을 하였다. 이것을 서진(西晉)이라고 하는데, 서진 왕조는 통일 후 매우 부패하여 팔왕(八王)의 난을 시작으로 연이어 흉노(匈奴)·선비(鮮卑)·강(羌) 등 여러 민족이 들고일어나 318년 멸망하였다. 이로부터 중국은 남북으로 분열되었다.

강남(江南) 지방에서는 서진의 일파가 건강(建康, 지금의 남경)에 자리 잡고 동진(東晉, 317~420)을 세우고, 그 후 송(宋, 420~479)·제(齊, 479~502)·양(梁, 503~557)·진(陳, 557~589)이 수립되었는데, 이를 남조(南朝)라고 한다. 이들 남쪽의 다섯 나라들은 약간의 전쟁과 혼란이 있었으나 대부분의 지역은 대체로 평온을 유지하였다. 이 때문에 농업과 상업이 발달하였고, 건강을 비롯한 여러 도시들은 상업 도시로서 크게 번영을 누렸다.

화북(華北) 지역에서는 304년부터 439년까지 흉노와 선비(鮮卑) 등 소수 민족의 통치자들이 다투어 일어났다. 이러한 상태는 136년간이나 계속되었는데, 이를 오호십육국(五胡十六國)이라고 한다. 이후 선비족 탁발부(拓跋部)가 통일을 하고 439년에 북위(北魏)를 세웠다.

북위가 통일한 다음 북방의 사회는 90여 년 간 어느 정도 안정을 되찾아 약간의 경제적 문화적 발전을 이룰 수 있었다. 그러나 북위는 다시 동위(東魏, 534~550)와 서위(西魏, 535~557)로 갈라졌고, 다시 동위는 북제(北齊)로, 서위는 북주(北周)로 이어졌다. 이를 북조(北朝)라고 한다.

  중국 언어학사에서 이 시기의 가장 큰 특징은 불교의 전래에 따른 중국 문인들의 '소리에 대한 깨달음'이라고 할 수 있다.

  이전까지 오직 문자와 훈고에만 전념하고 소리에 대한 연구를 소홀히 하였던 사대부 문인들은 범어(梵語, Sanskrit)라는 소리글자를 만나고부터 비로소 자신들 언어의 소리 방면에 관심을 가지기 시작하였다. 중국어의 성조(聲調)가 평(平)·상(上)·거(去)·입(入) 네 개로 구분되고, '반절(反切)'이라는 새로운 표음 방식이 출현한 것도 바로 이 무렵이다.

  이러한 소리에 대한 연구를 바탕으로 위(魏) 이등(李登)의 ≪성류(聲類)≫, 진(晉) 여정(呂靜)의 ≪운집(韻集)≫ 등 일련의 운서(韻書)들이 나오기 시작하였으며, 수(隋)나라 육법언(陸法言)의 ≪절운(切韻)≫(601)은 그 집대성이라고 할 수 있다.

  훈고학 방면을 보면 당시에는 현실도피적인 청담(淸談)과 도가(道家)적 사상이 팽배하여, 경전에 대한 해석 역시 실사구시적인 한나라의 학풍을 벗어나 주로 철리(哲理)를 논하는 경향이 많았다. 이것은 당시 시대적 상황과 깊은 관련이 있다.

  남북조시대 나라별 존속 기간을 보면, 남쪽이나 북쪽이나 모두 한 나라가 50년을 넘긴 경우가 드물다. 옛날과 지금은 시간의 흐름이 다르기 때문에, 요즘 감각으로 하자면 4년 임기 대통령이 두세 번, 많아야 네댓 번 재임하면 나라가 바뀌었다는 얘기가 된다. 이럴 경우 유가와 같이 한 왕조에 적극적으로 개입해서 활동했다가는 그 다음 왕조에서 목숨을 부지하기 어려웠다. 그러므로 그런 시대에는 입 꼭 다물고 조용히 지내는 것이 삶의 지혜라고 할 수 있다.

  그리고 아학(雅學) 분야의 성과로는 위(魏) 장읍(張揖)의 ≪광아(廣

雅)≫를 들 수 있다. 한편 자전 방면으로는 진(晉) 여침(呂忱)의 ≪자림(字林)≫과 양(梁) 고야왕(顧野王, 519~581)의 ≪옥편(玉篇)≫(543) 등이 있다.

4.2 훈고학

4.2.1 주석 분야: 의소(義疏)·음의(音義)의 발달

육조시대가 시작되면서 새로운 훈고 방식이 등장하게 되는데, 그것은 경전에 대한 '의소'와 '음의'이다.

'의소'란 "뜻을 소통(疏通)하게 한다"라는 뜻으로, 본래 불교도들이 불경의 뜻을 해석하는데 쓰던 용어였는데, 유가들도 그 영향을 받아 유가의 경전에 대한 주석을 다는 것을 '의소'라고 불렀다.

≪수서·경적지≫에 수록된 당시의 의소서(義疏書)를 소개하면 다음과 같다.

> 소자정(蕭子政)의 ≪주역의소(周易義疏)≫
> 비호(費甝)의 ≪상서의소(尙書義疏)≫
> 심중(沈重, 500~583)의 ≪모시의소(毛詩義疏)≫
> 황간(黃侃)의 ≪예기의소(禮記義疏)≫·≪효경의소(孝經義疏)≫·
> ≪논어의소(論語義疏)≫

'의소'의 체제는 대체로 다른 사람의 여러 가지 주장을 한데 모아 비교를 하는 방식이다. 따라서 이 방식은 형식상 '집해(集解)'와 거의 비슷하다고 할 수 있다. 이 때 나온 집해서를 예로 들면 위나라 하안(何晏, 190~249)의 ≪논어집해≫, 진 두예(杜預, 222~284)의 ≪춘추경전집해(春秋經傳集解)≫, 범녕(范寧, 339~401)의 ≪춘추곡량전집해(春秋穀梁傳集解)≫ 등이 있다.

'음의'란 경전의 글자를 훈석할 때 그 글자의 발음과 뜻을 함께 설명하는 방식이다. 이것은 불교의 영향으로 소리에 대한 분석을 하게 됨에 따라 일어난 새로운 훈고 방식이라고 할 수 있다. 이러한 '음의' 방식으로 훈석을 한 책을 '음의서(音義書)' 또는 '서음(書音)'이라고 하는데, 위진남북조 시대의 음의서들은 손염(孫炎)의 ≪이아음의(爾雅音義)≫의 경우와 같이 책이름만 있을 뿐 전해지는 것은 없다. 현재 전해지는 음의서 가운데 가장 오래되고 완전한 것은 당나라 초에 나온 육덕명(陸德明)의 ≪경전석문(經典釋文)≫이다. ≪경전석문≫에 대해서는 다음 장에서 설명하도록 하겠다.

위진남북조 시대의 훈고학에서 또 하나의 특징이라고 할 수 있는 것은 주석 대상의 확대라고 할 수 있다. 앞에서도 말한 바 있지만 한나라의 훈고학자들은 오직 유가의 경전에만 매달려 주석을 하였지만, 남북조시대에서는 유가 경전[經部(경부)]뿐만 아니라 역사서[史部(사부)], 철학서[子部(자부)], 문학관련서적[集部(집부)] 등에 대해서도 훈석을 가하였다.

먼저 역사서에 대한 훈고 저작으로는, 진(晉) 서광(徐廣, 352~425)의 ≪사기음의(史記音義)≫, 송(宋) 배연(裴駰)의 ≪사기집해(史記集解)≫, 오(吳) 위소(韋昭, 204~273)의 ≪국어주(國語注)≫와 ≪한서음의(漢書音義)≫, 진 진작(晉灼)의 ≪한서집주(漢書集注)≫, 진 신찬(臣瓚)의 ≪한서집해(漢書集解)≫, 양(梁) 유소(劉昭)의 ≪후한서주(後漢書注)≫, 송 배송지(裴松之, 372~451)의 ≪삼국지주(三國志注)≫ 등이 있다. 또 역사서로 분류되는 ≪수경(水經)≫과 ≪산해경(山海經)≫에 대한 주석서로는 북위(北魏) 역도원(酈道元, ?~527)의 ≪수경주(水經注)≫와 진 곽박(郭璞)의 ≪산해경주(山海經注)≫등이 있다.

철학서에 대한 훈고 상황은 위진남북조가 현학(玄學)과 도학(道學)이 성행했었던 시대였기 때문에 ≪노자(老子)≫와 ≪장자(莊子)≫에 대한 훈석서가 매우 많았으나, 전해지는 것은 위나라 왕필(王弼, 226~249)의 ≪노자주(老子注)≫와 진 곽박의 ≪장자주(莊子注)≫ 둘 뿐이다. 그리고 문학서 방면에서는 곽박의 ≪초사주(楚辭注)≫, 양 유효표(劉孝標, 462~521)의 ≪세설신어주(世說新語注)≫ 등이 있다.

4.2.2 아학(雅學) 분야

한나라 ≪이아≫의 체제를 본받아 지어진 책으로는 ≪소이아(小爾雅)≫, ≪광아(廣雅)≫ 등과 같은 책들이 있다.

4.2.2.1 ≪소이아≫

≪소이아≫는 ≪소아(小雅)≫라고도 한다. 반고(班固)의 ≪한서·예문지≫에 ≪소이아≫ 1편이 있다고 했으나, 그 저자는 밝히지 않았다. 남송 조공무(晁公武)의 ≪군재독서지(郡齋讀書志)≫와 진진손(陳振孫)의 ≪직재서록해제(直齋書錄解題)≫, 그리고 왕응린(王應麟, 1223~1296)의 ≪옥해(玉海)≫에서는 모두 공부(孔鮒, B.C.262~B.C.207?)가 지은 것이라고 하였다.

공부는 공자의 후손으로 진(秦) 말에 박사였으며 그에 대한 것은 ≪사기·공자세가≫에 보인다. 그러나 ≪사기≫에는 공부가 ≪소이아≫를 지었다는 기록이 없다. 반고는 유흠(劉歆)의 ≪칠략(七略)≫에 의거하여 서한 시대에 이미 읽히고 있었다고 단정하고 있다. 그러나 현존하는 ≪소이아≫는 ≪공총자(孔叢子)≫ 제11편에 있는 것을 베껴 쓴 것으로 ≪한서·예문지≫에 있는 것과는 다른 것이다.

≪수서·경적지≫에는 이궤(李軌)가 ≪소이아해(小爾雅解)≫ 1권을 지었다고 적고 있다. 일본 사람 등원좌세(藤元佐世)가 지은 ≪일본견재서목(日本見在書目)≫에서는 이궤가 줄여 지은 것으로 말하고 있지만, 이미 소실되고 지금은 전하지 않는다.

금본 ≪공총자≫는 송나라 인종(仁宗) 가우(嘉佑, 1056~1063) 때에 송함(宋咸)이 주를 단 것으로, 원서는 공부가 지었다고 적고 있다.

≪소이아≫는 <광고(廣詁)>·<광언(廣言)>·<광훈(廣訓)>·<광의(廣義)>·<광명(廣名)>·<광복(廣服)>·<광기(廣器)>·<광물(廣物)>·<광조(廣鳥)>·<광수(廣獸)>·<광도(廣度)>·<광량(廣量)>·<광형(廣衡)> 등 모두 13장으로 이루어져 있다. 앞의 10장은 주로 ≪이아≫의 부족한 점을 보충한 것으로 대상 사물을 다소 증가시킨 것이다. 뒤의

3장은 ≪이아≫에는 없는 도량형에 관한 해석이다.

≪소이아≫에 수록된 글자 수는 1만여 자 밖에 되지 않지만, 적지 않은 중국어의 조기(早期) 어휘 자료를 적지 않게 보존하고 있을 뿐만 아니라, 고대 중국어와 경적의 훈고를 연구하는 데 중요한 참고 자료가 된다.

청나라 건륭(1736~1795)·가경(1796~1820) 시기에는 ≪소이아≫가 별로 중시되지 않았으나, 도광(1821~1850) 이후에는 여기에 주를 다는 사람들이 늘어나기 시작했다. 예를 들면 송상봉(宋翔鳳)이 ≪소이아훈찬(訓纂)≫ 6권을 지었고, 호승공(胡承珙)이 ≪소이아의증(義證)≫ 13권을 지었다. 이외에도 주준성(朱駿聲)이 ≪소이아약주(約注)≫ 1권을 지었고, 갈기인(葛其仁)이 ≪소이아소증(疏證)≫ 5권을 지었다. 그리고 임조린(任兆麟)이 ≪소이아주(注)≫ 8권을 지었으며, 왕후(王煦)가 ≪소이아의소(義疏)≫ 8권을 지었는데 모두 참고할 만한 가치가 충분히 있는 책들이다.

4.2.2.2 ≪광아(廣雅)≫

≪광아≫는 삼국 시대 위나라의 장읍(張揖)이 지은 책으로, ≪이아≫의 증보판이라고 할 수 있다.

≪광아≫는 수(隋) 조헌(曹憲)이 음을 표기하면서 수 양제(煬帝)의 이름이 광(廣)이었기 때문에 그것을 피하기 위하여 ≪박아(博雅)≫로 바꾸고, 자신의 저서 제목을 ≪박아음(博雅音)≫이라 하였다. ≪수서·경적지≫에는 "≪광아≫ 3권"이라고 적고 있는데, 양(梁)나라 때는 4권짜리 판본도 있었다고 밝히고 있다. ≪구당서·경적지≫와 ≪신당서·예문지≫에는 모두 "≪광아≫ 4권"이라고 적고 있다. 이후 지금까지 ≪광아≫라는 이름으로 통용되고 있다.

장읍은 청하(淸河) 즉 지금의 하북성 임청현(臨淸縣) 사람으로, 자는 치양(稚讓)이다. 위나라 명제(明帝) 태화(太和, 227~233) 때 박사에 올랐다. 그는 <상광아표(上廣雅表)>라는 글에서 ≪이아≫에 수록되어 있는 훈고는 그다지 완벽하지 못하다고 지적하고 여러 책들에 적힌 뜻이 다른 부분들과 음이 달라 잘못 발음되는 것, 여러 방언 어휘들과 물건들의 명칭들, 그리고 ≪이아≫에 상세하게 소개되어 있지 않은 것들을 모아 새로 책을 엮어 보고 싶다고 자신의 생각을 밝혔다.

그는 ≪이아≫를 보충하고 증보하는 데 뜻을 두고 있었으므로, 내용 분류를 ≪이아≫와 동일하게 하였다. 다시 말해서 <석고(釋詁)>·<석언(釋言)>·<석훈(釋訓)>에서 시작하여 <석수(釋獸)>·<석축(釋畜)>에 이르기까지 모두 19편으로 엮어 놓았다. 또 2,345개의 항목으로 구성되어 ≪이아≫보다 250개조가 많고, 글자 수는 18,150자로 알려져 있다.(청나라 왕념손의 ≪광아소증≫에 따르면 17,326자라고 하여 824자가 적다.)

≪광아≫에 수록된 훈석들은 극히 광범위한 것으로서, 한나라 이전의 모든 경전에 등장하는 훈고를 열거함은 물론이고, 초사와 한나라 부(賦)의 주석 및 한대의 자서와 ≪방언≫·≪설문해자≫ 등의 책에 나오는 해석들을 모두 망라해 놓았다. 그러므로 ≪광아≫는 한·위 이전의 어휘와 그 훈고를 연구하는 데 있어서 매우 중요한 책이라고 할 수 있다.

≪광아≫를 연구한 저작으로 대표적인 것은 청나라 왕념손(王念孫, 1744~1832)의 ≪광아소증(廣雅疏證)≫을 들 수 있다. 이 책은 모두 10권으로 이루어져 있는데, 각 권을 다시 상·하로 나누었다. 그 중 왕념손이 직접 지은 것은 제9권까지이며 나머지는 그의 아들인 왕인지(王引之, 1766~1834)가 저술한 것이다.

≪광아소증≫의 가장 큰 특징은 고음(古音)에 의거하여 고의(古義)를 구하고, 의미의 확대와 축소를 추정함에 있어 자형에 구속되지 아니하였다는 것이다. 그러므로 이 책 속에는 음이 비슷하면 뜻이 같고, 음이 바뀌어도 뜻이 비슷한 이치를 설명한 것이 많다. 그리고 단어의 어원과 어족(語族)을 연구한 예도 종종 보인다.

왕념손과 같은 시기에 ≪광아≫를 연구한 사람으로는 전대소(錢大昭, 1744~1813)를 들 수 있다. 그가 지은 ≪광아의소(廣雅義疏)≫ 20권은 당시에는 손으로 베껴 쓴 것만이 있었고, 책으로는 발간되지 않았으며 영향도 그다지 크지 않았지만, 계복(桂馥)이 일찍이 그 원고를 읽어보고는 내용의 정밀함에 감탄한 적이 있다고 하였다. 그밖에도 노문초(盧文弨, 1717~1796)가 쓴 ≪광아석천이하주(廣雅釋天以下注)≫가 ≪광아의소≫ 가운데 들어 있다. 일본에서 간행된 ≪정가당총서(靜嘉堂叢書)≫에 실려 있는 판본이 중국 내의 도서관에 소장되어 있다.

4.2.3 곽박(郭璞)의 ≪이아주(爾雅注)≫와 ≪방언주(方言注)≫

≪진서(晉書)·곽박전(郭璞傳)≫을 보면 곽박(276~374)은 하동군(河東郡) 문희현(聞喜縣, 지금의 산서성 문희현) 사람으로, 자는 경순(景純)이다. 그는 공맹을 숭상하는 유학자이면서 연단술(煉丹術)·장생(長生) 등을 추구하였던 도사로 전해지고 있는데, 그의 저술 또한 음양·점복·풍수 등과 관련이 있는 것이 많다. 그러나 이것은 당시 사회 풍조의 영향을 받았던 것이고, 오늘날의 시각으로 보자면 그는 문학과 어학 모든 방면에 뛰어난 시인이요 훈고학자라고 할 수 있다.

그는 동진(東晉) 초 가장 뛰어난 시인으로 평가되고 있으며, ≪이아≫·≪방언≫·≪산해경(山海經)≫·≪목천자전(穆天子傳)≫·≪삼창(三蒼)≫·≪초사(楚辭)≫ 등과 사마상여(司馬相如)의 ≪자허부(子虛賦)≫·≪상림부(上林賦)≫에 주해를 달기도 하였다. 이 중 ≪이아≫와 ≪방언≫의 주해는 중국 훈고학과 방언학에 큰 영향을 끼친 저작으로 평가받고 있다.

4.2.3.1 곽박의 ≪이아주≫

동한에서 진(晉)에 이르기까지 ≪이아≫에 주석을 단 사람은 유흠(劉歆)·번광(樊光)·이순(李巡)·손염(孫炎) 등 10여 명이라고 알려져 있는데, 지금까지 전해 오는 것은 단지 진대 곽박의 ≪이아주≫ 3권밖에 없다.

곽박의 ≪이아주≫는 여러 책을 인용하여 ≪이아≫의 훈고를 주석하는 한편, 당시의 구어와 방언을 사용하여 선진 고어를 훈석하였고, 진대의 어휘를 대량으로 남겨 놓았다. 이와 같은 사정은 그의 ≪이아주·서≫에 잘 나타나 있다.

곽박은 <서>에서 자신의 ≪이아≫에 대한 관심, 주를 달게 된 동기와 목적, 자료의 수집, 주석 과정 등을 다음과 같이 표현하고 있다.

≪이아≫라는 것은 훈고의 본지(本旨)를 통하게 하며, 시인의 흥(興)과 읊조림을 기록하고, 고대의 흩어진 말들을 모은 것이며, 실질은 같으나 호칭이 다른 것을 변론한 바이다. 진실로 구류(九流)를 두루 통하게 하며, 육예(六藝)를 알게 하는 중요한 열쇠이다. 널리 배우는 사람들에게 도움을 주는 심오한 이치이며, 글을 짓는 사람들에게 도움을 주는 풍부한 자료이다. 이에 온갖 사물에 의혹됨이 없게 하고 널리 조류·금수·초목의 이름을 알게 하는데 ≪이아≫만 한 것이 없다. … 나는 내가 우매하다는 것을 헤아리지 못하고 어려서부터 그것을 공부하여 29년간 깊이 연구하였다. 비록 주(注)를 단 사람이 10여 명에 이르지만 상세하게 갖추지는 못했고, 또한 많은 오류를 범하였으며, 빠뜨리고 소홀히 한 부분이 많다. 이에 다시 다른 견해들을 엮고 구설(舊說)을 모았으며 여러 나라의 말을 살피고 민가(民歌)와 속어들의 기록을 채집하였다. 그리고 번광(樊光)·손염(孫炎)의 설을 수집하였으며 널리 군언(群言)들을 모았다. 잘못된 것들을 다듬고 소(蕭)와 랑(稂) 같은 하찮은 것들은 제거하였으며, 사리에 심오하고 잘 드러나지 않은 것이 있으면 근거를 끌어다 증명하였다. 깨닫기 쉬운 것은 빼고 논하지 않았으며, 따로 ≪이아음의(爾雅音義)≫와 ≪이아도찬(爾雅圖贊)≫을 만들어 이해하지 못할 부분이 없게 했다.(「夫≪爾雅≫者, 所以通詁訓之指歸, 敍詩人之興詠, 摠絶代之離詞, 辯同實而殊號者也. 誠九流之津涉, 六藝之鈐鍵. 學覽者之潭奧, 摛翰者之華苑也. 若乃可以博物不惑, 多識於鳥獸草木之名者, 莫近於≪爾雅≫. … 璞不揆儒昧, 少而習焉, 沈硏鑽極二九載矣. 雖注者十餘, 然猶未詳備, 並多紛謬, 有所漏略, 是以復綴集異聞, 會禾卒舊說, 考方國之語, 採謠俗之志, 錯綜樊孫, 博關羣言, 剟其瑕礫, 搴其蕭稂, 事有隱滯, 援據徵之. 其所易了, 闕而不論, 別爲音圖, 用祛未寤.」)

이러한 과정을 거치고 29년간의 노력을 기울인 결과로 ≪이아주≫를 완성하였기 때문에, 곽박의 ≪이아주≫는 오늘날에도 가장 잘 정리된 주석본으로 손꼽힌다. 그런데 곽박이 <서>에서 밝힌 바 있는 ≪이아음의≫ 2권과 ≪이아도찬≫ 2권은 지금은 전하지 않는다.

그러면 곽박이 ≪이아≫를 주석한 방식을 간추려 소개하면 다음과 같다.

(1) 진대(晉代)의 말로 고대의 말을 풀이하였다.

곽박은 당시 실생활에서 쓰던 낱말, 넓은 지역에서 통용되는 방언, 국지적인 방언 어휘 등을 사용하여 ≪이아≫의 어휘를 풀이하였다. 이 점이 곽박의 주가 갖는 최대의 장점이라고 할 수 있다.

朕(짐)・余(여)・躬(궁) 등은 나 자신을 가리키는 말이다.(「朕・余・躬, 身也.」)(<석고(釋詁)>)
곽주(郭注): 오늘날도 역시 나 자신을 身(신)이라고 호칭한다.(「今人亦自呼爲身.」)

鳲鳩(시구, 뻐꾸기)는 鵠鵴(알국)이다.(「鳲鳩, 鵠鵴.」)(<석조(釋鳥)>)
곽주: 오늘날의 布穀(포곡)이다.(「今之布穀也.」)

遷(천)・運(운)은 옮긴다[徒(도)]는 뜻이다.(「遷・運, 徒也.」)(<석고(釋詁)>)
곽주: 오늘날 강동(江東)지역의 통언(通言)으로는 천도(遷徒)라고 한다.(「今江東通言遷徒.」)

劑(제)・翦(전)은 가지런하다[齊(제)]는 뜻이다.(「劑・翦, 齊也.」)(<석언(釋言)>)
곽주: 오늘날 남방에서는 전도(翦刀, 가위)를 제도(劑刀)라고 한다.(「南方人呼翦刀爲劑刀.」)

濟(제)는 霽(제)라고 한다.(「濟謂之霽.」)(<석고(釋詁)>)
곽주: 오늘날 남양(南陽) 사람들은 비가 그친 것을 霽(갤 제)라고 한다.(「今南陽人呼雨止爲霽.」)

곽박이 ≪이아≫에서 밝힌 넓은 방언 구역 이름으로는 초(楚)・관서

(關西, 함곡관 서쪽)·하북(河北)·제(齊)·강남(江南)·강동(江東) 등이 있는데, 이로써 당시 진대 방언 구역의 윤곽을 짐작할 수 있다. 이 가운데 강동 방언의 예가 가장 많은데, 강동이란 장강 동부 유역 즉 오(吳) 지역으로, 이곳은 동진의 근거지였다. 곽박의 주에 강동어에 대한 언급이 많은 것도 이 때문으로 생각된다.

(2) 낱말의 풀이가 정확하고 근거가 있다.

위에서도 말한 바 있지만 곽박은 ≪산해경≫·≪목천자전≫·≪삼창≫·≪초사≫ 등을 주해하였다. 이 책들은 신화와 전설, 기담(奇談), 그리고 여러 가지의 동식물·곤충·어패류 등에 관한 내용들이 많기 때문에(예를 들어 ≪산해경≫에서 거론되는 동식물 이름은 약 400여 종), 이들 책에 주해를 한다는 것은 다방면의 방대한 지식과 풍부한 상식을 필요로 한다.

그는 ≪이아≫에 주를 달 때도 예외가 아니어서 광범위한 지식과 근거 자료를 동원하였는데, 실례로 곽박이 ≪이아주≫에서 인용한 책의 종류만 해도 50종에 이른다.

亹亹(미미)·蠠沒(밀몰)·孟(맹)·敦(돈)·勖(욱)·釗(쇠)·茂(무)·劭(소)·勔(면) 등은 부지런하다[勉(면)]는 뜻이다.(「亹亹·蠠沒·孟·敦·勖·釗·茂·劭·勔, 勉也.」)(<석고(釋詁)>)

곽주: ≪시경·대아(大雅)·문왕(文王)≫에 "부지런하신 문왕(「亹亹文王」)"이라는 구절이 있다. 蠠沒은 黽勉(민면)과 같다. ≪서경·고요모(皐陶謨)≫에 "(정사(政事)에) 부지런하십시오, 부지런하십시오.(「茂哉茂哉.」)"라고 하였고, ≪방언≫에 의하면 주(周)·정(鄭) 사이에서는 서로 수고하라는 말을 勔이라고 한다."라고 한다. 釗와 孟에 대해서는 아직 아는 바가 없다.(「≪詩≫云: 亹亹文王. 蠠沒猶黽勉. ≪書≫曰: 茂哉茂哉. ≪方言≫云: 周鄭之間, 相勸勉爲勔. 釗·孟未聞.」)

蜼(유)는 코가 높고 꼬리가 긴 짐승이다.(「蜼, 卬鼻而長尾.」)(<석수(釋獸)>)

곽주: 蜼는 원숭이와 비슷하지만 그 보다 크다. 황흑색에 꼬리는

수 척이나 된다. 수달하고도 비슷한데 꼬리 끝이 갈라졌다. 코가 위로 향하고 있어서 비가 오면 나무에 매달려 꼬리로 코를 가리거나 혹은 두 손가락으로 코를 막는다. 강동 사람들은 이것을 잡아 키우기도 한다. 몸이 날쌔고 튼튼하다.(「蜼, 似獼猴而大, 黃黑色, 尾長數尺, 似獺, 尾末有岐; 鼻露向上, 雨卽自縣於樹, 以尾塞鼻, 或以兩指. 江東人亦取養之, 爲物捷健.」)

(3) ≪이아≫에서 불분명하게 설명한 것을 보다 명확하게 풀이하였다. 예를 들어 <석고(釋詁)>에 "疆(강)·界(계)·邊(변)·衛(위)·圉(어) 등은 垂(수)다.(「疆·界·邊·衛·圉, 垂也」)"라고 하였는데, 여기서의 '垂'란 무슨 뜻일까? 곽박은 "강장(疆場)·경계(境界)·변방(邊旁)·영위(營衛)·수어(守圉) 등은 모두 변방[外垂(외수), 즉 外陲(외수)]이란 뜻이다.(「疆場·境界·邊旁·營衛·守圉, 皆在外垂也.」)"라고 주를 하여 그 뜻을 분명히 하였다.

이러한 그의 주는 고대의 책들 가운데 의미가 불분명한 구절을 이해하는데 많은 도움을 주는 것이어서 그 공로가 크다고 하겠다.

(4) ≪이아≫의 단음사를 복음사로 풀이하였다.

남북조 시대는 많은 복음사들이 만들어지고 또 쓰였던 시대였다. 곽박도 이러한 언어의 발전 추세에 따라 ≪이아≫에 있는 단음사에 대해 종종 복음사를 써서 풀이하였다.

苞(포)·蕪(무)·茂(무) 등은 많다[豐(풍)]는 뜻이다.(「苞·蕪·茂, 豐也」)(<석고(釋詁)>)
곽주: 포총(苞叢)·번무(繁蕪) 등은 모두 '풍성(豐盛)하다'는 뜻이다.(「苞叢·繁蕪, 皆豐盛.」)

薆(애)는 숨긴다[隱(은)]는 뜻이다.(「薆, 隱也.」)(<석언(釋言)>)
곽주: '은폐(隱蔽)하다'라는 말이다.(「謂隱蔽.」)

弇(엄)은 덮는다[蓋(개)]는 뜻이다.(「弇, 蓋也.」)(<석언(釋言)>)
곽주: '복개(覆蓋)하다'라는 말이다.(「謂覆蓋.」)

(5) 어전(語轉), 즉 같은 어원을 가졌던 말이 발음의 변화로 말미암아 글자체가 달라진 현상에 대하여도 밝혀 놓았다.

예를 들어 <석고(釋詁)>편에 "卬(앙)·吾(오)·台(태·이)·予(여)·朕(짐)·身(신)·甫(보)·余(여)·言(언) 등은 나[我(아)]라는 뜻이다.(「卬·吾·台·予·朕·身·甫·余·言, 我也..」)"라고 하였는데, 곽박은 "卬은 姎(앙)과 같다. 발음이 변한 것이다.(「卬猶姎也, 語之轉也..」)"라고 주를 하였다.

이상과 같이 곽박은 ≪이아≫에 대한 전인(前人)들의 성과를 총괄하고 ≪이아≫의 내용에 충실한 해설을 하여 ≪이아≫연구의 기초를 닦아 놓음으로써 후대 ≪이아≫의 연구와 주석 작업에 지대한 공헌을 하였다.

4.2.3.2 곽박의 ≪방언주(方言注)≫

현재 전해지는 ≪방언≫은 곽박의 주본(注本)이다. 곽박은 ≪방언주≫ 서문에서,

> 나는 어렸을 때 ≪이아≫에 훈을 달면서 아울러 ≪방언≫에도 흥미를 느껴 다시 그것을 해석하였다. 관련 사항을 증보하고 원문에서 미치지 못한 부분을 설명하였으며 틀리고 빠진 부분을 지적하였는데, 연석(燕石, 사이비 옥)으로 아름다운 옥의 티를 보완하는 것 같다. 다만 후세 사람들이 볼 때 널리 참고가 되었으면 할 따름이다.(「余少玩雅訓, 旁味方言, 復爲之解. 觸事廣之, 演其未及, 摘其謬漏. 庶以燕石之瑜, 補琬琰之瑕. 俾後之瞻涉者, 可以廣寤多聞爾..」)

라고 하였듯이, 곽박의 목적은 ≪방언≫을 후세에 전하고 아울러 자기가 알고 있는 바를 통해 ≪방언≫의 결점을 보완하고자 하는 것이었다.

곽박의 ≪방언주≫가 갖는 가장 큰 의미는 ≪방언≫의 어휘를 진대에서 통용되는 말로 풀이한 것이다. 따라서 이를 서로 비교해 보면 우

리는 한에서 진에 이르는 언어의 변천에 대하여 대략적인 틀을 알아낼 수 있다. 곽박의 ≪방언≫의 주해 방식에 대하여 주조모(周祖謨)는 그의 ≪방언교전(方言校箋)・자서(自序)≫에서 다음 다섯 가지로 나누어 설명하고 있다.

(1) 뜻풀이가 불분명한 부분을 보다 명확하게 해석하였다.

예를 들어 "烈(열)・栁(얼)은 남는다[餘(여)]는 뜻이다.(「烈・栁, 餘也.」)"(<권1>)에서의 '餘'는 '잔여(殘餘)'라고 하였고, "孑(혈)・蓋(개)는 '남는다[餘]'라는 뜻이다.(「孑・蓋, 餘也.」)"(<권2>)에서의 '餘'는 '유여(遺餘)'라고 주를 달았다.

(2) 왜 그렇게 말하게 되었는지에 대하여 설명하였다.

예를 들어 "초(楚)와 동해 사이에서는 죽는 것[卒(졸)]을 노부(弩父) 또는 褚(솜옷 저)라고 한다.(「楚・東海之間卒謂之弩父, 或謂之褚.」)"(<권3>)에서의 '褚'에 대하여 "수의(壽衣)를 입는다는 말이다(「言衣褚也.」)"라고 하였고, "태어나면서부터 귀가 먹은 것을 진(陳)・초・장강・회수(淮水) 사이에서는 聳(용)이라고 한다.(「生而聾, 陳・楚・江・淮之間謂之聳.)"(<권6>)에서의 '聳'에 대해서는 "들리지 않으니 항상 귀를 세운다는 말이다.(「言無所聞常聳耳也.」)"라고 하였다. ≪방언주≫에서 "言(언)…"이라고 주를 할 때는 대부분 이런 뜻이다.

(3) 발음이 비슷한 알기 쉬운 말로 풀이하였다.

예를 들어 "麋(미)는 늙었다[老(로)]는 뜻이다.(「麋, 老也.」)"(<권12>)에서 "麋는 眉(미)와 같다.(「麋猶眉.」)"라고 같은 발음을 가진 글자를 써서 풀이하였다. 그런데 <권1>을 보면 "眉는 늙었다[老]는 뜻이다. 제(齊) 동부에서는 眉라고 한다.(「眉, 老也. 東齊曰眉.」)"라는 구절이 있으므로 '麋'가 왜 '늙었다'라는 뜻을 가질 수 있는가 하는 것을 알 수 있다. ≪방언주≫에서 "A猶(유)B"라고 주를 할 때는 대부분 이런 뜻이다.

(4) 단음사를 복음사로 설명하였다.

예를 들어 "渾(혼)은 풍부하다[盛(성)]는 뜻이다.(「渾, 盛也.」)"(<권2>)에 대해서 "們渾(문혼)은 살이 쪄 뚱뚱하다[肥滿(비만)]는 뜻이다.

(㐹渾, 肥滿也..」)"라고 하였고, "慝(특)은 부끄럽다[愧(괴)]는 뜻이다.(「慝, 愧也..」)"(<권2>)에 대해서는 "敕慝(칙특)은 부끄러워하는 모습이다.(「敕慝, 慙貌也..」)"라고 하였다.

(5) 전어(轉語), 즉 발음의 변화를 설명하였다.

예를 들어 "蔿(위)·譌(와)·譁(화)·涅(녈) 등은 변화하다[化(화)]라는 뜻이다.(「蔿·譌·譁·涅, 化也..」)"(<권3>)라고 한데 대하여 "모두 化라는 발음이 약간 변화한 것이다.(「皆化聲之轉」)"라고 하였고, "오·월 지역에서는 꾸민 모습을 姁(구) 또는 巧(교)라고 한다.(「吳越飾貌為姁, 或謂之巧..」)"(<권7>)에 대해서는 "초 지역의 발음이 약간 변한 것일 따름이다.(「語楚聲之轉耳..」)"라고 하였다.

이상의 예 이외에도 곽박의 ≪방언주≫는 다음과 같은 방면에서도 많은 공헌을 했다. 예를 들어 곽박은 주를 통해 발음상 변한 것과 변하지 않은 것, 사용상 방언이 통용어가 된 것, 어떤 어휘는 여전히 어떤 지역에 보존되어 있지만 어떤 어휘는 남아 있지 않거나 또는 다른 지역으로 옮겨져 남아 있음을 설명하였다. 그 예를 하나하나 살펴보면 다음과 같다.

① 한대와 진대의 발음이 같은 예

娥(아)·嬴(영)은 예쁘다[好(호)]는 뜻이다. …… 함곡관 동쪽부터 황하(黃河)·제수(濟水) 사이에서는 媌(눈매 고울 묘)라고 한다.(「娥·嬴, 好也. …… 自關而東河·濟之間謂之媌..」)(<권1>)

곽주: 오늘날은 함곡관 서쪽 지방 사람들도 예쁘다[好]라는 말을 媌라고 한다. 발음은 막교반(莫交反) 즉 '묘'이다.(「今關西人亦呼好謂媌, 莫交反..」)

② 한대의 발음과 진대의 발음이 다른 예

軫(진)은 구부러졌다[戾(려)]는 뜻이다.(「軫, 戾也..」)(<권3>)
곽주: 장강 동쪽 지역에서는 발음을 선(善)이라고 한다.(「江東音善..」)

③ 한대에는 방언이었으나 진대에는 통용어가 된 예

娥·嬿은 예쁘다[好]는 뜻이다. … 조(趙)·위(魏)·연(燕)·대군(代郡) 사이에서는 姝(예쁠 주)라고 한다.(「娥·嬿, 好也. … 趙·魏·燕·代之間曰姝.」)(<권1>)
　　곽주: (姝의 발음은) 주창반(朱昌反, 즉 주)이다. 또 株(주)라고도 발음한다. 역시 전국적인 통용어이다.(「朱昌反. 又音株. 亦四方通語.」)

④ 한대의 어떤 지방의 말이 진대의 다른 지방에서도 쓰이는 예

풀과 나무를 베는 사람[刺人(자인)]을 연(燕)의 북부와 조선 사이에서는 茦(책) 또는 壯(장)이라고 부른다.(「凡草木刺人, 北燕·朝鮮之間謂之茦, 或謂之壯.」)(<권3>)
　　곽주: 오늘날에는 회수(淮水) 남쪽 지역 사람들도 壯이라고 한다.(「今淮南人亦呼壯.」)

⑤ 고금(古今)의 뜻이 약간 달라진 예

茹(여)는 먹는대[食(식)]는 뜻이다. 오와 월 사이에서는 일반적으로 음식을 탐하는 것을 茹라고 한다.(「茹, 食也. 吳·越之間, 凡貪飮食者謂之茹.」)(<권7>)
　　곽주: 오늘날 민간에서는 거친 밥을 잘 먹는 것을 茹라고 한다.(「今俗呼能粗食者爲茹.」)

곽박은 이상과 같이 여러 가지 면에서 ≪방언≫을 보충하고 해설하였다. 이렇게 볼 때 양웅의 ≪방언≫은 그 자체로 이미 중국 언어학사에서 매우 중요한 책으로 평가받고 있는 것이 사실이지만, 곽박의 ≪방언주≫가 있음으로 해서 그 가치가 더욱 빛을 발하게 되었다고 해도 과언이 아닐 것이다.

4.3 문자학

위진남북조 시대의 문자학 관계 서적으로는 진(晉) 여침(呂忱)의 ≪자림(字林)≫과 그리고 양(梁) 고야왕(顧野王)의 ≪옥편(玉篇)≫ 등이 대표작이라 할 수 있다. 그리고 위(魏) 장읍(張揖)이 ≪비창(埤倉)≫과 ≪고금자고(古今字詁)≫를 지었다고 하는데, 책은 전하지 않는다.

4.3.1 ≪자림≫

≪자림≫은 진 여침이 ≪설문해자≫의 누락된 부분을 보충하고자 지은 자서이다. 여침은 임성(任城, 지금의 산동성 제녕시(濟寧市) 동남부) 사람으로, 자는 백옹(伯雍)이다.

이 책의 부수는 ≪설문해자≫의 540부에 근거하였고, 수록자는 12,824자로 ≪설문해자≫보다 많다. 이는 여침이 많은 책에서 이체자를 널리 수집하였기 때문이다.

≪자림≫은 남북조 당시에 매우 영향력이 컸는데, 이 점에 대해서는 ≪위서(魏書)·강식전(江式傳)≫에 기록이 보인다.

> 선무제(宣武帝) 연창(延昌) 3년(514) 강식(江式)이 <표(表)>를 올려 말하기를, 진(晉) 때에 희양왕(羲陽王) 전사령(典祠令)이었던 임성의 여침이 ≪자림≫ 6권을 올렸는데 그 취지가 살펴보면 허신의 ≪설문≫과 부합하고 … 문자는 정예(正隸)를 취했는데 전서(篆書)와 차이가 없다.(「宣武帝延昌三年式上表曰: 晉世羲陽王典祠令任城呂忱上≪字林≫六卷, 尋其沈趣, 附托許愼≪說文≫, … 文得正隸, 不差篆意也」)"

이러한 ≪자림≫의 영향력은 당나라까지 계속되었다. 당나라에서는 ≪자림≫을 ≪설문해자≫와 동등하게 중시하여, ≪당육전(唐六典)≫에는 당시 과거에서 ≪설문해자≫ 6첩, ≪자림≫ 4첩을 시험보아야 했다는 기록이 있다. 이것으로 당시 ≪자림≫의 가치를 가히 짐작할 수 있다.

≪자림≫은 위로는 ≪설문해자≫를 계승하고, 아래로는 다음에 설명할 ≪옥편≫에 큰 영향을 끼친 자서로서, 중국의 자서 발전사상 중요한 위치를 차지하였지만 송원 시대에 없어졌다. 현재는 청 임대장(林大椿)이 편집한 ≪자림고일(字林考逸)≫ 8권이 있는데, 이 책은 문자와 훈고의 연구에 중요한 저서이다. 그 외 도방기(陶方琦)의 ≪자림고일보본(字林考逸補本)≫ 1권이 있는데, 이것은 수(隋) 두대경(杜臺卿)의 ≪옥촉보전(玉燭寶典)≫과 혜림(慧林)의 ≪일체경음의(一切經音義)≫를 참고하여 임대장의 ≪자림고일≫을 보완한 책이다.

4.3.2 ≪옥편(玉篇)≫

≪옥편≫(543년)은 현재 전하는 자서 가운데 ≪설문해자≫(121년) 다음으로 오래된 것으로, 양(梁)나라 황문시랑(黃門侍郞) 겸 태학박사 고야왕(顧野王, 519~581)이 지었다.

고야왕은 오군(吳郡, 현 강소성 소주(蘇州)시) 사람으로, 자는 희풍(希馮)이고 고달(顧恒)의 아들이다. 그는 경사(經史)와 천문 지리에도 밝았으며, 점술과 서예에도 조예가 깊었다. 저서로는 ≪옥편≫외에도, ≪여지지(輿地志)≫·≪부서도(符瑞圖)≫·≪현상표(玄象表)≫·≪고씨보전(顧氏譜傳)≫ 등 문자·천문·지리·역사 등 여러 방면에 저작을 남겼다. ≪진서(陳書)≫와 ≪남사(南史)≫에 그의 전이 실려 있다.

고야왕은 <자서(自序)>에서,

(삼황오제(三皇五帝)의 책인) 오전삼분(五典三墳)이 다투어 나왔으나 의미가 다르고, 육서(六書)와 팔체(八體)의 고금 형태가 다르다. 어떤 것은 글자가 다르지만 의미는 같고, 또 어떤 것은 글자는 같지만 의미가 달라 학자마다 말하는 바에 차이가 크다. 자서는 더욱 들쭉날쭉하여 뜻을 탐구하기 어렵고 의혹이 쉽게 생긴다. 이에 명을 받들어 선조의 가르침을 이어받고자 군서(群書)들을 모으고 교감 작업을 하여 책으로 펴내 문자의 의미를 갖추고자 한다.(「五典三墳, 競開異義; 六書八體, 今古殊形. 或字各而訓同, 或文均而釋異, 百家所談, 差互不少, 字

書卷軸, 舛錯尤多, 難用尋求, 易生疑惑. 猥承明命, 預纘過庭. 總會衆篇, 校讎羣籍, 以成一家之製, 文字之訓備矣.」)

라고 한 것으로 보아, 옛날 책들에서 문자·훈고상 문제가 적지 않음을 보고, "여러 책들을 모으고 교감 작업을 하여(「總會衆篇, 校讎羣籍」)" ≪옥편≫을 편찬함으로써, 문자의 뜻을 갖추도록 하고자 하였음을 알 수 있다.

≪옥편≫은 해서체를 위주로 한 최초의 자전으로서 모두 30권으로 이루어져 있다. 체제는 ≪설문해자≫를 모방하였지만 부수에 증감이 있다. 부수는 총 542부이고, 수록자는 16,917자로 ≪설문해자≫에 비하여 7000여 자가 더 많다. 매 글자 밑에 반절로 발음을 표시하였고, 다시 여러 전적을 인용하여 설명을 하였기 때문에 해설이 무척 상세하다.

또한 ≪설문해자≫에서는 자형을 증명하기 위하여 자형에 대한 설명을 위주로 하면서, 본의를 중심으로 이야기하고 인신의는 거의 언급하지 않았지만, ≪옥편≫에서는 자의의 설명을 위주로 하였다. 따라서 본의에만 제한되지 않고 한 글자에 대하여 여러 의미를 나열한 것은 실로 후세 자전의 선하(先河)를 이루었다고 말할 수 있다. 예를 들면 아래와 같다.

원본: ≪옥편·언부(言部)≫ 권9: 謙(겸), 거겸반(去兼反). ≪주역≫에서는 "謙은 가볍다란 뜻이다. 하늘의 도는 가득한 것을 덜어다가 겸허한 것에 보태 주고, 땅의 도는 가득한 것에 변화를 주어 겸손한 것을 채워 주고, 귀신은 가득한 것을 해치며 겸손한 것을 복주고, 사람의 도는 가득한 것을 미워하고 겸손한 것을 좋아하고, 겸손은 높은 자리에서는 빛나고 낮은 자리에서는 무시당하지 않는다."라고 하였다. 내가 생각하기에, 謙은 겸양(謙讓)하다와 같다. ≪상서≫에 "가득 차면 손해를 부르고 겸양하면 이득을 얻는다"는 것이 그것이다. ≪국어(國語)≫에서는 "겸겸(謙謙)의 덕이다."라고 하였는데, 가규(賈逵)가 말하기를 "겸겸이란 작다는 뜻과 같다."고 하였다. ≪설문≫에서는 "謙은 공

경한다란 의미이다."라고 하였고, ≪창힐편≫에서는 "謙은 비운다는 뜻이다."라고 하였다.

금본: 겸(謙), 고겸절(苦兼切), 겸손하게 양보한다는 뜻이다. 괘명이다.

(「原本: 謙, 去兼反. ≪周易≫: 謙,輕也. 天道虧盈而益謙, 地道變盈而流謙, 鬼神害盈而福謙, 人道惡盈而好謙, 謙尊而先, 卑而不可踰. 野王案: 謙猶沖讓也. ≪尙書≫: 滿招損, 謙受益是也. ≪國語≫: 謙謙之德. 賈逵曰: 謙謙, 猶小小也. ≪說文≫: 謙,敬也. ≪蒼詰篇≫: 謙, 虛也.

今本: 謙, 苦嫌切, 遜讓也. 卦名.」)

≪옥편≫은 모두 542부로 ≪설문해자≫와 같은 것은 529부, 다른 것은 13부이다. 부수의 차례는 ≪설문해자≫와 다르다. 앞부분의 몇 개와 마지막 간지(干支) 부수 외에는 배열을 다시 하였는데 의미가 비슷한 부수를 한 곳에 배열하였다.

예를 들어 <권3>의 부수 배열을 보면 인(人)부, 아(兒)부, 부(父)부, 신(臣)부, 남(男)부, 민(民)부, 여(予)부, 아(我)부, 신(身)부, 형(兄)부, 제(弟)부, 여(女)부 등의 순서로 되어 있다. 그러나 때때로 그 배열이 정밀하지 못하여 단옥재(段玉裁)는 "고씨는 ≪옥편≫에서 <이(而)부>를 모(毛)·취(毳)·염(冉)부의 뒤에, 각(角)·피(皮)부의 앞에 배열하고 동물의 털이라 하였는데, 이는 결코 허신의 뜻이 아니다.(「顧氏≪玉篇≫, 以而部次于毛毳冉之後, 角皮之前, 則其意訓而爲獸毛, 絶非許意.」)"라고 지적하였다.

≪옥편≫의 글자 배열이 비록 ≪설문해자≫처럼 세밀하고 신중하지는 못하지만 인증(引證)과 설명에는 가치가 있다.

호박안(胡樸安)은 ≪중국문자학사≫에서 ≪옥편≫의 가치를 다음과 같이 지적하였다.

첫째, 인용한 예문을 모두 원서에서 끌어내어 믿을 만하다.
둘째, 증거가 많으므로 훈고학상 가치가 크다.
셋째, 자신의 견해가 명쾌하고 확실한 해석이 있다.
넷째, 해당 부수 밑에 이체자를 같이 놓아 찾기 쉽게 하였다.
다섯째, 고서 자료를 보존하고 있다.

(「一, 引證悉出原書, 可以覆按; 二, 證據不孤, 增加訓詁學之價値; 三, 案語明白, 有的確之解說; 四, 廣搜異體, 幷注屬於何部, 便于檢查; 五, 保存古書之材料.」)[1]

≪옥편≫은 당나라 고종(高宗) 때인 674년 ≪옥편≫의 분량이 너무 많고 무거워 베껴 쓰기 힘든 까닭에, 손강(孫强)이 글자 수는 늘이되 주는 줄인 증자감주본(增字減注本)과 ≪옥편초(玉篇抄)≫의 절본(節本)을 냈다. 북송 초에 쓰이던 ≪옥편≫은 모두 손강본(孫强本)으로 원본은 이미 전해지지 않는다.

송나라 진종(眞宗) 때 진팽년(陳彭年)・구옹(丘雍) 등이 손강본에 수정을 가하고 수록자를 늘였는데 글자의 배열이나 차례가 잡다하였다. 이것이 바로 ≪대광증회옥편(大廣增會玉篇)≫(1013년)이다. 현재 전하는 판본은 송대 중수본(重修本)과 원대 절주본(節注本)으로 손강본조차 전하지 않는다. 일본에 당・송 때의 고사본(古寫本) 원본과 ≪옥편≫ 영권(零卷)이 전하는데, 이것으로 고야왕 원본의 체제와 면모를 짐작할 뿐이다.

현재 일본에서 전하는 ≪옥편≫ 영권은 ≪고일총서(考逸叢書)≫의 하나로 간행되었다. 비록 43부만 전하지만 원본의 체례 즉 글자의 발음・인증・안어(案語)・여러 책들의 증거・혹체(或體) 등 5가지 체례(體例)에 의하여 배열되었다.

일본의 ≪옥편≫ 영권본에는 약 2,100여 자가 수록되어 있는데, 그 상세한 내용은 <권8> 심(心)부 6자, <권9> 언(言)・어(語)부 등 753자, <권18> 방(放)・올(兀)부 165자, <권19> 수(水)부 144자, <권22> 산(山)・신(屾)부 등 624자, <권24> 어(魚)부 19자, <권27> 사(糸)・계(系)부 423자로 이는 고야왕 원본의 약 1/8에 해당한다.

고야왕 원본과 송대의 수정본은 현저히 다른데, 그 중 주요한 것으로는 정문(正文)과 책의 순서, 원문과 주 가운데 경전과 자서 인용 부분, 금본에는 고야왕의 안어(案語, 저자의 견해)가 없는 점 등이다. 이

---

1) 호박안, ≪중국문자학사≫, 대만 상무인서관(商務印書館) 1970, p.103.

로써 진팽년 등이 ≪옥편≫을 증수(增修)할 때 근거한 것은 손강본이 었고, 그들은 원본을 보지 못했음을 알 수 있다.

4.4 음운학

앞에서도 이미 말한 바 있지만 중국 언어학 사상 위진남북조 시대를 논한다면 무엇보다도 먼저 "소리에 대한 깨달음"이라고 할 수 있다.

중국 사람들이 '소리'라는 분야에 관심을 갖게 된 것은 분명히 불교의 전래와 밀접한 관계가 있었던 것으로 보인다. 왜냐하면 불교의 경전은 소리글자인 산스크리트어로 되어 있었으므로, 불교를 이해하기 위해서는 자연히 소리글자의 음운 체계를 알아야 했기 때문이다.

불교가 언제 중국에 들어 왔는가 하는 것은 ≪후한서·명제기(明帝紀)≫에 명제가 영평(永平) 8년(65)에 채석(蔡惜) 등을 서역(西域)으로 불법을 배워 오라고 보냈고, 그 후 2년 뒤(67) 채석이 서역의 고승 가엽마등(迦葉摩騰)·축법란(竺法蘭) 등과 함께 불경을 가지고 돌아왔다는 기록이 있다. 이것이 불교가 중국에 들어왔음을 밝혀주는 공식적인 기록이다.

참고로 송나라 조언형(趙彦衡)의 ≪운록만초(雲麓漫鈔)≫를 보면, "한나라 명제는 꿈에 황금으로 만든 사람을 보았다. 그런데 마등(摩騰)과 축법(竺法)이 ≪백마타경(白馬駝經)≫을 가지고 입국하자, 명제는 그것을 홍려사(鴻臚寺)에 보관하도록 하였다. 그 후에는 백마사(白馬寺)라는 절을 지어 안치하니, 이는 홍려사에 보관하였던 ≪백마타경≫의 의미를 살리고자 함이었다"라고 하여 위의 기록을 뒷받침하고 있다.

지금도 낙양에는 바로 그 백마사가 있는데, 쇠락한 고도(古都) 낙양시의 허름함에 비해 절은 웅장하고 화려한 풍모를 유지하고 있다.

불교는 중국에 들어오자 먼저 황제와 귀족들의 환영을 받았고, 사대부 문인들 역시 불교에 큰 관심을 가지고 불경을 공부하였다. 황제가 불교에 흥미를 가지고 있으므로, 불교와 불경에 대한 연구는 출세를 위한 지름길이기도 했다.

이렇게 불경을 연구하고 번역하는 과정에서 중국 사람들은 자연히 소리글자에 대한 구조를 알게 되었고, 그에 따라 자신들 언어와의 비교를 통해 중국어의 음운 체계와 성조에 대해 새로이 깨닫게 되었을 것이라고 추측된다.

그 결과로 '반절(反切)'이라는 표음 방법이 나오고, 심약(沈約, 441~513)이 ≪사성보(四聲譜)≫를 짓고 또 사성팔병설(四聲八病說)[2]을 주장하여 시운(詩韻)에 성조를 고려해서 음률을 맞추도록 하고, 그리고 ≪성류(聲類)≫·≪운집(韻集)≫ 등 여러 운서(韻書)들이 출현하게 된 것 등은 어쩌면 당연한 일이라고 하겠다.

4.4.1 반절(反切)의 사용

'반절'이란 두 글자를 써서 한 글자의 발음을 나타내는 방법이다. 반절의 첫 번째 글자는 첫소리[聲母(성모)]를 담당하고, 두 번째 글자는

---

[2] 이른바 '사성팔병설'이란 평·상·거·입 사성을 가지고 시 특히 5언시를 짓는데 8가지의 해서는 안 되는 금기 사항을 예시한 이론이다. '팔병(八病)'은 평두(平頭)·상미(上尾)·봉요(蜂腰)·학슬(鶴膝)·대운(大韻)·소운(小韻)·방뉴(旁紐)·정뉴(正紐) 등 8가지이다. 이 중에서 대운·소운·방뉴·정뉴 등 4가지는 그 유래를 의심받고 있으므로 여기에서는 평두·상미·봉요·학슬 등 4가지 금기 사항에 대해서만 간략하게 소개하려 한다. 중국사람들은 용어를 설정할 때 그 이름에 그 뜻이 담기도록 배려하기 때문에, 먼저 이 4가지 금기 사항의 이름을 살펴보면 대략의 뜻을 알 수 있다. 平頭는 평성의 머리, 上尾는 상성의 꼬리, 蜂腰는 벌의 허리 그리고 鶴膝은 학의 무릎이라는 뜻이다. 이것을 실제 시에 적용하면 平頭는 시작하는 구와 그 대구(對句)의 첫 번째 글자가 모두 평성인 경우를 말한다. 그렇다면 上尾는 당연히 출구와 그 대구의 끝 글자가 모두 상성인 경우를 말하는 것으로 짐작할 수 있다. 蜂腰는 시작 구와 그 대구의 세 번째 글자가 모두 거성인 경우를 말하고, 鶴膝은 시작 구와 그 대구의 네 번째 글자가 모두 입성인 경우를 말한다. 자세한 것은 풍춘전(馮春田)의 <영명성병설의 재인식(永明聲病說的再認識)>(≪어언연구(語言研究)≫ 1982 제1기)을 참조하시기 바람.

나머지 소리[韻母(운모)]와 성조까지를 담당한다.

예를 들어 '東(동)'자의 반절은 '덕홍절(德紅切)'인데, 여기에서 '德'은 첫소리인 'ㄷ'만 담당하고 '紅'은 나머지 소리인 '옹'을 담당하여 이 둘을 합해서 '동'이라고 읽는 방식이다.

이것은 지난 시대에 어떤 글자의 음가를 표시할 때 "畢(필)자의 발음은 弼(필)이다.(「畢音弼」)"라고 하여, 그와 발음이 같은 글자를 써서 나타내던 '직음(直音)' 방식보다 훨씬 진보된 표음법이라고 할 수 있다. ≪설문해자≫에서의 '독약(讀若)'이나 '비황(譬況)' 등이 바로 이러한 직음 방식 표음법이다.

그런데 이러한 직음법은 한계가 있다. 예를 들어 한 글자의 발음을 알고자 다른 글자를 이용할 때, 만약 그와 똑같은 발음의 글자가 없거나 또는 '千音遷(천음천)'과 같이 있더라도 원래 알고자 하는 글자보다 더 어려운 글자를 쓰게 되면 이것은 표음을 하지 않는 것과 같다.

그런데 만약 쉬운 글자 몇 개를 선택하여 첫소리를 담당하게 하고, 마찬가지로 쉬운 글자 몇으로 나머지 소리를 담당하게 하면 이와 같은 어려움은 많이 줄어들 것이다. 이런 점에서 볼 때 뜻글자인 한자를 가지고 반절법을 생각해 낸 것은 중국 음운학사상 큰 발전이라고 할 수 있다.

4.4.1.1 반절의 명칭

중국 사람들은 일반적으로 어떤 사물의 이름을 지을 때, 그 이름에 그 뜻이 담기도록 배려한다고 여러 번 말했었다. 그렇다면 위에서 말한 바와 같이 한 글자의 음가를 첫소리를 담당하는 글자와 나머지 소리를 담당하는 글자 두 글자로 나타내는 표음 방식을 왜 '反切(반절)'이란 이름을 붙였을까?

본래 반절이란 이름은 한(漢)·위(魏) 시대에는 단지 '反'이라고만 하였고, 육조시대에는 '反' 또는 '切'로 불렀던 것을 합한 것인데, 그러면 '뒤집다'라는 뜻의 '反'과 '자르다'라는 뜻의 '切'은 표음 방법과 무슨 관계가 있을까?

반절이라는 명칭의 유래는 무엇보다 '반어(反語)'에서 찾아야 할 것이다. '반어'란 민간에서 쓰던 은어로서 일종의 "뒤집어 말하기"라고 할 수 있다. '반어'는 도어(倒語), 절어(切語), 절구(切口) 또는 절각(切脚)이라고도 한다.3) 위진남북조 시대의 문헌 가운데는 이러한 '반어'에 대한 고사를 수록한 예가 적지 않다.

예를 들어 ≪삼국지·오지(吳志)·제갈각전(諸葛恪傳)≫을 보면,

> 일찍이 동요에 이르기를 "제갈각은 갈대로 만든 홑옷을 입고 장식 혁대를 매었으니, 어찌 성자각(成子閣)을 구하겠는가?"라고 하였다. 여기에서 '성자각'은 반어로 하면 '석자강'이 된다. 건업(建業) 남쪽에 길게 뻗은 언덕이 있는데 그것을 이름하여 '석자강(石子岡)'이라고 한다. 죽은 사람을 이곳에 묻는다.(「先有童謠曰: "諸葛恪, 蘆葦單衣篾鉤絡, 於何相求成子閣." 成子閣者, 反語石子岡也. 建業南有長陵, 名曰石子岡. 葬者依焉.」)

라고 하였는데, 여기에서 '성각(成閣)'은 '석(石)'이 되고, 그것을 거꾸로 '각성(閣成)'이라고 하면 '강(岡)'이 된다. 그래서 '성자각(成子閣)'의 반어(反語)는 '석자강(石子岡)'이 되는 것이다. 이해가 쉽게 가지 않는 분들을 위해 다시 설명해드리겠다.

우선 '성자각'과 '석자강'에서 '자' 부분은 같은 글자이므로 제외한다. 그러면 '성각'이 남게 되는데, '성'에서는 'ㅅ'를 취하고, '각'에서는 받침 'ㄱ'만 취하면 '석'이 된다. 다음 '성각'을 뒤집으면 '각성'이 되는데, 마찬가지로 이 '각성'에서 '각'에서는 '가'를 취하고, '성'에서는 받침 'ㅇ'만 취하면 '강'이 된다. 그래서 '성자각'의 반어가 '석자강'이 되는 것인데, 이를 한자로 쓰면 '成子閣'의 반어가 '石子岡'이 되는 것이다.

예를 하나 더 들어 보면, ≪남사(南史)·양본기(梁本紀)≫에

---

3) 진진환(陳振寰)·유촌한(劉村漢), <논민간반어(論民間反語)>, 광서사원학보(廣西師院學報) 1981 제1기.

양(梁) 고조(高祖) 대통(大通) 1년(527) 초, 무제(武帝)는 '동태사(同泰寺)'라는 절을 창립하였는데, '대통문(大通門)'을 세워 그 절의 남문과 마주보게 하였으니, 이는 반어를 취하여 '동태(同泰)'와 어울리도록 하기 위함이었다.(「梁高祖大通元年初, 帝創'同泰寺', 至是開'大通門', 以對寺之南門, 取反語是協'同泰'.」)

라고 하였는데, 여기에서 '동태'는 '동'에서 'ㄷ'을 취하고 '태'에서 'ㅐ'를 취하여 'ㄷ+ㅐ'→'대(大)'가 되고, 다시 이를 거꾸로 '태동'이라고 하면 '태'에서 'ㅌ'을 취하고 '통'에서 'ㅇ'을 취하여 'ㅌ+ㅇ'→'통(通)'이 된다. 그래서 '동태(同泰)'의 반어가 '대통(大通)'이 되는 것이다.

위에서 본 것처럼 '반어'란 일종의 표음 방법으로, 두 글자를 가지고 한 글자의 발음을 표시하는 방식은 반절과 같다. 다만 반어에서는 두 번째 글자가 성조를 담당하지 않고, 또 같은 글자를 가지고 두 번 표음을 한다는 점이 반절과 다르다고 하겠다. 따라서 '반어'는 '반절'의 원시 형태라고 할 수 있으며, '반절'이라는 이름에서의 '反'은 '반어(反語)'에서 온 것이라고 할 수 있다.

'반절(反切)'에서의 '切'은 '반어'의 표음 방법에서 첫 번째 글자의 성모를 뺀 나머지 부분을 '잘라내고', 두 번째 글자의 성모를 '잘라내어' 그 남은 부분끼리 합하는 방식에서 비롯된 것이 아닌가 생각한다. 글자의 뜻으로 보면 '뒤집다'라는 뜻의 '反'보다는 '잘라내다'라는 뜻의 '切'이 오히려 더 맞다고 볼 수 있다. '반'과 '절'을 합해서 '반절'로 쓰기 시작한 것은 대체로 송나라 위료옹(魏了翁)의 ≪사우난언(師友難言)≫부터라고 한다.[4]

4.4.1.2 반절의 기원

반절은 누가 만들었고 또 언제부터 쓰이기 시작하였을까? 이에 대해서는 3가지 주장이 있다.

---

[4] 호기광(胡奇光), ≪중국소학사(中國小學史)≫, 상해 인민출판사 1987, pp.131~132.

(1) 손염(孫炎) 창제설

손염(220 전후)은 삼국 시대 위나라 낙안(樂安, 지금의 산동성 박흥현(博興縣) 동북부) 사람으로, 자는 숙연(叔然)이다. 그는 한대 유학의 대사(大師)인 정현(鄭玄)의 제자의 제자로서, 소리의 연구에 뛰어났다. 그가 반절법을 만들었다는 설은 ≪안씨가훈(顏氏家訓)・음사편(音辭篇)≫과 육덕명(陸德明)의 ≪경전석문(經典釋文)・서록(敍錄)≫에 보인다. ≪안씨가훈・음사편≫을 보면,

> 손염이 ≪이아음의≫를 창작했는데, 그는 한나라 말기 사람으로 홀로 반절을 알았다. 그 후 위나라 시대에 이르러 이 방식이 크게 유행하였는데, 조모(曹髦)는 반절을 이해하지 못하여 이를 이상하다고 여겼다.(「孫叔然創≪爾雅音義≫, 始漢末人獨知反語. 至於魏世, 此事大行. 高貴鄕公不解反語, 以爲怪異.」)

라고 하였고, ≪경전석문・서록≫에서는

> 옛 사람들의 소리에 관한 기록은 비황설(譬況說)에 지나지 않았다. 손염이 처음으로 반절을 쓰기 시작하여, 위나라 이후에는 점차 늘어났다.(「古人音書, 止爲譬況之說, 孫炎始爲反語, 魏朝以降漸繁.」)

라고 하였다. 여기에서 '반어'라고 한 것은 모두 반절을 뜻한다.

한위(漢魏)시대에는 소리와 뜻을 함께 해설하는 방식의 이른바 '음의(音義)'라는 이름의 책이 많이 나왔는데, 특히 손염의 ≪이아음의≫가 후세 사람들이 반절로서 음가를 표시하게 하는데 결정적인 영향을 끼쳤다. 그는 당시 사람들마다 각자 달리 쓰고 있던 반절을 종합, 정리하여 비교적 체계적인 반절을 만들어 냈다. 아마 이것이 손염을 반절의 창시자로 오해하게 된 하나의 원인이 되지 않았나 생각한다.

한자를 만든 것이 창힐이라고 했던 것처럼, 중국 사람들은 가끔 많은 사람들이 오랜 시간에 걸쳐서 이룩한 어떤 성과를 개인의 업적으

로 돌려 이해하곤 하는데, 반절의 창제 문제 역시 그런 식으로 규정하려고 했던 것 같다.

(2) 복건(服虔)·응소(應劭)설

복건(168년 전후)은 동한 말 형양(滎陽, 지금의 하남성 부근) 사람이고, 응소(178년 전후)는 여남(汝南, 지금의 하남성 항성(項城) 서남부) 사람이다. 이들은 모두 하남사람으로 소리의 분석에 뛰어나고 반절로써 음가를 나타내었던 학자들이었다.

경심(景審)은 혜림(慧林)의 ≪일체경음의(一切經音義)≫ <서>에서,

> 옛날부터 반절 방식은 대부분이 비슷한 발음 부위의 소리로써 쌍성을 삼는 것인데, 복건에서 시작되었다.(「古來音反, 多以旁紐爲雙聲, 始自服虔.」)

라고 하였다.

한편 ≪한서·지리지(地理志)≫를 보면 광한군(廣漢郡) 재동(梓潼) 아래에 응소는 "동수(潼水)가 나오는 곳으로 남쪽으로 흘러 점강(墊江)으로 들어간다. 墊의 반절은 도협(徒浹)이다.(「潼水所出, 南入墊江. 墊音徒浹切.」)"라고 주를 하였고, 또 요동군(遼東郡) 답씨(沓氏) 아래에서 "沓은 강 이름이다. 그 반절은 장답(長答)이다.(「沓, 水也. 音長答切.」)"라고 주를 달았다.

위와 같은 기록으로 볼 때 이들이 반절 방식을 써서 표음을 한 사실은 분명하다고 하겠다. 그러나 이들이 반절을 만들었다고 하기에는 근거가 희박하다. 짐작컨대 반절의 창제와 관련해서 이들의 이름이 거론되는 것은 아마 이들이 모두 한나라 말기 사람들로서 손염보다 약 반세기 정도 앞선 시대 사람들이기 때문에, 이 점이 이들을 손염보다 앞서 반절을 만든 사람들로 보는데 작용을 하지 않았나 여겨진다.

(3) 서역(西域) 전래설

이 설은 반절식 표음 방법이 불교의 전래와 그에 따른 산스크리트어와의 만남에서 비롯되었다는 주장이다. ≪수서·경적지≫를 보면 이 주장을 뒷받침할 만한 기록이 있다.

> 한나라 때 불교가 들어와 전국적으로 성행하고, 또 서역의 문자[胡書(호서)]가 전해졌다. (그들의 문자는) 14글자로 모든 소리를 낼 수 있어서 글은 간단하지만 뜻은 넓다. 이것을 일컬어 바라문(婆羅門)문자라고 하는데, 전서(篆書)·예서(隸書) 등 중국의 여러 글자체와는 근본적으로 다르다.(「自後漢佛法行于中國, 又得西域胡書, 能以十四字貫一切音, 文省而義廣, 謂之婆羅門書, 與八體六文之義殊別.」)

정초(鄭樵, 1104~1162, ≪통지(通志)·예문략(藝文略)≫), 진진손(陳振孫, 13세기, ≪직재서록해제(直齋書錄解題)≫), 요내(姚鼐, 1731~1787, ≪석포헌필기(惜抱軒筆記)≫), 대진(戴震, 1723~1777, ≪성운고(聲韻考)≫) 등은 이 설에 찬동하였다.

앞서 말한대로 중국에 불교가 들어온 것이 동한 67년이라고 할 때, 동한 말기 반절법이 쓰이기 시작할 때까지는 약 100년의 시간이 걸렸다고 할 수 있다. 이 100년 동안 학자들이 범어라는 소리글자를 탐구한 결과 반절이라는 방식으로 한 글자의 음가를 나타내는 방법을 깨달았을 가능성이 크다고 하겠다. 이러한 추정이 현재 가장 타당성 있는 주장이 아닌가 생각한다.

4.4.1.3 반절식 표음법의 유래

앞에서 말한 바 있듯이 반절법은 반절의 첫 번째 글자[反切上字(반절상자)]는 성모(聲母, 초성 자음)를 담당하고, 두 번째 글자[反切下字(반절하자)]는 운모(韻母, 중종성)를 담당한다. 따라서 한 음절을 첫소리와 나머지 소리 둘로 나누는 2분법을 채택하고 있다.

그런데 반절의 기원이 되는 범어는 영어나 우리나라 글자와 같은 소리글자이므로, 한 음절은 첫소리·가운데 소리 그리고 끝소리 등 셋으로 구분된다. 그렇다면 중국의 학자들은 왜 2분법을 채택하였을까?

이것은 그들이 3분법을 몰라서가 아니라 외국 것을 받아들이되 자신들의 습관에 맞게 고쳐 쓰는, 중국인들의 이른바 중체서용(中體西用)의 자세가 반영된 것이 아닌가 생각된다.

중국 사람들은 예로부터 시의 운을 매우 중시하였는데, 알다시피 시의 운은 첫소리보다는 그 나머지 소리를 맞추는 것이 주가 된다. 바로 이 점이 소리를 나눌 때 자연스럽게 성모와 운모 두 부분으로 나누게 된 원인으로 작용한 것이라고 추측된다.

4.4.2 성조의 인식

성조는 한장계(漢藏系) 언어의 중요한 특징 가운데 하나이다. 성조는 글자 하나하나 마다 소리의 높낮이가 있으므로 자조(字調)라고도 할 수 있는데, 이 높낮이가 다르면 발음이 같더라도 뜻이 달라지게 된다.

예를 들어 현대 중국어에서 [ma]라는 발음을 높고 길게 발음하면 '엄마[媽(마)]'라는 뜻이 되고, 올라가는 듯이 발음하면 '삼[麻(마)]'이라는 뜻이 되고, 내려왔다가 올라가면서 발음하면 '말[馬(마)]'이라는 뜻이 되며 그리고 위에서 아래로 내려오면서 발음하면 '욕하다[罵(매)]'라는 뜻이 된다.

중국 사람들의 성조에 대한 인식은 예전부터 있어 왔다. 앞에서 예를 든 바 있는 ≪춘추·장공(莊公) 28년≫에 "제후(齊侯)가 위(衛)나라를 정벌하였다.(「齊侯伐衛.」)"라는 구절이 그것이다. ≪공양전≫에서는 "伐(벌)이라고 하는 것은 객체이다.(「伐者爲客.」)"라고 풀이를 하기도 하고, "伐이라고 하는 것은 주체이다.(「伐者爲主.」)"라고 풀이를 하기도 하였다. 풀이의 내용으로 보면 앞의 것은 피동의 '伐'이고 뒤의 것은 능동의 '伐'이라고 이해가 된다. 그런데 그 구분을 어떻게 하는 지에 대해서는 설명이 없다.

이에 대해 한나라의 경학자 하휴(何休)는 ≪춘추공양전해고(春秋公

羊傳解詁)≫에서 "남을 정벌하는 것이 객체이다. 여기에서 伐자는 길게 발음한다. 이것은 제 지방 사람들의 말이다.(「伐人者爲客, 讀伐長言之, 齊人語也..」)"라고 하였고, 또 "정벌을 당하는 것이 주체이다. 여기에서의 伐자는 짧게 발음한다. 제 지방 사람들의 말이다.(「見伐者爲主, 讀伐短言之, 齊人語也..」)"라고 주를 하였다. 당시에도 말의 장단에 따라 의미가 달랐음을 짐작케 하는 대목이다. 여기에서 이른바 '장언(長言)'·'단언(短言)'이라고 표현한 발음 방법이 오늘날의 성조에 대한 개념이 아닌가 한다.

중국의 성조가 평성, 상성, 거성 그리고 입성 등 4성으로 정식으로 굳어진 것은 대체로 육조의 제(齊, 479~502)나라와 양(梁, 502~557)나라 때이다.

중국의 4성 확립 시기를 이 때로 간주하는 것은 남제(南齊) 무제(武帝) 때인 489년 경릉왕(竟陵王) 자량(子良)이 음운 연구에 뛰어난 학자들과 스님들을 초빙하여 소리에 대한 토론을 하고 시험을 치렀다는 기록이 있고, 4성과 관련하여 이름이 늘 거론되는 주옹(周顒, ?~485)·심약(沈約, 441~513) 등과 같은 사람들이 바로 그 시대 사람들이기 때문이다.

≪양서(梁書)·심약전(沈約傳)≫을 보면,

> 심약은 또 ≪사성보(四聲譜)≫를 편찬하고는, 옛 문인들이 수천 년 동안에 깨닫지 못했던 것을 홀로 터득하여 그 오묘한 이치를 다 알았다고 여겨, 이 책을 스스로 신의 경지에 들어간 저작이라고 말하였다.(「約又撰≪四聲譜≫, 以爲在昔詞人累千載而不寤, 而獨得胸衿, 窮其妙旨, 自謂入神之作.」)

라고 하였고, 일본인 승려 홍법대사(弘法大師)의 ≪문경비부론(文鏡秘府論)·사성론(四聲論)≫에서,

> 송(宋, 420~479) 말 이후에야 비로소 사성(四聲)이라는 말이 있었다. 심약은 자신의 저서 ≪사성보≫에서 그것이 주옹으로부터 시작되었다

고 하였다.(「宋末以來, 始有四聲之目. 沈氏乃著其譜論, 云起自周顒.」)

라고 한 기록 등에 근거하여 그렇게 규정하는 것 같다.

그런데 왜 4성으로 나누었을까? 정말 그 당시 성조는 4가지로 구분되었던 것일까? 성조가 발음의 높낮이의 차이라면 [-p]·[-t]·[-k] 등과 같은 자음으로 끝나는 입성은 왜 성조의 하나로 넣었을까? 이러한 의문에 대해 아직까지 확실한 결론은 없다. 다만 진인각(陳寅恪)의 견해에 많은 학자들이 공감하고 있으므로 여기에서도 그의 주장을 소개한다.5)

첫 번째 질문: 중국에서는 어떻게 4성설이 성립하였는가? 즉 5성, 7성 또는 다른 수의 성이 아니고 왜 하필 4성으로 정해졌는가?

답: 다른 수가 아닌 4성으로 정해진 까닭은, 본래 쉽게 구별되는 입성을 하나로 하고 그 나머지는 다시 평·상·거 3성으로 하였으니 합해서 4성이 된 것이다. 그런데 그 나머지 성조를 셋으로 나눈 것은 사실 당시 중국에서 불경을 읽을 때의 3성에서 비롯된 것이다. 그리고 당시 중국에서 불경을 읽을 때의 3성은 또 고대 인도 성명론(聲明論)의 3성이다.

천축(天竺) 위타(圍陀, veda)의 성명론(聲明論)에 의하면, 이른바 성(聲, svara)이란 중국에 있어서 4성의 성과 같은 것이다. 즉 소리의 높낮이를 가리키는 것으로 영어의 pitch accent와 같다. 위타의 성명론은 그 소리의 높낮이에 따라 셋으로 나뉘는데, 각각 udatta·svarita·anudatta 라고 한다.

불교가 중국에 전해지자 그 교도들이 경전을 읽을 때 쓰던 3성의 구분도 당연히 함께 전래되었을 것이다. 물론 당시 불교도들이 불경을 읽을 때 구분하였던 3성과 중국의 평·상·거 3성이 완전히 같은 것이었는 지는 알 수 없으나, 둘 다 소리의 높낮이에 의거하여 그 단계를 셋으로 나누었던 것은 의심할 여지가 없다.

중국어의 입성은 [-k]·[-p]·[-t] 등과 같은 자음으로 끝나므로 그것은 특수한 종류로 볼 수 있으며, 또한 다른 성조와도 쉽게 구별된다.

---

5) 진인각, <사성삼문(四聲三問)>, 청화학보(淸華學報) 9권 2기.

평·상·거가 비록 그 소리의 높낮이가 다르다고는 하지만 몇 개로 나누는가 하는 것은 쉽게 정할 수 있는 문제가 아니다. 그러므로 중국의 문인들은 당시 불경을 읽을 때의 소리를 모방하고 그것을 근거로 하여 평·상·거 3성으로 나누었고, 여기에 입성을 보태어 4성이 된 것이다.

이렇게 하여 4성설이 창조되고 성보(聲譜)를 만들게 되었으며, 불경을 읽을 때의 성조를 빌어 중국의 문장을 아름답게 꾸미는 데까지 응용하게 되었다. 이것이 4성설이 성립하게 된 까닭이자 다른 수가 아닌 4성이 된 이유이다.

(「初問曰: 中國何以成立一四聲之說? 卽何以適定爲四聲, 而不定爲五聲, 或七聲, 抑或其他數之聲乎? 答曰: 所以適定爲四聲, 而不爲其他數之聲者, 以除去本易分別, 自爲一類之入聲外, 復分別其餘之聲爲平上去三聲, 綜合統計之, 適爲四聲也. 但其所以別其餘之聲爲三聲者, 實依據及摹擬中國當日轉讀佛經之三聲. 而中國當日轉讀佛經之三聲又出於印度古時聲明論之三聲也. 據天竺圍陀之聲明論, 其所謂聲(svara)者, 適與中國四聲之所謂聲者相符合, 旣指聲之高低言, 英語所謂 pitch accent 是也. 圍陀聲明論依其聲之高低, 分別爲三: 一曰 udatta, 二曰 svarita, 三曰 anudatta. 佛敎輸入中國, 其敎徒轉讀經典時, 此三聲之分別當亦隨之輸入. 至當日轉讀其經典時所分別之三聲, 是否卽與中國之平上去三聲切合, 今日固難詳知, 然二者俱依聲之高下分爲三階, 則相同無疑也. 中國語之入聲, 皆附有名 k, p, t 等輔音之綴尾, 可視爲一特殊種類, 而最易與其他之聲分別. 平上去則其聲響高低相互距離之間雖有分別, 但應分別若干數之聲, 殊不易定. 故中國文士依據及摹擬中國當日轉讀佛經之聲, 分別爲平上去之三聲. 合入聲計之, 適成四聲. 於是創爲四聲之說, 並撰作聲譜, 借轉讀佛經之聲調, 應用於中國之美化文. 此四聲之說所由成立, 及其所以適爲四聲, 而不爲其他數聲之故也.」)

4.4.3 운서(韻書)의 출현

운서는 시와 부(賦) 등과 같은 운문의 운을 맞추기 위한 수요에 부응하기 위하여 만들어졌다. 알려진 바에 따르면 중국에서 가장 일찍 만들어진 운서로는 삼국시대 위나라 이등(李登)의 ≪성류(聲類)≫와 진(晉)나라 여정(呂靜)의 ≪운집(韻集)≫을 꼽는다. 그러나 이 두 책은 모두 전해지지 않으니 그 내용을 엿볼 길이 없다.

다만 봉연(封演)의 ≪문견기(聞見記)≫에서 "위나라 때 이등이란 사람이 ≪성류≫ 10권을 지었다. 이 책은 모두 11,520자를 수록하고 있는데, 5성으로 글자들을 나누었다.(「魏時有李登者, 撰≪聲類≫十卷, 凡一萬千五百二十字, 以五聲命字.」)"라고 한 기록과 ≪위서(魏書)·강식전(江式傳)≫에서 "여침(呂忱)의 아우 정(靜)이 따로 옛 좌교령(左校令) 이등의 ≪성류≫의 체제를 모방하여 ≪운집(韻集)≫ 5권을 지었는데, 궁(宮)·상(商)·각(角)·치(徵)·우(羽)를 각 1편으로 하였다.(「忱弟靜別放故左校令李登≪聲類≫之法, 作≪韻集≫五卷, 宮商角徵羽各爲一篇.」)"라고 한 기록으로 그 일면을 알 수 있을 뿐이다.

그 후 심약의 ≪사성보≫에서 처음으로 4성으로 운을 나누기 시작하였는데, 이 책 역시 전해지지 않는다. 이 밖의 운서를 살펴보면 ≪수서·경적지≫에서는 11종 운서를 소개하고 있는데, 그 운서들의 지은이와 책이름은 다음과 같다.

   1) 주연(周硏), ≪성운(聲韻)≫
   2) 장량(張諒), ≪사성운림(四聲韻林)≫
   3) 단굉(段宏), ≪운집(韻集)≫
   4) 무명씨(無名氏), ≪군옥운전(群玉韻典)≫
   5) 양휴지(陽休之), ≪운략(韻略)≫
   6) 이개(李槪), ≪수속음운결의(修續音韻決疑)≫
   7) 이개(李槪), ≪음보(音譜)≫
   8) 무명씨(無名氏), ≪찬운초(纂韻鈔)≫
   9) 유선경(劉善經), ≪사성지귀(四聲指歸)≫
   10) 하후영(夏侯詠), ≪사성운략(四聲韻略)≫
   11) 석(釋) 정홍(靜洪), ≪운영(韻英)≫

또한 육법언(陸法言)의 ≪절운(切韻)·서(序)≫에도 아래와 같은 6부(部)의 운서를 소개하고 있다.

1) 여정(呂靜), ≪운집(韻集)≫
2) 하후해(夏侯該), ≪운략(韻略)≫
3) 양휴지(陽休之), ≪운략(韻略)≫
4) 주사언(周思言), ≪음운(音韻)≫
5) 이계절(李季節), ≪음보(音譜)≫
6) 두태경(杜台卿), ≪운략(韻略)≫

위의 예에서 하후해(夏侯該)는 하후영(夏侯詠)의 잘못이며, 이계절(李季節)은 이개(李槪)이다. 위에 소개한 책들은 모두 전해지지 않는다.

제5장

수·당(隋·唐)

唐寫本王仁昫刊謬補缺切韻

唐·王仁昫撰·吳彩鸞書

廣文書局印行

とをに

（申告べる）

제5장

수·당(隋·唐)

5.1 시대 상황

서기 589년 수나라 문제(文帝) 양견(楊堅)은 서진(西晉)의 멸망 이후 남북조시대라는 270여 년 간의 분열과 혼전을 거듭해 온 중국 사회를 통일한다. 역사가들은 중국 역사상 양견처럼 손쉽게 천하를 손에 쥔 사람은 없다고 말한다.

그도 그럴 것이 북조(北朝)는 북주(北周)에 의해 577년 통일되었는데, 4년 후인 581년 나이 어린 황제 정제(靜帝)는 당시 대장군이었던 수국공(隨國公) 양견에게 선양(禪讓)한다. 이 과정에서 양견의 라이벌들은 병사하거나 아니면 서로 싸우다가 다른 사람에게 살해당했기 때문에, 양견은 아무 일도 안했어도 혼자 남아 1등을 한 셈이 되었다.

문제는 연호를 개황(開皇)으로 정한다. 자신의 명실상부한 황제의 시대가 열렸다는 뜻이리라.

말이 나왔으니 여기에서 잠시 선양에 대해서 이야기하고 지나가겠다. 선양이란 사전적인 의미로는 성씨가 다른 사람에게 왕권을 넘기는 일이다. 요즘 말로 하면 평화적 정권교체에 해당한다. 그렇지만 중국의 역사에서 말하는 선양은 사실상 찬탈이요 쿠데타인 경우가 대부분이다. 그리고 이러한 선양에는 다음과 같은 일정한 공식이 있다.

①먼저 임금이 무능하거나 어려서 국정이 불안해진다.
→②민란이 일어나고 도적떼가 창궐한다.
→③이를 빌미로 기득권 세력 가운데 야심이 있는 자가 군사를 일

으킨다. 이 때 주장하는 내용은 항상 "간신을 척결하여 황실을 보호하고, 도탄에 빠진 백성을 구제한다"이다.(중국 역사에서 수 십 수 백 번 일어나는 거병의 이유는 한 사람이 쓴 것처럼 언제나 똑 같다.)

→④수도를 점령한다.

→⑤먼저 있던 임금은 사태의 책임을 지고 물러난다.(사실은 물러나게 한다)

→⑥나이 어리고 능력이 없는 사람을 골라 황제로 앉히고, 자신은 나라를 바로 세운 공을 인정받아 공(公) 또는 왕에 봉해진다.

→⑦얼마 후 나이 어린 임금은 자신의 덕이 부족하다며 황위를 넘기고자 한다.

→⑧이런 제안을 받으면 우선 화들짝 놀란다. 그 다음 연속 동작으로 자신은 능력도 덕도 부족한 사람이라며 극구 사양한다.

→⑨신하들은 "나라에는 하루라도 군주가 없어서는 안 된다"며 재삼재사 권고한다.

→⑩얼마 동안 묵묵부답으로 일관한다.

→⑪이런 사실을 백성들이 어떻게 알았는지 나라 곳곳에서 "제발 우리들의 임금이 되셔 달라"는 백성들의 탄원서가 속속 도착한다. 중신들도 이에 힘입어 더욱 적극적으로 권한다.

→⑫"나는 결코 이런 뜻이 아니었지만, 중신들과 백성들의 뜻이 정 그러하다면……"이라는 말과 함께 수락한다.

이것이 중국식 선양의 풀코스이다.

물론 모든 선양이 ①번에서 시작해서 ⑫번으로 끝나는 것은 아니다. 이 중 몇 개는 생략되는 경우도 있고, 또는 ①에서 ④의 진행이 아니라 왕 주변에 있던 신하 가운데 이른바 '넘버 투', '넘버 쓰리'라고 하는 자가 ⑤번부터 시작하는 경우도 있다. 그렇지만 그 어떤 경우라도 ⑦번에서 ⑫번까지는 빼먹지 않고 거의 일사천리로 진행된다.

양견은 자신이 수국공이었기 때문에 관례에 따라 나라 이름을 수(隨)라고 지으려고 하였다. 그런데 '隨'자는 '따라가다'라는 뜻이 있다.

새롭게 나라를 세웠는데 나라가 어디론가 가버리면 안되므로 '어디로 간다'라는 뜻의 '辶(착)'을 떼고 '隋'로 썼다. 참고로 '隋'자는 본래 '떨어질 타'(墮와 같음) 또는 '고기'라는 뜻인데, 이때부터 '수나라 수'라는 뜻과 발음이 추가되었다. 아무리 그랬어도 수나라는 30년 만에 망한다. 운명이란 인간의 힘으로는 어찌 해도 바꿀 수 없는 것인가 보다.

한편 남쪽에서는 진(陳, 557~589)나라가 양(梁, 502~557)나라를 뒤이어 건국했지만, 힘이 미치는 지역이 지금의 남경 일대에 불과했기 때문에 북쪽의 수나라가 쳐들어오자 화살 한 번 안 쏘고 항복한다. 진나라 왕은 수나라 군이 왕궁에 침입하는 그 순간에도 연회를 즐기고 있었다고 한다. 이런 사정이 있었기 때문에 수 문제 양견의 천하 통일이 역사상 그 누구보다도 손쉬웠다고 말하는 것이다.

통일을 이룩한 수 문제는 내치(內治)를 걱정하는 단계에 들어간다. 진시황의 경우에서 보았듯이 통일보다 더 어려운 것이 통치이다. "말 위에서 통일은 할 수 있어도, 통치는 말에서 내려와서 해야 한다"는 사실을 문제는 역사에서 배웠다.

문제는 두 가지의 정책을 취하는데, 그 중 하나는 개황 7년(587)에 실시한 과거제도의 정착이다.

과거제도란 우리가 모두 알고 있다시피 시험을 보아서 관리를 뽑는 방식이다. 그러면 지금까지는 어떻게 관리를 임명했을까? 우선 왕의 발탁, 귀족들의 세습 그리고 귀족이나 지방 호족 자제들의 추천 등 이런 방식이었다.

문제는 과거제도를 통하여 천하의 인재를 널리 구하는 동시에 새로운 피를 수혈함으로써 기존의 귀족·호족들의 세력을 견제하려는 일석이조(一石二鳥)의 목적이 있었다.

그렇지만 과거제도는 처음의 취지와는 달리 이 이후 중국 사람들을 과거시험이라는 시험지옥으로 내몰고, 우리나라까지 그 영향을 받아 현대 21세기에도 고시 낭인이라는 말까지 생겨나게 하는 후유증을 초래하게 만든다. 과연 이것이 문제의 잘못일까?

다른 하나는 고구려를 침략하는 일이었다.

아무리 쉽게 천하를 손에 넣었다고 하더라도 전쟁의 수레바퀴는 단번에 멈추지 않는다. 시속 150km로 달리던 차가 브레이크를 잡자마자 딱 서지 못하는 것과 같다. 더군다나 장군이나 병사들에게 통일하면 어떻게 된다고 약속한 것도 많다. 그 약속을 지키려면 남쪽 진(陳)나라의 땅과 재물을 나누어주어야 하는데, 그랬다가는 민심을 하루아침에 잃어버려 진(秦)나라처럼 될 가능성이 많다.

따라서 재물도 있으면서 만만한 이웃 나라를 침략해서 빼앗아 분배하면 별 탈이 없을 것이다. 또 전쟁 통에 장병이 많이 죽으면 많이 죽을수록 나누어 줄 사람의 수도 줄어드니 일도 쉬워진다. 수나라의 고구려 침략은 이러한 이유로 결정된 것이다.

고구려로서는 마른 하늘에 이런 날벼락이 없는 일이었지만, 인류의 역사에서 이런 일은 비일비재하다. 약 1,000년 후 우리에게 익숙한 이름의 도요토미 히데요시의 조선 침략도 이런 식이었다.

수 문제 개황 18년(598) 수륙 30만 대군이 동원되었다. 중국과 국경을 맞대고 사는 고구려는 중국의 정세를 잘 알고 있었다. 분열된 국가가 하나로 뭉치면 어떠한 사태가 벌어질지에 대해서도 익히 알고 있던 바다. 고구려는 만반의 준비를 하고 있었고, 게다가 잘 싸우기까지 했다. 수나라의 군사는 80~90%가 전사했다. 거의 다 죽었다는 말이나 다름없다.

중국 역사책에서 말하는 패인은 육군은 식량 부족과 전염병, 수군은 풍랑으로 되어 있다. 중국이 다른 나라와의 싸움에서 졌을 때 패인은 언제나 위와 같다. 큰 나라가 많은 군사를 거느리고 작은 나라를 침공했는데, 지고 나면 우리가 못해서 진 것이 아니라 천재지변적인 요소 때문에 어쩔 수 없는 일이었다고 적는 것이다. 역사는 국경이 없지만 역사가는 국적이 있다는 말이 이래서 나오게 된다.

문제의 뒤를 이어 즉위한 자는 양광(楊廣), 우리에게는 수 양제(煬帝)로 더욱 잘 알려진 인물이다.

'煬'은 시호법에 따르면 하늘을 거역하고 백성을 학대하고, 여자를 좋아하고 예를 멀리한 왕에게 붙이는 시호이다. 온갖 나쁜 것은 다 가

져다 붙인 느낌이다. 한마디로 "아주 나쁜"이라는 뜻이다. 이런 '煬'이라는 시호를 받은 황제는 아직까지 수 양제가 유일하다. 물론 이런 나쁜 호칭은 진(秦)나라와 마찬가지로 수나라 역시 단명 왕조였다는 것을 염두에 두어야 한다.

양광은 둘째 아들이었다. 형은 양용(楊勇)인데, 양용은 본부인보다 첩을 더 사랑했다하여 어머니 독고(獨孤)황후에 의해 황태자 자리에서 쫓겨난다.

독고황후는 남녀관계에 관한한 결벽증이 있었다. 남편 문제에게 다른 여자에게서는 자식을 낳지 않겠다고 서약을 받았고, 나이 많은 재상이 첩에게서 아이를 낳았다고 하여 사약을 내리기도 하였다. 고경(高熲)이라는 이 재상은 아내가 죽고 나서 나이 때문에 재혼을 하지 않은 상태였다.

이런 어머니의 성격을 잘 알고 있었던 양광은 생활을 바르고 검소하게 하고 있었다. 그러던 중 형은 폐립되고(600년), 경쟁자라고 할 수 있는 셋째 양준(楊俊)은 같은 해 6월 병사한다. 넷째 양수(楊秀)와 막내 양량(楊諒)은 나이가 어렸다. 11월 양광은 황태자로 책봉된다. 이때 그의 나이 32세였다.

604년, 문제가 죽고 양제가 즉위한다. 심복 부하를 시켜 병석에 누운 아버지를 살해했다는 설도 있다. 생활이 바르고 검소했다는 양광은 황제가 되자마자 본색을 드러낸다. 가장 먼저 한 일은 아버지가 가장 아꼈던 애첩 선화부인(宣華夫人)에게 연애편지를 쓴 일이었다.

선화부인은 남조 진나라의 공주였는데, 매우 미인이었다고 전해진다. 문제는 한 번 보고 반해서 죽을 때까지 침상을 떠나지 않게 하였다. 남녀관계에 엄격했던 독고황후도 망국의 공주임을 감안해서인지 선화부인에게만큼은 관용을 베풀었다고 한다. 황제 즉위 첫날 밤, 양광은 선화부인의 침소에 든다.

이것을 두고 수나라 왕조는 양(楊)이라는 중국의 성을 쓰지만 북방의 선비족이라는 설이 있다. 북방 민족은 생모가 아닌 이상에는 아버지의 여자 가운데 누구라도 취할 수 있다. 당나라 고종(高宗) 이치(李

治) 역시 아버지 태종 이세민(李世民)의 애첩이었던 무씨(武氏)를 아내로 맞이한다. 이 여인이 바로 중국 역사상 전무후무한 여자 황제가 되었던 측천무후(則天武后)이다. 이야기를 다시 수 양제로 돌린다.

평소 아버지인 문제가 너무 조심성이 많았다고 느꼈던 양제는 즉위하자마자 거창한 사업을 벌인다.

첫째는 수도 장안성의 신축이었다.

이 사업은 문제 때부터 시작되었지만, 양제는 단기간 내에 이 사업을 마무리 짓고자 했다. 천하에 위엄을 과시하려고 했던 진시황의 아방궁 건축과 궤를 같이 한다고 생각하면 된다. 지금의 서안(西安)시는 한나라 때의 성터가 아니고 수나라 때 장안성의 일부이다.

둘째는 남북을 잇는 운하를 뚫는 일이었다.

예로부터 남방은 북방보다 물산이 풍부했다. 남방의 풍부함을 북방으로 옮겨 온 천하가 골고루 그 혜택을 누리게끔 하는 것이 역대 황제들의 꿈이었다. 그러나 중국의 땅은 유럽보다 넓다. 아무리 남방의 물산이 풍부해도 이것을 북방으로 옮기는 일은 말처럼 쉬운 일이 아니다. 21세기인 지금도 이 일은 어려운 과제이다.

그 때까지 양주(揚州, 남경에서 동쪽 방향으로 자동차로 1시간 거리에 있는 옛날 남방 물류의 총집결지)에서 장안까지 운하가 없었던 것은 아니다. 그러나 물길이 중간 중간 끊어져서 뱃길로 가다가 짐을 내려 싣고, 다시 배로 옮겨 싣고 하는 과정이 반복되다 보니, 운하는 그다지 쓸모 있는 운송 수단이 되지 못했다.

양제는 남북을 하나로 묶으려 했다. 끊어진 물길은 다시 잇고, 바다이 얕은 곳은 새로 깊게 파서 큰 배도 지나다닐 수 있도록 했다. 더구나 양주와 장안을 잇는 기존의 뱃길을 연장해서, 남으로는 항주(杭州), 북으로는 현재의 북경 근처까지 운하를 뚫었다. 중국 역사상 만리장성에 버금가는 대사업이었다.

만리장성은 진시황에서 시작해서 명나라 때까지 쌓은 것이지만, 남북을 잇는 이 운하 사업은 수나라 당대에 이루어진 것이 다르다면 다르다고 하겠다. 지금 만리장성은 관광 사업용으로 큰 돈을 벌어들이고 있는 반면, 양제가 파 놓은 운하는 그 후 천 년이 넘는 세월 동안 중국 경제 유통에 대동맥 역할을 하였다.

그리고 끝으로 고구려에 대한 재침략.

문제는 약탈을 목적으로 고구려를 침략했다가 오히려 큰코다친 경험이 있다. 양제는 아버지의 치욕을 갚으려 했다.

양제는 먼저 고구려왕에게 입조(入朝) 즉 "한 번 찾아뵈라"고 조서를 띄운다. 조서는 임금이 신하에게 내리는 명령서이다. "항복하라"는 요구인 것이다.

고구려는 거절했다. 당연히 양제는 자존심이 상했다. 고구려와의 전쟁은 이제는 약탈전이 아니라 자존심 싸움이 되었다.

양제는 아버지의 실패가 준비 부족에 있었다고 보고, 수군의 배 건조에서부터 식량 보급에 이르기까지 철저한 준비를 명했다.

612년, 양제는 육군 30만 5천, 수군 4만, 보급품 운반 인원 60여 만 명 등 모두 100만 대군을 이끌고 요하(遼河)를 건넌다. 그것도 황제가 직접 이끄는 친정(親征)이다. 이른바 수 양제의 고구려 1차 원정이다. 우리가 잘 아는 을지문덕 장군과 살수대첩이 등장하는 전쟁이 바로 이 1차 원정이다.

고구려는 이때도 잘 싸웠다. 황해를 건너 평양성을 급습하려고 했던 수군은 평양성 근처에도 못가보고 전멸당하고, 육군은 중국의 역사책을 인용하면 "요를 건너길 30만 5천 명, 요를 건너 살아 돌아온 자 오직 2천 7백 명"으로 적고 있다.

멀쩡한 남의 나라를 약탈하기 위해서 침략했으니 그래도 싸다고 생각할 수도 있지만, 중국의 젊은이 30여 만 명이 낯선 땅 한반도에서 몰살을 당한 것이다. 수나라로서는 부자 양대에 걸쳐 치욕을 맛본 셈이다.

양제는 분했다. 바로 이듬해인 613년, 제2차 원정을 감행한다. 30여 만 명이 죽고, 헤아릴 수 없는 물자를 탕진한 바로 그 다음 해에 또다시 전쟁을 한다고 설쳐대니, 군대의 사기가 높을 리 만무했다. 사병들 사이에서는 "요동(遼東)에서 죽지 말자"는 반전(反戰) 노래가 유행하고, 탈영병이 속출했다. 게다가 병참 수송을 맡았던 양현감(楊玄感)이라는 자가 반란을 일으키자 양제는 하는 수 없이 군대를 돌린다. 제2차 원정은 이렇게 끝났다.

그런데 이게 끝이 아니었다. 그 다음 해인 614년, 양제는 제3차 원정을 떠난다. 아마 양제는 끝까지 해보자는 심정이었던 것 같다. 바둑은 져도 패에는 결코 안 진다는 심정이라고나 할까? 남의 나라 황제였던 사람에게 이런 표현이 어떨까 하는 마음도 있지만, 사실 이 정도면 제정신이라고 하기 어렵다.

축구할 때 공격하는 선수만 지치는 것이 아니다. 수비도 피로하기는 마찬가지다. 해마다 계속되는 전쟁에 고구려도 지쳐있었다. 고구려는 사신을 보내 입조(入朝)하겠다는 의사를 전하고, 그 성의 표시로 2차 원정 때 투항한 병부시랑(兵部侍郞, 국방부차관) 곡사정(斛斯政)을 돌려보낸다. 양제는 기뻐하며 돌아간다. 회군할 구실이 생겼던 것이다.

따져보면 수나라의 요구는 "항복하라"에서 "항복 좀 해다오"→"항복하는 시늉이라도 해주라"로 바뀌어 있었던 것이다. 고구려로서는 "찾아뵙겠다"는 립 서비스와 투항자 한 명으로 전쟁을 끝냈으니 아주 남는 장사였다. 물론 고구려는 그 이후에도 입조하지 않았다.

돌아가는 길에 양제는 황당한 일을 당한다. 도적들의 습격을 당해 명마 40여 필을 빼앗긴 것이다. 수나라의 치안은 황제의 행렬을 도적떼가 습격을 할 정도에 이르렀다. 앞에서 말한 선양 풀코스의 ①번과 ②번이 진행되고 있음을 이 사건 하나만으로도 짐작할 수 있다. 이제 천하의 관심은 ③번의 주인공이 누구냐는 것이었다.

다 아는 바와 같이 ③번의 주인공들은 몇 명 있었지만 ⑫번까지 완주(完走)한 사람은 태원(太原)의 유수(留守, 중앙에서 파견된 행정대리인)였던 이연(李淵)이었다.

우유부단한 이연이 617년 7월 거병을 하고(③), 11월 수도인 장안을 점령하고(④), 양주에서 꼼짝도 않은 채 놀고먹고 있는 양제를 태상황(太上皇)으로 올리고(⑤), 양제의 나이 어린 아들 양유(楊侑)를 황제에 앉힌 다음 자신은 당국공(唐國公)에서 당왕(唐王)이 되고(⑥), 618년 3

월 양제가 살해되자 그 즉시 선양을 받아 황제가 되었던(⑦~⑫, 시간 관계상 ⑩과 ⑪은 생략했다) 이 모든 과정에는 장남 건성(建成)과 둘째 아들 세민(世民)의 힘이 컸다. 이 때 건성은 30세, 세민은 21세였다.

이연은 22남 19녀를 두었다. 꽤나 열심히 자식을 만들었던 것으로 보인다. 그래서 여자를 좋아했다는 평도 있다. 이 가운데서 정실인 두씨(竇氏)에게서는 건성, 세민, 현패(玄覇), 원길(元吉) 그리고 딸 평양공주(平陽公主) 등 다섯 명이 있었는데, 셋째 현패는 어려서 죽었다.

624년, 이연은 이제 60세가 되었다. 이때는 건성과 세민이 당 왕조에 맞서서 약간의 반항을 하고 있던 잔당들 이른바 역사의 엑스트라들을 완전히 소탕하고 난 해이기도 하다. 당연히 후계자 문제가 나오고, 그 자리는 자연스럽게 공도 많고 마음도 어진 맏아들 건성의 몫이 되었다. 이연은 이것으로 모든 문제가 해결되고 나라는 태평성대가 펼쳐질 것으로 기대했다. 그러나 세상만사가 어찌 생각한대로 흘러가랴.....

이세민은 야심이 큰데다가 능력도 뛰어났다. 황태자인 건성의 입장에서 보더라도 동생이긴 하지만 상당히 껄끄러운 상대임이 틀림없다. 지금은 아버님이 계시니까 어찌할 수 없지만, 황제가 되고나면 무슨 조치를 취하지 않을 수 없는 인물이다. 건성 자신이 원하지 않더라도 아래 신하들이 절대로 그냥 놔두지 않는 것이 인간의 역사였다.

이런 점은 세민 역시 잘 알고 있었다. 힘 넘치는 젊은 호랑이 두 마리가 어떻게 산 하나에 같이 살 수 있겠는가? 신하들도 이미 건성파와 세민파로 나뉘어 대립하고 있었다. 사태가 이쯤 되면 아버지이자 황제인 이연이 나서서 정리를 해야 하는데, 이연은 우물쭈물 하고 있었다. 아마 이런 이유로 후세 사람들에게 이연은 우유부단했다고 말을 듣는 것 같다.

626년 6월, 이세민은 선수를 친다. 아버지가 부르신다고 형 건성을 부르고, 비무장으로 입성한 형 일행을 살해한다. 여기에서 그치지 않고, 형의 자식 다섯, 당시 24세였던 동생 원길, 동생의 자식 다섯 모두를 살해한다. 같은 어머니에서 낳은 자식 가운데 여자인 누이동생만 빼고 형과 아우, 조카 열 명, 도합 12명 모두를 죽인 것이다. 후환을 없애기 위해 씨를 말렸다고 할 수 있다. 권력이란 이만큼 무섭고 지독한 것인가 보다. 6월에 왕자의 난이 일어나고, 8월에는 이연이 퇴위한다. 이세민은 이렇게 즉위했으니, 그가 바로 태종(太宗, 627~649 재위)이다. 그 때 나이 29세였다.

중국 속담에 "나무 심는 사람 따로 있고, 열매 따 먹는 사람 따로 있다"라는 말이 있다. 개인이든 나라든 누구에게나 적용되는 말이다. 한(漢)나라가 진(秦)나라의 덕을 보았듯이, 당나라 역시 수나라의 덕을 많이 보고 시작했다. 수나라에서 시행했던 토지와 조세에 관한 개혁, 과거제도라는 인재 선발 방식, 남북의 경제를 잇는 대운하 등 여러 가지 유형 무형의 훌륭한 재산을 이어 받은데다가, 태종이라는 능력 있고 과감하며 냉정하기까지 한 임금이 등장했기 때문에, 당나라는 당나라뿐만 아니라 중국 역사상 최고의 전성기를 구가하게 된다.

중국에 이런 왕조가 들어서면 주변 국가들은 피곤해진다. 더구나 당나라는 무력을 중시했기 때문에, 다른 나라와의 교역에서 군사력을 앞세웠다. 먼저 힘을 보여주고 상대를 제압한 다음 협상을 시작하는 방식의 외교를 펼쳤다. 그래서 변방에는 특별히 절도사(節度使)라는 직책을 두었다.

절도사는 변방 지역 사령관으로, 군대뿐만 아니라 행정과 사법권까지 한 손에 쥐고 있었다. 외교와 군사를 병행하기 위한 제도로서, 처음에는 상당히 효율적인 제도로 평가받았는데 나중에는 강대했던 당나라를 멸망하게 하는 한 원인으로 작용한다. 그 대표적인 예가 양귀비(楊貴妃)와의 사랑으로 유명한 현종(玄宗, 712~756 재위) 때 일어난 안록산(安祿山)의 난이다. 당나라는 10곳에 절도사를 두었는데, 안록산은 이 중 3곳을 겸하고 있었다. 안록산의 난 이후 당나라는 다시는 지난날의 위세를 회복하지 못하고 서서히 쇠락해간다.

중국 언어학사에서 수・당의 최대 특징은 위진남북조 시대에 있었던 '소리에 대한 연구'의 축적으로 말미암아 현존하는 최고(最古)의 음운서인 ≪절운(切韻)≫이 탄생한 것이라고 할 수 있다. 만약 ≪절운≫이라는 책이 없었다면 수나라는 물론 당나라까지 그냥 지나가도 아무도 뭐라고 하지 않을 것이다.

이 밖에 유가 경전의 여러 가지 판본의 문자를 바로 잡고 해석을 통일하였으며, 불교의 성행으로 수많은 불교 관계 번역서 및 주역서가 나왔다.

5.2 훈고학

수·당 시대 훈고학 방면의 주요 저작으로는 먼저 경전의 주석에 있어서 국정(國定) 주석본이라고 할 수 있는 ≪오경정의(五經正義)≫의 편찬을 들 수 있고, 이밖에 유가 경전에 음의(音義)를 단 육덕명(陸德明)의 ≪경전석문(經典釋文)≫, 불경에 주석을 한 현응(玄應)의 ≪일체경음의(一切經音義)≫와 혜림(慧琳)의 ≪일체경음의≫, 그리고 안사고(顏師古)의 ≪광류정속(匡謬正俗)≫ 등이 있다.

5.2.1 ≪오경정의≫

수나라는 통일을 전후하여 유학에 주의를 기울여 경적을 모으고 유학에 능통한 사람을 우대하였다. 이러한 전통은 당나라에도 이어져 당 태종은 친히 국학(國學)에 가서 예의를 다하고, 공자를 선성(先聖)으로 안연(顏淵)을 선사(先師)로 추존하였으며, 학사를 크게 짓고 유학의 박사와 생도를 불러 모으자 유학은 이전에 없었던 큰 성황을 이루었다.

당시 유학의 경전은 판본이 여러 가지였고, 그 해석도 각기 달랐다. 이에 태종은 안사고(581~645)에게 명하여 ≪주역≫·≪상서≫·≪모시(毛詩)≫·≪예기≫·≪춘추좌씨전≫ 등 5경의 글자나 내용상의 이동(異同)을 바로잡게 하였다. 이 책들은 편찬이 끝난 후 전국에 배포되었는데 이것을 ≪오경정본(五經定本)≫이라고 하였다.

또 태종은 공영달(孔穎達, 574~648) 등에게 명하여 한(漢) 이래 각

가(家)에게 전해 내려오던 각 경전의 주소(注疏)를 다시 편집하게 하여, 고종(高宗, 650~655 재위) 때에는 ≪오경정의≫라는 국정주석본(國定注釋本)이 나오게 되었다.

≪오경정의≫를 편찬할 때 근간으로 하였던 책들로는, 먼저 ≪주역정의≫는 왕필주(王弼注)본을 저본(底本)으로 하였고, ≪상서정의≫는 공안국전(孔安國傳)본으로, ≪모시정의≫는 모전(毛傳) 정현전(鄭玄箋)본으로, ≪춘추좌전정의≫는 두예주(杜預注)본으로, 그리고 ≪예기정의≫는 정현주(鄭玄注)본을 저본으로 삼았다.

또한 당대에는 위에서 말한 5경 외에 7종의 경을 더하여 모두 12경을 경서의 반열에 올렸다. 7종의 경서란 ≪주례≫, ≪의례≫, ≪공양전≫, ≪곡량전≫, ≪효경≫, ≪논어≫ 그리고 ≪이아≫ 등을 가리킨다. 여기에 ≪맹자≫가 더해져 13경으로 확립된 것은 송나라 때이다.

≪오경정의≫가 편찬된 이후 당나라는 국가에서 정한 흠정본(欽正本)에 의거하여 국가고시인 과거 시험을 치르게 하였고, 이전에 있던 각종 해석은 일률적으로 폐기하였다. 이러한 유학과 과거시험의 결합은 국가 통치 사상을 강화시키는데 기여를 하였고, 그에 따라 유학의 정통적 지위는 한층 공고하게 되었다.

5.2.2 ≪경전석문(經典釋文)≫

≪경전석문≫은 당나라 육덕명(陸德明, 550?~630?)이 지은 책으로 유가 경전에 사용된 문자의 음의를 풀이하였다. 이 책은 583년에 쓰기 시작하여 수나라가 진을 멸망시키기 전인 589년 전에 이루어졌다.

육덕명의 이름은 원랑(元郎)이고 자가 덕명으로, 소주(蘇州) 오(吳, 지금의 강소성 소주) 지방 사람이다. 그는 경학가이자 훈고학가였는데, 남조 진대에는 국자조교(國子助教)를 지냈고, 수나라 양제 때는 비서학사(秘書學士)가 되었다가 다시 국자조교로 옮겼다. 그리고 당나라에서는 국자박사(國子博士)가 되었다. 그의 저서로는 ≪경전석문≫ 외에도 ≪노자소(老子疏)≫ 15권, ≪주역문구의소(周易文句義疏)≫ 24권, 그리고 ≪장자문구의(莊子文句義)≫ 20권 등이 있었으나 지금은 모두 전하지 않는다. ≪구당서(舊唐書)≫ 권189와 ≪신당서(新唐書)≫ 권198에 그의 전(傳)이 있다.

≪경전석문≫은 모두 30권으로 되어 있다. 그 내용을 보면 권1은 서록(序錄)으로 <서(序)>·<조례(條例)>·<차제(次第)>·<주해전술인(注解傳述人)> 등 네 부분으로 나누어져 있는데, 이 책을 쓰게 된 이유를 밝히고 있다. 권2에서 권30까지는 14종 경전의 음의를 적어 밝혀 놓았는데, 그 14종 경전을 차례대로 소개하면 다음과 같다.

≪주역≫ 1권, ≪고문상서≫ 2권, ≪모시≫ 3권, ≪주례≫ 2권, ≪의례≫ 1권, ≪예기≫ 4권, ≪춘추좌전≫ 6권, ≪춘추공양전≫ 1권, ≪춘추곡량전≫ 1권, ≪효경≫ 1권, ≪논어≫ 1권, ≪노자≫ 1권, ≪장자(莊子)≫ 3권과 ≪이아≫ 2권 등이다.

육덕명은 <자서>에서 다음과 같이 말하였다.

> 나는 어려서부터 고대의 전적을 즐겨 보고 예술과 문학에 뜻을 두었다. 비록 세상일에는 관심 밖이었으나 저술에는 마음이 쏠렸다. 계묘년에 대학에서 강의하는 일자리를 얻게 되어, 이전부터 전해 오던 음을 따라 가르쳤으나 그것이 너무 간략하여 애를 먹었다. … 드디어 한가한 틈을 타 그것들의 부족한 점을 보완하였다. … 이제 5경·≪효경≫·≪논어≫ 및 ≪노자≫·≪장자≫·≪이아≫ 등에 음을 다는 일을 마무리지어 총 3질, 30권이 되었는데 이름하여 ≪경전석문≫이라 하였다. 옛 음과 지금 음을 다 같이 기록해 넣고 그러한 것들 중에서 가장 요긴한 것들을 포괄하였으며, 경문(經文)과 주문(注文)을 함께 모아서 뜻풀이를 하였다.(「余少愛墳典, 留意藝文, 雖志懷物外, 而情存著述. 粵以癸卯之歲, 承乏上庠, 循省舊音, 苦其太簡. … 遂因暇景, 救其不逮. … 輒撰集五典·≪孝經≫·≪論語≫及≪老≫·≪莊≫·≪爾雅≫等音, 合爲三袟, 三十卷, 號曰≪經典釋文≫. 古今幷錄, 括其樞要, 經注畢詳, 訓義兼辨.」)

이상의 말로부터 우리는 다음과 같은 사실을 알 수 있다. 그가 이 책을 지은 때는 남조 진나라 계묘년(583)에 공경대부의 자제들이 다니던 대학에 조교를 역임할 때였고, 이 책은 고금의 학자들이 부기(附

記)해 놓은 발음[反切(반절)]을 상세하게 기록해 놓았을 뿐만 아니라, 경전의 본문은 물론 주석문까지도 함께 열거하여 뜻풀이도 겸해서 명확하게 하였던 것이다.

그는 유가의 경전에 주해를 다는 것 이외에도 ≪노자≫・≪장자≫의 음의에 대해서도 설명하였다. 왜냐하면 남북조시대에는 도가사상이 유행하여 ≪노자≫와 ≪장자≫가 비교적 널리 읽히고 있었기 때문이다.

또 ≪이아≫는 각종 어휘와 물품들의 명칭을 풀이한 훈고 서적인데, 그 이전에 많은 사람들이 그것을 주해하였으므로 그러한 것들을 한 군데로 모아 놓음으로써 경전을 해독하는 데 있어 도움이 될 수 있도록 하였다.

서적에 음의를 다는 것은 위진(魏晉) 때에 시작되어 많은 학자들이 사용하던 주석 방법이었다. 그런데 진(晉) 이전의 학자들이 발음을 표시한 방법은 대다수가 경전의 본문에만 발음을 표시하였을 뿐 주문(注文)에 대하여는 발음을 표시하지 않았고, 또 발음을 표시할 때도 경문의 전체 구절을 그대로 옮겨 놓았다.

육덕명은 이러한 전통적인 방식을 완전히 탈피하여 경문에 발음을 표기해 놓는 것 이외에도 주문에 대해서도 발음을 달았다. 그리고 각종 서적에 대하여 먼저 편명을 표시한 다음 글자를 가려내어 그 음과 뜻을 명확하게 표기하였으며, 꼭 필요한 경우에만 문장 전체를 모두 옮겨 놓았다.

그런데 ≪효경≫은 당시 어린아이들이 막 글자를 익히기 시작할 때 사용한 교재였고, ≪노자≫는 판본이 여러 가지여서 각 판본마다 글자가 약간씩 달랐기 때문에 특별히 이 두 가지 책의 경우에는 문구 전체를 옮겨 적었다.

또한 그는 이전 시대의 책에 달려 있는 음에 대해서는 주를 단 사람이 보았던 원서의 뜻을 감안하여 발음을 기록하였으며, 여러 책에 자주 쓰였던 발음들 중에서 그의 생각에 합리적이고 시가에 부합하는 것을 맨 앞에 적고, 그 밖의 발음들 중에서는 취할 만한 것들을 골라서 한꺼번에 표기하였다. 그리고 성씨로 쓰일 경우의 발음은 별도로 표시해 놓아 혼란을 방지하였다. 이러한 방법은 후에 나온 음의서의 표본으로 활용되었다.

육덕명은 진(陳)나라 말기에 태어났으므로 그가 직접 통독한 고서는 지금 전해지는 것보다 훨씬 많았을 것으로 짐작된다. 그래서 그는 각 가(家)의 주해를 종합할 수 있었을 것으로 생각되는데, 실제로 그가 채록한 각 가의 주해는 230여 가지에 달하고 있다.

그는 이 책의 첫머리에 ≪주역≫·≪고문상서≫·≪모시≫·≪삼례(三禮, 주례·의례·예기)≫·≪춘추삼전(春秋三傳, 좌전·공양전·곡량전)≫·≪효경≫·≪논어≫·≪노자≫·≪장자≫·≪이아≫의 전수 과정과 주해를 달아 놓은 사람들에 대하여 극히 상세하게 소개하고 있다. 이것은 고적의 전래 역사를 연구하는 데 있어 중요한 참고 자료가 되고 있다.

≪경전석문≫의 판본으로 지금 전하는 것은 돈황(敦煌) 석실에서 발견된 당사본(唐寫本) ≪경전석문≫ 잔권(殘卷) 몇 종으로 그 중의 몇몇 부분이 나진옥(羅振玉)의 ≪명사석실고적총잔(鳴沙石室古籍叢殘)≫ 제4책과 ≪길석암총서(吉石盦叢書)≫ 제1집에 들어 있으며, 장원제(張元濟)가 편찬한 ≪함분루비급(涵芬樓秘笈)≫ 제4집과 허국림(許國霖)이 편찬한 ≪돈황사경제기여돈황잡록(敦煌寫經題記與敦煌雜錄)≫ 등의 책에 들어 있다. 지금 통행되는 것은 청대 서건학(徐乾學)의 ≪통지당경해본(通志堂經解本)≫과 노문초(盧文弨)의 ≪포경당총서(抱經堂叢書)≫ 본으로 서건학의 책은 상무인서관에서 영인본으로 간행되었다.

≪경전석문≫을 연구한 저작으로는 청 완원(阮元)의 교감기(校勘記)와 황작(黃焯)의 ≪회교(匯校)≫가 있으며, 또한 ≪사부총간(四部叢刊)≫에 붙어 있는 교감기가 있다. 청대 학자로 교감한 이는 혜동(惠棟)·단옥재(段玉裁)·장용(臧庸)·고광기(顧廣圻)·손성연(孫星衍)·유수옥(鈕樹玉)·원정도(袁廷檮)·진환(陳奐)·왕균(王筠) 등이 있고, 최근 사람으로는 오승사(吳承仕)의 ≪경전석문서록소증(經典釋文序錄疏證)≫ 등이 있다.

5.2.3 현응(玄應)의 ≪일체경음의(一切經音義)≫와 혜림(慧琳)의 ≪일체경음의≫

5.2.3.1 현응의 ≪일체경음의≫

현응의 ≪일체경음의≫는 불경의 자의를 해석해 놓은 책으로 당나라 대자은사(大慈恩寺)에서 불경 번역을 관장하던 승려 현응이 지은 것이다. ≪신당서·예문지≫에는 책이름이 ≪중경음의(衆經音義)≫라고 적혀 있는데, 이것이 원래 명칭이다. 또한 ≪현응음의(玄應音義)≫라고 부르기도 하는데, 대장경에 수록되어 있는 당나라 승려 도선(道宣)이 지은 ≪대당내전록(大唐內典錄)≫과 이 책에 있는 도선의 서문에서는 모두 ≪대당중경음의(大唐衆經音義)≫라고 되어 있다.

책제목을 ≪일체경음의≫라고 한 것은 당나라 지승(智昇)이 지은 ≪개원석교록(開元釋敎錄)≫에서 처음으로 불렀던 것에서 비롯되었다. 여기에서 말한 '일체경(一切經)'이란 '불가의 모든 경전'이란 뜻이다.

현응에 대해서는 ≪대당내전록≫에 기록이 있다. 이 책에 따르면 현응 이전에 북제(北齊)의 승려였던 도혜(道慧)가 일찍이 ≪일체경음≫을 지었다고 한다. 현응은 그의 뒤를 이어서 655년에 이 책을 완성하여 당시 사람들에 의하여 많은 호응을 얻었는데, 현응은 이 책이 만들어지기 전에 이미 죽은 것으로 알려져 있다.

이 책은 모두 25권으로 이루어져 있는데, 체제는 육덕명의 ≪경전석문≫을 따랐다. 주로 불경에 쓰인 글자들을 골라내어 형·음·의 세 방면에 걸쳐 설명을 하였고, 범어(梵語)로 된 이름자에 대하여도 일률적으로 독음을 명시하여 해당 문자에 대한 음역 가능 여부를 해설하였다. 주석 부분에 인용된 고서로는 ≪이아≫·≪방언≫·≪설문해자≫·≪광아≫·≪석명≫·≪옥편≫ 같은 서적들과 ≪창힐편≫·≪삼창(三倉)≫·≪통속문(通俗文)≫·≪고금자고(古今字詁)≫·≪비창(埤倉)≫·≪성류(聲類)≫·≪운집(韻集)≫·≪자림(字林)≫ 같은 책들이 있다.

이 책의 주요 내용과 가치를 개괄해 보면,

첫째, 상세하게 반절에 주석을 달아 당시의 언어를 연구하는 데 도움을 주고 있고,

둘째, 각 지방의 방언을 두루 섭렵하여 당시 방언의 실제 어음을 연구하는 데 참고가 되며,

셋째, 고자(古字)와 이체자를 대량으로 기록하고 그 원류를 밝혀 놓아 한자 글자체의 변천 과정을 이해하는 데 도움이 되고,

넷째, 복음절 어휘를 수록하여 중고 시대 중국어 어휘의 발전 상황을 이해하는데 좋은 자료를 제공하고 있고,

그리고 다섯째, 대량의 고서 자료를 소개하고 있어서 고적의 전래 역사를 연구하는 데 있어 중요한 참고 자료가 되고 있다.

현응의 ≪일체경음의≫를 연구한 것과 관계있는 책으로는 진원(陳垣)의 ≪중국불교사적개론(中國佛敎史籍槪論)≫, 1966년 중화서국에서 간행된 주조모(周祖謨)의 ≪문학집(問學集)≫, 홍콩 숭기서점(崇基書店)에서 나온 ≪현응반절자표(玄應反切字表)≫, 주법고(周法高)선생의 ≪현응일체경음의편제색인(玄應一切經音義編制索引)≫(중앙연구원 역사어언연구소(歷史語言硏究所) 전간(專刊) 제47종 1962) 등이 참고할 만하다.

이 가운데 주법고선생의 책은 일본 홍교서원(弘敎書院) 장경본(藏經本)에 수록된 ≪고려장본(高麗藏本) 현응음(玄應音)≫의 영인본을 근거로 하여 제작되었고, 책 뒤에는 이 책에 인용된 책의 색인이 첨부되어 있어서 현응의 ≪일체경음의≫를 연구하고자 하는 사람에게 좋은 참고 자료가 되고 있다.

5.2.3.2 혜림의 ≪일체경음의≫

이 책 역시 앞의 현응의 ≪일체경음의≫와 마찬가지로 불경의 자의를 해석해 놓은 책이다. 당나라 때 불경 번역에 종사했던 승려 혜림(736~820)이 지은 것으로 ≪경음의(經音義)≫, ≪대장음의(大藏音義)≫, ≪혜림음의(慧琳音義)≫ 등으로도 불린다.

혜림은 서역(西域) 소륵국(疏勒國) 사람으로 본래 성은 배(裵)씨였

다. 송대 찬녕(贊寧)이 지은 ≪송고승전(宋高僧傳)≫에 의하면, 혜림은 788년에 이 책을 집필하기 시작하여 810년에 탈고하였다고 한다.

혜림의 ≪일체경음의≫가 앞서 나온 현응의 ≪일체경음의≫와 다른 점은 혜림은 태종의 정관(貞觀, 627~649) 이후에 새롭게 번역해 낸 경론(經論)과 현응이 주석을 달지 아니한 몇 가지 불경을 대상으로 한 점이다.

혜림의 ≪일체경음의≫는 총 100권에 달하며 ≪대반야경(大般若經)≫에서 시작하여 ≪호명법(護命法)≫으로 끝맺고 있다. 여기에 수록된 불경의 수는 총 1,300부 5,700여 권에 이른다. 또한 그의 책은 현응이 지은 것과 혜원(慧苑)의 ≪화엄음의(華嚴音義)≫도 함께 수록하고 있으므로 가히 불경 음의를 집대성해 놓았다고 할 수 있다. 그는 또한 문자와 성운 그리고 인도의 성명(聲明)에 대하여도 깊이 연구한 바가 있다.

이 책의 내용을 보면 먼저 글자의 발음은 원정견(元庭堅)의 ≪운영(韻英)≫과 장전(張戩)의 ≪고성(考聲)≫을 따랐고, 해설은 ≪설문해자≫·≪자림≫·≪옥편≫·≪자통(字統)≫·≪고금정자(古今正字)≫·≪문자전설(文字典說)≫·≪개원문자음의(開元文字音義)≫ 등의 책을 주로 참고하였으며, 또한 경전과 역사서의 주석을 인용하기도 하였다.

혜림의 ≪일체경음의≫는 지은이가 문자의 성운(聲韻)에 대하여 높은 지식을 가지고 있었고 아울러 자의에 대해서도 깊이 통찰하였기 때문에 내용이 무척 상세하여 현응이 지은 ≪일체경음의≫보다 더 낫다는 평가를 받는다. 이 책은 문자·성운·훈고를 연구하는 데 있어 도움이 될 뿐만 아니라 이미 사라진 고서의 집록(輯錄)과 교감에 있어서도 아주 중요한 책이다.

이 책의 판본은 우리나라의 고려대장경에 수록되어 있는 것이 가장 완벽하다. 일반적으로 통용되고 있는 것은 1737년 일본 사곡(獅谷) 백련사(白蓮寺) 번각본(翻刻本)이다. 1924년에 발간된 정복보(丁福保)의 영인본에는 통검표가 붙어 있어 찾아보기에 매우 편리하다.

최근(1986년) 상해 고적출판사에서는 혜림의 ≪일체경음의≫와 요

(遼)나라 승려 희린(希麟)의 ≪속(續) 일체경음의≫를 함께 묶어 ≪정속(正續) 일체경음의≫라는 이름으로 출판하였는데, 이 책에는 부록으로 ≪일체경음의≫에 인용된 인용서색인과 통검(通檢)이 있어 독자에게 유용한 참고 자료가 되고 있다.

한편 혜림의 ≪일체경음의≫를 연구한 것으로는 중앙연구원 역사어언연구소 전간(專刊) 제6종에 실린 황쉬백(黃淬伯)의 <혜림일체경음의반절고(慧琳一切經音義反切考)>가 있다.

5.2.4 ≪광류정속(匡謬正俗)≫

≪광류정속≫은 그 이름 그대로 뜻과 음이 잘못된 글자[謬(류)]를 바로 잡고[匡(광)], 속자[俗(속)]를 정자[正(정)]로 고쳐 놓은 책이다. 당나라 안사고가 지은 것으로 모두 8권이다.

지은이 안사고의 사고(師古)는 본래 그의 자이고, 원래 이름은 안주(顔籀)이다. 그의 조상은 산동(山東)의 낭야(琅邪) 임기(臨沂) 태생이었는데, 후에 경조(京兆) 만년(萬年, 지금의 서안)으로 옮겼다고 한다. 당태종 때에 중서사인(中書舍人)으로 재직하다가 후에 비서감(秘書監)이 되었다. 안사고는 박학다식하여 문자·음운·훈고 등의 학문에 정통하였으며, 왕의 명을 받아 공영달과 더불어 ≪오경정의≫를 편찬하였고, ≪한서주(漢書注)≫ 100권과 ≪급취편주(急就篇注)≫ 4권의 저서를 남기기도 하였다.

≪광류정속≫은 본래 미완성의 유고(遺稿)였다. 저자가 죽은 후에 아들인 안양정(顔揚庭)이 8권으로 묶어 당 고종 때인 651년에 조정에 바쳤는데, 한 관리가 베껴 쓴 부본(副本)이 비서각(秘書閣)에 보존되어 있던 관계로 지금까지 고스란히 전해질 수 있었다. 송대에는 송 태조의 이름인 조광윤(趙匡胤)의 '匡'자을 피하기 위해 책이름을 ≪간류정속(刊謬正俗)≫이라 고치기도 하였다.

이 책은 182종의 글자를 수록하고 있는데, 전인들의 오해를 가려내고 고대 서적을 옮겨 쓰는 과정에서 발생된 오류와 일반 사람들이 잘못 읽기 쉬운 발음을 바로잡아 놓아 학자들이 참고하도록 하였다. 그 중에는 정확하고 신빙성이 있는 해석이 매우 많지만, 견강부회한 면도 적지 않다. 그러나 이와 같이 잘못을 반박하고 바로잡은 책은 당대 이 전에는 흔치 않았다. 그러므로 안사고의 이 책은 새로운 풍조의 선구 적인 역할을 수행하였다고 말할 수 있다.

≪광류정속≫의 판본으로는 청대의 노견증(盧見曾)이 펴낸 ≪아우당총서(雅雨堂叢書)≫에 실려 있는 판본이 있는데, 여기에는 글자가 빠졌거나 잘못된 곳이 많다. 또한 황비열(黃丕烈)이 송대의 초본을 영인한 판본이 있는데, 이것으로 금본의 오류를 많이 고칠 수 있다. 북경도서관에 소장되어 있는 판본은 청나라 가경(嘉慶) 19년(1814)에 장소인(張紹仁)이 교정하여 옮겨 쓴 것이다.

≪광류정속≫을 연구한 저서로는 상무인서관에서 편한 진선지(秦選之)의 ≪광류정속교주(匡謬正俗校注)≫(1936년)와 주조모(周祖謨)가 ≪보인학지(輔仁學志)≫에 실은 <경송본간류정속교기(景宋本刊謬正俗校記)>(1938년)가 있다.

5.2.5 기타 주석서

수・당대에 나온 주석서를 역사서, 철학서, 문학 서적 등으로 나누어 살펴보면 다음과 같다.

먼저 역사서에 대한 주석서로는 당 사마정(司馬貞)의 ≪사기색은(史記索隱)≫과 장수절(張守節)의 ≪사기정의(史記正義)≫를 들 수 있다. 이 두 책은 송 배연(裴駰)의 ≪사기집해(史記集解)≫와 더불어 ≪사기≫ 삼가주(三家注)라고 칭한다. 현재 쓰이고 있는 ≪사기≫는 모두 삼가주본이다. 그리고 수(隋) 소해(蕭該)의 ≪한서음의(漢書音義)≫, 당 안사고의 ≪한서주(漢書注)≫, 이현(李賢)의 ≪후한서주(後漢書注)≫ 등이 있는데, 이 가운데서 안사고의 ≪한서주≫가 가장 잘된 주석본으로 알려져 있다.

철학서에 대한 주석서로는 당 양경(楊倞)의 ≪순자주(荀子注)≫, 이전(李筌)·두목(杜牧) 등의 ≪손자주(孫子注)≫, 윤지장(尹知章)의 ≪관자주(管子注)≫, 노중현(盧重玄)의 ≪열자주(列子注)≫ 등이 있다.

문학서에 대한 주석서로는 남북조시대 양(梁)나라 소명(昭明)태자 소통(蕭統, 501~531)이 편집한 ≪문선(文選)≫에 대한 당나라 이선(李善, 630?~689)의 ≪문선주(文選注)≫(658년)와 여연제(呂延濟)·유량(劉良)·장선(張銑)·여향(呂向)·이주한(李周翰) 등의 ≪오신문선주(五臣文選注)≫(718년)가 유명하다.

특히 이선의 ≪문선주≫는 주에서 인용한 고적의 종류가 무려 1,500여 종 -- 경서류 100여 종, 소학류(小學類) 37종, 참위서류(讖緯書類) 78종, 사서류(史書類) 약 400종, 제자류(諸子類) 120종, 병서류 20종, 도가·불가류 32종, 조(詔)·표(表)·서(序)·시(詩)·부(賦)·송(頌)·찬(贊)·론(論) 등 각종 문집류 약 800종 -- 이나 되는 방대한 자료를 포함하고 있다. 이 책 안에서 인용하고 있는 고적들 중에는 현재 전해지지 않고 있는 것들도 많다. 따라서 이선의 ≪문선주≫는 그 자체가 문학총집으로서 훌륭한 문선학(文選學) 전문 서적이자 좋은 연구 대상일뿐만 아니라 문자와 훈고 그리고 교감학을 연구하는데도 중요한 참고 자료가 된다.

5.3 문자학

수·당 시대 문자학의 특징은 과거제도와 밀접한 관계를 지닌다. 수나라 때부터 시행된 과거제도는 수재(秀才)·명경(明經)·진사(進士)·명서(明書)·명법(明法)·명산(明算) 등과 같은 과목이 있었는데, 이 중 명경 과목은 경서를 시험 보는 것이었고, 명서 과목은 ≪설문해자≫·≪자림≫ 등을 시험 보았다.

따라서 당나라 때 경학은 출세와 직결되는 학문으로 받아들여졌고, 그에 따라 경전의 올바른 해석과 바른 글자체를 필요로 하게 되는 사회적인 요구에 의하여 이른바 '자양지학(字樣之學)'이라는 글자체에 관한 책들이 많이 나오게 되었다.

그 가운데 대표적인 것으로는 안원손(顔元孫)의 ≪간록자서(干祿字書)≫, 장참(張參)의 ≪오경문자(五經文字)≫, 현도(玄度)의 ≪신가구경자양(新加九經字樣)≫ 등이 있다.

5.3.1 ≪간록자서≫

≪간록자서≫는 관직에 있는 사람들이 장(章)·표(表)·서(書)·판(判) 등 공문을 쓸 때 주의해야 할 자형의 변정(辨正)을 목적으로 지었기 때문에 "간록(干祿, '벼슬자리를 구한다'는 뜻)"이라 이름 지었다.

지은이는 안원손(顔元孫, ?~714)으로, 자는 율수(聿修)이고, 경조(京兆) 만년(萬年, 지금의 서안시) 사람이다. 그는 안사고의 4대 종손으로, ≪간록자서≫는 안사고의 ≪자양(字樣)≫을 저본으로 하여 지어진 것이다.

≪간록자서≫는 1권으로 되어 있는데, 평·상·거·입 4성에 의하여 4부로 나누었고, 매 부는 다시 206운에 의하여 배열되었다. 모든 수록자는 속(俗)·통(通)·정(正)의 세 가지 형체로 나누었다. <서(序)>에 의하면,

> 이른바 속(俗)이라 하는 것은 그 예가 모두 평이한 것으로 예를 들면 장부(帳簿), 문서, 계약서, 약처방전 등에 쓰이는 글자를 말한다. 아언(雅言)은 아니지만 쓰임에 있어 거리낄 것이 없고 바꿀 수 있다면 바꾸어도 좋다. 통(通)이란 것은 오래 전부터 전해 오는 것으로 표(表), 주(奏), 전(箋), 척독(尺牘), 판장(判狀) 등에 쓰이는 글자를 말한다. 그러므로 이것은 함부로 고칠 수가 없다. 정(正)이란 것은 근거가 있는 것으로 저술(著述), 문장(文章), 대책(對策), 비문(碑文) 등에 합당하다.(「所謂俗者, 例皆淺近, 唯籍帳·文案·券契·藥方, 非涉雅言, 用亦無爽, 倘能改革, 善不可加; 所謂通者, 相承久遠, 可以施表·奏·箋·尺牘·判狀, 固免詆訶; 所謂正者, 幷有凭據, 可以施著述·文章·對策·碑碣, 將爲允當.」)

라고 하였는데, 이것을 보면 '속'은 속자(俗字)로서 민간에서 쓰이는 글자체이고, '통'은 통용자(通用字)로서 오랫동안 쓰여져 내려와 공문서에서 쓰이는 글자체이고, '정'은 정자(正字)로서 엄숙하고 정중한 저술이나 비문에 합당한 글자체를 가리킴을 알 수 있다.

≪간록자서≫는 정·속·통의 세 가지 형체를 구별하는데 치중하였을 뿐, 글자마다 자의를 해설하지는 않았다. 어떤 글자는 3체를 모두 열거하였고, 어떤 것은 두 가지만 열거하여 설명을 하였다. 예를 들면 다음과 같다.

茲·滋·兹: 맨 윗글자는 속자이고, 가운데 글자는 통용자, 그리고 아래 글자는 정자이다.(「上俗, 中通, 下正.」)

부수가 같은 글자가 많을 경우에는 하나의 예만을 제시한 다음 "나머지는 이와 같음[他皆倣此(타개방차)]", 또는 "음이 같은 글자들은 이에 준함[諸同聲者幷準此(제동성자병준차)]"이라고 주를 하였다.
그리고 형체가 비슷하여 혼동하기 쉬운 자들은 한군데 모아 그 차이점을 설명하였다. 예를 들면 彤(동)과 肜(융), 藉(자)와 籍(적), 弦(현)과 絃(현) 등이다.

彤·肜: 윗글자는 붉은 색이란 뜻으로, 반절은 도동(徒冬)이다. 아래 글자는 제사의 이름으로 발음은 융(融)이다.(「彤·肜: 上赤色, 徒冬反; 下祭名, 音融.」)
藉·籍: 윗글자는 초두머리를 쓰고, 아래 글자는 부적(簿籍)이라고 할 때 쓰는 籍자이다.(「藉·籍: 上藉草, 下簿籍.」)
弦·絃: 윗글자는 활의 弦이고, 아래 글자는 악기의 絃이다.(「弦·絃: 上弓弦, 下琴絃.」)

물론 틀린 부분도 있다. 거성의 '皂(조)'·'皃(모)'·'貌(모)' 세 글자를 한꺼번에 배열하고 차례대로 "윗글자는 속·가운데 글자는 통·아랫글자는 정(「上俗·中通·下正」)"이라고 하였는데, '皃'는 '貌'의 고문이지만, '皀'는 다른 글자로서, ≪설문해자≫에 따르면 '皃'와는 전혀 관계가 없는 글자이다.

이 책은 당시 글자체의 혼란 상황을 정리하는데 공헌을 하였고, 후세의 글자체 판별 및 쓰기 규범을 세우는 데 도움을 주었을 뿐 아니라, 발음 표기는 중당(中唐) 시대 어음을 연구하고 ≪절운≫ 음계를 증명하는데 이용된다.

≪간록자서≫의 판본에 관해서는 안원손의 손자 안진경(顔眞慶)이 호주(湖州)에서 관직을 지내고 있을 때 이 책을 돌 위에 새긴 것이 있는데(774년), 후에 양한공(楊漢公)이 촉(蜀)에서 각석(刻石)하고 거기에 발(跋)을 썼다. 송대에는 호본(湖本)에 근거하여 인쇄된 것이 있다. 현재 전하는 것은 청 순치(順治, 1644~1661) 때의 완위산당각본(宛委山堂刻本)으로 일본 동산왕(東山王) 보영(寶永) 4년(1707) 각본이 비교적 좋다.

5.3.2 ≪오경문자(五經文字)≫

≪오경문자≫는 5경의 글자체의 변화와 음의를 설명한 책으로 장참(張參)이 지었다. ≪당서(唐書)≫에 장참에 대해서는 전하는 바가 없어 자세한 생애는 알 수 없지만, 현대 학자인 소영분(邵榮芬)에 의하면, 장참은 조적(祖籍)이 하북(河北)이고 경주(涇州)에서 살았으며, 714년에 출생하여 786년 전에 죽었다고 한다.

≪오경문자·서례(序例)≫를 보면 장참이 776년 6월 조서를 받들어 경전의 문자를 교정하여 "태학(太學)의 담에 써 놓았고(『卒以所刊書于玉壁』)", 그 후 "안전경(安傳經)에게 명하여 의문호체(疑文互體)를 수집하고, 사유(師儒)의 법을 본받아 예를 정하였으며(『命孝廉生顔傳經收集疑文互體, 受法師儒, 以爲定例』)", 다음해 6월 ≪오경문자≫ 3권이 이루어졌다고 되어 있다.

이 책은 상·중·하 3권으로 이루어졌다. <서례>에 의하면 수록자는 3,253자라고 되어 있으나, 직접 세어보면 총 3,246자에 중문(重文, 이체자)이 256자이므로 실제로 수록된 글자는 2,990자이다. 부수는 ≪설문≫과 ≪자림≫의 부수를 참고하여 모두 160부로 나누었다.

그 조정의 주요 특징은 첫째, ≪설문해자≫에 부수만 있고 수록 글자가 없는 것은 모두 제외하였다. 둘째, 수록 글자가 적은 것 역시 그와 관계있는 부수로 병합시켰다. 셋째, 중문(重文) 부수를 하나로 통합하였다. 예를 들면 '艸(초)'·'屮(철)'·'茻(망)' 등은 '艸'부로, '隹(추)'·'雔(수)'·'雥(잡)' 등은 '隹'부로 통합하였다. 넷째, 글자체에 의하여 부수를 통폐합하였다. 예를 들면 '刃(인)'부는 '刀(도)'부로, '黍(서)'부는 '禾(화)'부로, '有(유)'부는 '月(월)'부로 통합하였다. 이러한 부수 통합 작업은 해서체를 위주로 한 검자 원칙에 근거한 것으로서 매우 실용적이라고 할 수 있다.

≪오경문자≫의 이러한 160부라는 부수 조정은 훗날 명나라 매응조(梅膺祚)의 ≪자휘(字彙)≫ 214부에 영향을 주었다. ≪자휘≫는 청나라 ≪강희자전(康熙字典)≫의 모태가 된 자전이다.

이 책은 글자체의 판정, 발음 표기, 뜻풀이 면에 모두 특징이 있다.

먼저 글자체의 옳고 그름·아속(雅俗)을 엄격히 구별하였을 뿐 아니라, '약정속성(約定俗成)'의 원칙을 존중하여 근원이 다른 이체자에 대하여 본래의 의미를 주로 달아 설명하였고 역사적인 변천을 기록하였다. <목부(木部)> 梅(매)자에서 말하기를, "母(모)를 따랐다. 每자 아래에는 母를 쓴 것으로, 毋(무)를 쓴 것은 잘못된 것이다.(「從母, 每字下作母, 從毋者訛.」)"라고 하였다.

발음 표기에 있어서 가장 큰 특징은 당시 실제 발음을 채용하여 표음하였다는 것이다. 이 책의 반절은 ≪절운≫·≪경전석문≫ 등과 다른데, 이는 당시의 실제 발음을 위주로 표기하였기 때문으로 추측되어 매우 중요한 어음 자료로 간주되고 있다. 저자는 진(秦) 지역 출생이고, 장안(長安)에서 생활했던 시간이 길었으므로 그의 표음은 ≪절운≫과 상당히 가까워, 중국어 어음사 연구에서 ≪절운≫이후 조기(早期)의 음변(音變)자료를 제공한다.

뜻풀이 면에서는 가차자를 엄격하게 구별하였고 이체자 사이의 미세한 차이도 분석하여, 후대 사전의 편찬과 낱말의 뜻 연구에 좋은 자료를 제공해 준다. 예를 들어, <수(手)부> 揮(휘)와 撝(휘)자에 대하여 "윗글자는 '휘비(揮臂, 팔을 휘두름)'라고 할 때 '揮'자이고, 아랫글자는 '지휘(指撝, 손가락으로 휘두름)'라고 할 때의 '撝'자이다.(「上揮臂, 下指撝字.」)"라고 하였다.

이상에서 본 바와 같이 ≪오경문자≫는 본래는 경전의 문자들을 교감하기 위해 문자 형체의 변정(辨正) 외에 아속정오(雅俗正誤)를 구분하기 위한 책이었는데, 발음과 뜻풀이를 병행하여 ≪경전석문≫류의 저작이 되었다. 이 책은 문자의 역사적인 변천을 연구하고, 당나라 표준어의 기초 방언 연구에 매우 중요한 가치가 있다.

≪오경문자≫는 처음에는 벽에 써 놓았다가 당 개성(開成, 836~840) 때에 석각(石刻)으로 바꾸었다. 명 가정(嘉靖, 1522~1566) 때에 지진으로 일부분이 훼손되기도 하였고, 또 훼손되지 않은 부분 역시 시간이 오래되어 인멸된 문자도 있다. 청 강도(江都)의 마왈로(馬曰璐)에게 모각본(摹刻本)이 있었는데, ≪후지부족재총서(後知不足齋叢書)≫ 속에 수록되어 있다가 다시 ≪총서집성(叢書集成)≫에 영인되어 수록되어 있다.

5.3.3 ≪신가구경자양(新加九經字樣)≫

≪신가구경자양≫ 1권은 현도(玄度)가 9경의 글자체를 교정하라는 문종(文宗)의 칙명을 받아, 바로 위에서 말한 바 있는 장참의 ≪오경문자≫를 근거로 하여 지은 책이다.(833년) 현도에 대해서는 알려진 바가 없다.

이 책은 ≪오경문자≫의 미비점을 보완하기 위하여 만들어진 것으로, 출판되자마자 ≪오경문자≫의 뒤에 붙여져서 두 책이 서로 보완하면서 통용되었다. 이 책에 수록된 글자는 모두 76부에 421자를 수록하고 있는데, 대다수가 고금의 이체자로서 예서체로의 변화가 다른 것들이다.

837년에 작성된 첩문(牒文)으로부터 자체를 간정한 원칙을 보면,

오로지 ≪설문해자≫에만 근거한다면 고체(古體)를 모르는 세상 사람들이 깜짝 놀랄 테고, 근대 문자에 의거한다면 간혹 옮겨 쓰는 가운데 발생한 오류가 있기 때문에 적절하지 못할 것이다. 그래서 교감관들과 상의하고 각각의 시시비비를 비교하여 적합한 것을 취하였다.(「如總據≪說文≫, 卽古體驚俗, 若依近代文字, 或傳寫乖訛. 今與校勘官同商較是非, 取其適中.」)

라고 하였다. 예를 들면 아래와 같다.

　斮(절)·折(절): 旃(전)의 입성(入聲)이다. 윗글자는 ≪설문해자≫에서 말하기를 "담장(譚長)의 설에 의하면 본래 도끼로 풀을 잘라내는 형태(의 회의자)로, 艸(초)의 발음은 草(초)이다."라고 하였다. 아래 글자는 예서체로서 생략형이다.(「斮·折: 旃入. 上, ≪說文≫云: 譚長說: "本從斤斷艸, 艸音草." 下, 隷省.」)

　秊(년)·年(년): 윗글자는 ≪설문해자≫에서 "禾(화)는 의미부분이고, 千(천)은 발음부분이다."라고 하였다. 아래 글자는 경전에서 쓰여져 내려온 것으로 예서에서 변한 것이다.(「秊·年: 上, ≪說文≫从禾, 千聲; 下, 經典相承, 隷變.」)

한편 이 책의 음의 표기는 당 현종 때 나온 ≪개원문자음의(開元文字音義)≫의 방법에 근거하여, 반절을 쓰지 않고 직음(直音)을 달아 놓았다. 해당 글자의 음을 표기할 때 적당한 동음자가 없을 경우에는 '어떤 글자의 평성', '어떤 글자의 상성' 등과 같이 사성(四聲)으로써 발음을 표기하였다. 위의 예의 '折'자의 음을 "旃(전)의 입성이다"라고 한 것이 그러한 예이다.

　≪신가구경자양≫은 고금자의 판별과 예서체로의 변화 등을 자세히 밝혀 놓아, 장참의 ≪오경문자≫와 더불어 글자체의 규범을 정하는 데 좋은 참고 자료가 되고 있다.

5.4 음운학 --- ≪절운(切韻)≫

수·당시대 음운학의 대표적인 저작은 육법언(陸法言)이 지은 ≪절운≫을 들 수 있다.

≪절운≫은 중국 음운학에 있어 전대(前代)의 운서를 계승하고 모아 놓은 중국에서 현재 전해지는 운서 가운데 가장 오래된 음운학 책으로, 중국어 어음사를 연구하는데 매우 중요한 가치가 있는 운서이다.

저자는 수나라 육법언이 지은 것으로 되어 있는데, 지금 육법언이 지은 책은 전하지 않고 다만 그가 쓴 ≪절운·서(序)≫와 돈황(敦煌)에서 나온 운서의 잔권(殘卷) 등을 통해 기본적으로 이 책의 내용을 추정해 볼 수 있을 뿐이다.

5.4.1 지은이 육법언

육법언에 대한 기록은 달리 상세한 것이 없고, 다만 그의 집안과 아울러 ≪수서(隋書)·육상전(陸爽傳)≫과 당나라 소설가 소악(蘇鶚)의 ≪소씨연의(蘇氏演義)≫[1]에 보이는데, ≪수서·육상전≫을 보면 다음과 같다.

> 육상의 자는 개명(開明)이고, 위군(魏郡, 지금의 하북성) 임장(臨漳)사람이다. 할아버지인 순종(順宗)은 위(魏)나라 남청주(南靑州)의 자사(刺史) 벼슬을 지냈고, 아버지 개지(槪之)는 제(齊)나라 곽주(霍州) 자사를 지냈다. 육상은 어려서 총명하고 영민하여 9살이 되자 나아가 배워 하루에 2천여 자를 외웠다. … 아들인 법언은 힘써 배워 가풍을 이었고, 벼슬이 승봉랑(承奉郎)에 까지 올랐다.(「陸爽字開明, 魏郡臨漳人也. 祖順宗, 魏南靑州刺史. 父槪之, 齊霍州刺史. 爽少聰敏, 年九歲就學, 日誦二千餘言. … 子法言, 敏學有家風, 釋褐承奉郞.」)

---

[1] 소악의 ≪소씨연의≫는 ≪신당서·예문지≫에 10권이 있었다고 적고 있지만 원본은 오래 전에 없어졌고, 다만 명나라 ≪영락대전(永樂大典)≫ 중에 2권만이 전한다.

그리고 송대에 편찬된 ≪광운(廣韻)≫에 있는 <절운서>에도 육법언에 관한 기록이 있다.

> 지난 (수 문제) 개황(開皇, 581~589) 초에, 유진(劉臻, 527~598)·안지추(顔之推, 531~591?)·노사도(盧思道, 532~583)·이약(李若, ?)·소해(蕭該, ?)·신덕원(辛德原, ?)·설도형(薛道衡, 540~609)·위언연(魏彦淵, 525?~590?) 등 여덟 사람이 육법언의 집에 모여 같이 묵었는데, 밤이 깊어 술좌석이 거의 끝날 즈음 화제가 음운 문제에 이르렀다. 고금의 성조는 이미 차이가 있고, 사람들의 취사선택 역시 같지 않다.(「昔開皇初, 有劉儀同臻·顔外史之推·盧武陽思道·李常侍若·蕭國子該·辛咨議德源·薛吏部道衡·魏著作彦淵等八人, 同詣法言門宿. 夜永酒闌, 論及音韻. 古今聲調旣自有別, 諸家取舍亦復不同.」)

한편 육법언의 이름은 사(詞)이고 법언은 그의 자이다. 선조는 선비족(鮮卑族)으로, 본래 성은 보륙고씨(步陸孤氏)였는데, 후에 육씨로 바꾸었다.

육법언의 자세한 생졸연대는 알 수 없지만, 왕국유(王國維)가 ≪관당집림(觀堂集林)≫에서 고증한 바에 따르면, 개황 초년 여러 학자들과 음운을 논할 때 육법언의 나이가 20세 전후였으므로, 대략 그는 북주(北周) 562년에 태어난 것으로 보인다.

그리고 ≪절운≫은 <절운서>에 따르면, 육법언이 여러 사람들과의 토론을 거친 후에 그 대강을 기록하였다가 벼슬을 그만 두고 집으로 돌아가 정리하면서, 고금의 자서(字書)와 여정(呂靜)의 ≪운집(韻集)≫·하후영(夏侯咏)의 ≪운략(韻略)≫·양휴지(陽休之)의 ≪운략≫·이계절(李季節)의 ≪음보(音譜)≫와 두대경(杜臺卿)의 ≪운략≫ 등을 참고하여, 601년에 완성하였음을 알 수 있다. 그리고 <절운서>도 이때 함께 쓴 것 같다.

5.4.2 ≪절운≫의 체제와 내용

≪절운≫은 ≪수서(隋書)·경적지(經籍志)≫와 ≪구당서·경적지≫, 그리고 ≪신당서·예문지≫에 모두 실려 있지 않다. 그러나 ≪구·신당서≫에 모두 "육자(陸慈) ≪절운≫ 5권"이라고 적혀 있으며, 정도(丁度)의 ≪집운(集韻)≫과 한도소(韓道昭)의 ≪오음집운(五音集韻)≫에도 "육사(陸詞) ≪절운≫"이라고 되어 있다. 청대 모기령(毛奇齡, 1623~1713)의 ≪고금통운서례(古今通韻序例)≫에서는 "육사(陸詞)가 곧 법언(法言)"이라고 말하고 있다. 한편 왕국유(王國維, 1877~1927)도 일본 사람들의 책2)을 참조하여 육자(陸慈) 즉, 육사(陸詞)가 육법언의 원래 이름이라고 말하고 있다.3)

당나라 때의 유명한 수필집인 봉연(封演)의 ≪견문기(聞見記)≫에 기록된 것을 보면, ≪절운≫에 수록된 글자의 수는 모두 12,158자로 되어 있다.

한편 ≪절운≫의 내용을 가장 충실하게 담고 있는 것은 바로 당 중종(中宗) 때(684년 전후) 사람인 왕인구(王仁昫)가 쓴 ≪간류보결절운(刊謬補缺切韻)≫이다. 그런데 이 책은 3종의 당사본(唐寫本)이 발견되었는데, 이를 일컬어 '왕1본(王一本)', '왕2본(王二本)' 그리고 '왕3본(王三本)'이라고 한다. 이 가운데 '왕3본'이라고 불리는 송렴(宋濂)의 발문(跋文)이 있는 것이 가장 완전하다.

이 책에 따르면 ≪절운≫은 모두 195운으로 평성 54운, 상성 52운, 거성 57운, 입성 32운으로 나누어진다. 그러나 왕삼본의 상성 51 '廣(광)'자 아래와 거성 56 '嚴(엄)'자 밑에 주를 달아 육법언의 책에는 이 운목(韻目)이 없다고 말한 것으로 보아 ≪절운≫은 원래 193운으로 평성 54, 상성 51, 거성 56, 입성 32운이었다고 추측된다. 그 운목을 보면 다음과 같다.

---

2) 원순(源順)의 ≪왜명류취초(倭名類聚抄)≫와 승려 신서(信瑞)의 ≪정토삼부경음의(淨土三部經音義)≫ 등이 있다.
3) 왕국유, <'파리 국민도서관소장 당사본 절운'을 쓰고 나서(書巴黎國民圖書館所藏唐寫本切韻後)>, ≪관당집림(觀堂集林)≫, 대만 세계서국(世界書局) 1983, p.355. 참조.

평성

1. 동(東) 德紅反
2. 동(冬) 都宗反
3. 종(鍾) 職容反
4. 강(江) 古雙反
5. 지(支) 章移反
6. 지(脂) 旨夷反
7. 지(之) 止而反4)
8. 미(微) 無非反
9. 어(魚)5)
10. 우(虞) 語俱反
11. 모(模) 莫胡反
12. 제(齊) 徂嵇反
13. 가(佳) 古##反
14. 개(皆) 古諧反
15. 회(灰) 呼恢反
16. 해(咍) 呼來反
17. 진(眞) 職鄰反
18. 진(臻) 側詵反
19. 문(文) 武分反
20. 은(殷) 于斤反
21. 원(元) 愚袁反
22. 혼(魂) 戶昆反
23. 흔(痕) 戶恩反
24. 한(寒) 胡安反
25. 산(刪) 所奸反
26. 산(山) 所間反
27. 선(先) 蘇前反
28. 선(仙) 相然反
29. 소(蕭) 相雕反(蘇雕反)
30. 소(宵) 相燋反
31. 효(肴) 胡茅反
32. 호(豪) 胡刀反
33. 가(歌) 古俄反
34. 마(麻) 莫霞反
35. 담(覃) 徒含反(徒南反)
36. 담(談) 徒甘反
37. 양(陽) 與章反
38. 당(唐) 徒郞反
39. 경(庚) 古行反
40. 경(耕) 古莖反
41. 청(清) 七精反
42. 청(青) 倉經反
43. 우(尤) 雨求反(羽求反)
44. 후(侯) 胡溝反
45. 유(幽) 于虯反
46. 침(侵) 七林反
47. 염(鹽) 余廉反
48. 첨(添) 他兼反
49. 증(蒸) 諸膺反
50. 등(登) 都滕反
51. 함(咸) 胡讒反
52. 함(銜) 戶監反
53. 엄(嚴) 語檢反
54. 범(凡) 符蘭反

상성

1. 동(董) 多動反
2. 종(腫) 之隴反
3. 강(講) 古項反
4. 지(紙) 諸氏反
5. 지(旨) 職雉反
6. 지(止) 諸市反
7. 미(尾) 無非反
8. 어(語) 魚舉反
9. 우(麌) 虞矩反
10. 모(姥) 莫補反
11. 제(薺) 徂禮反
12. 해(蟹) 鞵買反
13. 해(駭) 諧楷反
14. 회(賄) 呼猥反
15. 해(海) 呼改反

---

4) P.2017에는 지우반(止雨反)으로 되어 있으나, 틀린 것이다.
5) 반절은 없으며, P.2017에는 어거반(語居反)으로 되어 있다.

16. 진(軫) 之忍反(軫, 之忍反)   17. 문(吻) 武粉反   18. 은(隱) 于謹反
19. 원(阮) 虞遠反   20. 혼(混) 胡本反   21. 흔(很) 痕墾反
22. 한(旱) 胡滿反   23. 산(産) 數板反   24. 산(濟) 所簡反6)
25. 선(銑) 蘇典反   26. 선(獮) 息淺反   27. 소(篠) 蘇烏反
28. 소(小) 私兆反   29. 교(巧) 苦絞反   30. 호(皓) 胡老反
31. 가(哿) 古我反   32. 마(馬) 莫夏反(莫下反)   33. 감(感) 古禫反
34. 감(敢) 古覽反   35. 양(養) 餘兩反   36. 탕(蕩) 堂郎反(蕩)
37. 경(梗) 古杏反   38. 경(耿) 古幸反   39. 정(靜) 疾郢反
40. 형(迥) 戶鼎反   41. 유(有) 云有反   42. 후(厚) 胡口反
43. 유(黝) 子糾反   44. 침(寑) 七稔反   45. 염(琰) 以丹反
46. 첨(忝) 他玷反(他點反)   47. 증(拯) 韻이 없다. 蒸의 上聲을 취한다.   48. 등(等) 多肯反
49. 함(豏) 下斬反   50. 함(檻) 胡##反   51. 범(范) 凡의 上聲을 취한다.

거성

1. 송(送) 蘇弄反   2. 송(宋) 蘇統反   3. 용(用) 余共反
4. 강(降) 古##反(絳)   5. 치(寘) 支義反   6. 지(至) 脂利反
7. 지(志) 之吏反7)   8. 미(未) 無沸反   9. 어(御) 魚據反
10. 우(遇) 虞樹反   11. 모(暮) 莫故反   12. 태(泰) 他蓋反
13. 제(霽) 子計反   14. 제(祭) 子例反   15. 괘(卦) 古賣反
16. 괴(怪) 古壞反   17. 쾌(夬) 古運反8)   18. 대(隊) 徒對反
19. 대(代) 徒戴反   20. 폐(廢) 方肺反   21. 진(震) 職刃反
22. 문(問) 無運反   23. 흔(焮) 許斬反   24. 원(願) 魚怨反
25. 혼(慁) 胡困反   26. 한(恨) 胡艮反   27. 한(翰) 胡旦反
28. 간(諫) 古晏反   29. 간(襇) 古莧反   30. 산(霰) 蘇見反

---

6) 산(濟)은 산(産) 앞에 있는 것이 옳다.
7) '왕일본'에서는 지사반(之史反)이라 하였고, P.2017에서는 자사반(子吏反)이라 하였다.
8) P.2017에서는 고매반(古邁反)이라 하였다.

31. 선(線) 私箭反　32. 소(嘯) 蘇弔反　33. 소(笑) 私妙反
34. 효(效) 胡敎反　35. 호(號) 胡到反　36. 개(箇) 古賀反
37. 마(禡) 莫駕反　38. 감(勘) 苦紺反　39. 함(闞) 苦濫反
40. 양(漾) 余亮反　41. 탕(宕) 杜浪反　42. 경(敬) 居命反
43. 쟁(諍) 側迸反　44. 경(勁) 居盛反　45. 경(徑) 古定反
46. 유(宥) 尤敎反　47. 후(候) 胡遘反　48. 유(幼) 伊謬反
49. 심(沁) 七##反　50. 염(艶) 以贍反　51. 첨(㮇) 他念反
52. 증(證) 諸廕反　53. 등(嶝) 諸鄧反　54. 함(陷) 戶##反
55. 함(鑑) 格懺反　56. 범(梵) 扶汎反(扶泛反)

입성

1. 옥(屋) 烏谷反　2. 옥(沃) 烏酷反　3. 촉(燭) 之欲反
4. 각(覺) 古岳反　5. 질(質) 之日反　6. 물(物) 無弗反
7. 즐(櫛) 阻瑟反　8. 흘(迄) 許訖反　9. 월(月) 魚厥反
10. 몰(沒) 莫勃反　11. 말(末) 莫割反　12. 힐(黠) 胡八反
13. 할(鎋) 胡瞎反(胡八反)　14. 설(屑) 先結反　15. 설(薛) 私列反
16. 석(錫) 先擊反　17. 석(昔) 私積反　18. 맥(麥) 莫獲反
19. 맥(陌) 莫百反　20. 합(合) 胡閤反　21. 합(盍) 胡臘反
22. 흡(洽) 侯夾反　23. 압(狎) 胡甲反　24. 엽(葉) 與涉反
25. 첩(怗) 他協反　26. 집(緝) 七入反　27. 약(藥) 以灼反
28. 탁(鐸) 徒各反　29. 직(職) 之翼反　30. 덕(德) 多則反(多特反)
31. 업(業) 魚怯反　32. 핍(乏) 防法反

≪절운≫은 이미 전하지 않지만, ≪왕운(王韻)≫과 다른 자료들을 통해 볼 때 다음과 같은 책의 내용과 체제를 알 수 있다.

① ≪광운≫과는 달리 평성 54운을 상과 하로 나누지 않았다. ≪광운≫에서는 단지 글자 수가 많아서 나눈 것이다.

② '진(眞)'과 '순(諄)', '한(寒)'과 '항(桓)', '가(歌)'와 '과(戈)'는 모두 두 운으로 나누지 않았고, '담(覃)'과 '담(談)' 두 운은 '가(歌)'와 '마(麻)' 두 운 다음에 있다. '증(蒸)'과 '등(登)' 두 운은 '염(鹽)'과 '첨(添)' 뒤에 있다. 그리고 거성 '제(霽)'·'제(祭)'·'태(泰)'·'괘(卦)'의 순서가 '태(泰)'·'제(霽)'·'제(祭)'·'괘(卦)'의 순으로 배열되어 있으며 입성의 순서도 ≪광운≫과 다르다.

③ 현존하는 당사본에는 매 운마다 앞에 숫자가 붙어 있는데, 이는 후인들이 검사하고 기억하기에 편하게 하기 위해 덧붙여 놓은 것으로 육법언의 ≪절운≫에는 숫자가 없다.

④ 운자(韻字)의 주석이 매우 간단하며 어떤 것은 해석하지 않은 것도 있다. 예를 들면 해(海)운의 亥(해)·采(채), 문(吻)운의 粉(분), 은(隱)운의 隱(은)과 같은 것들이다. 이러한 글자들은 당시 상용자에 속했다.

⑤ 자형이 바르지 못한 것이 있다.

⑥ 각 운 속의 동음자 밑에 반절로 발음을 달았다.

이상의 내용 이외에도 ≪절운≫속에서 분운(分韻)한 원칙, 즉 어떤 표준에 의해 운을 나눈 것인가를 추측해보면 다음과 같다.

육법언이 여러 학자들과 밤이 깊도록 음운을 논하였지만 당시 고금의 성조가 달랐고 각기 사람마다 주장이 달랐다. 그러므로 그들은 당시 한 종류의 독음을 기준으로 하여 이 기준에 따라 다른 사람을 비평하고 운서를 지었을 것이다.

이 기준에 대해서 여러 주장이 있었는데, 어떤 이는 오음(吳音)이라고 하고 또 어떤 사람은 낙양음(洛陽音)이라고 하며, 어떤 사람은 장안음(長安音), 그리고 어떤 이는 금릉음(金陵音)을 위주로 하고 낙양음을 참고하였다고 하여 지금까지 아직 공통된 의견이 없다. 여기에서 오음은 지금의 강소성(江蘇省) 일대의 발음을 가리키고, 금릉음은 지금의 남경 방언을 가리킨다.

참고로 낙양은 동한·삼국시대의 위·서진(西晉)·북위(北魏)의 수도로서 모두 332년간 북방의 왕도였고, 금릉 즉 남경은 삼국시대의 오(吳)·동진(東晉)·남조의 송(宋)·제(齊)·양(梁)·진(陳)의 수도로서 330년간 남방의 왕도였다. 그러므로 낙양음과 금릉음은 다른 말로 하면 당시의 북방음과 남방음을 대표하는 음이라고 할 수 있다.

주조모(周祖謨)는 당시의 독서음에 주로 근거하였다고 여겼고, 하구영(何九盈)도 이 주장을 따랐는데 일리가 있다.9)

실제로 독서음은 고대로부터 대대로 전해지면서 글자의 발음에 대해 일정한 규범 작용을 하게 되었고, 지식층들에게 매우 지대한 영향을 주었다. 어떤 상황에서는 독서음이 방언의 굴레를 깨뜨릴 수도 있었을 것이다. 왜냐하면 서로 다른 방언을 구사하는 사람들끼리 만나 의사를 소통하는데 독서음은 매우 큰 작용을 할 수 있었기 때문이다.

그러므로 육법언이 "제가(諸家)의 운서와 고금의 자서(字書)를 취합하고, 이전에 기록해 놓았던 것을 가지고 ≪절운≫ 5권을 만들었다.(「遂取諸家音韻, 古今字書, 以前所記者定爲≪切韻≫五卷.」)"라고 <서>에서 밝힌 것처럼, 육법언 등이 ≪절운≫을 놓고 토론할 때 방언뿐만 아니

---

9) ≪절운≫음계의 성질에 관한 문제에 있어서 현재 학자들의 견해는 두 가지로 나뉜다.
하나는 ≪절운≫의 음계는 당시의 낙양음을 반영하고 있다는 단일음계(單一音系) 설이다. 이 주장을 펴는 학자들로는 진인각(陳寅恪), 왕현(王顯, <≪절운≫의 이름과 ≪절운≫의 성질(≪切韻≫的命名和≪切韻≫的性質)>), 소영분(邵榮芬, <≪절운≫음계의 성질과 ≪절운≫의 한어어음사에서의 지위(≪切韻≫音系的性質和他在漢語語音史上的地位)>), 조진탁(趙振鐸, <≪절운·서≫를 통해 ≪절운≫을 논함(從≪切韻·序≫論≪切韻≫)>) 등이 있다.
다른 한 편의 주장은 ≪절운≫의 음계는 당시 남북의 발음과 고금의 발음을 망라한 독서음이라는 종합음계 설이다. 이 주장을 펴는 학자들로는 왕력(王力, ≪중국어언학사(中國語言學史)≫), 주조모(≪문학집(問學集)·<절운>의 성질과 그 음계기초(≪切韻≫的性質和它的音系基礎)>), 홍성(洪誠, ≪중국역대어언문자학문선(中國歷代語言文字學文選)≫), 주법고(周法高)선생(<절운음을 논함(論切韻音)>), 황쉬백(黃淬伯, <≪절운≫ 음계의 기초에 관한 문제(關於≪切韻≫音系基礎的問題)>), 하구영(<≪절운≫음계의 성질 및 기타(≪切韻≫音系的性質及其他)>) 등이 있다.

라 고대 자서와 고인들의 주소(注疏) 중의 음에 대한 해석을 참고한 것은 이러한 상황을 반영한 결과라고 생각된다.

따라서 ≪절운≫의 음의 체계는 어느 한 시대 어느 한 지역의 실제 발음에 근거하였다기보다는, 고금과 남북이라는 시간적 공간적 요소를 둘 다 참고하여 만든 종합적인 독서음 체계라고 보면 무방할 것이다.

5.4.3 ≪절운≫의 결점

≪절운≫은 내용상 약간의 결점도 지니고 있는데 예를 들면 다음과 같다.

(1) 왕인구는 자신이 일찍이 새로 추가한 상성51 '광(廣)'자와 거성 56 '엄(嚴)'자의 운목 밑에 주하여 말하기를 "육법언의 책에는 이 운목이 없는데, 실수이다.(「陸無此韻目, 失.」)"라고 하였는데, 이것은 분운(分韻)상의 잘못이다.

(2) 글자들을 귀운(歸韻)시키는데 곳곳에 잘못 귀속시킨 곳이 있다. 예를 들면 ≪광운≫에서 종(鍾)운의 恭(공)자 아래에 주하여 말하기를 "육법언이 恭(공)·蚣(공)·樅(종) 등을 동운(冬韻)에 넣었는데, 틀렸다.(「陸以恭·蚣·樅等入冬韻, 非也..」)"라고 하였는데, 이것이 하나의 예이다.

(3) 운자(韻字)의 주석에도 잘못 설명한 곳이 많다.

5.4.4 ≪절운≫의 가치

≪절운≫은 육조 시대 운서의 기초 위에서 체계적으로 연구하고 엄격하게 분석하여 이루어졌으므로 전시대(前時代) 운서의 총집이라고 할 수 있다. 후에 ≪절운≫ 계통의 운서들이 비록 틀린 부분을 고치고 보충하기도 하였지만, 결국 ≪절운≫을 기준 삼고 저본으로 하였다. 그래서 ≪절운≫은 중국 운서의 역사에 있어 매우 중요한 이정표가 되는 것이다.

≪절운≫은 당시 독서음을 기초로 하고 고음과 방언을 참조하여 이루어졌으므로 어떤 한 지역의 단순한 음계만을 서술한 것이 아니라 한 시기 어음의 종합적인 반영인 것이다. 이러한 관점에서 볼 때 ≪절운≫은 다음과 같은 의의를 갖는다.

첫째, 상고 어음을 연구하는데 중요한 열쇠가 된다.

청 이후 고음학가들은 ≪광운≫을 통하지 않고서는 이 책을 연구할 수 없었다. 왜냐하면 ≪광운≫은 ≪절운≫을 계승한 것이어서 어음 체계가 기본적으로 일치하여 ≪광운≫을 연구하는 것이 바로 ≪절운≫을 연구하는 것이기 때문이다.

둘째, 현대 방언은 고대 방언의 계승·발전이고 ≪절운≫ 역시 종합적으로 당시 어음의 상황을 반영하고 있으므로 현대 방언과 일정한 대응 관계를 지니게 된다. 그래서 ≪절운≫은 현대 방언을 조사하고 연구하는데도 큰 참고 가치가 있다.

5.4.5 ≪절운≫의 판본

당송 시대에 ≪절운≫을 수정·보충한 책들이 많이 나왔는데 그 중 비교적 영향이 큰 것은 앞에서 말한 바 있는 당 왕인구의 ≪간류보결절운(刊謬補缺切韻)≫으로 지금은 줄여 ≪왕운(王韻)≫이라고도 한다. ≪간류보결절운≫에서 '간류'라고 하는 것은 ≪절운≫의 잘못된 곳을 바로 잡는다는 뜻이고, '보결'은 글자를 더하고 해석을 보충하였다는 뜻이다. 이 책은 최근에 발견된 당사본으로 '왕1본', '왕2본', '왕3본'이 그것이다. 이 중 왕1본은 잔결본(殘缺本)이고, 왕2본은 이것저것 모아 놓은 것으로 체계가 복잡하며, 왕3본이 가장 완정하다.

그리고 같은 시대 손면(孫愐)의 ≪당운(唐韻)≫이 있다. 이 책은 2종이 있는데, 하나는 당 개원(開元, 713~741) 때에 이루어진 것이고 또 하나는 당 천보(天寶, 742~756) 때에 쓰인 것으로, 왕국유(王國維)는 이 두 책이 모두 손면이 지은 것이라고 고증하였다. 그러나 당란(唐蘭,

1901~1979)은 천보본을 손면이 지은 것이 아니라고 주장하기도 하는데, 누구의 주장이 옳은지 아직 시비를 가리기가 어렵다. 하지만 개원본을 손면이 지은 것에 대해서는 대체적으로 긍정적이다.

개원본은 이미 전하지 않지만 청대 변영예(卞永譽)의 ≪식고당서화회고(式古堂書畵滙考)≫에 실린 손면의 ≪당운·서(序)≫와 이 책의 운부 숫자를 토대로 다음과 같은 내용을 알 수 있다.

① 모두 5권으로 되어 있다.
② 평성을 상하로 나누었으며, 평성상 26운, 평성하 28운이다. 상성은 52운이며 거성은 57운이고 입성 32운까지 합하여 모두 195운이다.
③ 현존하는 ≪광운≫과 비교해 볼 때 ≪당운·서≫에 기록된 총 자수가 더 적다.
④ ≪당운≫의 '唐'은 바로 당나라를 가리킨다.
⑤ 자형을 바로 잡는데 매우 주의를 기울였는데, ≪설문해자≫와 ≪옥편≫ 등의 고대 자서에 주로 근거하였다.
⑥ 주해한 것이 많이 증가하였다. 일반적인 글자의 뜻뿐만 아니라 유관한 사물의 명칭, 성씨의 근원, 주현(州縣)의 이름 등에 하나하나 설명을 가하였다.

한편 천보본도 개원본에 비해 참고할 만한 가치가 더욱 많은데 그 내용을 살펴보면 다음과 같다.

① 천보본도 5권으로 되어 있으며, 평성은 상하 2권으로 나누었다. 그러나 운목의 차례가 ≪광운≫과는 다르다.
② 운을 나눈 것이 ≪왕운≫이나 개원본과 비교해 볼 때 11운이나 증가하여 모두 204운이다.
③ 주석한 체계가 기본적으로 육법언의 ≪절운≫과 같다. 먼저 글자의 뜻을 해석하고 자형을 설명한 후에 반절로 발음을 표시하였는데, 이러한 방식은 ≪왕운≫과는 정반대이다.

④ 글자의 뜻 해설에 있어 ≪광운≫ 앞에 붙어 있는 ≪당운·서≫에 따르면 천보본이 개원본에 비해 다소 발전한 듯하다. 글자마다 해석하였을 뿐만 아니라 해석 중에 비교도 하고 묘사한 부분도 있다. 더욱이 성씨의 근원 부분에 있어서는 더욱 상세하게 설명하였다. 인용된 책들을 보면 경사자집(經史子集)과 유명한 자서·운서·훈고서 그리고 ≪수신기(搜神記)≫·≪정괴도(精怪圖)≫·≪산해경(山海經)≫·≪한찬약론(漢簒藥論)≫ 등 거의 모든 분야의 책을 망라하였다.

⑤ 육법언 ≪절운≫의 잘못된 곳을 바로 잡은 부분이 있다. 당사본 잔권에 보이는 거성55 증(證)운에 '瞪(바로 볼 징)'자가 있는데, 그 아래 육본(陸本)에는 '眙(땅 이름 이; 눈여겨볼 치)'로 되어 있다고 주하였다.

⑥ ≪왕운≫에서 증가된 '媢(모)'·'𤪎(독)' 등과 같은 글자들은 ≪당운≫에는 없다.

⑦ ≪왕운≫에서 증가된 몇몇 글자들은 ≪당운≫에서도 증가시켰지만 해석이 완전히 다르거나 글자를 쓰는 법이 다르다.

⑧ 각조(各組) 동음자의 반절은 기본적으로 같다. 그러나 어떤 음은 반절에 쓰인 글자가 다른 것도 있다.

이상과 같이 ≪당운≫은 당대에 매우 큰 영향을 끼쳐 송 허권(許顴)이 ≪동제기사(東齊記事)≫에서 "손면의 ≪당운≫이 나온 이후로 모든 운서들이 없어지게 되었다.(「自孫愐集爲≪唐韻≫, 諸書遂廢.」)"라고 칭찬하기도 하였다.

그리고 송대에 와서 주목을 받은 당나라 이주(李舟)의 ≪절운≫이 있는데, 그러나 이 책은 지금 전하지 않는다. 다만 ≪신당서·예문지≫에는 10권으로, ≪송사(宋史)·예문지≫에는 5권으로 기록되어 있다. 한편 송대 서현(徐鉉)은 ≪설문해자전운보(說文解字篆韻譜)≫를 개정할 때 일찍이 이주의 이 책을 주요 참고서로 삼았다고 한다.

≪절운·서≫ 10)

육법언

　지난 　개황(開皇) 　초에, 　유진(劉臻)·안지추(顔之推)·노사도(盧思道)·이약(李若)·소해(蕭該)·신덕원(辛德原)·설도형(薛道衡)·위언연(魏彦淵) 등 여덟 사람이 육법언의 집에 모여 같이 묵었는데, 밤이 깊어 술좌석이 거의 끝날 즈음 화제가 음운 문제에 이르렀다.
　고금의 성조는 이미 차이가 있고, 사람들의 취사선택 역시 같지 않다. 오(吳)·초(楚) 등 강남 지방의 발음은 가볍고 얕고, 연(燕)·조(趙) 등 하북(河北) 지방의 발음은 무겁고 탁하다. 진(秦)·농(隴) 등 섬서(陝西)와 감숙(甘肅) 지방에서는 거성을 입성으로 읽고, 양주(梁州)·익주(益州) 등 사천(四川) 지방에서는 평성을 거성처럼 읽는다. 또 지(支)운과 지(脂)운, 어(魚)운과 우(虞)운을 같은 운으로 하고; 선(先)운과 선(仙)운, 우(尤)운과 후(侯)운은 같은 반절을 쓴다. 만약 시문(詩文)의 용운(用韻)만을 생각한다면 청탁(淸濁)이 통할 수도 있겠지만, 소리를 따져 나눈다면 경중(輕重)은 반드시 구별되어야 한다.
　여정(呂靜)의 ≪운집(韻集)≫, 하후영(夏侯詠)의 ≪운략(韻略)≫, 양휴지(陽休之, 509~582)의 ≪운략≫, 이계절(李季節)의 ≪음보(音譜)≫, 두대경(杜臺卿)의 ≪운략≫ 등의 운서도 서로 다르고, 강동(江東) 지방에서 취한 운이 하북 지방과 또 다르다. 이렇게 남북 지방 사이의 옳고 그름이나 고금 사이의 통하고 막힘을 논하였던 까닭에, 더욱 정밀하고 정확한 반절자를 선정하고 엉성하고 맞지 않는 것은 제거했다. 이러는 데는 안지추와 소해가 결정한 것이 많다. 그 때 위언연이 내게 "이제까지 서로 논의하여 의혹되던 바가 모두 해결되었으니 어찌 그대로 기록을 하지 않는가? 여기 모인 우리들이 결정하면 그대로 정해지는 것이지."라고 말하여, 나는 등불 아래 붓을 잡고 그 줄거리를 적었다.
　그 후에도 여러 사람에게 두루 조언을 구하여 거의 정화(精華)를 얻

---

10) 본문은 런던박물관에 소장중인 ≪절운·서≫에 따른 것이다.

었으나, 잠시 다른 학문에 눈을 돌리기도 하고 또한 직무에 얽매여 십수 년 간 그것을 정리할 겨를이 없었다. 이제 옛날로 돌아와 개인적으로 제자들을 가르치면서, 무릇 시문에 능통하려면 성운에 밝아야 한다고 일깨웠다. 그러나 산야에 은거하여 교유(交遊)가 끊어지니 의문 나는 점이 있어도 물어 볼 곳이 없다. 죽은 사람과는 생사의 길이 다르니 공연히 한숨만 지을 뿐이고, 산 사람과는 신분이 달라 만나지 못하니 이것으로 그 뜻을 전하려 한다.

마침내 여러 사람의 운서와 고금의 자서를 취합하고, 이전에 기록해 놓았던 것을 가지고 ≪절운≫ 5권을 만들었다. 엄밀하게 분석하여 세세한 부분까지 분별을 하였다.

어찌 화씨(和氏)가 자신이 바친 옥이 진짜라고 주장하며 피눈물을 흘리면서 통곡한 다음에야 진실이 드러난 것처럼 번거롭게 하겠으며, 여불위(呂不韋)가 ≪여씨춘추(呂氏春秋)≫를 짓고 나서 한 글자라도 고칠 것이 있으면 천금을 주겠노라고 현상금까지 걸었던 것처럼 득의양양하지도 않다. 그렇지만 전에는 사마천이 ≪사기≫를 지어 이러한 대작은 마땅히 명산에 보관해야 한다고 큰소리친 것을 비웃었으나, 이제는 오히려 유흠(劉歆)이 양웅(揚雄)에게 그의 ≪법언(法言)≫·≪태현(太玄)≫ 등의 책이 후세에 장독 뚜껑으로 쓰일 지도 모른다고 놀려 댔던 것에 대해서 제대로 대꾸를 하지 못한 양웅의 말더듬을 탄식하게 되었다.

≪절운≫은 결코 나 혼자서 마음대로 만든 것이 아니라, 군현(群賢)들이 남긴 뜻을 좇아 서술했을 따름이다. 어찌 감히 세상에 널리 알리겠는가? 그저 문 밖으로 내보내지 않으련다.

신유(辛酉)년 대수(大隋) 인수(仁壽) 원년(601)에 씀

(「昔開皇初, 有劉儀同臻·顏外史之推·盧武陽思道·李常侍若·蕭國子該·辛咨議德源·薛吏部道衡·魏著作彥淵等八人, 同詣法言門宿. 夜永酒闌, 論及音韻.

古今聲調旣自有別, 諸家取舍亦復不同. 吳楚則時傷輕淺, 燕趙則多涉重濁; 秦隴則去聲爲入, 梁益則平聲似去. 又支(章移反)・脂(旨夷反)・魚(語俱反)・虞(遇俱反)共爲一韻; 先(蘇前反)・仙(相然反)・尤(于我反)・侯(胡溝反)俱論是切. 欲廣文路, 自可淸濁皆通; 若賞知音, 卽須輕重有異.

呂靜《韻集》・夏侯詠《韻略》・陽休之《韻略》・李季節《音譜》・杜臺卿《韻略》等, 各有乖互. 江東取韻, 與河北復殊. 因論南北是非, 古今通塞; 欲更捃選精切, 除削疏緩. 顔外史・蕭國子多所決定. 魏著作謂法言曰:"向來論難, 疑處悉盡, 何爲不隨口記之, 我輩數人, 定則定矣." 卽燭下握筆, 略記綱紀.

後博問英辯, 殆得精華. 於是更涉餘學, 兼從薄宦, 十數年間, 不遑修集. 今返初期, 私訓諸弟, 凡有文藻, 卽須聲韻. 屛居山野, 交游阻絶, 疑惑之所, 質問無從. 亡者則生死路殊, 空懷可作之嘆; 存者則貴賤禮隔, 以報絶交之旨.

遂取諸家音韻, 古今字書, 以前所記者定爲《切韻》五卷. 剖析毫釐, 分別黍累. 何煩泣玉, 未可懸金. 藏之名山, 昔怪馬遷之言大; 持以蓋醬, 今嘆揚雄之口吃.

非是小子專輒, 乃述群賢遺意. 寧敢施行人世? 直欲不出戶庭.

于時歲次辛酉大隋仁壽元年.」)

제6장

송(宋)

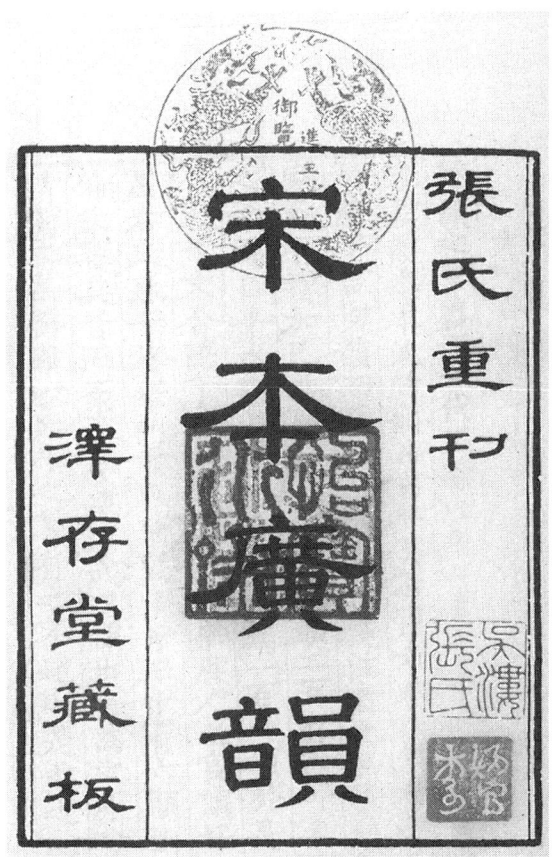

제6장 송(宋)

6.1 시대 상황

"나뉨이 오래면 반드시 합해지고, 합함이 오래면 나뉘게 마련이다. (「分久必合, 合久必分.」)" 우리에게는 ≪삼국지≫라는 이름으로 더 잘 알려진 나관중(羅貫中)의 ≪삼국연의(三國演義)≫ 첫머리에 나오는 말이다.

처음의 기세로 봐서는 좀처럼 망할 것 같지 않던 당나라도 말기가 되자 전형적인 망국의 길로 접어든다. 앞에서 말한 바 있는 선양의 12단계 가운데 초반부인 ①임금의 무능과 당쟁 →②민란 발생 →③실력자들의 권력 투쟁이 시작된 것이다. 신라의 최치원이 썼다는 <토황소격문(討黃巢檄文)>도 이즈음에 쓴 글이다.

907년 당은 양(梁, 907~923)의 태조 주온(朱溫)에게 멸망하고, 그 다음 당(唐, 923~936)·진(晉, 936~946)·한(漢, 947~950)·주(周, 951~960) 등 다섯 왕조가 건립되어 약 50년 간 지속되었는데, 이를 오대(五代)라고 한다. 강대한 제국이 멸망하고 나면 새로운 강자를 맞이하기 위해 막간에 등장하는 잔챙이들의 인턴 과정이라고 할 수 있다.

송(960~1279)나라는 중국 역사에 있어서 학술과 문예가 가장 발달하였던 시대이자 또한 가장 문약(文弱)했던 왕조라고 할 수 있다. 이것은 송나라의 탄생 배경과 밀접한 관계가 있다.

송의 태조 조광윤(趙匡胤)은 주나라 금군(禁軍) 즉 중앙군(中央軍)의 사령관이었다. 그는 부하 군인들에 의해 황제로 받들어졌고, 주의 공제(恭帝)에게 선양을 받아 송나라를 개국했다. 그는 후손에게 두 가지 유훈(遺訓)을 남긴다.

첫째는 주의 세종(世宗) 시영(柴榮)의 자손들이 조상을 받들 수 있도록 보살필 것, 둘째는 언론으로써 사대부를 죽이지 말 것 등이다.

조광윤 이후 역대 송나라 황제들은 황제 즉위 첫 날 궁중의 모처에 가서 이 유훈을 보았다고 한다. 이 일은 입에서 입으로 전해져 내려오다가, 금(金)나라에게 수도 개봉(開封)을 함락당한 다음 황궁 안에서 이런 글귀가 새겨져 있는 바위가 발견되어 사실로 밝혀졌다.

이 두 가지 유훈을 보면 조광윤은 교양도 있고 인격적으로도 매우 성숙한 사람이었다고 느껴진다. 역대 태조 가운데 으뜸이라고 해도 과언이 아니다.

중국의 역대 태조들은 선양을 받았든 무력으로 점령했든 간에 상관없이, 전 왕조의 후손은 새 왕조에 언제 반기를 들지 모르는 사회적 불안 요소라는 인식이 있었기 때문에 대부분 그 후환을 없애왔다. 그리고 당하는 쪽에서도 그것이 망한 왕조의 운명이라고 체념한 채 받아들였던 것이 관례였다. 사정이 이러했으므로 망한 왕조의 조상을 그 후손에게 받들도록 하는 것도 결코 쉬운 일이 아닌데, 그것을 자기 자손에게 소홀함이 없도록 당부한다는 것은 중국 역사에 전례가 없는 일이었다.

중국에서는 새 나라가 서면 제일 먼저 하는 일이 앞의 왕조가 어떻게 망했는지를 연구한다고 앞에서 몇 차례 말한 바 있다. 송나라도 예외가 아니다.

조광윤은 당나라가 절도사 때문에 망했다고 보았다. 그렇기 때문에 군인들의 힘을 빼야했고, 문관 우선의 정치를 편다. 군대를 포함한 모든 조직에서 문관이 무관보다 한 단계 높은 직책을 맡게 했고, 여기에다가 문인들이 무슨 말을 해도 죽이지는 않겠다고 못을 박았다.

예나 지금이나 문인들은 본래 말이 많다. 그래서 자연히 말 때문에 화도 많이 당한다. 그런데 죄는 물어도 죽이지는 않는다니, 그것도 태조의 유훈이라니 송나라의 문인들에게는 하늘을 날 수 있는 날개를 달아준 셈이 되었다.

이렇게 되면 자연스럽게 ①말이 더욱 많아지고 →②그러다보면 자기 주장이 강해지고 →③나아가 자기 주장이 옳다고 생각하게 되고 →④다른 사람의 주장은 틀렸으니 반박하는 말이 또 많아진다.

이런 과정은 상대방도 마찬가지여서 이같은 현상은 무한 순환구조를 가지게 된다. 송나라 때 다분히 이론적인 성리학(性理學)이 유행하게 되고, 경전 연구에 있어서도 학자 자신들의 주장이 강해지게 된 것도 다 이런 이유가 있었던 것이다.

송나라의 문화적 발전은 경제의 발전에 따른 것이었다. 당나라가 무력으로 다른 나라와 길을 열었다면, 송나라는 그것을 무역으로 대체했다. 중국에 이런 성격의 왕조가 들어서면 주위 나라들은 좀 숨통이 트인다. 우리 고려가 기를 펼 수 있었던 것도 송의 이러한 외교 정책 덕분도 있었다.

송의 경제는 상공업의 발달이 선도하였다고 할 수 있는데, 특히 수공업을 중심으로 하는 방직·도자기·칠기·종이·인쇄술 등의 발전은 일찍이 그 예를 찾을 수 없을 만큼 큰 성황을 이루었다.

그러나 이러한 송나라의 경제적 호황은 비효율적인 행정, 역대 가장 많은 공무원의 수와 후한 봉급, 방만한 군대 조직의 운영, 귀족들의 사치 등이 겹쳐 거란족의 요(遼)와 여진족의 금나라에 차례로 중원을 빼앗기고 남쪽으로 밀려 내려가게 되었다.

남송(南宋, 1127~1279)은 강남 임안(臨安, 오늘날의 항주)에 도읍하고, 금나라와 강화 정책을 펴서 일시적으로나마 평온을 유지하였다. 그런 가운데서도 귀족들은 사치스럽고 방탕한 생활을 계속하였는데, 주밀(周密, 1232~1308?)의 ≪무림구사(武林舊事)≫에는 당시 항주의 번영과 사치가 잘 묘사되어 있다. 이러한 남송 역시 새롭게 강성해진 몽고에 의하여 멸망하였다.

언어학사에 있어서 송대는 훈고학, 문자학, 성운학 그리고 어원학 등 각 방면이 모두 발달하였던 시기였다. 이 말을 다시 하면 후세 사람들이 공부해야 하는 양이 전 왕조보다 급격하게 많아진다는 의미도 된다. 이 책만 보더라도 한과 송 그리고 청나라의 분량이 전체의 3/4

정도가 되는 것을 알 수 있다.

먼저 송나라의 훈고학은 이론적인 성리학의 발전에 따라 한나라의 실사구시(實事求是)적인 학풍에서 벗어나 옛것을 의심하고 새로운 것을 만들어 보려는 의고창신(疑古創新)적인 성격을 띠게 되어, 경전의 뜻을 훈석하기보다는 경전을 학자들 자신의 견해를 피력하는 수단으로 삼는 경향이 있었다. 이러한 개혁적인 풍조 속에서도 주희(朱熹)는 경전을 해석하는 데 있어서 전통적인 증거 위주의 방식을 취하고 그 위에 자신의 성리학적 견해를 더함으로써 후세에 큰 영향을 끼쳤다.

둘째로 문자학 방면에서는 설문학이 다시 부흥하기 시작하였고, 고문자에 대한 연구도 이 시기에 시작되었다.

설문학은 북송 서현(徐鉉)의 ≪설문해자≫ 교정본이 986년에 완성되고 그의 동생 서개(徐鍇)의 ≪설문해자계전(說文解字繫傳)≫ 등이 출판되어, 그 때까지 여러 군데 흩어지고 없어졌던 ≪설문해자≫가 거의 완전한 모습으로 세상에 다시 나타날 수 있었을 뿐만 아니라, 청대에 크게 발전하였던 설문학에도 그 근거를 제시해 주었다.

고문자에 대한 연구는 송대 상업 자본의 발달로 경제적으로 부유해진 사대부들이 옛날 골동품들을 수집하는 과정에서, 그 기물에 새겨진 글자에 관심을 갖고 그것을 연구하면서부터 시작되었다고 할 수 있다. 북송 유창(劉敞)의 ≪선진고기기(先秦古器記)≫와 구양수(歐陽修)의 ≪집고록(集古錄)≫ 등이 그 선구라고 할 수 있고, 그 뒤를 이어 여대림(呂大臨)의 ≪고고도(考古圖)≫, 조명성(趙明誠)의 ≪금석록(金石錄)≫, 설상공(薛尙功)의 ≪역대종정이기관지법첩(歷代鐘鼎彝器款識法帖)≫ 등이 있다.

셋째로 성운학 방면을 살펴보면, 오늘날의 병음자표에 해당하는 등운도(等韻圖)가 발달하였다. 대표적인 저작으로는 ≪운경(韻鏡)≫과 정초(鄭樵)의 ≪칠음략(七音略)≫, ≪사성등자(四聲等子)≫, ≪절운지장도(切韻指掌圖)≫ 등이 있었다.

운서도 많은 저작들이 나왔는데, ≪절운≫의 증보판이라고 할 수 있는 ≪대송중수광운(大宋重修廣韻)≫(1008년)과 현존하는 책 중 가장 많은 글자(53,525자)를 수록한 ≪집운(集韻)≫(1037년) 등이 그 대표작이라고 할 수 있다. 한편 오역(吳棫)의 ≪운보(韻補)≫와 정상(鄭庠)의 ≪고음변(古音辨)≫은 고음 연구의 실마리를 제공하였다고 할 수 있다.

끝으로 어원학 방면으로는 북송 왕자소(王子昭)가 제기한 '우문설(右文說)'을 들 수 있다. 우문설이란 형성자의 오른쪽 부분, 즉 소리부분에도 뜻이 있다는 주장이다. 이 이론은 청대에 크게 각광을 받았으며, ≪석명≫ 이래로 어원을 연구하게 하는 또 하나의 계기를 마련했다고 할 수 있다.

6.2 훈고학

6.2.1 송나라 훈고학의 특징

송나라 훈고학은 성리학에 많은 영향을 받았다. 성리학은 형이상학적이면서 매우 이론적인 학문으로, 이러한 성리학의 학문적 성격은 글자 한 자 한 자를 따지고 경전의 글귀 한 줄 한 줄을 있는 그대로 분석하는 기존의 실사구시적인 훈고학에 새로운 길을 열게 하였다.

한나라의 유학자들이 경전을 존숭하여 글자 하나 글귀 하나에도 신성불가침적인 경외심을 가지고 대했던 것과는 달리, 송나라의 유학자들은 경전을 자신의 이론을 펼치기 위한 도구로 생각하였다. 따라서 그들은 자신의 이론과 맞지 않는 경전을 진본이 아니라고 의심하기도 하고, 심지어는 경전의 내용을 자신의 주장에 맞도록 옮기거나 뜯어고치기도 하였다.

예를 들어 구양수(歐陽修)는 ≪역동자문(易童子問)≫을 지어 ≪주역≫의 <계사(繫辭)>·<문언(文言)> 등 <십익(十翼)>이 모두 후세에 덧붙여진 것이라고 하였고, 소철(蘇轍) 등은 ≪주관(周官)≫을 의심하였으며, 주희(朱熹)는 ≪시서(詩序)≫와 ≪고문상서(古文尚書)≫를 의심하였다. 또 사마광(司馬光)·풍휴(馮休) 등은 ≪맹자≫를 맹가(孟軻) 자신이 지은 것이 아니라고 여겼고, 손복(孫復)은 ≪춘추존왕발미(春秋尊王發微)≫를 지어 ≪춘추≫ 3전(傳)을 배척하였다.

또한 주희는 자신의 스승인 정호(程顥)·정이(程伊)의 견해에 따라 ≪중용(中庸)≫을 ≪예기(禮記)≫에서 떼어 내어 주를 달았을 뿐만 아니라, 어떤 부분은 경전의 원문을 삭제하기도 하였고, ≪대학(大學)≫ 역시 ≪예기≫에서 떼어 내어 독립시켰다. 그리고 주희의 제자의 제자인 왕백(王栢)은 ≪서의(書疑)≫ 9권을 지어 <요전(堯典)>·<고요모(皐陶謨)> 등 ≪서경≫ 안에 있는 8편의 내용을 임의로 삭제·보충하였고, ≪시의(詩疑)≫ 2권에서는 시의 내용이 음란하다고 생각되는 ≪시경≫의 원문을 대대적으로 삭제하여 그 편수가 32편에 이르렀다.

이와 같은 송나라 유학자들의 경전에 대한 의심과 개정 작업은 사실 주희가 ≪고문상서(古文尙書)≫를 의심했던 것을 빼놓고는 그 근거가 없는 것이 대부분이다. 청나라 학자인 피석서(皮錫瑞, 1850~1908)는 ≪경학역사(經學歷史)≫에서 이러한 송나라 유학자들의 학문 태도에 대하여 다음과 같이 결론지은 바 있다.

> 송나라 사람들은 모두 선대(先代)의 유학자들을 비판하였는데, 그 모든 것이 근거가 없는 것이다. 그들은 옛사람들의 사실(事實)을 고쳐 자신들의 이론에 맞추고, 3대(代)의 전례(典禮)를 바꾸어 당시의 제도에 부합하도록 하였다. 이는 옛것을 그대로 좇아가지 않겠다는 것에서 비롯된 필연적인 결과라고 하겠다.(「宋人盡反先儒, 一切武斷. 改古人之事實, 以就我之義理; 變三代之典禮, 以合今之制度; 是皆未敢附和以爲必然者也.」)

이와 같은 송대의 훈고 방식에 대한 평가는 찬반 양론으로 갈린다.

먼저 찬성하는 측의 견해는 송나라 학자들의 혁신성을 높이 평가한다.

한나라 학자들이 옛것을 숭상하고 경전을 존중한 나머지 단 한치도 경전의 테두리를 벗어나지 못한 반면, 송나라 학자들은 옛것을 따르기

보다는 나름대로 참신하고 색다른 이론을 세우기를 좋아하였다. 그들은 전통적인 훈고학의 속박을 벗어나려고 하였고, 그래서 대담한 때로는 근거가 희박한 이론도 거침없이 설정하고 자신의 주장을 펴 나갔다. 아마 이것은 중국의 학술사상 전국(戰國)시대에 제자백가들이 백가쟁명(百家爭鳴)했던 이래 또 하나의 백화제방(百花齊放)이라고 볼 수 있다.

송대 훈고학풍을 반대하는 사람들은 송나라 학자들의 무근거성(無根據性)을 통박한다.

본래 훈고학의 출발이 경전에 대한 '정확한' 해석에서 비롯된 것인데, 송나라 학자들의 공리공담(空理空談)적인 접근 방식은 훈고학의 근본 취지에 맞지 않는다는 것이다.

위와 같은 두 가지 서로 상반된 평가에 대하여 어느 것이 옳다고 단정짓기란 참으로 어렵다. 왜냐하면 양측의 견해 모두 각기 타당성이 있기 때문이다. 역사적으로 보면 한나라는 한나라 나름대로 실사구시적인 학술 풍토가 형성되었던 이유가 있고, 송나라는 또 송나라 대로 의고창신(疑古創新)적인 학술 풍조가 조성된 시대 상황이 있었던 것이다.

이러한 한나라의 박학(樸學) 정신과 송나라의 혁신 정신은 청나라로 이어져 청나라의 훈고학은 전반적인 부흥을 맞게 된다. 이 같은 중국 훈고학의 발전 과정을 보면 중국 훈고학의 정(正)·반(反)·합(合)의 역사를 보는 것 같기도 하다.

6.2.2 주희(朱熹)의 훈석 방법

위에서 보았듯이 송나라 학자들의 경전에 대한 태도는 가히 중국 훈고학사상 전례가 없는 혁신적인 것이었다. 그러나 송나라의 모든 학자들이 그러했던 것은 아니다.

송나라 초기의 유창(劉敞)·왕안석(王安石) 등과 남송의 주희는 먼저 경전에 대한 주석을 세심히 달고 옛사람들의 견해에 대하여 그 득실을 논하였다. 그 중 주희는 송대 성리학에서뿐만 아니라 훈고학에 있어서도 가장 큰 공헌을 한 사람이라고 할 수 있다.

주희(1130~1200)는 남송 휘주(徽州, 지금의 안휘성) 무원(婺源) 사람으로, 자는 원회(元晦)였는데 뒤에 중회(仲晦)로 바꾸었고, 호는 회암(晦庵)으로 하였다가 늙어서는 회옹(晦翁)·둔옹(遁翁)·운곡노인(雲谷老人)·창주병수(滄州病叟) 등으로 불렸다.

주희는 유명한 유학자였던 아버지 주송(朱松)의 영향으로, 어려서부터 머리가 뛰어났고 공부하기를 좋아하였다고 한다.(중국 역사서의 인물평은 대체로 이렇게 시작한다.) 19세에 진사에 합격하고 22세 때부터 관직에 나아갔지만 항상 책을 가까이 하였다. 1160년 주희는 정이(程伊)의 제자인 이동(李侗)을 만나 그의 제자가 된 다음부터 학술사상에 큰 변화를 일으켰다. 그 후 약 40년 간 대부분의 시간을 저술과 학생을 가르치는 데 전념하였다.

그의 저서는 너무나 많아서 일일이 거론하기조차 어려울 정도이다. 그 중 ≪대학장구(大學章句)≫·≪중용장구(中庸章句)≫·≪논어집주(論語集注)≫·≪맹자집주(孟子集注)≫는 송나라 훈고학의 대표작으로서 1190년 ≪사서장구집주(四書章句集注)≫라는 이름으로 출간된 이후 수 백 년 동안 과거시험의 교과서가 되었다.

주희의 경전에 대한 훈석 방법은 먼저 전대(前代)의 주석들이 어느 정도 근거가 있음을 인정하고 그것을 면밀하게 분석한 다음 그 득실을 따지고 잘못된 점을 바로잡는 것이었다. 그는 ≪주자어류(朱子語類)≫(권129)에서 다음과 같이 말하였다.

> 그러므로 경전을 연구할 때는 반드시 옛 학자들의 견해에 의거하여 나아갔다. 그런데 꼭 옳다고 볼 수 없는 경우가 생기면 그 이유가 어디 있는지를 따져 보았다. 그런 다음 내 자신의 견해에 따라 그 까닭을 구하고 잘못을 바로잡았다.(「故治經者, 必因先儒已成之說而推之. 借曰未必盡是, 亦當究其所以得失之故, 而後可以反求諸心, 而正其謬.」)

주희의 이러한 생각은 경전을 훈석할 때 그대로 반영되었다. 예를 들어 주희의 ≪시집전(詩集傳)≫을 보면 모형(毛亨)의 전(傳)을 따른 경우가 76번, 정현(鄭玄)의 전(箋)을 따른 경우가 86번, 모전(毛傳)과 정전(鄭箋)을 겸용한 경우가 16번, 그리고 자신의 견해를 밝힌 경우가 49번으로 되어 있다.[1]

이러한 주희의 훈석 방식은 한대의 유학자들과는 다른 새로운 것으로서 송대 훈고학의 또 하나의 특징을 대변한다고 할 수 있다.

6.2.3 경사자집(經史子集)에 대한 훈석서

한편 송나라의 훈고학의 업적이랄 수 있는 훈석서를 경(經), 사(史, 역사서), 자(子, 철학서), 집(集, 문학서)의 순서로 알아보면 다음과 같다.

먼저 경서에 대한 훈석으로 대표적인 것을 들면 당나라의 ≪오경정의(五經正義)≫를 기초로 하여 13경주소(注疏)를 편찬한 것이다. 13경주소의 내용을 보면, ≪오경정의≫ 외에 정현(鄭玄)의 주에 당(唐) 가공언(賈公彦)의 소(疏)를 더한 ≪주례주소≫·≪의례주소≫, 범녕(范寧, 339~401)의 주에 양사훈(陽士勳)의 소를 더한 ≪곡량전주소≫, 하휴(何休, 129~182)의 주에 서언(徐彦)의 소를 더한 ≪공양전주소≫, 곽박(郭璞)의 주에 형병(邢昺, 932~1010)의 소를 더한 ≪이아주소≫, 당 현종(玄宗)의 주에 형병의 소를 더한 ≪효경주소≫, 하안(何晏, 190~249)의 주에 형병의 소를 더한 ≪논어주소≫, 그리고 조기(趙岐)의 주에 손석(孫奭, 962~1033)의 소를 더한 ≪맹자주소≫ 등이다.

역사서 방면으로는 남송 요굉(姚宏)의 ≪전국책속주(戰國策續注)≫와 포표(鮑彪)의 ≪전국책신주(新注)≫, 호삼생(胡三生, 1236~1302)의 ≪자치통감주(資治通鑑注)≫ 등이 있다.

문학서 방면으로는 홍흥조(洪興祖, 1090~1155)가 왕일(王逸)의 ≪초

---

1) 이건국(李建國)의 ≪한어훈고학사(漢語訓詁學史)≫(안휘(安徽) 교육출판사 1986) p.134에서 축민철(祝敏徹)·상춘생(尙春生)의 <모형(毛亨)의 전(傳)과 정현(鄭玄)의 전(箋)의 같고 다름을 논함(論毛傳鄭箋의 異同)>(난주(蘭州)대학학보 사과판(社科版) 1983년 제1기)의 내용을 인용한 것을 재인용.

사주(楚辭注)≫에 보충을 한 ≪초사보주(補注)≫가 있고, 왕수(王洙)·송기(宋祁) 등 9인의 훈석을 모아 지은 곽지달(郭知達)의 ≪구가집주두시(九家集注杜詩)≫[2]·채몽필(蔡夢弼)의 ≪초당시전(草堂詩箋)≫ 등은 두보(杜甫)의 시에 대한 중요한 주석본이다. 또한 한유(韓愈)의 시문(詩文)에 대해서는 주희와 왕백대(王伯大)의 합작인 ≪한창려집(韓昌黎集)≫과 위중거(魏仲擧)가 펴낸 ≪오백가주음변창려선생문집(五百家注音辨昌黎先生文集)≫등이 있고, 유종원(柳宗元)의 문집에 대해서는 한순(韓醇)의 ≪훈고유선생문집(訓詁柳先生文集)≫과 동종설(童宗說)·반위(潘緯) 등의 ≪증광주석음변당류선생집(增廣注釋音辨唐柳先生集)≫ 등이 있으며, 왕안석(王安石)의 시에 대해서는 남송 이벽(李壁)의 ≪왕형공시전(王荊公詩箋)≫ 등이 있다. 그리고 소식(蘇軾)의 시에 대해서는 왕십붕(王十朋)의 ≪동파시집주(東坡詩集注)≫와 시원지(施元之)의 ≪시주소시(施注蘇詩)≫ 등이 있다.

6.2.4 아학(雅學) 분야

송대 아학분야에 관한 저작으로는 육전(陸佃)의 ≪비아(埤雅)≫와 나원(羅願)의 ≪이아익(爾雅翼)≫ 등이 있다.

6.2.4.1 ≪비아≫

≪비아≫는 송 육전(1004~1102)이 지은 책이다. 육전은 자가 농사(農師)이며, 월주(越州) 산음(山陰, 지금의 절강성 소흥(紹興)현) 태생이다. 신종(神宗, 1068~1085 재위) 때 상서좌승(尙書左丞)을 지냈으며, ≪이아신의(爾雅新義)≫ 20권을 지었다. 원래 이 책의 이름은 ≪물성문류(物性門類)≫였으며, 북송 철종(哲宗, 1086~1100 재위) 때에 지어졌다.

≪비아≫는 모두 8편 20권으로 이루어져 있는데, 주로 사물의 이름

---

[2] 9인이란 위의 두 사람 외에 왕안석(王安石), 황정견(黃庭堅), 설몽부(薛夢符), 두전(杜田), 포표(鮑彪), 사윤(師尹) 그리고 조언(趙彥) 등을 말한다.

을 해석하여 ≪이아≫를 보충한 것이어서 그 이름을 ≪비아≫라고 하였다. '埤'는 '더한다'는 뜻이다.

권1과 권2는 <석어(釋魚)>편으로 30조의 단어를 수록하고 있다. 권3에서 권5까지는 <석수(釋獸)>편으로 44조의 단어를 싣고 있다. 권6에서 권9까지는 <석조(釋鳥)>편으로 60조의 단어를 담고 있으며, 권10과 권11은 <석충(釋蟲)>편으로 40조의 단어를, 그리고 권12는 <석마(釋馬)>편으로 15조의 단어를 수록하고 있다. 권13과 권14는 <석목(釋木)>편으로 31조의 단어를, 권15에서 권18까지는 <석초(釋草)>로 64조의 단어를 싣고 있다. 그리고 마지막 권19와 권20은 <석천(釋天)>으로 모두 297조의 단어를 싣고 있는데 그 중 동물 이름이 189조이고 식물 이름은 95조, 천문에 관한 것은 13조이다.

육전은 당시에 ≪시경≫의 뜻을 잘 해석하는 것으로 유명하였는데, 이 책의 해석에서도 ≪시경≫에 나오는 문구를 인용해서 ≪시경≫에 쓰인 뜻을 규명한 사례가 많았다. 자의의 해석에 있어서는 왕안석의 ≪자설(字說)≫ 같은 억설을 끌어 들였는데, 이런 점은 잘못이다. 책머리에 그의 아들 육재(陸宰)가 1125년에 쓴 서문이 실려 있다.

6.2.4.2 ≪이아익(爾雅翼)≫

≪이아익≫은 송대 나원(羅願, 1136~1185)이 지은 훈고서이다. 나원은 자가 단량(端良)이고, 휘주(徽州, 지금의 안휘성) 흡현(歙縣) 태생이다. 나원에 대한 전기는 ≪송사(宋史)≫ 권380인 <나여즙전(羅汝楫傳)> 뒤에 붙어 있다.

책의 이름을 ≪이아익≫이라고 한 것은 ≪이아≫에 있는 풀·나무·짐승·곤충·물고기 등 각종 사물을 재해석하여, ≪이아≫의 보익(輔翼, 보조라는 뜻)으로 삼으려는 뜻에서 저술하였기 때문이다.

이 책은 남송 1174년에 완성되었는데, 1270년 왕응린(王應麟)이 휘주 태수를 하고 있을 때, 나원의 종증손(從曾孫)의 집에 소장되어 있던 것을 얻어서 관청에서 판각하였다.

≪이아익≫은 모두 32권, 5만여 자로 이루어져 있다. 그 내용을 보

면 권8까지는 각종 풀에 대하여 풀이하였고, 권9에서 권12까지는 나무에 대하여, 그리고 권13에서 권17까지는 새에 대하여, 권18에서 권23까지는 짐승에 대하여, 권24에서 권27까지는 벌레에 대하여, 그리고 권28에서 권32까지는 물고기에 대하여 풀이하였다. 그 내용이 매우 광범위할 뿐만 아니라 각종 사물에 대하여 원류를 자세히 고찰하고 있다.

지금 전해지고 있는 판본은 원나라 때인 1320년에 홍염조(洪焱祖)가 음석(音釋)한 것으로 청 장해붕(張海鵬)이 펴낸 ≪학진토원(學津討原)≫ 제4집에 실려 있다.

6.3 문자학

6.3.1 ≪설문해자≫의 계승과 발전

≪설문해자≫는 세상에 나온 후 줄곧 학계에 큰 영향을 끼쳐, 한나라의 정현(鄭玄)·응소(應劭), 당나라의 안사고(顔師古)·육덕명(陸德明)·공영달(孔穎達)·가공언(賈公彦) 등 많은 학자들이 중시하였다.

그런데 ≪자림≫·≪옥편≫ 등과 같은 ≪설문해자≫를 근거로 한 자전들이 나오기는 하였으나, 직접 ≪설문해자≫를 대상으로 연구한 사람이나 저작은 거의 없었다. 양(梁)나라 유엄묵(庾儼默)의 ≪연설문(演說文)≫ 1권과 ≪수서·경적지≫에 ≪설문음은(說文音隱)≫ 4권이 있었다는 기록은 있지만 전해지지는 않는다. 그러므로 ≪설문해자≫에 대한 본격적인 연구는 당나라 이양빙(李陽冰)과 송나라 서현(徐鉉)·서개(徐鍇) 형제에 이르러서야 시작되었다고 하여도 지나친 말은 아닐 것이다.[3]

---

[3] 이양빙은 당나라 때 사람이므로 <제5장>에서 이야기해야 옳지만, 송나라 서현·서개 형제와 밀접하게 연결되어 있기 때문에 여기에서 한꺼번에 말하도록 하겠다.

6.3.1.1 이양빙과 ≪설문해자≫

이양빙은 당나라 대력(大曆, 766~779) 때 사람으로, 서예가로서 전서(篆書)에 매우 뛰어났다고 한다. 그는 자신의 전서 실력을 바탕으로 ≪설문해자≫를 연구하였다. ≪선화서보(宣和書譜)≫를 보면 그에 대해 다음과 같은 기록이 있다.

> 이양빙은 자가 소온(少溫)이고 조군현(趙郡縣) 사람으로, 관직은 장작소감(將作少監)에까지 이르렀다. 문장에 능하고 30년 간 소전(小篆)에 힘을 쏟았다. 이사(李斯)의 역산비(嶧山碑)와 공자의 집 벽 속에서 나온 책들의 문자를 보고 그 필법을 익혀 자유자재로 필법을 구사하여 스스로 일가를 이루었다고 칭하였다. 자학(字學)의 근원을 연구하여 ≪필법론(筆法論)≫을 지어 점획의 의미를 분명하게 하였다. … 허신이 지은 ≪설문해자≫를 보충·수정하여 ≪설문해자≫ 30권을 지어 설문학의 기틀을 마련하였으므로 그를 창힐의 후손이라 칭하였다.(「陽冰, 字少溫, 趙郡人, 官至將作少監. 善詞章, 留心小篆迨三十年. 初見李斯嶧山碑與仲尼延陵季子字, 遂得其法, 乃能變化開合, 自名一家. 推原字學, 作≪筆法論≫, 以別其點劃. … 其自許愼至是作刊定≪說文≫三十卷, 以紀其學, 人指以爲倉頡後身.」)

그가 수정하여 펴냈다는 ≪설문해자≫는 전해지지 않고, 서현과 서개 형제의 책 가운데서 그 흔적을 엿볼 수 있을 뿐이다. 그의 작업은 크게 세 가지로 요약된다.

첫째, 그는 ≪설문해자≫의 글자체를 수정하였다.

≪설문해자≫는 본래 전서(篆書)를 정문(正文)으로 삼았으므로, 전서체에 능통한 이양빙은 ≪설문해자≫의 전서체에 대하여 규범에 어긋나거나 정확하지 않은 글자체를 고쳤다. 예를 들어 '王(왕)'자의 경우는 두 번째 획이 좀 더 위로 올라가야 한다고 하였고, '玉(옥)'자는 세 개의 가로획 사이의 간격이 똑같아야 한다고 하였다.

둘째, 글자의 분석에 있어 허신과 다른 주장을 하였다.

≪설문해자≫를 보면 "同(동)은 모인다는 뜻이다. 冃(모)와 口(구)는

모두 의미부분이다.(「同, 合會也. 从月, 从口.」)"라고 하였는데, 이양빙은 '同'자에서 '日' 안에 있는 '口'는 '口(구)'자가 아니라고 하였다. 또 ≪설문해자≫에서는 "路(로)는 길(道)이다. 足(족)은 의미부분이고, 各(각)은 발음부분이다.(「路, 道也. 从足, 各聲.」)"라고 하였는데, 이양빙은 各은 발음부분이 아니라 輅(로)의 생략형이라고 하였다.

셋째, 이양빙은 허신의 견해에 의문을 품고 자신의 주장을 펴기도 하였다.

예를 들어 허신은 '隹(추)'는 꼬리가 짧은 새의 총칭이라고 하였는데, 이에 대해 이양빙은 ≪이아≫를 보면 꼬리가 긴 새들도 '隹'자를 쓰고 있으니 이는 그냥 새의 총칭이지 꼬리가 짧은 새만을 지칭하는 것이 아니라고 하였다. 또 '笑(소)'자에 대해 ≪설문해자≫에서는 '竹(죽)'과 '犬(견)'으로 이루어졌다고 하였는데, 이양빙은 '笑'자가 '웃는다'라는 뜻을 가지게 된 이유는 대나무[竹]는 바람이 불면 휘어지게[夭(요)] 되는데 그 모습이 사람이 웃는 것과 비슷하기 때문이라고 주장하였다.

이상과 같은 이양빙의 ≪설문해자≫에 대한 수정 작업에 대하여 서씨 두 형제는 모두 억설이요 함부로 고친 것이라고 비평하였다. 서현은 ≪진설문해자표(進說文解字表)≫에서 다음과 같이 이양빙의 ≪설문해자≫ 수정을 비판하였다.

> 당나라 대력(大曆) 때 사람인 이양빙은 전체(篆體)가 뛰어나 고금의 으뜸이었으므로 스스로 이사(李斯) 이래로 소전(小篆)에 능한 사람은 자신뿐이라 한 말이 결코 헛되지 않는다. ≪설문해자≫를 수정·보충하고 필법을 고치자 당시 학자들이 모범으로 삼았고 이로 말미암아 대·소전이 중흥하였다. 그러나 허신의 의견을 배척하고 자신의 억설을 세우기도 하였다. 대개 자신의 억설로 선조의 저서를 파괴했으니 어찌 이것이 성인(聖人)의 뜻이겠는가? 지금 문자를 연구하는 학자들 역시 대부분 이양빙의 새 의견을 좇고 있으니 이는 실로 전해들은 말만 중시하고 직접 본 것을 경시하는 풍토라 하겠다.(「唐大曆李陽冰篆迹殊絶, 獨冠古今, 自云斯翁之後直至小生, 此言爲不妄矣. 於是刊定說文,

修正筆法, 學者師慕, 籀篆中興. 然頗排斥許氏, 自爲臆說. 夫以師心之見, 破先儒之祖述, 豈聖人之意乎? 今之爲字學者, 亦多從陽冰之新義, 所謂貴耳賤目也.」)

 서씨 형제의 비판 이후 오늘날까지 이양빙은 ≪설문해자≫를 제 마음대로 고친 죄인의 대명사로 불리어지고 있는데, 사실 위의 예만 보더라도 이양빙이 무조건 잘못한 것 같지는 않다.
 우선 첫 번째의 예에서 '王'자와 '玉'자에 대한 주장은 금문(金文)과 소전을 가지고 대조해 보면 근거가 있는 것이다. 예를 들어보면, '王'자는 '王'(<괵계자백반(虢季子白盤)>)·'王' 등으로 썼고, '玉'자는 '王'(<을해궤(乙亥簋)>)·'王' 등으로 썼다. 이것을 보면 '王'자는 '王'으로 세 가로획 가운데 두 번째 획이 위로 올라가 있고, '玉'자는 '王'으로 세 개의 가로획 간의 거리가 일정함을 알 수 있다.(그런데 '王'과 '王' 두 글자가 자형이 비슷하여 혼동을 일으키기 쉬웠기 때문에, 후세 사람들은 '王'자에 점(丶)을 하나 찍은 '玉'자를 만들어 임금 '王'자와 구별하였다.)
 그리고 두 번째의 예에서 '同'자의 아래 부분이 '口'자가 아니라는 것 또한 타당성이 있다. 왜냐하면 '口'자는 고문자에서는 종종 그릇[器(기)]을 나타낸 것일 경우가 많기 때문이다.
 또한 '路'자의 발음부분이 '各'이 아니라 '輅(로)'자의 생략형이라는 대목도, 사실 엄밀하게 말하자면 이것은 현대 음운학자들도 의견이 분분한 고대 중국어의 복성모(複聲母) 현상 때문에 발생된 문제이므로 이양빙의 억측이라고만 몰아붙일 수는 없는 문제이다.
 끝으로 세 번째의 예에서 '隹'가 꼬리 짧은 새의 총칭이 아니라 그냥 새의 총칭이라고 한 견해는 맞는 것이다. 일반적으로 '隹'를 쓰는 새들은 꼬리가 짧고, '鳥(조)'를 쓰는 새들은 꼬리가 길다고 알려져 있고 허신 역시 이렇게 말하고 있는데, ≪설문해자≫의 <추부(隹部)>와 <조부(鳥部)> 안에 있는 글자를 직접 분석해서 통계를 내보면 이러한 꼬리의 길고 짧음의 구별은 없다고 단언할 수 있다.

중국 사람들은 앞 사람이 한 번 낙인(烙印)을 찍으면 그 다음 사람들 역시 무조건 따라서 같이 낙인을 찍는 경향이 있다. 학자로서는 매우 조심해야 할 일이다. 그러므로 이양빙의 ≪설문해자≫ 수정에 대해서는 중국 사람들이 하는 대로 무조건 잘못된 것으로만 몰아세우지 말고, 옳은 것은 옳다고 하고 타당성이 있는 것은 그 타당성을 인정하고, 그리고 잘못된 견해는 어떻게 해서 잘못된 것인지를 밝혀서 좀 더 객관적으로 평가를 내려야 할 것으로 생각한다.

6.3.1.2 서현(徐鉉)·서개(徐鍇) 형제의 ≪설문해자≫ 정리

이양빙 이후 ≪설문해자≫ 연구에 지대한 공헌을 한 사람으로는 남당(南唐)의 서현과 서개 형제를 들 수 있다. 일반적으로 이들 형제를 칭하여 이서(二徐)라 하며, 형인 서현을 대서(大徐), 동생인 서개를 소서(小徐)라고 부른다.

(1) 서현의 대서본(大徐本) ≪설문해자≫

서현(916~991)은 양주(揚州) 광릉(廣陵), 즉 지금의 강소성(江蘇省) 양주(揚州) 사람으로 자가 정신(鼎臣)이다. 처음에는 남당에서 벼슬을 하여 관직이 이부상서(吏部尙書)에 올랐다가 남당의 후주(後主)인 이욱(李煜)을 따라 송에 귀순하여 태자솔경령(太子率更令)을 지냈다. 서현은 동생 서개와 함께 ≪설문해자≫연구에 이름을 떨쳤는데, 세칭 이들을 "대소이서(大小二徐)"라 한다.

서현이 왕명을 받들어 구중정(句中正, 929~1002)과 함께 ≪설문해자≫를 교정하여 986년에 완성한 후, 국자감의 조판을 거쳐 세상에 전해지기 시작하였는데, 이것이 바로 대서본 ≪설문해자≫ 30권이다.

서현의 교정본은 본서의 빠진 부분을 보충하고 틀린 부분을 바로잡았으며 때로는 덧붙이기도 하였다. 그는 다음과 같이 ≪설문해자≫를 교정하였다.

① 누락된 부분을 보충하였다.

어떤 글자들은 정문(正文)에는 없는데 다른 글자를 풀이하는 가운데

나오는 것들이 있다. 서현은 이와 같은 글자들을 누락되었다고 여겨, '詔(조)'·'志(지)'·'件(건)'·'借(차)'·'魋(퇴·추)'·'綦(기)'·'剔(척)'· '觷(학)'·'醆(잔)'·'趄(저)'·'顠(초)'·'璵(여)'·'膺(응)'·'樴(삼)'·'緻 (치)'·'笑(소)'·'迓(아)'·'脘(완)'·'峯(봉)' 등 19자를 새로 정문으로 실었다.

② 민간에서 변한 별체자(別體字) 중 ≪설문해자≫의 정자(正字)와 다른 것은 "신현등왈(臣鉉等曰)"이라고 하여 설명을 하고 바로 잡았다.

예를 들어 <주부(走部)> '赴(부)'자 설명에서, "내 생각에 ≪춘추전≫에서는 '부고(赴告)'라고 할 때 이 글자를 썼는데, 지금 민간에서는 '訃(부)'자로 쓰고 있다. 이는 잘못이다.(「臣鉉等曰: ≪春秋傳≫赴告用此字, 今俗作訃, 非是.」)"라고 하였다.

③ ≪설문해자≫가 전해지는 과정에서의 오류를 바로 잡았다.

이 세 가지의 교정과 정리 작업 외에도 그는 다음과 같은 독자적인 노력을 기울였다.

첫째, ≪설문해자≫의 분권(分卷) 방식을 고쳤다.

허신의 원서는 본문 14편과 서(敍) 1편으로 되어 있었는데, 아들인 허충(許沖)이 황제에게 진상할 때 편을 권으로 고쳐 15권이라 하였다. 서현은 한 편의 분량이 너무 많다고 여겨 매권을 상하로 나누어 모두 30권으로 하였다.

둘째, 반절을 통일시켰다.

허신의 시대에는 아직 반절이 없었으므로 "독약모(讀若某)"로 표음하였다. 서현이 처음으로 손면(孫愐)의 ≪당운(唐韻)≫을 근거로 하여 매 글자 아래에 반절로 그 발음을 표시하였는데, 독음이 한(漢)대의 독음과는 같지 않았다.

셋째, 수록자 수를 증가시켰다.

경전에 전해 오고 민간에서도 사용되지만 ≪설문해자≫에 실려 있지 않은 글자들을 매 부수의 끝에 수록하고 '신부자(新附字)'라 하였다. 서현이 늘린 신부자는 모두 402자이다.

넷째, ≪설문해자≫ 원주에 부족한 것을 보충·해석하였다.

서현은 <상≪설문≫표(上≪說文≫表)>에서 "허신의 주해는 말은 간략하지만 뜻이 심오하여 모든 사람이 알지는 못합니다. 이양빙 이후 여러 학자들의 견해 가운데서 취할 만한 것은 덧붙여 놓았고, 그래도 미진한 부분은 저희들이 서툴지만 훈석하여 일가의 책을 이루어 놓았습니다.(「許愼注解, 詞簡義奧, 不知周知. 陽冰之後, 諸儒箋述, 有可取者, 亦從附益. 猶有未盡, 則臣等粗爲訓釋, 以成一家之書.」)"라고 하였다. 그가 덧붙인 주해는 이양빙이나 동생 서개의 견해를 인용하기도 하였고, 자신의 새로운 견해를 덧붙이기도 하였다.

　이상에서 볼 때 서현의 ≪설문해자≫연구는 이양빙의 "새로운 견해를 세운다"는 점에서는 일치하지만 서현의 태도가 좀 더 신중하였다고 할 수 있다.

　일반적으로 통용되는 대서본 ≪설문해자≫의 판본은 송각본(宋刻本)을 영인한 것과 송각본을 다시 새긴 것이 있다.

(2) 서개의 ≪설문해자계전(說文解字繫傳)≫

　서개(920~974)는 자가 초금(楚金)으로 4세 때 부친을 여의었다. 그의 모친이 형인 서현을 가르치기에도 바빠 자신에게 신경을 쓸 틈이 없었는데도 혼자서 글을 익혀 능히 책을 볼 수 있었다고 전해진다. 이경(李景)이 그의 능력을 인정하여 비서성정자(祕書省正字)로 삼았다. 후에 이목(李穆)이 강남(江南)에 갔다가 서현·서개 형제의 문장을 보고 감탄하면서, "이육(二陸)[4]도 이에는 못 미친다"라고 말했다고 한다.

　서개의 저작으로는 ≪설문해자계전≫ 40권이 있다. 이를 세칭 소서본(小徐本)이라 한다. 현재 전해지고 있는 판본은 원본이 아니고 일부가 훼손된 것을 송나라 장차립(張次立)이 다시 보완하여 후세에 전한 것이다.

　≪설문해자계전≫에서 '계전(繫傳)'이란 ≪주역≫ <계사(繫辭)>의 예를 본떠 ≪설문해자≫에 전(傳)을 달았다는 뜻으로 지금말로 하자면

---

4) 시문(詩文)에 뛰어났던 진(晉)대의 육기(陸機, 261~303)와 육운(陸雲, 262~303) 형제를 지칭함.

해설을 하였다는 뜻이다. 청나라 전증(錢曾, 1629~1701)은 그의 ≪독서민구기(讀書敏求記)≫에서 " '계전'이라 명명한 것은 허신의 책을 경전으로 받들어, 좌구명이 ≪춘추≫에 전(傳)을 단 것에 비한 것이다(「總名之≪繫傳≫者, 蓋尊叔重之書爲經, 以自比于邱明之爲≪春秋≫作傳也..」)"라고 하여 책이름의 유래를 밝혔다.

≪설문해자계전≫ 40권은 다음과 같이 구성되어 있다.

권1에서 권30까지는 <통석(通釋)>으로 ≪설문해자≫ 정문의 해석과 그 증명 부분으로 ≪계전≫의 주요 부분이다. 서개는 "≪설문해자≫의 학문이 멀어졌도다. 9대를 거쳤고 700여 년이 흘러 선생은 가르침에 해이하고 학생들은 학업에 나태하다. 성인이 나타나지 않으니 신묘한 뜻이 희미해 간다. 이에 ≪설문해자≫에 통석을 붙인다.(「≪說文≫之學遠矣, 時歷九代, 年移七百, 保氏弛敎, 學人墮業, 聖人不作, 神旨幽沫, 故臣附其本書, 作通釋.」)"라고 하여 그 취지를 밝혔다.

권31과 32는 <부서(部敍)>로 각 부수 의미의 상관관계를 분석하여 540부수 순서의 이치를 설명하였다.

권33에서 35까지는 <통론(通論)>으로 천지・군신(君臣)・예의(禮儀)・오행(五行)・성명(性命)・부모・처자・호오(好惡)・우현(愚賢) 등과 관련된 명사 110여 개에 대하여 글자 뜻의 유래, 형체 구조와 그 의미를 밝혔다.

권36 <거망(祛妄)>에서는 허신의 해설과 다른 이양빙 등의 견해를 반박하고 있다.

권37 <유취(類聚)>는 동류자(同類字)들을 모아서 수목(數目)・어사(語詞)・육부(六部)・산천(山川)・일월(日月)・수족(手足)・조속(鳥屬)・어속(魚屬)・수속(獸屬)・초속(艸屬)・간지(干支) 등으로 나누고, 각 류 글자들의 형태와 의미를 논술하고 있다.

권38 <착종(錯綜)>은 '刑(정)'자가 '井(정)'자에서 온 것이고 '巫(무)'자가 '工(공)'자에서 온 것이라는 등, 육서(六書)의 의미를 인간 생활에 미루어 그 뜻을 추정하였다.

권39 <의의(疑義)>에서는 ≪설문해자≫에서 편방(偏旁)으로는 쓰이지만 정문(正文)은 없는 '劉(유)'·'希(희)'·'志(지)'·'崔(최)'·'免(면)'·'由(유)'·'騂(성)'자와 정문의 필획이 약간 잘못된 '衣(의)'·'長(장)'·'康(강)'·'彳(척)'·'言(언)'·'羽(우)'·'肉(육)'자에 관하여 논하였다.

권40 <계술(系述)>은 각 편 저술의 취지를 설명하고 있다.

서개는 구경삼전(九經三傳)을 인용하여 경서에 전(傳)을 다는 형식을 모방했을 뿐 아니라 문자학 저작에 대한 전면적인 연구를 시도하여 다음과 같은 점에서 공헌을 하였다.

첫째, 당시의 말과 속어를 써서 ≪설문해자≫를 증명하였다.

예를 들어 '呧(저)'자를 보면, "呧는 ≪설문해자≫에서는 '꾸짖는다는 뜻이다. 口(구)는 의미부분이고, 氐(저)는 발음부분이다.'라고 하였는데, 내 생각에는 요즘 사람들은 꾸짖을 때 저가(呧呵)라 한다.(「呧, ≪說文≫: '苛也. 從口, 氐聲.' 臣鍇曰: 今人謂詰難之爲呧呵.」)"(<통석> 제3)라고 하였다. 과거의 훈고학자들은 이 방법을 그다지 중시하지 않았지만, 서개는 주석에서 살아 있는 언어 자료를 운용하여 시간과 공간을 통하게 할 수 있음에 주의하였다.

둘째, 가차와 인신의에 대하여 주를 달아 밝혔다.

예를 들어 '難(난)'자를 보면, "難은 '≪설문해자≫에서는 새(의 이름)이다.'라고 하였다. 신의 생각에 難은 ('새'라는 뜻에서) 난이(難易, 어렵고 쉬움)의 難으로 가차된 것이다.(「難, ≪說文≫: '鳥也.' 臣鍇曰: 借爲難易之難.)"(<통석> 제7)라고 하였다.

셋째, 발음으로 뜻을 풀이하였다.

예를 들어 '禎(정)'자 해설을 보면, "신의 생각에 禎은 '곧다[貞(정)]'는 뜻이다. 또 '貞'은 '바르다[正(정)]'는 뜻이다. 사람에게는 선함이 있으므로 신이 상서로운 징조로 바르게 알려준다. ≪주례(周禮)≫에 '영원히 곧은 것을 기원한다.'고 하였다.(「臣鍇曰: 禎者, 貞也. 貞, 正也. 人有善, 天以符瑞正告之也. ≪周禮≫曰: '祈永貞.'」)"라고 하였다.

이렇게 발음에서 글자의 뜻을 탐구하는 방식은 중국학자들의 오랜 전통이다. 그러나 당시에는 고음에 대한 연구가 제대로 되어 있지 않아 당시의 발음을 근거로 하였기 때문에 잘못된 견해도 많다.
  넷째, 고금문자(古今文字)의 형체를 정리하였다.
  <통석>에서 자형과 자의를 풀이하면서 고금의 형체까지 겸하여 정리해서 고자(古字)·정자(正字)의 변화와 금자(今字)·속자(俗字)의 근본을 밝혔다. 예를 들어, "縣(현)자는 내 생각에 현재는 心(심)을 더하여 懸(현)으로 쓴다. 厶(사)는 공사(公私)라고 할 때의 私(사)자인데, 지금은 모두 私로 쓴다.(「縣, 臣鍇案: 懸. 今人加心. 厶, 臣鍇曰: 此公私字, 今皆作私..」)"(<통석> 제17)라고 하였다.
  다섯째, ≪설문해자≫에 근거하여 고서(古書)를 해석하였다.
  서개는 <통석>에서 ≪설문해자≫를 이용하여 고서를 해석하거나 고서의 통가(通假)관계를 밝혔다. 예를 들어, "赻(원)은 ≪설문해자≫에서 '원전(赻田)은 거주지를 바꾼다는 뜻이다.'라고 하였다. 내 생각에는 ≪춘추좌전(春秋左傳)≫에서 '그리하여 진(晉)이 원전(爰田)을 하였다.'라고 한 것이나, ≪국어(國語)≫에서 '원전(轅田)을 하다.'라고 한 것은 모두 가차자이고, 이것이 정자이다.(「赻, ≪說文≫: "赻田, 易居也." 臣鍇案: ≪春秋左傳≫: "晉于是乎作爰田." ≪國語≫: "作轅田.", 皆假借, 此乃正字也..」)"(<통석> 제3)라고 하였다.
  이렇게 ≪설문해자≫의 주해와 고적에 대한 훈석을 결합한 것은 ≪설문해자≫의 함축된 의미를 밝히는 데 도움이 될 뿐 아니라, 고서 훈석에 대한 실용 가치를 높인 것이라고 할 수 있다.
  여섯째, ≪설문해자≫에 대한 종합적인 연구를 시작하였다.
  서개는 글자를 통석하는 기초 위에서 관련 문제에 대하여 전문성이 있는 종합적인 연구를 하였는데, 이것은 ≪설문해자≫연구사상 선구적인 의미가 있다. <부서(部敍)>·<통론>·<거망(袪妄)>·<유취(類聚)>·<착종(錯綜)>·<의의(疑義)> 등에서 종합적으로 ≪설문해자≫ 부수의 배열 규칙, 문자 의미와 형태 구조의 유래, 자체 변천과 그에 따른 의문점, ≪설문해자≫를 전하는 과정에서의 오류 등 중요한 문제를 전문적으로 탐구하였다.
  ≪설문해자≫연구사에서 이서(二徐)의 교감과 연구는 ≪설문해자≫

의 계승과 발전의 기초를 다듬어 놓았다고 할 수 있다. 이양빙이 ≪설문해자≫를 부흥시켰다고 하지만, 당 이후 전란을 겪으면서 허신과 이양빙의 책만 겨우 세상에 전할뿐이었고, 또 연구하는 학자도 매우 적었다. 이러한 상황에서 서현·서개 형제의 전반적이면서 전문적인 연구와 교감은 날로 쇠멸해 가던 ≪설문해자≫연구에 새로운 중흥의 기틀을 마련하였고 후대 ≪설문≫학이 발전하는 데 선구적인 역할을 하였다.

6.3.2 자전의 편찬

송대의 자전은 대체로 네 가지 성격으로 나뉜다.

첫째는 해서(楷書)자전이다. ≪설문해자≫의 부수를 따르거나 약간 조정한 것으로, ≪유편(類篇)≫·≪자통(字通)≫ 등이 이에 속한다.

둘째는 고문자(古文字)자전이다. ≪설문해자≫의 체례를 본 떠 고문자를 탐구한 것으로, ≪한간(汗簡)≫·≪고문사성운(古文四聲韻)≫ 등이 이에 속한다.

셋째는 ≪간록자서(干祿字書)≫와 같이 글자체의 정속(正俗)과 뜻풀이를 중점으로 한 것으로, ≪복고편(復古編)≫·≪패휴(佩觿)≫ 등이 이에 속한다.

넷째는 ≪설문해자≫의 부수를 따르지 않고 새로운 체계를 세운 것으로, ≪육서고(六書故)≫가 이에 속한다.

이들을 차례대로 살펴보면 다음과 같다.

6.3.2.1 ≪유편(類篇)≫

≪유편≫은 예전에는 사마광(司馬光)이 지은 것으로 알려졌으나, 책 뒤에 있는 발(跋)에 따르면 왕수(王洙)·호숙(胡宿)·장차립(張次立)·범진(范鎭) 등이 서로 이어가면서 책을 쓰고, 마무리만 사마광이 한 것으로 보인다. 1039년에 왕수가 칙명을 받아 쓰기 시작하였고, 호숙·범진 등이 이어받아 27년의 시간을 들여 1066년에 다 썼지만, 베

껴 쓰는 작업이 모두 끝나지 않아 사마광이 끝마무리를 하여 진상한 것이다. 해설 가운데에 '신광안(臣光案)'이라는 세 글자가 있는데, 이것은 사마광이 앞사람들이 이루어 놓은 것을 고치지는 못하고 자신의 의견을 덧붙였음을 나타내준다.

왕수(997~1057)는 송성(宋城), 지금의 하남성(河南省) 상구현(商丘縣) 사람으로, 자는 원숙(原叔)이다. 관직이 진사에서 시강학사(侍講學士)에까지 이르렀다. 천문학·음률·훈고·전서와 예서에 두루 통하였고, 저서로는 ≪역전(易傳)≫과 잡문(雜文) 10여 편이 있다.

호숙은 진릉(晉陵), 지금의 강소성 무진현(武進縣) 사람으로, 자는 무평(武平)이다. 호주태수(胡州太守)를 지냈고, 태자소사(太子少師)에까지 올랐다.

범진(1007~1087)은 화양(華陽, 지금의 사천성(四川省) 성도시(成都市) 동남부) 사람으로, 자는 경인(景仁)이다. 집현전수찬(集賢殿修纂)·한림학사(翰林學士)를 역임하고, 촉문공(蜀文公)에 봉해졌다. 저서로는 문집과 ≪동재기사(東齋記事)≫ 등 100여 권이 있다.

사마광(1019~1086)은 진주(晉州), 지금의 산서성(山西省) 하현(夏縣) 사람으로, 자는 군실(君實)이다. 진사에서 문하시랑(門下侍郎)까지 지냈다. 저서로는 ≪자치통감(資治通鑑)≫·≪사마온공집(司馬溫公集)≫ 등이 있다.

≪유편≫은 본래 14편이었는데, 목록 1편을 더하여 모두 15편으로 이루어졌다. 각 편은 다시 상·중·하 3권으로 나뉘어져 있으므로 45권이라고도 한다. 수록자는 중문(重文)과 이체자를 포함하여 모두 31,319자이다.

≪유편≫의 글자 배열은 형체와 소리를 배합한 방식을 취하였다. 다시 말해서 부수는 완전히 ≪설문해자≫의 540부수에 의거하여, '一(일)'에서 시작해서 '亥(해)'로 끝나고, 매 부의 글자 배열 순서는 ≪광운≫의 사성(四聲)에 근거하여 '동(東)'운에서 시작해서 '핍(乏)'운으로 끝난다. 이처럼 형체와 소리를 모두 고려하여 배열한 것은 고대 사전 편찬사상 하나의 창조라 할 수 있다.

자의의 해석 방면에서 ≪유편≫은 ≪설문해자≫의 해석을 모두 싣고 그 다음에 해석을 가하였으며 끝에 반절로 발음을 표시하였다. 예를 들어 <상(上)부> '上'자 해설을 보면,

> 丄(상)은 높다는 뜻이다. 이것은 고문의 上자로서, 지사자이다. 丄을 부수로 삼는 글자들은 모두 丄을 따른다. 혹은 上으로 쓰기도 하며, 옛날에는 二으로 썼다. 시장절(是掌切)이다. 上은 또 시량절(時亮切)이다.(丄, 高也. 此古文上, 指事也. 凡丄之類皆从丄. 或作上, 古作二. 是掌切. 上, 又時亮切.)

라고 하였다.

또한 ≪이아≫·≪방언≫의 훈석을 인용할 때도 마찬가지로 필요한 해설을 더하였다. 예를 들면 <심(心)부> '恌(조)'자 해설에서, "≪방언≫에서는 이치(理致)라고 하였다. 즉 마음의 이치이다.(「≪方言≫: 理也. 謂情理.」)"라고 하였다.

만약 ≪설문해자≫에서 해석한 본의가 잘 쓰이지 않고 가차의나 인신의가 상용될 때는, 자주 쓰이는 뜻을 먼저 말하고 그 다음에 ≪설문해자≫를 인용하였다. 예를 들면, <언(焉)부> '焉'자 해설에서 "焉은 어조사이다. ≪설문해자≫에서는 '焉은 새이다. 황색으로 장강(長江)과 회수(淮水)에서 나온다. 상형자이다.'라고 하였다.(「焉, 語助. ≪說文≫: '鳥, 黃色, 出於江淮, 象形.'」)"라고 한 것들이다.

이 책에서는 한나라 이후에 나타난 새로운 낱말이나 글자도 많이 수록하고 있고, 발음 표기는 수나라 조헌(曹憲)의 ≪박아음(博雅音)≫·당 손면(孫愐)의 ≪당운(唐韻)≫·안사고(顔師古)의 ≪한서주(漢書注)≫를 근거로 하였으며, ≪광운≫과 ≪집운≫을 참고하였다. 또 당시 실제 발음에 근거하여 발음을 정한 것도 있다.

또 ≪유편≫에서는 한 글자가 여러 가지 발음을 갖는 현상, 즉 일자다음자(一字多音字)의 발음과 의미의 대응 관계에 주의를 기울였다. 예를 들어 <시(矢)부> '射(사)'자 해설을 보면,

射: 식야절(食夜切), '활이 몸에서 발사되어 먼 곳에 명중되었다'는 뜻이다. … 또 식역절(食亦切)도 된다. 또 인사절(寅謝切)도 되는데, (이 때는) 복야(僕射)로 관직 이름이다. 또 이익절(夷益切)도 되는데, (이 때는) 무익(無射) 즉 9월의 악률(樂律) 이름이다.(「射: 食夜切, 弓弩發於身而中於遠也. … 又食亦切, 射又寅謝切, 僕射, 官名; 又夷益切, 無射, 九月律名.」)

라고 하였다. 여기에서 보면 식야절(食夜切, 즉 '사')과 식역절(食亦切, 즉 '석')의 두 독음은 '발사(發射)'라고 할 때의 독법이고, 인사절(寅謝切, 즉 '아'→'야')은 관직 명칭인 '복야(僕射)'라고 할 때의 독법이다. 그리고 이익절(夷益切, 즉 '익')은 악률 명칭으로 '무익(無射)'에서의 '射'의 독법과 같다.

≪광운≫과 ≪집운≫에서는 일자다음자는 각기 다른 운부에 넣거나 또는 동일 운부 안의 다른 '소운(小韻)' 아래에 나누어 놓았지만, ≪유편≫에서는 한꺼번에 모아 놓아 음운·훈고를 연구하는 사람들이 발음의 변화, 소리와 의미의 관계를 연구할 때 도움이 된다.

≪유편≫의 일자다음자를 분석하면 다음과 같은 몇 가지 사실을 유추해 낼 수 있다.

첫째, 고음을 보존하고 있다. 예를 들어 '孟(맹)'자의 반절 가운데 모랑절(母郎切, 즉 '망')과 막랑절(莫浪切, 즉 '망'), '那(나)'자의 반절에서 나함절(那含切, 즉 '남') 등은 모두 고음을 반영한 것이다.

둘째, 방언을 나타내었다. 예를 들어, "耳(이)는 또 잉증절(仍拯切, 즉 '응')이다. 관중(關中)과 하동(河東) 지방의 말이다.(「耳, 又仍拯切, 關中河東語.」)"라고 한 것은 방언의 발음을 표시한 것이다.

셋째, 가차자를 밝혀내었다.

≪유편≫에서 가차자의 독음을 나타낸 것은 두 가지 경우이다. 하나는 '형체를 빌린 것'으로, 이는 두 글자의 독음이 완전히 다르지만 형체가 비슷하여 가차하여 쓰는 경우이다. 예를 들면 '屮(좌)'는 채조절(采早切), 즉 '초'라는 다른 발음을 갖는데, 이는 '屮(철)'자와 모양이 비슷하기 때문이다. 다른 하나는 '소리를 빌린 것'으로, 발음이 같거나

비슷하여 고서에서 많이 차용하여 쓰이는 경우이다. 이런 면에서 볼 때 ≪유편≫은 통가자전(通假字典)이라고도 할 수 있다.

위에서 본 대로 상고음과 중고음의 변화상을 연구하는 데 ≪유편≫은 상당히 중요한 자료를 제공하고 있다고 할 수 있다. 청말의 학자 황간(黃侃)은 고음을 연구하는 데 ≪유편≫의 일자다음자를 매우 중시하였다.

한편 ≪유편≫은 몇 가지 결점을 가지고 있기도 하다.

먼저 글자 배열의 체례가 치밀하지 못하다. 일반적으로 ≪집운≫의 방법을 채용하여 관련 글자를 모두 한 곳에 모아 놓으려고 하였지만 분산되어 있는 예도 있다.

둘째 수록한 우음(又音, 다른 발음)에 신중하지 못하다. 예를 들어, "睪(역)은 양익절(羊益切, 즉 '익')이고, 또 이익절(夷益切, 즉 '익')이다.(「睪, 羊益切, 又夷益切.」)"라고 하였는데, 이 두 음은 반절어는 다르지만 실제 발음은 같다.

셋째, 모양이 비슷한 글자의 독음을 우음으로 처리한 것이 있다. 예를 들어, "蘗(얼)은 어열절(魚列切, 즉 '얼')이고, 또 박액절(博厄切, 즉 '백')이다.(「蘗, 魚列切, 又博厄切.」)"라고 하였는데, '박액절'은 '蘗(벽)'의 반절이다.

종합적으로 말하자면 ≪유편≫은 비록 ≪설문해자≫의 많은 부분을 따랐지만 나름대로의 독창성을 지닌 자전으로, 중국의 언어·문자 연구에 참고 가치가 있다고 하겠다.

전하는 판본으로는 청 강희 때 주이존(朱彛尊, 1629~1709)이 발(跋)을 쓰고 조인(曹寅)이 조판하여 요근원(姚覲元)이 영사중각(影寫重刻)한 ≪요간삼운(姚刊三韻)≫본(1876)이 있다. 1984년 중화서국에서 요근원의 판본을 축소 영인하여 45권을 1권으로 출판하였다.

6.3.2.2 ≪자통(字通)≫

≪자통≫은 남송의 이종주(李從周)가 편찬한 것으로 1권으로 되어 있다. 이종주는 임공현(臨邛縣), 지금의 사천성(四川省) 공협현(邛峽

縣) 사람으로, 자는 견오(肩吾) 또는 자아(子我)라고 하고, 호는 빈주(蠙洲)이다.

책머리에 작자의 간단한 <서언(序言)>이 있는데 그것을 보면,

> 글자가 생기고 예서가 있게 되기까지, 대체로 많은 시간이 흘렀을 것이다. 또 시간이 흐를 때마다 근본을 추구하지 않을 수 없게 된다. 이 책은 세속의 필세에 의거하였고 ≪설문해자≫를 바탕으로 하였다. 해서와 예서도 이 점에 근거하여 미루어 보면 깨닫는 바가 많다.(「字而有隸, 蓋以降矣. 每降而輒下, 不可不推本之也. 此編依世俗筆勢, 質之以≪說文解字≫. 作楷隸者, 于此而推之, 思過半矣.」)

라고 하였듯이, 이 책의 목적은 글자의 근원을 탐구하는 것이었다. 즉 ≪설문해자≫에 근거하여 당시에 통용되는 해서의 부수를 해설하는 것이다.

그렇지만 그는 ≪설문해자≫의 부수를 사용하지 않고 해서의 점획에 의거하여 89부로 나누었다.

예를 들면 '위 4점류(上四點類)'로 米(미)·釆(변)·炎(염)·乖(괴) 등과 같은 글자를 수록하였고, '가운데 4점류(中四點類)'로 率(솔)·兆(조)·雨(우)·羽(우)·鹵(로) 등과 같은 글자를 수록하였으며, '3획류(三劃類)'로는 三(삼)·彡(삼)·川(천)·小(소)·气(기)·彳(척) 등이 있고, '우자류(又字類)'로는 又(우)·支(지)·殳(수)·攴(복)자 등이 있다.

그런데 이러한 분류는 하나의 글자가 여러 류에 속하게 되는 분석상의 결점을 지니고 있다.

예를 들어 一(일)자는 '위 1점류(上一點類)'와 '1획류' 두 류에 속하고 있고, 水(수)자와 火(화)자는 '위 2점류(上兩點類)'·'아래 3점류(下三點類)'·'옆 3점류(旁三點類)'·'아래 4점류(下四點類)'에 보여 체례가 다소 어지럽다. 또한 분류 원칙도 명확하지 않아 '一'이 왜 '위 1점류'에 속했는지 분명치 않다. 이 밖에도 回(회)자를 '가운데 日(일)자류(中日字類)'로 넣고, 東(동)자를 '里(리)자류'로 분류한 것 등은 전서체와 해서체 어느 것을 근거로 하였던가에 상관없이 전혀 근거가

없는 것이다. 그렇지만 여기에서 송대 학자들의 자유로운 상상력이 느껴지기도 한다. 역시 학자에게는 돈보다도 자유를 주어야 한다.

이 책의 수록자는 모두 601자인데, 매 글자를 전서(篆書)로 위에 크게 써놓고 밑에는 해서로 주를 달았다. 해석할 때는 먼저 음을 달고 뜻을 말하였다. 뜻풀이는 ≪설문해자≫의 방식을 따랐고, 어떤 것은 "모 글자는 모 글자를 따른다(某字從某)"라고 하였다. 예를 들어 '위 4점류'에 속하는 '釆(변)'자의 해설을 보면,

위 4점류 釆은 포현절(浦莧切)이다. 분별한다는 뜻이다. 동물의 발톱이 나누어져 갈라져 있는 모습을 그렸다. 番(번)·卷(권)·奧(오)·悉(실) 등과 같은 글자도 이것을 따른다.(「上四點類, 釆: 浦莧切, 辨別也. 像獸指爪分別也. 番·卷·奧·悉等字從此..」)

라고 하였다.

그런데 글자의 해석은 ≪설문해자≫에서 취하였지만, '卷'·'奧' 두 글자는 ≪설문해자≫에서는 각각 '卩(절)'과 '宀(면)'부에 속해 있다.

이 책 끝부분에 속자 82자에 대한 정정(訂正) 부분이 있는데, 이는 후인이 더한 것이다. 이 책은 실용적인 자전은 아니지만, 문자 형체 변화를 연구하는 데 참고 자료로 가치가 있다.

6.3.2.3 ≪한간(汗簡)≫

동한 때 고문경학의 흥성으로 문자학이 발전하기 시작하자, 이로 인하여 학자들은 글자의 원류를 이해하기 위하여 고문자를 중시하였다. ≪설문해자≫가 최초로 고문자의 형체를 수집한 이래 고문자 자서는 줄곧 그 명맥을 유지해 왔는데, 그 한 예로 ≪한서·예문지≫에 수록되어 있는 ≪팔체육기(八體六技)≫를 들 수 있다. 그러나 이 책은 현재 전해지지 않는다.

그 후 진(晉) 무제(武帝) 때인 279년에 급군(汲郡)에서 전국시대 위왕(魏王)의 묘가 발굴되었는데, 이 안에서 과두문(蝌蚪文, 올챙이 모양의 글자)으로 기록된 고서가 대량으로 발견되었다. 이것이 바로 '급총

고문(汲冢古文)'이다.

그 가운데에는 ≪주역≫·≪죽서기년(竹書紀年)≫·≪목천자전(穆天子傳)≫ 등 모두 75권 10여 만 자에 이르는 16부의 고서가 출토되었는데, 이는 공자 벽중서 이후 전국시대 고문의 최대 발견이었다.

그 다음해(280)에 관청에서 이 서적을 모두 거두어 두예(杜預)·위항(衛恒) 등에게 명하여 정리·연구하도록 하였는데, 그 결과가 바로 ≪급총고문석(汲冢古文釋)≫ 10권으로, 급총고문 연구의 집대성이라 할 수 있다.

이것으로 볼 때 위진(魏晉) 시대에도 고문을 연구한 학자가 적지 않았고, 당시 전하던 고문을 수록한 자서도 있었음을 알 수 있다. 하지만 현재까지 전해지는 것은 아무 것도 없다.

현재 전해지는 고문자 자서로 가치 있는 것으로는 곽충서(郭忠恕)의 ≪한간≫과 하송(夏竦)의 ≪고문사성운(古文四聲韻)≫을 들 수 있다.

≪한간≫ 7권은 곽충서(?~977)가 지은 것이다.

곽충서는 하남성(河南省) 낙양(洛陽) 사람으로, 자가 서선(恕先) 또는 국보(國寶)라고 한다. 후주(後周) 태조(太祖) 광순(廣順, 951~953) 때에 종정승(宗正丞) 겸 국자감박사(國子監博士)를 지냈기 때문에 곽종정(郭宗正)이라고도 불린다.(중국사람들은 이렇게 성에 벼슬이름을 붙여 부르기를 좋아한다.) 송나라 때 태종에 의해 국자감주부(主簿)에 임명되었고, 석경(石經)과 역대 자서의 교각(校刻)·정리에 참여하였다. 박학하고 재능이 많았다고 전해지는데, 언어·문자면에서는 고문과두자(古文蝌蚪字)를 판별해내는 데 독보적인 존재였고, 서예면에서도 각종 서체를 두루 잘 하였지만 특히 전문(篆文)과 주문(籒文)에 뛰어났다. 그리고 회화에서는 집을 매우 잘 그렸다고 한다. 그의 어문학 관계 저작으로는 ≪한간≫ 외에 ≪패휴(佩觿)≫가 있다.

저자는 "벽중 고문과 급총(汲冢)의 죽간(竹簡)의 발굴로부터 시간이 흐름에 따라 오류가 점점 많아짐을 늘 안타까워하여(「常痛屋壁遺文, 汲冢舊簡年代浸遠, 謬誤滋多」)"이 책을 지었다고 한다.

이 책의 이름을 ≪한간(汗簡)≫이라고 붙인 이유는 그 제작과정과 관계가 있다. 대나무에 글씨를 쓰려면 우선 살청(殺靑)이란 작업을 거치게 되는데, 이는 대나무에서 땀이 나도록[汗] 불로 지짐으로써 쓰기 쉽고 좀이 슬지 않도록 하는 작업이다. 그래서 이 책을 ≪한간≫이라 이름한 것이다.

≪한간≫에서 수록한 고문자는 주(周)대 청동기에 새겨진 문자 외에 당시 전해오는 경전과 고적에 보이는 고문자들이다.

그가 근거한 고적과 석각(石刻)으로는 ≪고문상서≫, ≪고(古)주역≫, ≪고주례≫, ≪고춘추≫, ≪고월령(古月令)≫, ≪고효경≫, ≪고논어≫, ≪고악장(古樂章)≫, ≪고모시(古毛詩)≫, ≪석경(石經)≫, ≪고이아≫, ≪설문해자≫, ≪위굉설자(衛宏說字)≫, ≪장읍집고문(張揖集古文)≫, ≪임한집자(林罕集字)≫, ≪벽락비(碧落碑)≫, ≪천대비(天臺碑)≫ 등 71종이다.

이 책에서 수록한 고문은 모두 2,962자이고, ≪설문해자≫의 형식을 모방하여 '一(일)에서 시작하여 亥(해)로 끝나는(始一終亥)' 540부수를 따랐다. 표제자는 고체(古體)를 썼고, 해서로 글자를 해석하였다. 해설의 상당 부분은 통가(通假) 관계를 설명하고 있고, 수록자와 형체가 조금이라도 다르면 중문(重文)으로 수록하였다.

이전 사람들의 ≪한간≫에 대한 평가는 그다지 높지 않았다. 특히 저자가 수록한 고문에 대해 많은 학자들이 의문을 갖고 있었다. 청나라 학자 전대흔(錢大昕)은 이에 대해,

> 곽충서는 ≪한간≫에서 고문을 금과옥조처럼 떠받들고 있는데, 확실하게 믿을 수 있는 것은 대체로 ≪설문해자≫나 ≪설문해자≫의 통용자에서 취한 것이다. 곽씨는 근본을 추구하려하지 않고 도리어 다른 책을 끌어다 채웠다. 그 밖에 부수가 괴이하여 ≪설문해자≫와 부합하지 않는 것은 나는 결코 믿을 수가 없다.(「郭忠恕≪汗簡≫, 談古文者奉爲金科玉律, 以予觀之, 其灼然可信者, 多出于≪說文≫, 或取≪說文≫通用字, 而郭氏不推根本, 反引它書以實之, 其他偏旁, 詭異不合≪說文≫者, 愚固未敢深信也.」)

라고 혹평을 하기도 하였다.

하지만 위(魏)나라 때의 ≪삼체석경(三體石經)≫ 잔석(殘石)이 출토되어 그 가운데 ≪한간≫과 형체면에서 일치하는 자형이 발견된 후, ≪한간≫에 수록된 글자들이 근거있고 믿을 만하다는 사실이 밝혀지면서 이 책의 가치가 높아지게 되었다. 특히 최근에 전국시대의 문자 자료가 끊임없이 출토되고 많은 글자의 형체가 ≪한간≫과 일치하자, 현재는 ≪한간≫을 우수한 검증 자료로 간주하고 있다.

≪한간≫의 가치는 다음과 같다.

첫째, 대대로 전해오는 고문을 광범하게 수집하고, 진귀한 고문 자료를 보존했다는 것이다. ≪한간≫에서 인용한 71종의 자료 가운데 ≪설문해자≫와 석경(石經) 잔석 그리고 ≪벽락비≫ 이외의 약 95%에 달하는 자료는 모두 전하지 않는다. ≪한간≫에서는 매 글자 밑에 출처와 본래 모습을 기록하여 오늘날 전해지는 고문의 모습이 보존하게 된 것이다.

둘째, ≪한간≫에서 보존하고 있는 고문자 자료는 구체적인 자료에서 모았고 또 설명이 있으므로 지하에서 발굴되는 고문자 자료를 해석하는데 귀중한 참고 자료가 된다. 최근 수 십 년 동안 전국시대의 문자를 연구한 학자들은 ≪한간≫을 이용하여 많은 전국시대의 문자를 해석하였다.

물론 ≪한간≫에도 결함이 많다. 수집한 고문의 출처가 일치하지 않고 시대의 앞뒤가 맞지 않으며, 전하는 과정에서 글자 모양에 많은 변형이 생겼다. 이로 인하여 ≪한간≫의 가치가 떨어진 것 또한 사실이다.

6.3.2.4 ≪고문사성운(古文四聲韻)≫

≪고문사성운≫ 5권은 송 하송(夏竦)이 편찬한 것이다. 하송의 자는 자교(子喬)이고, 강주(江州) 덕안(德安), 지금의 강서성(江西省) 덕안현 사람이다. 문장을 잘 지었고 고문자와 기자(奇字)를 많이 알았으며 특히 대·소전 연구에 많은 노력을 기울였다. 언어문자학 저작으로는 ≪고

문사성운≫ 외에 ≪성운도(聲韻圖)≫ 1권이 있지만 전하지 않는다.

≪고문사성운≫은 수 십 년의 작업 끝에 1044년에 이루어졌는데, '잘려나간 비문과 좀 먹은 죽간(斷碑蠹簡)'까지 모두 모아 놓은 고문자 자서이다.

≪고문사성운≫은 맨 앞에 ≪한간≫을 비롯하여 모두 97종의 인용서적을 나열하였고 수록한 고문자 형체는 9천여 자에 달했다. 그리고 당의 ≪절운≫을 모방하여 4성에 따라 글자를 배열하여 글자 찾기에 편리하게 하였다. ≪사고전서총목(四庫全書總目)≫에서는,

> (≪고문사성운≫은) 실제로는 ≪한간≫을 가지고 운에 따라 수록한 것으로 글자의 증감이나 다른 점이 하나도 없다. … 그런데 ≪한간≫에서는 부수에 의거하여 글자를 배열하고 그 부수자를 모두 고문자를 사용했기 때문에 글자 찾기가 쉽지 않지만, 이 책은 운에 의거하여 글자를 나누고 예서체로 사용하였으므로 글자 찾기가 보다 쉽다. 옛날에 ≪설문해자≫가 있고나서 서개(徐鍇)가 다시 ≪전운보(篆韻譜)≫를 지어 두 책이 서로 보완적인 관계를 유지하여 하나라도 없어서는 안되었지만, 이 책은 여기저기서 자료만 끌어 모았을 뿐 육서에 의거하여 글자의 근본을 연구하지 않았으니 … 이 책을 읽는 사람들은 완전히 믿어서는 안될 것이다.(「實卽取≪汗簡≫而分韻錄之, 絶無增減異同. … 然≪汗簡≫以偏旁分部, 而偏旁又全用古文, 不從隷體, 猝不易尋. 此書以韻分字, 而以隷領篆, 較易于檢閱, 比如旣有≪說文≫, 而徐鍇復作≪篆韻譜≫, 相輔而行, 固未可廢其一也. 唯其書由雜綴而成, 多不究六書根柢, … 讀是書者, 也未可全据爲典要也.」)

라고 하여, ≪한간≫과 전혀 다른 바가 없고 단지 배열 방법만 편하게 한 책이라 단정하였으나, 실제로 ≪한간≫과 비교해보면 증감이 전혀 없는 것도 아니고 다음과 같이 다른 점도 있다.

첫째, ≪고문사성운≫은 금석문자를 연구하기 위한 필요에서 편찬되었지만 ≪한간≫은 석각문자(石刻文字)를 교감하는 과정에서 그들을 골라서 기록한 것이다.

둘째, ≪고문사성운≫에서 보존하고 있는 자료가 훨씬 풍부하다. 인

용 서적만 하더라도 ≪한간≫에 비하여 약 15종이 더 많고, 수록 자수도 ≪한간≫보다 훨씬 많다. 그리고 이체자도 ≪한간≫에 비하여 많이 보존하고 있다. 예를 들면 평성 1 '동(東)'에서 '風(풍)'의 고문자형으로 ≪고문사성운≫에서는 15개를 수록하고 있는 반면 ≪한간≫에서는 3종만 수록하고 있다. 이는 저자인 하송이 근거한 자료가 수량면에서 많기 때문이다.

셋째, ≪고문사성운≫에서 모사(摹寫)한 글자 형체는 ≪한간≫과 상호보완적이다. 때로는 ≪한간≫의 형체보다 믿을 만한 것도 있다.

위의 사실에 근거할 때 ≪고문사성운≫은 ≪한간≫에 뒤이어 출현한 자신만의 특색을 가진 귀한 고문자 자서임을 알 수 있다.

6.3.2.5 ≪복고편(復古編)≫

≪복고편≫은 북송 말 장유(張有, 1054~?)가 편찬한 자서이다. 장유는 호주(湖州) 오흥(吳興, 지금의 절강성 오흥현) 사람으로, 자가 겸중(謙中) 또는 진정(眞靜)이라고 하였다. 어려서부터 소전을 잘 알았고 서예에 조예가 있었다. 평생 벼슬길에 오르지 않았으며, 후에 출가하여 도사가 되었다.

장유는 왕안석이 ≪자설(字說)≫을 지어 마음대로 ≪설문해자≫를 풀이한 것을 보고, 왕씨의 ≪자설≫을 바로잡기 위하여 ≪복고편≫ 2권을 저술하였다고 한다. 신종(神宗) 원풍(元豊, 1078~1085) 때 이 책을 쓰기 시작하여, 대략 휘종(徽宗) 대관(大觀, 1107~1110)에서 정화(政和, 1111~1118) 때 끝을 맺었다고 하니, 수 십 년의 노력을 기울여 비로소 완성하였음을 알 수 있다.

≪복고편≫은 당 안원손(顔元孫)의 ≪간록자서(干祿字書)≫를 본떠 수록자를 평·상·거·입 4성으로 나누었고, ≪설문해자≫에 근거하여 정(正)·속(俗)·와(訛) 3체를 구별하였다. ≪간록자서≫와 다른 점은 정체를 전서(篆書)로 썼고, 별체(別體)·속자(俗字)를 주(注) 안에 넣었다는 것이다. 예를 들면 다음과 같다.

笑(소)는 웃는다는 뜻이다. 민간에서는 竹(대나무 죽)과 犬(개 견)으로 이루어졌다고 하고 그 뜻은 설명하지 않고 있다. 내 생각에는 ≪설문해자≫에서는 (笑를) 竹과 夭(요)로 이루어졌고, 뜻을 풀이하기를 대나무가 바람을 맞으면 그 몸이 구부러지는 것이 사람이 웃는 모습과 같기 때문이라고 하였는데, 사실인지는 알 수 없다. 별체(別體)로 咲(소)·关(소)가 있는데, 모두 틀린 것이다. 사묘절(私妙切, 즉 '소')이다.(권상 거성)(「笑, 喜也. 俗从竹从犬而不述其義. 案≪說文≫从竹从夭, 義云竹得風其體夭屈, 如人之笑, 未之其審. 別作咲·关, 并非. 私妙切.」)(卷上 去聲)

≪복고편≫에서의 문자에 대한 판정은 매우 엄격하여서 필획상의 약간의 차이도 모두 속자(俗字)로 간주하였다. 그래서 때로는 너무 지나친 면도 없지 않다. 예를 들어 '복희(伏羲)'는 반드시 '복휴(虙虧)'라고 써야 한다거나 또 '비파(琵琶)'는 '비파(枇杷)'라고 써야 한다고 하였다. 이에 대해 청나라 이자명(李慈銘)은 ≪월만당독서기(越縵堂讀書記)≫에서,

'伏羲'는 본래 정해진 글자가 없었다. 옛날 책에 있어 왔던 예를 들어 보면 '虙戲'·'虙羲'·'伏戲'·'宓戲' 등이 있는데, 이들은 모두 고자(古字)이다. 장유는 반드시 '虙虧'라고 써야 한다고 하였는데, 무슨 근거로 그랬는지 알 수 없다. '琵琶'에 대해서 말하자면, 비파는 본래 몽골족의 악기로서 한(漢)나라 때 전해졌다. 그러므로 전서(篆書)에는 그 글자가 있을 리 없으니, 木(목)자를 의미부분으로 한 '枇杷'여야 한다고 할 수는 없는 것이다.(「'伏羲'本無定字, 歷擧古籍作'虙戲'·'虙羲'·'伏戲'·'宓戲', 都是古字; 張有謂必作'虙虧', 不知何據. 至於琵琶, 本爲胡樂, 起於漢代, 其字爲篆文所無, 不能以從木的枇杷當之.」)

라고 하였는데, 이 견해는 믿을 만하다.

또 ≪복고편≫ 하권 입성 뒤에는 부록 6편이 있는데, 그 내용을 살펴보면, ①'벽력(霹靂)'·'소요(逍遙)' 등과 같은 연면자(連綿字), ②'鐘(종)'·'鍾(종)', '眛(매)'·'昧(매)' 등과 같이 형태와 발음이 비슷한 것, ③'汩(골)'·'汨(율)', '疋(필)'·'足(족)' 등과 같이 형태가 비슷한 것, ④

'气(기)'·'氣(기)', '玩(완)'·'翫(완)' 등과 같이 발음은 같으나 글자의 형태는 다르고 쓰임도 다른 것, ⑤같은 전서체라도 필적이 약간 다른 것 그리고 ⑥전서를 잘못 쓴 것에 대해 윗글자는 바른 글자를 쓰고, 아래 글자는 틀린 글자를 놓아 비교한 것 등이다.

≪복고편≫은 관련 있는 글자들을 한데 모아, 정문(正文)은 전서(篆書)로 썼고, 뜻풀이·발음 표기·자형의 구조 설명·필획의 차이 또는 잘못된 글자의 설명 등 분류와 대조가 일목요연하다. 그래서 고문자의 형태 변화를 연구하고 뜻을 파악하는 데 참고할 만한 가치가 있다.

전하는 판본으로는 청 광서(光緒) 때 요씨(姚氏)의 지진재간본(咫進齋刊本)(1886)과 사부총간(四部叢刊) 삼편본(三編本)이 있다.

6.3.2.6 ≪패휴(佩觿)≫

≪패휴≫는 당 안원손(顔元孫)의 ≪간록자서(干祿字書)≫·장참(張參)의 ≪오경문자(五經文字)≫ 등과 같이 정자(正字) 사용을 위한 자서로서, 곽충서(郭忠恕)가 지었다.

'휴(觿)'는 고대에 매듭을 풀던 뿔로 만든 송곳인데 장식으로도 사용되었다. '패휴'라는 말은 ≪시경·위풍(衛風)≫에 "환소난의 가늘고 약한 가지 같은 동자가 휴띠를 찼네.(「芄蘭之支, 童子佩觿.」)"라는 구절에서 따온 것이다.

≪패휴≫ 상권에 "패휴는 동자가 차는 것으로 소학을 비유하여 말한 것이다.(「佩觿者, 童子之事, 得立言于小學者也..」)"라고 하여, 초보자가 자형을 바로 알고 독음을 판별하는 것을 돕고자 책을 편찬했음을 밝혔다.

≪패휴≫는 상·중·하 3권으로 나뉘어 있다. 상권은 문자 변천에 대한 작자의 견해와 저작 의도를 덧붙여 설명한 것으로, <조자(造字)>·<사성(四聲)>·<전사(傳寫)> 등 3과(科)로 이루어져 있다.

먼저 <조자>에서는 글자는 상형에서 시작하였다는 설명에서부터 고문(古文)과 주문(籒文)의 필법의 차이, 전문(篆文)에서 예서로의 변화, 자형의 변형, 음의 변화, 기휘(忌諱, 피함)의 원인 등에 대하여 설명하였다. <사성>에서는 비황(譬況)에서 시작하여 반절의 시대에 이르기까지 발음의 변천과 지역적인 차이, 그리고 동언이자(同言異字), 동자이언(同字異言) 등에 대하여 설명하였다. <전사>에서는 문자를 옮겨 쓸 때의 오류에 대하여 설명하였다.

중·하 2권은 형태와 발음이 비슷하여 쉽게 혼동되는 글자들을 4성에 따라 분류하여 10부로 나누었다.

이 10부는 <평성자상대(平聲自相對)>, <평성상성상대(平聲上聲相對)>, <평성거성상대(平聲去聲相對)>, <평성입성상대(平聲入聲相對)>, <상성자상대(上聲自相對)>, <상성거성상대(上聲去聲相對)>, <상성입성상대(上聲入聲相對)>, <거성자상대(去聲自相對)>, <거성입성상대(去聲入聲相對)>, 그리고 <입성자상대(入聲自相對)> 등이다.

여기에서는 매 부마다 두 글자를 한 쌍으로 하여 함께 배열하고 발음과 뜻의 차이를 설명하였다.

예를 들어 제1부 <평성자상대>에서 '僮(동)'과 '憧(동)'을 설명한 것을 보면 "윗글자의 발음은 동(童)으로 시동(侍僮)을 가리키고, 아래 글자의 발음은 창용번(昌容翻, 즉 '총')으로 가는 모습이다.(「僮・憧, 上音童, 僮僕; 下昌容翻, 行貌.」)"라고 하였고, '盲(맹)'과 '肓(황)'을 보면 "윗글자는 발음이 목경번(木庚翻, 즉 '명'→'맹')으로 눈병을 뜻하고, 아래 글자는 화광번(火光翻, 즉 '황')으로 병이 고치기 어렵게 되었다는 뜻이다.(「盲・肓, 上木庚翻, 目疾; 下火光翻, 膏肓.」)"라고 하였다.

책 끝에 발음과 뜻이 다른 15자, 오류 정정자 119자 등 모두 134자를 덧붙였는데, 서명자가 없어서 누가 덧붙였는지는 알 수 없다.

결론적으로 ≪패휴≫는 형·음·의가 서로 비슷한 글자를 구분하는 데 쓸모가 있는 자전이라고 할 수 있다.

판본으로는 청 광서(光緒) 장주(長洲) 장씨(蔣氏) 철화관간본(鐵華館刊本)과 ≪철화관총서(鐵華館叢書)≫본을 영인한 ≪총서집성(叢書集成)≫ 등이 있는데, 뒤의 것이 비교적 얻기 쉽다. ≪택존당오종(澤存堂五種)≫본은 글자가 크고 선명하지만 구하기 어렵다.

6.3.2.7 ≪육서고(六書故)≫

≪육서고≫는 대동(戴侗)이 편찬한 자서이다. 대동의 자는 중달(仲達)이고, 영가(永嘉, 지금의 절강성 영가현) 사람이다. 이종(理宗) 순우(淳祐, 1241~1252) 때 진사를 지냈고, 국자감부(國子監簿)를 거쳐 태주(台州)의 태수를 지냈다. 공제(恭帝) 덕우(德祐, 1275~1276)) 때에 비서랑(秘書郞)에서 군기소감(軍器少監)으로 좌천되자 병을 핑계로 부임하지 않았는데, 언제 죽었는지는 알려지지 않고 있다.

오늘날 전해지는 ≪육서고≫에 있는 조봉의(趙鳳儀)의 <서(序)>에 의하면 이 책은 대략 원나라 1320년에 출판된 것으로 되어 있다.

≪육서고≫는 모두 33권으로 권 머리에 <육서서(六書敍)> 1편, <육서통석(六書通釋)> 1권이 있다. 책의 내용은 <수(數)>·<천문>·<지리>·<인(人)>·<동물>·<식물>·<공사(工事)>·<잡(雜)>·<의(疑)> 등 9부로 크게 분류하였고, 이를 다시 479개의 작은 항목으로 나누었다.

이 중 앞의 7부는 그 제목에 맞는 글자를 수록하였고, <잡부>는 앞의 7부에 들어가지 않는 글자를 수록하였으며, <의(疑)부>는 수록된 글자의 형체에 문제가 있는 것을 모아 놓았다.

그리고 매 부의 수록된 글자는 다시 지사·상형·회의·전주·해성(諧聲)·가차 등 육서의 순서로 배열하였는데, 이는 ≪설문해자≫의 부수와 '형체에 의한 구별법' 배열과는 완전히 다른 것이다. 대동이 이러한 배열법을 채택한 이유는, 이 책을 펴낸 목적이 육서를 가지고 글자의 뜻을 밝히는 데 있었기 때문으로 생각된다.

이 책의 특색은 종정문(鐘鼎文)을 이용하여 자형을 설명하려고 한 점이다. ≪설문해자≫가 소전을 주요 글자체로 삼고, ≪옥편≫이 해서를 주요 글자체로 삼은 반면, ≪육서고≫는 종정문을 주요 글자체로 삼았다. 그러나 종정문자는 글자마다 다 있는 것이 아니고 없는 글자도 있기 때문에 때로는 소전으로 대체하기도 하였다.

또한 대동은 "문자는 소리에서 나오므로, 소리에 의거하여 뜻을 구해야 한다"는 이론을 주장하였다.

서학(書學)이 이미 폐지되었기 때문에, 글하는 사람들은 말로써 뜻을 찾아내는 것은 아는 것 같으나, 문자로써 뜻을 구할 줄은 모르고 있다. 훈고를 아는 사람들은 문자에 의거하여 뜻을 찾아내는 것은 아는 것 같으나, 발음으로 뜻을 구하는 것은 모른다. 무릇 문자의 응용은 해성(諧聲)보다 더 넓은 것이 없고 가차보다 더 변화무쌍한 것은 없다. 문자로써 뜻을 구하면서 발음으로 뜻을 구하는 것을 모르니, 나는 그런 사람들이 문자의 실정을 제대로 이해하는 것을 아직 보지 못했다.(「書學旣廢, 章句之士知因言以求義矣, 未知因文以求義也: 訓詁之士, 知因文以求義矣, 未知因聲以求義. 未文字之用莫博于諧聲, 莫變于假借. 因文以求義, 而不知因聲以求義, 吾未見其能文字之情也.」)

<공사(工事)>부에 있는 '干(간)'자의 예를 보면 저자의 위와 같은 주장이 잘 나타나 있다.

干은 고한절(古寒切, 즉 '간')이다. 방패를 뜻한다. 이것을 써서 무기의 날을 막는다. 상형자이다. ≪설문해자≫에서는 "干은 범(犯)한다는 뜻이다. 入(입)자를 거꾸로 한 형태와 一(일)은 모두 의미부분이다.(「干, 犯也. 从反入」, 从一」)라고 하였다. ≪서경·목서(牧誓)≫에 "그대들의 창을 들고, 그대들의 방패를 나란히 하라.(「稱爾戈, 比爾干.」)"라고 하였다.

전쟁에서는 방패를 들고 자신을 가리고 앞의 적을 막는다. 그래서 '위반하다'·'어기다'라는 뜻이 나오게 된 것이다. ≪서경·윤정(胤征)≫에서 "먼저 임금도 죽일 죄를 범하였다.(「干先王之誅」)"라고 한 예와 ≪춘추좌전(春秋左傳)·양공(襄公) 23년≫의 "국법을 어겼다(「干國之紀」)", <문공(文公) 5년>의 "하늘은 강인한 품성을 지녔지만 때를 거스르지는 않는다(「天爲剛德, 猶不干時」)", <양공(襄公) 3년>의 "잘 가르치지 못하여 군법(軍法)을 어기게 하였다(「弗能敎訓, 使干大命」)" 등의 예가 그것이다. 후인들은 이 뜻을 모르고, 干자에 女(녀)자를 더하여 '奸'자를 썼다 ≪춘추좌전·희공(僖公) 7년≫의 "부자(父子)가 서로 간

섭하지 않는 것을 예(禮)라고 한다(「子父不奸之謂禮」)", <선공(宣公) 12년>의 "자신의 일에 충실하여 남을 거스르지 않았다(「事不奸矣」)", <성공(成公) 2년>의 "선왕(先王)의 예제(禮制)를 위반하였다(「奸先王之禮」)", <성공 13년>의 "우리의 우호관계를 끊어버렸다(「奸絶我好」)" 등의 예가 그것이다. 육덕명(陸德明)은 이들 예에서의 '奸'은 모두 '干'으로 발음한다고 하였다. '奸'은 '姦(간)'의 이체자이다. ≪맹자·만장(萬章) 상≫에서 "소 먹이는 것을 가지고 진 목공(穆公)에게 (자기를 써달라고) 요구하다.(「以食牛干秦穆公.」)"라고 한 것도 이 뜻에서 파생되어 나온 것이다. 요즘 사람들은 여기에서 '구하다'·'바라다'라는 뜻이 나왔다고 한다.

'干'은 가차되어 '강 가'라는 뜻으로도 쓰인다. ≪주역(周易)·하경(下經) 점(漸)≫에 "큰기러기가 강 가로 날아가다.(「鴻漸于干.」)"라고 하였다. 육덕명은 '干'은 '물 가'라고 하였고, 정현(鄭玄)은 '강 가에 물이 멈추는 곳'이라고 하였다. ≪시경·위풍(魏風)·벌단(伐檀)≫에 "황하 가에 놓다.(「寘之河之干.」)"라고 하였다. 모형(毛亨)은 "干은 언덕[厓(애)]을 뜻한다."라고 하였다. ≪시경·소아(小雅)·사간(斯干)≫에 "시냇물은 맑게 흐른다.(「秩秩斯干.」)"라고 하였다. 모형은 '干'을 '시냇물[澗(간)]'이라고 하였는데, 내 생각에는 '언덕[岸(안)]'이라고 해야 할 것 같다. '干'을 '澗(시냇물 간)'으로 보는 것은 잘못이다.

'干'은 (방패이므로) 그것을 가지고 '막는대[扞(한)]'. 그래서 '방어하다'라고 할 때도 '干'자를 쓰는 것이다. 발음은 호간절(戶旰切, 즉 '한')이다. ≪시경·주남(周南)·토저(兎罝)≫의 "제후의 방패(「公侯干城」)"와 ≪춘추좌전·성공 12년≫"그 백성을 보호하다(「扞城其民」)"의 예가 그러한데, '干'은 '扞'과 통용된다. 또 '戟(한)'이라고 쓰기도 한다.

(「干, 古寒切. 盾也. 所用以扞禦兵刃也. 象形. ≪說文≫曰: "犯也. 从反入, 从一." ≪書≫曰: "稱爾戈, 比爾干." 戰者執干自蔽以前犯敵, 故因之爲干冒·干犯. ≪書≫曰: "干先王之誅." ≪傳≫曰: "干國之紀"; 曰: "天爲剛德, 猶不干時"; 曰: "弗能敎訓, 使干大命." 後人不曉此義, 加女爲奸. ≪傳≫曰: "子父不奸之謂禮"; 曰: "事不奸矣"; 曰: "奸先王之禮"; 曰: "奸絶我好." 陸氏皆音干. 奸乃姦之別文. ≪孟子≫曰: "以食牛干秦穆公." 亦緣此義. 今人緣此有干求·干請之語. 又借爲河干·江干之干.

≪易≫曰: "鴻漸于干." 陸氏曰: "水畔也." 鄭氏曰: "水旁故停水處."
≪詩≫云: "寘之河之干." 毛氏曰: "厓也." 又曰: "秩秩斯干." 毛氏曰:
"澗也." 按: 干, 岸也. 以爲澗者非. 干, 所以扞也. 故扞禦亦作干, 戶旰切.
≪詩≫云: "公侯干城." ≪傳≫曰: "扞城其民", 通作扞. 又作戰.」)

그의 이러한 '발음과 뜻의 연관성 이론[音義聯繫論(음의연계론)]'은 청나라 훈고학자들에게 많은 영향을 주었다.

다만 이 책의 흠이라면 글자를 해설할 때 지은이 자신은 자신의 분류가 "비슷한 종류끼리 모은 다음, 사물의 무리에 의거하여 다시 나누었다.(「方以類聚, 物以群分.」)"라고 하고, 주석과 인증 역시 "간략하면서도 빠진 부분이 없고, 번잡한 듯하면서도 어지럽지 않다.(「簡而不遺, 繁而不亂..」)"라고 자부하였지만, 부수에 근거하여 분류한 것이 아니어서 찾기에 불편하고, 설명 역시 때때로 잡다한 면도 없지 않다. 그렇지만 종합적으로 볼 때 저자가 문자 · 훈고학에 있어서 독창적인 견해를 펼친 것은 인정된다.

≪육서고≫의 판본으로는 명각본(明刻本), 청나라 건륭(乾隆, 1736~1795) 때 이정원(李鼎元)의 각본, 동치(同治, 1862~1874) 때의 ≪소학휘함(小學彙函)≫본 등이 있다.

대동의 ≪육서고≫ 이외에 ≪설문해자≫에 대한 변혁을 시도한 책으로는, 원나라 양환(楊桓, 1234~1299)의 ≪육서통(六書通)≫과 ≪육서소원(六書溯源)≫, 주백기(周伯琦)의 ≪설문자원(說文字原)≫과 ≪육서정와(六書正譌)≫, 원 · 명 사이의 조휘겸(趙撝謙, 1351~1395)의 ≪육서본의(六書本義)≫, 명나라 위교(魏校, 1483~1543)의 ≪육서정온(六書精蘊)≫ 등이 있다.

6.3.3 고문자학의 시작 --- 금석학(金石學)

금석학이란 청동기나 돌에 새겨진 글자를 연구하는 학문이다. 송나라의 금석학은 중국 고고학사에서 중요한 위치를 차지할 뿐만 아니라 중국 문자학사에서도 매우 커다란 의미를 지닌다.

은주(殷周)시대의 청동기가 한나라 이후로 많이 출토되고 역사책에도 간간이 기록이 보이면서 청동기에 새겨진 명문(銘文)은 일찍부터 문자학자들의 주목을 끌었다. 송에 이르러 동기(銅器)가 더욱 많이 출토되고, 금석을 수집·연구하는 것이 사대부들 사이에 유행처럼 번지면서 전문적인 학문으로 발전하기에 이르렀다.

송나라 금석학을 창시한 사람으로는 유창(劉敞, 1019~1068)과 구양수(歐陽修, 1007~1072) 두 사람을 꼽을 수 있다.

유창의 ≪선진고기도(先秦古器圖)≫(1063)는 초기의 동기(銅器)저작으로 11기(器)가 수록되어 있으며, 도록·명문(銘文)·설찬(說贊) 등이 붙어 있다.

구양수는 금석명각(銘刻)을 모아 걸작인 ≪집고록(集古錄)≫을 편찬하여, 사적(史籍)의 오류를 고찰하고 분별하였다.

청나라 때 대학자인 왕국유(王國維, 1877~1927)는 ≪관당집림(觀堂集林)≫ 권6 <송대금문저록표서(宋代金文著錄表序)>에서

> 조송(趙宋)이래 고대 기물의 출토가 점차 많아졌다. 비각태상(秘閣太常)은 이미 많은 기물을 소장하였고 유창·구양수 등의 사대부들은 고기물을 수집하고 탁본을 두루 구하였다. 또 양남중(楊南仲) 등이 그것에 고석(考釋)을 가하여 고문을 연구하는 기풍이 중흥하게 되었다. 이백시(李伯時)와 여대림(呂大臨)이 거기에 그림을 그리고 해석을 가하였다. 정화(政和, 1111~1118)·선화(宣和, 1119~1125) 때에 이러한 기풍이 크게 유행하여 ≪주사(籀史)≫에 실린 금문에 관한 저록만 해도 30여 가에 이르고, 남도(南渡) 후에는 제가(諸家)의 책이 더욱 많아졌으니 번성했다 할 수 있다.(「趙宋以後, 古器愈出, 秘閣太常旣多藏器, 士大夫如劉原父·歐陽永叔輩, 亦復蒐羅古器, 徵求墨本, 復有楊南仲輩爲之考釋, 古文之學勃焉中興. (李)伯時·與叔(呂大臨)復圖而釋之. 政宣之間, 流風盖熾, ≪籀史≫所載著錄金文之書至三十餘家, 南渡後諸家之書猶多不與焉, 可謂盛矣!」)

라고 당시의 상황을 설명하였다.

송대의 금석 저작은 내용과 체례에 따라 다음 4가지로 분류할 수 있다.

첫째, 기물의 모양과 명문(銘文)을 모사(摹寫)한 것,

둘째, 금석문자를 모사하고 고증·해석한 것,

셋째, 제목과 발문(跋文)에 대한 전문적인 논의나 제목만을 전하는 것,

그리고 넷째, 문자 고석의 성과를 모아 책으로 편찬한 것 등이다. 이에 관한 내용을 차례로 알아보면 다음과 같다.

6.3.3.1 기물의 모양과 명문(銘文)을 모사한 것

여대림(呂大臨, 1040~1092)의 ≪고고도(考古圖)≫, 송 휘종(徽宗)이 칙서를 내려 왕보(王黼)가 편찬한 ≪박고고록(博考古錄)≫(또는 ≪선화박고도록(宣和博古圖錄)≫이라고도 함) 등이 이에 속한다.

≪고고도≫는 모두 10권으로, 동기(銅器) 224점, 석기(石器) 1점, 옥기(玉器) 13점을 수록하고 있다.

이 책에서는 매 기물마다 기물의 모양과 관지(款識)를 비교적 완전하게 모사하였고, 크기·무게·용량·출토지점·수장자를 기록하였다. 명문에는 해석문이 붙어 있고 어떤 것은 간략하게 고증도 하였다. 동기저록(銅器著錄)의 방법과 체례에 있어서 이 책은 선구자적인 역할을 하였다고 볼 수 있으며, 보존하고 있는 기물과 명문자료가 완비되어 금문 연구에 좋은 참고자료가 되고 있다.

≪박고고록≫은 모두 30권으로 839기(器)가 수록되어 있다. 각 기물은 종류별로 나누어 배열되어 있는데, 매 종류마다 그 앞에 총설이 있고, 매 기물마다 도형과 함께 크기·무게·용량·명문 및 고증을 하고 있다. 기물에 대한 기록 방법도 ≪고고도≫에 비하여 진보되었는데, 특히 기물의 명칭, 분류 그리고 실물에 근거하여 ≪삼례도(三禮圖)≫의 오류를 고증한 것은 성과가 크다.

이 책은 송대 금석 저작 가운데 수록한 기물이 가장 많고 보존한 자료도 가장 풍부한 책으로 평가받고 있다.

6.3.3.2 금석문자를 모사하고 고증·해석한 것

이 종류의 저작은 명문관지(銘文款識)와 비각문자(碑刻文字)에 편중되었고, 도보(圖譜)는 싣지 않았다. 주요 저작으로는 설상공(薛尙功)의 ≪역대종정이기관지법첩(歷代鐘鼎彝器款識法帖)≫, 왕구(王俅)의 ≪소당집고록(嘯堂集古錄)≫ 등이 있다.

≪역대종정이기관지≫ 20권은 모두 511종의 명문을 수록하고 있으며, 그것을 시대의 선후에 따라 분류하였다. 명문을 모사하고 해석문을 달았으며, 사적(史籍)과 관련된 문제에 대해서는 간단히 고증하였다.

≪소당집고록≫ 2권은 명문 345종을 종류에 따라 배열하였다. 먼저 명문을 모사하고 그에 대하여 해석을 가하였지만 문자에 대한 고증은 하지 않았다. 왕구는 서예에 능하였으므로 명문의 모사가 매우 정확하다.

6.3.3.3 제목과 발문(跋文)에 대한 전문적인 논의나 제목만을 전하는 것

이 종류의 저작은 저작의 이름만을 수록하거나 제목과 발문에 대한 평론을 붙인 것으로 연구저작의 성격이 강하다. 대표작으로는 구양수의 ≪집고록발미(集古錄跋尾)≫ 10권이 있다.

이 책은 수록한 금석탁본의 명문과 해석문을 기록하고 간단하게 설명이나 고증을 가한 다음 그것을 가지고 역사서와 비교한 독창적인 저작이라 할 수 있다.

또한 조명성(趙明誠, 1081~1129)의 ≪금석록(金石錄)≫ 30권(목록 10권, 발미 20권), 총 502편도 빼놓을 수 없는 저작이다.

이 책은 시대순에 따라 배열함으로써 누락되거나 선후가 없었던 ≪집고록≫을 보충하는 역할을 하였다. 조명성은 약 30년에 걸쳐 은주(殷周)로부터 수·당·오대(五代)에 이르기까지 약 2,000권에 달하는 석각탁본(石刻拓本)을 수집하였다. 진귀한 자료를 많이 모았고, 시대순으로 편찬하여서 비교적 체계가 있다고 할 수 있다. 이 책은 저자가 완성하지 못하고 사망하자 그의 아내 이청조(李淸照, 1084~1151?)가 마무리하였다.

이 밖에 장창(張搶)의 ≪소흥내부고기평(紹興內府古器評)≫ 2권, 황백사(黃伯思, 1079~1118)의 ≪동관여론(東觀餘論)≫ 10권, 동언원(董彦遠)의 ≪광천서발(廣川書跋)≫ 10권 등이 있는데, 모두 명문의 관지(款識)와 비명(碑銘)의 고증에 관한 것으로 관지와 평론을 중시한 저작들이다.

6.3.3.4 문자 고석의 성과를 모아 책으로 편찬한 것

여대림(呂大臨)의 ≪고고도석문(考古圖釋文)≫이 대표작이다. 이 책의 이름을 ≪고고도석문≫이라고 한 것은 실제로 자신의 ≪고고도≫에 수록한 문자를 해석한 것이기 때문이다. 이 책은 그 체례나 편사(編寫) 방법이 하송(夏竦)의 ≪고문사성운(古文四聲韻)≫과 비슷하지만, ≪고고도≫의 동기(銅器) 명문(銘文)의 해석만 위주로 편찬되었다.

≪고고도석문≫은 ≪광운≫의 운목에 의거하여 상평·하평·상·거·입성으로 나누고 운부에 따라 배열하였다.

≪고고도≫에 명문이 있는 동기 85종에서 821자를 수록하였는데, 수록자들 중 ≪설문해자≫와 같은 것은 예서로 훈과 반절을 달았고, 다른 것은 비슷한 예로 의미를 해석하였다. 또 부수는 나눌 수 있으나 음이 전하지 않는 글자는 해당 부수에 수록하고 고증을 하였으며, 매 글자 밑에는 이체(異體)를 상세히 나열하고 출처를 밝혀 놓았다. 정문 뒤에는 '의자(疑字)'·'상형(象形)'·'무소정(無所定)' 등 세 부분을 덧붙여 놓았다.

이 밖에도 이 종류에 해당하는 저작으로는 왕초(王楚)의 ≪종정전운(鍾鼎篆韻)≫ 7권, 설상공(薛尙功)의 ≪광종정전운(廣鍾鼎篆韻)≫, 원양균(元楊鈞)의 ≪증광종정전운(增廣鍾鼎篆韻)≫, 루기(婁機, ?~1209)의

≪한예자원(漢隷字源)≫ 6권 등이 있다.

중국 문자학사에서 송나라 금석학의 흥기는 중요한 의미가 있다.

문자학 방면에서 송나라 학자들의 첫 번째 공적은 금석문자 자료에 대한 보존과 전파를 들 수 있다. 묵탁법(墨拓法)을 사용하여 문자를 전탁(傳拓)하고, 탁본에 근거하여 나무와 돌에 새겼으니, 이러한 자료의 보존과 전파가 바로 금석문자에 대한 심도 있는 연구를 가능하게 하였다.

두 번째 공적으로는 금석문자에 대하여 종합적인 연구를 하였다는 것이다. 이러한 연구는 소전 중심의 연구에서 한 단계 뛰어 넘어 출토된 지하 자료를 연구 대상으로 삼게 하였고, 한자 발전에 대한 역사적 인식을 심화시켰다.

왕국유는 ≪송대길금문서적술평(宋代吉金文書籍述評)≫에서 송나라 사람들의 금석학 연구에 대하여 다음과 같이 평하고 있다.

> 송나라 사람들은 기물의 형태 모사·고증에 큰 노력을 기울여 그 얻은바 또한 크다. 출토 지점, 소장자에 이르기까지 아는 바는 모조리 기록해 놓았으니, 후세 저록가들은 마땅히 준칙으로 삼아야 할 것이다. 다만 문자를 고증 해석한 면에 있어서는 견강부회한 점도 있다.(「宋人模寫形制, 考訂銘物, 用力頗鉅, 所得亦多. 乃至出土之地, 藏器之家, 苟有所知, 無不筆記, 後世著錄家當奉爲準則. 至于考釋文字, 宋人也有鑿空之功..」)

금석학은 고대 문자의 고석과 밀접한 관계를 가지고 있다. 송나라의 금석학 연구는 고대 명각(銘刻)문자에 대한 고찰을 시작하게 하였을 뿐만 아니라 문자학 연구의 대상도 풍부하게 함과 동시에 중국 문자학의 한 분야로서 고문자학이 자리를 잡게 되는데 결정적인 역할을 하였다고 할 수 있다.

6.4 음운학

송대 음운학의 특징은 두 가지로 요약된다. 첫째는 ≪광운(廣韻)≫·≪집운(集韻)·≪예부운략(禮部韻略)≫ 등 중국 음운학사상 중요한 운서들이 증보(增補) 또는 개정(改正) 제작된 것이고, 둘째는 성모(聲母)와 운모(韻母)의 결합표라고 할 수 있는 등운도(等韻圖)의 출현이라고 할 수 있다.

6.4.1 운서

6.4.1.1 ≪광운≫

≪광운≫의 본명은 ≪대송중수광운(大宋重修廣韻)≫이다. '중수(重修)' 즉 '다시 만들었다'는 이름이 붙은 것은 다음과 같은 이유에서이다. 먼저 송 태종(976~997 재위) 때 ≪절운≫을 수정한 적이 있는데, 그 이름을 ≪신정광운(新定廣韻)≫이라고 하였다. 그 후 진종(眞宗, 998~1022 재위) 때 진팽년(陳彭年, 961~1017)·구옹(邱雍) 등이 황명을 받들어 이전에 있었던 운서들을 다시 종합, 증보(增補)하여 만들었기 때문이다. 이들은 손면(孫愐)의 ≪당운(唐韻)≫(육법언이 지은 ≪절운≫의 증정본)과 엄보문(嚴寶文)·배무제(裴務齊)·진도고(陳道固)의 ≪광운(廣韻)≫(손면이 지은 ≪당운≫의 증정본) 등을 참고하여 1008년에 완성, 책의 이름을 ≪대송중수광운≫이라고 하였다.

≪광운≫은 ≪절운≫ 체계를 따른 운서로서, 모두 26,194자를 수록하고 있으며, 206운으로 분류하였다. 206운은 평(平)·상(上)·거(去)·입(入) 4성으로 나누어 배열되었는데, 그 중 평성은 수록된 글자수가 많아서 상·하 2권으로 나누었고, 나머지 상·거·입 3성은 각각 1권으로 되어 모두 5권으로 구성되어 있다. ≪광운≫의 음운 체계를 살펴보면 다음과 같다.

(1) 성모(聲母)

운서는 운을 중심으로 하여 편찬된 책이어서 일반적으로 운의 대표자인 운목(韻目)만 표시할 뿐 성모에 대해서는 언급이 없다. 따라서 성모는 그 운서에 쓰인 반절상자(反切上字)를 귀납, 분석하여 알아내는 수밖에 없다. ≪광운≫의 성모 분류도 마찬가지로 ≪광운≫에 쓰인 반절상자 모두를 귀납하여 성모의 종류를 나눈다. 이를 전문용어로는 성뉴(聲紐)라고 부른다.

청나라 음운학자인 진례(陳澧, 1810~1882)는 그의 ≪절운고(切韻考)≫에서 이른바 '반절계련법(反切系聯法)'이라는 방법을 써서 ≪광운≫의 반절상자를 분석하였다.

그의 주장에 따르면 반절상자를 '같이 쓰는 것[同用(동용)]', '서로 바꿔 쓰는 것[互用(호용)]' 그리고 '이어 쓰는 것[遞用(체용)]' 등은 같은 성모 계열로 보아야 한다는 것이다. 그렇다면 '같이 쓰기', '바꿔 쓰기' 그리고 '이어 쓰기'란 무엇인지 예를 들어 설명하면 다음과 같다.

① 같이 쓰기: 冬(동), 도종절(都宗切); 當(당), 도랑절(都郎切).
여기에서 冬과 當은 都(도)라는 같은 반절상자를 쓰고 있으므로 당연히 성모가 같다.
② 바꿔 쓰기: 當, 도랑절(都郎切); 都, 당고절(當孤切).
여기에서 當은 都를 반절상자로 쓰고 있고, 都는 또 當을 반절상자로 쓰고 있다. 이 경우 역시 當과 都의 성모는 같다.
③ 이어 쓰기: 冬, 도종절(都宗切); 都, 당고절(當孤切).
여기에서 冬은 都를 반절상자로 쓰고 있고, 都는 다시 當을 반절상자로 쓰고 있다. 이 경우 冬·都·當 세 글자의 성모는 같다.

진례는 이와 같은 방법으로 ≪광운≫의 성모를 귀납하여 모두 40류로 나누었다. 그 후 백척주(白滌洲, 1900~1934)와 황쉬백(黃淬伯, 1899~1970) 등은 47류를 주장하였고, 증운건(曾運乾, 1884~1945)·주조모(周祖謨, 1914~)·육지위(陸志韋, 1894~1970) 등은 51류를 주장하였다.

여기에서는 보편적으로 인정받고 있는 47류를 소개하겠다.(아래의 글자들은 모두 ≪광운≫에 쓰인 반절상자이며, 각 글자 옆에 있는 괄호 안의 숫자는 쓰인 횟수를 가리킨다.)

1) 고(古)류(36자모의 견모(見母)에 해당, 등운도(等韻圖)에서 1·2·4등(等)에 배열됨. 이하 같음)
   고(古, 136) 공(公, 3) 과(過, 1) 각(各, 1) 격(格, 1) 겸(兼, 1)
   고(姑, 1) 가(佳, 1) 궤(詭, 1)
2) 거(居)류(見母 3등)
   거(居, 79) 거(擧, 7) 구(九, 6) 구(俱, 4) 기(紀, 3) 궤(几, 2)
   규(規, 1) 길(吉, 1)
3) 고(苦)류(溪母 1·2·4등)
   고(苦, 86) 구(口, 13) 강(康, 4) 고(枯, 3) 공(空, 2) 각(恪, 2)
   견(牽, 1) 겸(謙, 1) 해(楷, 1) 객(客, 1)
4) 거(去)류(溪母 3등)
   거(去, 42) 구(丘, 37) 구(區, 4) 허(墟, 3) 기(起, 3) 구(驅, 2)
   강(羌, 2) 기(綺, 2) 흠(欽, 1) 경(傾, 1) 규(窺, 1) 힐(詰, 1)
   거(袪, 1) 기(豈, 1) 곡(曲, 1)
5) 거(渠)류(羣母 3등)
   거(渠, 30) 기(其, 25) 거(巨, 24) 기(奇, 7) 기(暨, 2) 과(臼, 1)
   구(衢, 1) 강(強, 1) 구(具, 1)
6) 오(五)류(疑母 1·2·4등)
   오(五, 80) 오(吾, 5) 연(研, 2) 아(俄, 1)
7) 어(魚)류(疑母 3등)
   어(魚, 40) 어(語, 14) 우(牛, 10) 의(宜, 4) 우(虞, 2) 의(疑, 1)
   의(擬, 1) 우(愚, 1) 우(遇, 1) 위(危, 1) 옥(玉, 1)
8) 호(呼)류(曉母 1·2·4등)
   호(呼, 70) 화(火, 16) 황(荒, 4) 호(虎, 4) 해(海, 1) 가(呵, 1)
   형(馨, 1) 화(花, 1)

9) 허(許)류(曉모 3등)

　　허(許, 73) 허(虛, 16) 향(香, 9) 황(況, 7) 흥(興, 2) 휴(休, 2)
　　희(喜, 2) 후(朽, 1) 희(羲, 1)

10) 호(胡)류(匣모 1·2·4등)

　　호(胡, 91) 호(戶, 32) 하(下, 14) 후(侯, 6) 하(何, 2) 황(黃, 2)
　　호(乎, 1) 호(護, 1) 회(懷, 1)

11) 오(烏)류(影모 1·2·4등)

　　오(烏, 82) 이(伊, 3) 일(一, 3) 안(安, 3) 연(烟, 1) 예(鷖, 1)
　　애(愛, 1) 읍(挹, 1) 애(哀, 1) 악(握, 1)

12) 어(於)류(影모 3등)

　　어(於, 109) 을(乙, 8) 의(衣, 3) 앙(央, 2) 우(紆, 2) 억(憶, 1)
　　의(依, 1) 우(憂, 1) 알(謁, 1) 위(委, 1)

13) 이(以)류(喩모 4등)

　　이(以, 24) 양(羊, 14) 여(余, 12) 여(餘, 8) 여(與, 7) 익(弋, 3)
　　이(夷, 2) 여(予, 1) 익(翼, 1) 영(營, 1) 이(移, 1) 열(悅, 1)

14) 우(于)류(喩모 3등)

　　우(于, 20) 왕(王, 6) 우(雨, 4) 위(爲, 3) 우(羽, 3) 운(云, 2)
　　영(永, 1) 유(有, 1) 운(雲, 1) 균(筠, 1) 원(遠, 1) 위(韋, 1)
　　유(洧, 1) 영(榮, 1)

15) 척(陟)류(知모 2·3등)

　　척(陟, 41) 죽(竹, 13) 지(知, 9) 장(張, 8) 중(中, 2) 저(猪, 1)
　　징(徵, 1) 추(追, 1) 탁(卓, 1) 진(珍, 1)

16) 축(丑)류(徹모 2·3등)

　　축(丑, 67) 칙(勑, 9) 치(恥, 1) 치(癡, 1) 저(楮, 1) 저(褚, 1)
　　추(抽, 1)

17) 직(直)류(澄모 2·3등)

　　직(直, 55) 제(除, 7) 장(丈, 5) 택(宅, 4) 지(持, 3) 주(柱, 2)
　　지(池, 1) 지(遲, 1) 치(治, 1) 장(場, 1) 저(佇, 1) 치(馳, 1) 추(墜, 1)

18) 측(側)류(照모 2등)

　　칙(則, 36) 장(莊, 7) 저(阻, 6) 추(鄒, 1) 잠(簪, 1) 측(仄, 1)

쟁(爭, 1)
19) 지(之)류(照모 3등)
지(之, 39) 직(職, 12) 장(章, 12) 제(諸, 7) 지(旨, 4) 지(止, 3)
지(脂, 1) 정(征, 1) 정(正, 1) 점(占, 1) 지(支, 1) 자(煮, 1)
20) 초(初)류(穿모 2등)
초(初, 26) 초(楚, 23) 측(測, 3) 차(叉, 3) 추(芻, 1) 측(厠, 1)
창(創, 1) 창(瘡, 1)
21) 창(昌)류(穿모 3등)
창(昌, 30) 척(尺, 15) 충(充, 7) 적(赤, 3) 처(處, 3) 질(叱, 2)
춘(春, 1) 주(姝, 1)
22) 사(士)류(牀모 2등)
사(士, 35) 사(仕, 9) 서(鋤, 8) 서(鉏, 3) 상(牀, 3) 사(查, 2)
추(雛, 2) 조(助, 1) 재(豺, 1) 숭(崇, 1) 즉(崱, 1) 사(俟, 1)
23) 식(食)류(牀모 3등)
식(食, 11) 신(神, 6) 실(實, 1) 승(乘, 1)
24) 소(所)류(審모 2등)
소(所, 44) 산(山, 15) 소(疎, 6) 색(色, 5) 수(數, 3) 사(砂, 2)
사(沙, 1) 소(疏, 1) 생(生, 1) 사(史, 1)
25) 식(式)류(審모 3등)
식(式, 23) 서(書, 10) 실(失, 6) 서(舒, 6) 시(施, 3) 상(傷, 2)
식(識, 2) 상(賞, 2) 시(詩, 2) 시(始, 1) 시(試, 1) 시(矢, 1)
석(釋, 1) 상(商, 1)
26) 시(時)류(禪모 3등)
시(時, 15) 상(常, 11) 시(市, 11) 시(是, 6) 승(承, 5) 시(視, 3)
서(署, 2) 씨(氏, 1) 수(殊, 1) 식(寔, 1) 신(臣, 1) 식(殖, 1)
식(植, 1) 상(嘗, 1) 촉(蜀, 1) 성(成, 1)
27) 이(而)류(日모 3등)
이(而, 23) 여(如, 17) 인(人, 16) 여(汝, 4) 잉(仍, 1) 이(耳, 1)
유(儒, 1)

28) 노(奴)류(泥모 1·4등)
노(奴, 54) 내(乃, 16) 나(那, 3) 낙(諾, 2) 내(內, 2) 니(妳, 1)
29) 녀(女)류(娘모 2·3등)
녀(女, 35) 니(尼, 9) 나(拏, 1) 농(穠, 1)
30) 로(盧)류(來모 1·2·4등)
로(盧, 29) 랑(郎, 16) 락(落, 11) 로(魯, 9) 래(來, 3) 락(洛, 2)
륵(勒, 2) 뢰(賴, 1) 련(練, 1)
31) 력(力)류(來모 3등)
력(力, 57) 량(良, 13) 려(呂, 7) 리(里, 2) 림(林, 1) 리(離, 1)
련(連, 1) 루(縷, 1)
32) 도(都)류(端모 1·4등)
도(都, 37) 정(丁, 23) 다(多, 11) 당(當, 9) 득(得, 2) 덕(德, 1)
동(冬, 1)
33) 타(他)류(透모 1·4등)
타(他, 54) 토(吐, 10) 토(土, 8) 탁(託, 2) 탕(湯, 2) 천(天, 1)
통(通, 1) 태(台, 1)
34) 도(徒)류(定모 1·4등)
도(徒, 64) 두(杜, 3) 특(特, 2) 도(度, 2) 당(唐, 2) 동(同, 1)
타(陀, 1) 당(堂, 1) 전(田, 1) 지(地, 1)
35) 자(子)류(精모 1·4등)
자(子, 62) 즉(卽, 16) 작(作, 14) 칙(則, 12) 장(將, 7) 조(祖, 5)
장(臧, 4) 자(資, 3) 자(姊, 3) 준(遵, 2) 자(兹, 1) 차(借, 1) 취(醉, 1)
36) 칠(七)류(淸모 1·4등)
칠(七, 61) 창(倉, 24) 천(千, 11) 차(此, 4) 친(親, 2) 채(采, 2)
창(蒼, 2) 추(麤, 2) 척(夕鹿, 1) 청(靑, 1) 초(醋, 1) 천(遷, 1)
취(取, 1) 자(雌, 1)
37) 작(昨)류(從모 1·4등)
작(昨, 28) 조(徂, 19) 질(疾, 16) 재(才, 12) 재(在, 10) 자(慈, 9)
진(秦, 5) 장(藏, 4) 자(自, 1) 장(匠, 1) 점(漸, 1) 정(情, 1)

전(前, 1) 초(酢, 1)

38) 소(蘇)류(心모 1·4등)
   소(蘇, 41) 식(息, 30) 선(先, 13) 상(相, 11) 사(私, 8) 사(思, 7)
   상(桑, 5) 소(素, 4) 사(斯, 3) 신(辛, 1) 사(司, 1) 속(速, 1)
   수(雖, 1) 실(悉, 1) 사(寫, 1) 서(胥, 1) 수(須, 1)

39) 서(徐)류(邪모 4등)
   서(徐, 11) 사(似, 11) 상(祥, 4) 사(台辛, 3) 상(詳, 2) 사(寺, 1)
   사(辭, 1) 수(隨, 1) 순(旬, 1) 석(夕, 1)

40) 박(博)류(幫모 1·2·4등)
   박(博, 23) 북(北, 23) 포(布, 9) 보(補, 7) 변(邊, 2) 백(伯, 1)
   백(百, 1) 파(巴, 1) 포(晡, 1)

41) 방(方)류(幫모 3등)
   방(方, 32) 보(甫, 12) 부(府, 11) 필(必, 7) 피(彼, 6) 비(卑, 4)
   병(兵, 2) 피(陂, 2) 병(幷, 2) 분(分, 2) 필(筆, 2) 비(畀, 1)

42) 보(普)류(滂모 1·2·4등)
   보(普, 38) 필(匹, 32) 방(滂, 3) 비(譬, 1)

43) 방(芳)류(滂모 3등)
   방(芳, 15) 부(敷, 12) 무(撫, 4) 부(孚, 4) 피(披, 3) 비(丕, 1)
   비(妃, 1) 봉(峯, 1) 불(拂, 1)

44) 포(浦)류(竝모 1·2·4등)
   포(浦, 29) 박(薄, 23) 방(傍, 5) 보(步, 4) 부(部, 2) 백(白, 2)
   배(裴, 1) 포(捕, 1)

45) 부(符)류(竝모 3등)
   부(符, 24) 부(扶, 13) 방(房, 11) 피(皮, 7) 비(毗, 7) 방(防, 4)
   평(平, 3) 비(婢, 1) 편(便, 1) 부(附, 1) 박(縛, 1) 부(浮, 1)
   풍(馮, 1) 부(父, 1) 필(弼, 1) 부(苻, 1)

46) 막(莫)류(明모 1·2·4등)
   막(莫, 65) 모(模, 2) 모(謨, 2) 모(摸, 1) 모(慕, 1) 모(母, 1)

47) 무(武)류(明모 3등)
   무(武, 24) 망(亡, 13) 미(彌, 11) 무(無, 7) 문(文, 4) 미(眉, 3)

미(靡, 2) 명(明, 2) 미(美, 1) 면(綿, 1) 무(巫, 1) 망(望, 1)

그런데 위에서 말한 것처럼 ≪광운≫의 반절상자가 40류에서 51류로 나누어진다고 해서 실제로 성모가 40개에서 51개가 있었던 것은 아니다. 그것은 반절상자와 운모와의 결합 관계까지 고려한 분류이다. 즉 고(古)류와 거(居)류는 실제로는 같은 [k-]류인데, 다만 古류는 뒤에서 말할 등운도(等韻圖)에서 1·2·4등자이므로 [-i-] 개음(介音)과 결합하지 않고 居류는 3등자이므로 [-i-] 개음과 결합하는 것이 다를 뿐이다. 이하 고(苦)류와 거(去)류, 오(五)류와 어(魚)류 등도 이와 같다.

이러한 상황을 전통적인 송대 성모 분류법인 36자모(字母)를 써서 귀납시켜 보면 다음과 같다.(아래에서 照₂에 보이는 것과 같이 옆에 붙은 작은 숫자는 등운도에서 배열되는 등을 가리키고, 대괄호 [ ] 안에 있는 음가는 국제음표[IPA: International Phonetic Alphabet]에 따른 발음기호이다.)

입술소리:	방(幫)(非)[p]	방(滂)(敷)[p′]	병(並)(奉)[b]	명(明)(微)[m]
혓소리:	단(端)[t]	투(透)[t′]	정(定)[d]	니(泥)(娘)[n]
	래(來)[l]	지(知)[ṭ]	철(徹)[ṭ′]	증(澄)[ḍ]
잇소리:	정(精)[ts]	청(淸)[ts′]	종(從)[dz]	심(心)[s]
	사(邪)[z]	조(照₂)[tṣ]	천(穿₂)[tṣ′]	상(牀₂)[dʒ]
	심(審₂)[ṣ]	선(禪₂)[ʒ]	조(照₃)[tɕ]	천(穿₃)[tɕ′]
	상(牀₃)[dz]	심(審₃)[ɕ]	선(禪₃)[z]	일(日)[nz]
어금니소리:	견(見)[k]	계(溪)[k′]	군(群)[g]	의(疑)[ŋ]
목구멍소리:	영(影)[ø]	효(曉)[x]	갑(匣)(喩₄)[ɣ]	유(喩₃)[j]

이상의 결과를 보고 우리는 ≪광운≫의 성모에 대하여 다음과 같은 몇 가지 사실을 추론해 볼 수 있다.

첫째, ≪절운≫ 시대에는 입술소리가 아직 방(幫, [p])계와 비(非,

[f]계로 나누어지지 않았다. 즉 그 당시에는 [f] 발음이 [p]로부터 아직 분화되어 나오지 않았음을 알 수 있다.

둘째, ≪절운≫ 시대에는 지(知)계열의 성모가 아직 완전한 권설음 [tʂ] 등으로 변하지 않고 여전히 [t]의 발음을 유지하고 있다.

셋째, ≪절운≫ 시대의 [ts] 계열은 모두 세 가지의 발음 체계로 이루어져 있다. 즉 현재 보통화의 z 계열 [ts]류인 정(精)계, 권설음 zh 계열 [tʂ](왕력(王力)은 [tʃ]라고 함)류인 조(照) 2등계 그리고 j 계열 [tɕ]류인 조(照) 3등 계열로 구성되어 있다.

(2) 운부

앞에서 말한 바와 같이 ≪광운≫의 운부는 모두 206운으로 구성되어 있다. 이 가운데 193운은 육법언(陸法言)의 ≪절운≫에서 온 것이고, 2운은 개원(開元, 713~741) 때 나온 ≪당운(唐韻)≫에서, 그리고 나머지 11운은 천보(天寶, 742~756) 때 나온 ≪당운≫에서 온 것이다. 그리고 운목(韻目)의 배열과 순서는 이주(李舟)의 ≪절운≫을 따랐다. 그 구체적인 내용과 특징을 알아보면 다음과 같다.

평성(상)	상성	거성	입성
1)동(東)(獨用)	1)동(董)(獨用)	1)송(送)(獨用)	1)옥(屋)(獨用)
2)동(冬)(鍾同用)		2)송(宋)(用同用)	2)옥(沃)(燭同用)
3)종(鍾)	2)종(腫)	3)용(用)	3)촉(燭)
4)강(江)(獨用)	3)강(講)(獨用)	4)강(降)(獨用)	4)각(覺)(獨用)
5)지(支)(脂,之同用)	4)지(紙)(旨,止同用)	5)치(寘)(至,志同用)	
6)지(脂)	5)지(旨)	6)지(至)	
7)지(之)	6)지(止)	7)지(志)	
8)미(微)(獨用)	7)미(尾)(獨用)	8)미(未)(獨用)	
9)어(魚)(獨用)	8)어(語)(獨用)	9)어(御)(獨用)	
10)우(虞)(模同用)	9)우(麌)(姥同用)	10)우(遇)(暮同用)	
11)모(模)	10)모(姥)	11)모(暮)	

12)제(齊)(獨用)　　11)제(薺)(獨用)　　12)제(霽)(祭同用)
　　　　　　　　　　　　　　　　　13)제(祭)
　　　　　　　　　　　　　　　　　14)태(泰)(獨用)
13)가(佳)(皆同用)　　12)해(蟹)(駭同用)　　15)괘(卦)(怪,夬同用)
14)개(皆)　　　　　　13)해(駭)　　　　　16)괴(怪)
　　　　　　　　　　　　　　　　　17)쾌(夬)
15)회(灰)(咍同用)　　14)회(賄)(海同用)　　18)대(隊)(代同用)
16)해(咍)　　　　　　15)해(海)　　　　　19)대(代)
　　　　　　　　　　　　　　　　　20)폐(廢)(獨用)
17)진(眞)(諄,臻同用) 16)진(軫)(準同用)　　21)진(震)(稕同用)　　5)질(質)(術,櫛同用)
18)순(諄)　　　　　　17)준(準)　　　　　22)준(稕)　　　　　6)술(術)
19)진(臻)　　　　　　　　　　　　　　　　　　　　　　　　　7)즐(櫛)
20)문(文)(殷同用)　　18)문(吻)(隱同用)　　23)문(問)(獨用)　　8)물(物)(獨用)
21)흔(欣)　　　　　　19)은(隱)　　　　　24)흔(焮)(獨用)　　9)흘(迄)(獨用)
22)원(元)(魂,痕同用) 20)원(阮)(混,很同用) 25)원(願)(恩,恨同用) 10)월(月)(沒同用)
23)혼(魂)　　　　　　21)혼(混)　　　　　26)혼(恩)　　　　　11)몰(沒)
24)흔(痕)　　　　　　22)흔(很)　　　　　27)한(恨)
25)한(寒)(桓同用)　　23)한(旱)(緩同用)　　28)한(翰)(換同用)　　12)갈(曷)(末同用)
26)환(桓)　　　　　　24)완(緩)　　　　　29)환(換)　　　　　13)말(末)
27)산(刪)(山同用)　　25)산(潸)(産同用)　　30)간(諫)(襉同用)　　14)힐(黠)(鎋同用)
28)산(山)　　　　　　26)산(産)　　　　　31)간(襉)　　　　　15)할(鎋)

평성(하)

29)선(先)(仙同用)　　27)선(銑)(獮同用)　　32)산(霰)(線同用)　　16)설(屑)(薛同用)
30)선(仙)　　　　　　28)선(獮)　　　　　33)선(線)　　　　　17)설(薛)
31)소(蕭)(宵同用)　　29)소(篠)(小同用)　　34)소(嘯)(笑同用)
32)소(宵)　　　　　　30)소(小)　　　　　35)소(笑)
33)효(肴)(獨用)　　　31)교(巧)(獨用)　　　36)효(效)(獨用)
34)호(豪)(獨用)　　　32)호(皓)(獨用)　　　37)호(號)(獨用)

35)가(歌)(戈同用)　33)가(哿)(果同用)　38)개(箇)(過同用)
36)과(戈)　　　　34)과(果)　　　　39)과(過)
37)마(麻)(獨用)　35)마(馬)(獨用)　40)마(禡)(獨用)
38)양(陽)(唐同用)　36)양(養)(蕩同用)　41)양(漾)(宕同用)　18)약(藥)(鐸同用)
39)당(唐)　　　　37)탕(蕩)　　　　42)탕(宕)　　　　19)탁(鐸)
40)경(庚)(耕,清同用)　38)경(梗)(耿,靜同用)　43)영(映)(諍,勁同用)　20)맥(陌)(麥,昔同用)
41)경(耕)　　　　39)경(耿)　　　　44)쟁(諍)　　　　21)맥(麥)
42)청(清)　　　　40)정(靜)　　　　45)경(勁)　　　　22)석(昔)
43)청(青)(獨用)　41)형(迥)(獨用)　46)경(徑)(獨用)　23)석(錫)(獨用)
44)증(蒸)(登同用)　42)증(拯)(等同用)　47)증(證)(嶝同用)　24)직(職)(德同用)
45)등(登)　　　　43)등(等)　　　　48)등(嶝)　　　　25)덕(德)
46)우(尤)(侯,幽同用)　44)유(有)(厚,黝同用)　49)유(宥)(候,幼同用)
47)후(侯)　　　　45)후(厚)　　　　50)후(候)
48)유(幽)　　　　46)유(黝)　　　　51)유(幼)
49)침(侵)(獨用)　47)침(寢)(獨用)　52)심(沁)(獨用)　26)집(緝)(獨用)
50)담(覃)(談同用)　48)감(感)(敢同用)　53)감(勘)(闞同用)　27)합(合)(盍同用)
51)담(談)　　　　49)감(敢)　　　　54)감(闞)　　　　28)합(盍)
52)염(鹽)(添同用)　50)염(琰)(忝,儼同用)　55)염(豔)(㮇同用)　29)엽(葉)(帖同用)
53)첨(添)　　　　51)첨(忝)　　　　56)첨(㮇)　　　　30)첩(帖)
54)함(咸)(銜同用)　52)함(豏)(檻同用)　57)함(陷)(鑑同用)　31)흡(洽)(狎同用)
55)함(銜)　　　　53)함(檻)　　　　58)감(鑑)　　　　32)압(狎)
56)엄(嚴)(凡同用)　54)엄(儼)(范同用)　59)엄(釅)(梵同用)　33)업(業)(乏同用)
57)범(凡)　　　　55)범(范)　　　　60)범(梵)　　　　34)핍(乏)

　위와 같은 206운의 배열을 보고 우리는 다음과 같은 사실에 주의를 기울일 필요가 있다.
　첫째, 평성은 57부, 상성은 55부, 거성은 60부 그리고 입성은 34부로 이루어져 있는데, 왜 이렇게 각 성조에 해당하는 운부가 불규칙할까 하는 점이다. 입성의 경우는 본래 그 성격이 다른 세 개의 성조와 다른 것이니까 예외를 인정한다고 해도 다른 성조의 경우, 예를 들어 평성이 57부라면 상성도 57부여야 하고 거성 역시 57부여야 균형이 맞을 터인데 상성은 평성보다 2부가 적고, 거성은 오히려 3부가 더 많다. 이것은 다음과 같은 이유 때문이다.

먼저 상성의 경우 평성 제2부 동(冬)운과 평성 제19부 진(臻)운에 들어갈 상성운의 글자수가 얼마 되지 않고 또 대부분 잘 쓰이지 않는 벽자(僻字)들이어서 굳이 그것들을 독립시키지 않은 것이다.5) 이들은 평성 제3부 종(鍾)운의 상성인 종(腫)운과 평성 제21부 흔(欣)운의 상성인 은(隱)운으로 각각 들어갔다.

한편 거성의 경우 제(祭)·태(泰)·쾌(夬)·폐(廢) 등 4개 운은 본래부터 평성자와 상성자가 없다. 이러면 '57+4=61'로 거성은 모두 61부가 되어야 하는데, 왜 60부일까? 그것은 평성 제19부 진(臻)운은 본래 거성자가 없기 때문에 한 부가 줄어들어 결과적으로 60부가 된 것이다.

둘째, ≪광운≫에서 입성은 콧소리받침 즉 [-m], [-n], [-ŋ]으로 끝나는 양성운(陽聲韻)과 함께 배열하고 있다.

위에서 말한바 있는 '평성 57개운＋祭·泰·夬·廢' 합계 61개운 가운데 지(支)운·어(魚)운 등과 같이 받침이 없이 끝나는 음성운(陰聲韻)은 모두 26개이므로 그 나머지 35개는 양성운인데 이에 대응하는 입성은 34개로 1부가 모자란다. 이것은 평성 제24부 흔(痕)운의 입성자가 몇 글자 안돼서 평성 제23부 혼(魂)운의 입성인 몰(沒)운으로 넣었기 때문이다.6)

셋째, ≪광운≫에서 양성운과 입성운은 그 받침의 발음부위에 따라 매우 규칙적인 배열을 하고 있다.

예를 들면 [-m]으로 끝나는 침(侵)～엄(嚴) 등 9개 운부는 [-p]로 끝나는 집(緝)～업(業) 등 9개 운부와 함께 배열하였고, [-n]으로 끝나는 진(眞)～선(仙) 등 14개 운부는 [-t]로 끝나는 질(質)～설(薛) 등 13

---

5) 동(冬)운의 상성자는 동(湩)·롱(鸗)·롱(朧)등 3자이고, 진(臻)운의 상성자는 진(鰰)·친(親)·친(齔)등 3자이다.
6) 흔(痕)운의 입성자는 흘(麧)·흘(秎)·흘(齕)·흘(紇)·굴(淈)등 모두 5자이다.

개 운부와 함께 배열하였으며, 그리고 [-ŋ]으로 끝나는 동(東)~등(登) 등 12개 운부는 [-k]로 끝나는 옥(屋)~덕(德) 등 12개 운부와 함께 배열하고 있다.

이를 간단하게 정리하면, 'ㅁ'받침은 'ㅂ'받침과 대응하고, 'ㄴ'받침은 'ㄷ'(우리 한자 발음으로는 'ㄹ')받침과 대응하고, 그리고 'ㅇ'받침은 'ㄱ'받침과 대응한다. 이것은 수당 시대의 발음 체계가 선진(先秦)시대의 발음 체계와 완전히 다르다는 것을 보여주는 것이다. 선진 시대의 발음 체계, 즉 ≪시경≫에서는 음성운과 입성운이 서로 대응하여 협운을 할 수 있었다.

(3) 독용(獨用)과 동용(同用)

위의 206운 배열을 보면 운목 옆에 독용과 동용이라는 표시가 되어 있다. 운서의 목적이 발음의 분석과 시운을 맞추기 위한 것이므로, 독용은 다른 운과 구별되어 홀로 쓰이는 운이고, 동용은 발음이 비슷하여 서로 같이 쓰일 수 있는 운을 뜻하는 것임을 짐작할 수 있다.

그런데 ≪광운≫의 독용·동용과 실제 당시(唐詩)의 용운(用韻) 상황이 서로 잘 맞지 않는 이유는 무엇일까?

언어는 사회적인 약속이며 때와 곳에 따라 변화하고 발전해 나가는 것이다. ≪광운≫이 비록 육법언의 ≪절운≫을 이어 받아 지어진 것이라고 해도, ≪절운≫은 수나라 때 고금과 남북의 소리를 종합하여 만들어진 것이고, ≪광운≫은 송나라 때 당시(當時)의 실제 발음을 어느 정도 고려하여 만든 것이다.

그러므로 시간적으로는 약 400년 정도의 거리가 있고, 공간적으로는 남방음과 북방음의 차이가 있을 수 있게 된 것이다. 그리하여 구옹(邱雍) 등이 ≪광운≫을 개정할 때 당시의 발음을 반영하지 않을 수 없었을 것이고, 그 결과로 독용과 동용이라는 설명을 붙인 것이 아닌가 생각된다. 당나라 시인의 용운과 ≪광운≫의 독용과 동용의 예가 때때로 서로 잘 맞지 않는 이유도 여기에 있다.

(4) ≪광운≫의 가치

≪광운≫의 가치는 먼저 그 안에 수록된 반절에 있다. 반절은 수·당 시대의 중고음(中古音)을 연구하는 데 중요한 근거를 제공해 줄뿐만 아니라 선진 시대 상고음(上古音)을 연구하는 데도 징검다리 역할을 하고 있다.

그 다음 ≪광운≫에서 우리에게 주는 또 하나의 귀중한 자료는 글자에 대한 해설이다. 운서는 시운을 맞추기 위해 지어진 것이지만 ≪광운≫의 글자 해설은 고대의 천문·지리·사물의 이름·성씨·전장제도(典章制度)·음악·의약·동식물·전설(傳說) 등 각 방면의 내용을 수록하고 있을 뿐만 아니라 이문(異文)·별체(別體) 등 다른 글자체도 소개하고 있어서, 고대의 문자와 훈고를 연구하는 데 많은 도움을 준다.

≪광운≫의 글자 해설의 예를 들어 보면 다음과 같다.

○동(東)은 봄의 방향을 뜻한다. ≪설문해자≫에서는 "동녘을 '동'이라고 부르는 까닭은 (동쪽은 만물이) 생동(生動)하는 방향이기 때문이다. 해가 나무 가운데 있다는 의미이다."라고 하였다. … 덕홍절(德紅切, 즉 '동')이다. 이하 17자는 모두 같은 반절을 쓴다.(「東, 春方也. ≪說文≫曰: "動也, 从日在木中." … 德紅切. 十七.」)

○자(慈)는 '아끼다'라는 뜻이다. 고을 이름이기도 하다. 춘추(春秋)시대 진(晉)나라에 굴읍(屈邑)이라는 곳이 있었는데 이오(夷吾)가 살았었다. 서위(西魏) 때 분주(汾州)로 이름이 바뀌었고, 수 문제(文帝) 개황(開皇, 581~600) 초기에 경주(耿州)로 되었다가 당나라 고조(高祖) 무덕(武德, 618~626) 때 자주(慈州)로 되었다. 자씨(慈氏)라는 성(姓) 때문에 현(縣)을 그렇게 이름한 것이다. 질지절(疾之切, 즉 '지')이다. 이하 5자는 같은 반절을 쓴다.(「慈, 愛也. 亦州名. 春秋時晉之屈邑, 夷吾所居. 西魏改爲汾州, 開皇初爲耿州, 武德改爲慈州, 因慈氏縣名之. 疾之切. 五..」)

이상에서 보듯이 ≪광운≫은 운서라기보다는 문자의 3요소인 형·음·의를 총망라한 종합 백과사전이라고 할 수 있다.

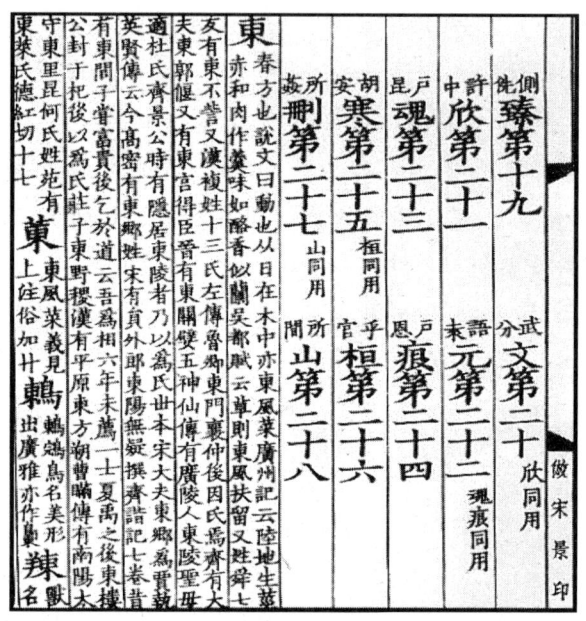

≪광운≫

6.4.1.2 ≪집운(集韻)≫

≪집운≫은 ≪광운≫의 증정본(增訂本)이라고 할 수 있다. 1037년 송기(宋祁) 등 몇몇 학자들은 황제에게 ≪광운≫이 옛날 체제로 되어 있어 그 시대의 발음에 맞지 않으니 개정해야 한다고 건의하였다. 이에 인종(仁宗)은 송기·정도(丁度) 등에게 명하여 ≪광운≫을 다시 편찬하도록 하여, 30년 뒤 영종(英宗) 때인 1067년 사마광(司馬光)의 손을 거쳐 ≪집운≫이 완성되었다.

≪집운≫은 모두 10권으로 이루어져 있고, 그 구성은 평성 4권, 상성·거성·입성 각 2권씩으로 되어 있다. 수록된 글자 수는 ≪광운≫

보다 약 2만여 자가 더 많은 53,525자로 중국에서 나온 자전 가운데 가장 많은 글자를 수록하고 있다.

그런데 이 수치는 한 글자가 여러 가지 발음이 있는 경우에 각각을 모두 다른 글자로 간주해서 나온 것이다. 만약 이런 글자를 한 글자로 계산하면 ≪집운≫의 실제 수록자는 32,381자가 된다.7) 글자의 해석은 허신의 ≪설문해자≫를 근본으로 하되, ≪설문해자≫에 없는 글자는 다른 책을 참고하여 풀이하였다.

≪집운≫은 ≪광운≫과 거의 같은 체제를 취하고 있다. 다만 다르다고 할 수 있는 점은 ≪광운≫의 모(暮)운을 ≪집운≫에서는 막(莫)운으로, 등(嶝)운을 등(隥)으로 바꾸는 등 ≪광운≫의 운부자(韻部字)를 고체(古體)로 바꾸었다거나, ≪광운≫에서는 먼저 글자를 해석하고 난 다음에 발음을 표시하였는데, ≪집운≫에서는 먼저 발음을 표시하고 그 다음에 글자의 뜻을 풀이하였다거나 하는 점 등이다.

한편 ≪집운≫에서는 글자를 귀속시킬 때 개구호(開口呼)와 합구호(合口呼)의 구분이 명확하지 않고, 어떤 운에서는 반절하자(反切下字)와 그 운이 맞지 않는 경우도 있다.

예를 들어 은(隱)·한(恨) 등과 같은 운은 ≪광운≫에는 개구호만 있는데 ≪집운≫에는 합구호도 있고, 순(諄)·혼(魂)·환(換)·과(戈) 등과 같은 운은 ≪광운≫에는 합구호만 있는데 ≪집운≫에는 개구호도 있다. 또한 '진(盡)'은 재인절(在忍切)인데 '인(忍)'은 진(軫)운에 있고 '盡'은 준(準)운에 있으며, '단(旦)'은 득안절(得案切)인데 '안(案)'은 한(翰)운에 있고 '旦'은 환(換)운에 있다.

더군다나 ≪집운≫에서는 한 글자 안에 있는 다른 발음 즉 우음(又音)을 모두 없애버려 다른 운과 발음을 비교할 수 없게 만들었다. 이러한 점들 때문에 ≪집운≫은 중국언어학사상 ≪광운≫의 지위에 훨씬 못 미친다.

---

7) 조진탁(趙振鐸), ≪중국어언학사(中國語言學史)≫, 하북(河北) 교육출판사 2000, p.242.

6.4.1.3 ≪예부운략(禮部韻略)≫

≪예부운략≫ 5권은 정도(丁度, 990~1053) 등이 구옹(邱雍)·척윤(戚綸)이 지은 ≪운략(韻略)≫(1007)을 다시 수정하여, 1037년 국자감(國子監)에서 발행되었다.

이 책의 이름을 ≪운략≫이라고 한 것은 글자수가 적었기 때문이고(9,590자), 앞에 '예부(禮部)'자가 붙은 것은 이 책이 과거시험용으로 쓰였는데 과거시험은 예부에서 관장하였기 때문이다. 그러므로 요즘 말로 하면 '국정간략운서(國定簡略韻書)' 정도에 해당할 것이다. 현존하는 ≪예부운략≫에는 곽수정(郭守正)의 수정본과 모황(毛晃) 부자(父子)의 수정본이 있다.

≪예부운략≫은 ≪광운≫과 마찬가지로 평·상·거·입 4성에 따라 206개 운부를 나누었다. 그러나 ≪광운≫과 ≪집운≫과 달리 자주 쓰이지 않는 글자들을 빼버렸기 때문에 수록된 글자수가 비교적 적고 해설도 간단하여 과거시험용으로는 매우 적당하였다. 그래서 문인들 사이에서는 이 책이 널리 유행하여 그 영향력이 매우 컸다.

그런데 ≪예부운략≫이 비록 ≪광운≫의 206운을 따랐지만 독용(獨用)과 동용(同用)의 예를 주에서 밝혀 놓았기 때문에 어떤 사람들은 이러한 예에 따라 동용한 운을 병합시키기 시작하였다. 이렇게 해서 나온 책들 가운데 현재 알려진 것은 남송 유연(劉淵)의 ≪임자신간예부운략(壬子新刊禮部韻略)≫, 금(金)나라 왕문욱(王文郁)의 ≪신간운략(新刊韻略)≫ 그리고 장천석(張天錫)의 ≪초서운회(草書韻會)≫ 등이다. 이 중에서 가장 유행한 것은 유연의 책이다.

유연은 강북(江北) 평수(平水), 지금의 산서성(山西省) 임분현(臨汾縣) 사람으로, 남송 이종(理宗) 임자년(壬子年)(1252)에 기존의 ≪예부운략≫에 436자를 더하여 ≪임자신간예부운략≫을 만들었다. 이 책은 현재 전해지지는 않지만 원나라 황공소(黃公紹)가 지은 ≪고금운회(古今韻會)≫에 그 내용이 수록되어 있다.

≪임자신간예부운략≫은 ≪집운≫의 206운을 107운으로 병합하였는데, 유연이 평수사람이어서 이 107운을 '평수운(平水韻)'이라고 부르기

도 한다. 그 병합 내용은 아래와 같다.(괄호 안에 있는 작은 글자는
≪광운≫의 병합된 운부자이다.)

평성(상)	상성	거성	입성
1)동(東)	1)동(董)	1)송(送)	1)옥(屋)
2)동(冬)(鍾)	2)종(腫)	2)송(宋)(用)	2)옥(沃)(燭)
3)강(江)	3)강(講)	3)강(絳)	3)각(覺)
4)지(支)(脂,之)	4)지(紙)(旨,止)	4)치(寘)(至,志)	
5)미(微)	5)미(尾)	5)미(未)	
6)어(魚)	6)어(語)	6)어(御)	
7)우(虞)(模)	7)우(麌)(姥)	7)우(遇)(暮)	
8)제(齊)	8)제(薺)	8)제(霽)(祭)	
		9)태(泰)	
9)가(佳)(皆)	9)해(蟹)(駭)	10)괘(卦)(怪,夬)	
10)회(灰)(咍)	10)회(賄)(海)	11)대(隊)(代,廢)	
11)진(眞)(諄,臻)	11)진(軫)(準)	12)진(震)(稕)	4)질(質)(術,櫛)
12)문(文)(殷)	12)문(吻)(隱)	13)문(問)(焮)	5)물(物)(迄)
13)원(元)(魂,痕)	13)원(阮)(混,很)	14)원(願)(慁,恨)	6)월(月)(沒)
14)한(寒)(桓)	14)한(旱)(緩)	15)한(翰)(換)	7)갈(曷)(末)
15)산(刪)(山)	15)산(潸)(産)	16)간(諫)(襇)	8)힐(黠)(鎋)

평성(하)

16)선(先)(仙)	16)선(銑)(獮)	17)산(霰)(線)	9)설(屑)(薛)
17)소(蕭)(宵)	17)소(篠)(小)	18)소(嘯)(笑)	
18)효(肴)	18)교(巧)	19)효(效)	
19)호(豪)	19)호(皓)	20)호(號)	
20)가(歌)(戈)	20)가(哿)(果)	21)개(箇)(過)	
21)마(麻)	21)마(馬)	22)마(禡)	

22)양(陽)(唐)	22)양(養)(蕩)	23)양(漾)(宕)	10)약(藥)(鐸)
23)경(庚)(耕,清)	23)경(梗)(耿,靜)	24)경(敬)(諍,勁)	11)맥(陌)(麥,昔)
24)청(青)	24)형(迥)	25)경(徑)(證,嶝)	12)석(錫)
25)증(蒸)(登)	25)증(拯)(等)	25)경(徑)(證,嶝)	13)직(職)(德)
26)우(尤)(侯,幽)	26)유(有)(厚,黝)	26)유(宥)(候,幼)	
27)침(侵)	27)침(寢)	27)심(沁)	14)집(緝)
28)담(覃)(談)	28)감(感)(敢)	28)감(勘)(闞)	15)합(合)(盍)
29)염(鹽)(添,嚴)	29)염(琰)(忝,儼)	29)염(艷)(㮇,釅)	16)엽(葉)(帖,業)
30)함(咸)(銜,凡)	30)함(豏)(檻,范)	30)함(陷)(鑑,梵)	17)흡(洽)(狎,乏)

'평수운'이 문학 언어에 끼친 영향은 매우 크다. 시인들이 시를 지을 때의 압운은 ≪광운≫의 206운을 근거로 한 것이 아니고 사실상 평수운의 107운에 근거하였다. 이른바 '시운(詩韻)'이라고 하는 106운은 평수운 중 상성(上聲) 제24부 형(迥)운과 제25부 증(拯)운을 합한 것이다. 왕문욱(王文郁)의 ≪신간운략(新刊韻略)≫과 장천석(張天錫)의 ≪초서운회(草書韻會)≫는 106운으로 되어 있다.

음운학가들은 평수운을 경시하는 경향이 있는데, 사실 문학 언어에 대한 영향으로 보나 실제 언어 상황과의 관계로 보나 평수운은 다른 운서에 비해 그 가치가 결코 뒤지지 않는다고 하겠다.

6.4.2 등운학(等韻學)

6.4.2.1 자모(字母)의 출현

한자(漢字)의 자음(字音)은 성모와 운모 그리고 성조 등 세 요소로 이루어진다. 그런데 ≪절운≫을 대표로 하는 운서들은 본래의 쓰임새가 시의 압운을 위한 것이므로, 운서로부터는 운모와 성조에 관한 기본적인 지식만을 얻을 수 있을 뿐 성모에 관한 체계적인 정보는 얻을 수 없다. 물론 반절자를 모두 모아 그 가운데 반절상자들을 분류·귀납해 보면 대강의 성모 체계를 엿볼 수 있겠지만 그 역시 정확한 것은 아니며, 더욱이 ≪절운≫의 반절상자를 가지고 중고 시대의 성모 구조를 체계적으로 연구한 것은 19세기 중엽인 청대 진례(陳澧, 1810~1882)의 ≪절운고(切韻考)≫에 와서야 이루어졌다.

그렇다면 그 이전에는 중국 역사에서 성모 체계에 관한 연구가 없었는가? 물론 그렇지 않다. 중국인들이 자기 언어의 성모 체계를 짜임새 있게 연구한 대표적인 결과물을 말하자면 이른바 자모학(字母學)을 들 수 있다. 운모의 대표글자를 운목(韻目)이라고 한다면, 자모(字母)는 성모의 대표자를 가리킨다. 다시 말해서 한 글자로 한 성모의 대표 글자 즉 표목(標目)을 삼은 것이 바로 자모이다.

중국의 자모학은 불교 문화의 영향으로 생겨났다. 본래 한자는 표의문자이므로 그 자체로는 글자의 독음을 표기하기가 어려운데, 불경을 번역하는 과정에서 표음문자인 인도의 산스크리트어를 접하게 되고 인도인들이 자국 언어의 성모 체계를 정리해 놓은 것[8])을 보고서 중국인들도 그 영향으로 중국어의 성모 체계를 짜임새 있게 정리하기에 이른 것이다.

물론 이 자모는 하루아침에 생겨난 것이 아니라 산스크리트어와 티베트어에 의해 촉발된 위진남북조 시대의 쌍성자(雙聲字) 연구에 힘입은 바 크다. 제(齊) 심약(沈約, 441~513)은 ≪사성보(四聲譜)≫에서 사성(四聲)과 쌍성(雙聲)·첩운(疊韻) 등을 종합하여 하나의 간단한 '뉴자도(紐字圖)'를 만들어 이것으로써 반절을 해석하는 방법을 삼았다. 또한 육조 양(梁) 고야왕(顧野王)이 지은 ≪옥편≫의 <절자요법(切字要法)>에는 많은 반절상자들을 30개의 성류(聲類)로 분류하여 두 쌍성자로 한 성모의 표목을 삼아 만든 '조뉴자(助紐字)'가 보인다.

이러한 장기간의 연구에 힘입어 당나라 때의 승려 수온(守溫)은 이

---

8) 범어(梵語)의 자음과 모음을 서로 연결한 음절표(音節表)인 이른바 실담(悉曇, siddham)이 바로 그것이다.

전보다 한 단계 발전된 형태인 30자모를 제정하게 되고, 송나라 때는 다시 36자모가 나오게 된다. 이 36자모를 발음 부위와 발음 방법에 따라 나누어 보면 다음과 같다.(다음 쪽에 도표로 설명. [ ] 안의 표기는 국제음표에 따른 것임.)

<36자모(字母) 표>

현재 이름	옛날 이름		전청(全淸)	차청(次淸)	전탁(全濁)	차탁(次濁)
쌍순(雙脣)	순음脣音	중순(重脣)	방(幇)[p]	방(滂)[p']	병(並)[b]	명(明)[m]
순치(脣齒)		경순(輕脣)	비(非)[f]	부(敷)[f']	봉(奉)[v]	미(微)[ɱ]
설첨(舌尖)	설음舌音	설두(舌頭)	단(端)[t]	투(透)[t']	정(定)[d]	니(泥)[n]
설면(舌面)		설상(舌上)	지(知)[t]	철(徹)[t']	증(澄)[d]	낭(娘)[ɲ]
설첨전(前)	치음齒音	치두(齒頭)	정(精)[ts] 심(心)[s]	청(淸)[ts']	종(從)[dz] 사(邪)[z]	
설면전(前)		정치(正齒)	조(照)₂[tʂ] ₃[tɕ] 심(審)₂[ʂ] ₃[ɕ]	천(穿)₂[tʂ'] ₃[tɕ']	상(牀)₂[dʐ] ₃[dʑ] 선(禪)₂[ʐ] ₃[ʑ]	
설근(舌根)	아음(牙音)		견(見)[k]	계(溪)[k']	군(群)[g]	의(疑)[ŋ]
	후음(喉音)		영(影)[ø]			
설근(舌根)			효(曉)[x]		갑(匣)[ɣ]	
설면중(中)						유(喩)[j]
설첨중(中)	반(半)설음					래(來)[l]
설면전(前)	반(半)치음					일(日)[nʑ]

수온(守溫)의 30자모는 송대의 36자모와 비교해 볼 때 비(非)·부(敷)·봉(奉)·미(微) 등의 경순음(輕脣音, [f-]) 계열 4자와 낭(娘)·상(牀)이 없고, 방(幇)이 불(不)로 되어 있다.

일반적으로 36자모에서 자주 쓰이는 용어로 5음 또는 7음과 청탁(淸濁)이라는 말이 있다. 이는 발음 부위와 발음 방법을 설명한 전통적인 용어들이다.

위의 도표에서 보는 대로 발음 부위에 따라 나눈 것인 순음(脣音)·설음(舌音)·치음(齒音)·아음(牙音)·후음(喉音)의 다섯 종류의 음을 전통적으로 이를 5음이라 하고, 여기에 반설음(半舌音)과 반치음(半齒音)을 더한 것을 7음이라 한다.[9]

그리고 발음 방법에 따라 전통적으로 음을 크게 청음(淸音)과 탁음(濁音)으로 나누고 다시 청음을 전청(全淸)과 차청(次淸)으로, 탁음을 전탁(全濁)과 차탁(次濁)으로 세분하였다. 청음은 성대가 울리지 않는 무성자음(無聲子音)을 가리키고, 탁음은 성대가 울리는 유성자음(有聲子音)을 말한다.[10] 그리고 청음 중에서도 공기가 입 밖으로 강하게 터져나가는가의 여부에 따라, 공기가 강하게 터져나가지 않는 무기음(無氣音), 중국식 용어로는 불송기음(不送氣音)을 전청이라 하고, 공기가 강하게 터져나가는 유기음(有氣音), 중국식 용어로는 송기음(送氣音)을 차청이라 하였다. 또한 탁음 가운데 파열음, 마찰음 및 파찰음(破擦音)을 전탁이라 하고 콧소리(m·n·ŋ), 변음(邊音, l) 및 반모음(j)은 차탁이라 하였다.

---

9) 송나라 정초(鄭樵, 1103~1162) 이전에는 대체로 5음이라는 명칭이 널리 쓰였으나, 그가 ≪통지(通志)·칠음략(七音略)≫의 서문에서 마땅히 7음으로 해야 한다고 강력히 주장하면서부터 점차로 7음이라는 명칭이 득세하게 된 것으로 보인다. (이에 관해서는 이신괴(李新魁), ≪한어등운학(漢語等韻學)≫, 북경 중화서국 1883, p.169 참고.)
현대 중국어에서는 일반적으로 성모를 발음부위에 따라 쌍순음(雙脣音, p·p'·m), 순치음(脣齒音, f), 설첨전음(舌尖前音, ts·ts'·s), 설첨중음(舌尖中音, t·t'·n·l), 설첨후음(舌尖後音, tʂ·tʂ'·ʂ·ʐ), 설면음(舌面音, tɕ·tɕ'·ɕ), 설근음(舌根音, k·k'·x·ŋ)의 일곱 가지로 분류하고 있다.
10) 현대 중국어의 성모는 청음이 절대 다수를 차지하고 있고, 탁음은 콧소리 [m]·[n]·[ŋ]와 변음 [l], 그리고 권설음 [ʐ](한어병음으로는 r)등 모두 5개에 불과하다.

6.4.2.2 등운학의 성립

앞에서 말한 대로 운서는 본래 시문을 짓기 위한 참고서로 나온 것이므로 운서에서 알 수 있는 것은 압운할 수 있는 대략적인 운모의 종류이지 정확한 의미의 운모는 아니다. 그 결과 운서는 성모에 대해서는 물론이고 같은 운으로 분류된 글자들 간의 미세한 차이에 대해서도 확실히 설명해 주지 못한다. 현대 음운학의 관점에서 보면, 사잇소리 즉 개음(介音)을 소홀히 다루고 있는 것이다.

이에 비해 송원 시대의 등운학은 중국인들이 본격적으로 자기 나라의 발음 체계를 연구한 것이라고 할 수 있다. 이미 평·상·거·입의 4성을 구분하고 있던 토대 위에서 성모를 체계적으로 분류하는 동시에, 운서들 사이의 각 운의 같고 다름을 비교하여 운의 성격을 개구호(開口呼)와 합구호(合口呼)라는 두 개의 호(呼)와 네 개의 등(等)으로 잘게 나눔으로써, 글자의 소리를 성모·운모·성조 세 가지 측면에서 총괄적으로 그리고 체계적으로 분석하게 된 것이다.

여기에서 먼저 등운학에서 자주 쓰이는 몇 가지 전문적인 용어들을 간단하게 풀이하면 다음과 같다.

(1) 등호(等呼)

등(等)이란 본래 등운도에서 각 운마다 4단계의 음의 차이를 두어 음을 배열하고 있는 것을 말하고, 호(呼)란 발음상 [i]·[u]·[y] 등과 같은 요소가 있는가 없는가를 따져 그 음을 분석하는 방법을 말한다.

예를 들어 호는 개구호(開口呼)와 합구호(合口呼)로 크게 두 가지로 나뉘는데, 개구호는 개음이나 주모음(主母音)에 [u]를 갖지 않은 것이고, 합구호는 [u]를 갖는 것이다.

등의 차이는 개음과 주요모음의 미세한 차이인데, 현대 음운학의 관점으로 설명하자면, 개음 [-i-]의 유무에 따라 크게 1·2등운과 3·4등운을 구분하고(1·2등운에는 개음 [-i-]가 없고, 3·4등운에는 있음), 모음의 위치에 따라 1·2등운을 구분하며(1등운의 위치는 뒤쪽, 2등운의 위치는 앞쪽), 개음의 성질에 따라 3·4등운을 구분한다.(3등운은 반모음 성질의 [-j-], 4등운은 모음 [-i-])[11]

(2) 운섭(韻攝)

운모가 같거나 비슷한 운을 한데 묶어 놓은 것을 운섭 또는 섭(攝)이라고 한다. '攝'은 '포괄한다'는 뜻이다. 곧이어 설명할 송대의 초기 운도인 ≪운경(韻鏡)≫에서는 ≪절운≫(또는 ≪광운≫)의 206운을 43개의 전(轉)으로 묶었는데, 후기 운도인 ≪사성등자(四聲等子)≫에서는 이것을 다시 16개의 섭으로 묶었다.

16섭과 ≪광운≫ 206운과의 통합상황을 정리하면 다음과 같다.(평성운으로써 상·거·입성운을 대표함)

1) 통섭(通攝) --- 동(東)·동(冬)·종(鍾)
2) 강섭(江攝) --- 강(江)
3) 지섭(止攝) --- 지(支)·지(脂)·지(之)·미(微)
4) 우섭(遇攝) --- 어(魚)·우(虞)·모(模)
5) 해섭(蟹攝) --- 제(齊)·가(佳)·개(皆)·회(灰)·해(咍)·제(祭)·태(泰)·쾌(夬)·폐(廢)
6) 진섭(臻攝) --- 진(眞)·순(諄)·진(臻)·문(文)·흔(欣)·혼(魂)·흔(痕)
7) 산섭(山攝) --- 원(元)·한(寒)·환(桓)·산(刪)·산(山)·선(先)·선(仙)
8) 효섭(效攝) --- 소(蕭)·소(宵)·효(肴)·호(豪)
9) 과섭(果攝) --- 가(歌)·과(戈)
10) 가섭(假攝) --- 마(麻)

---

11) 칼그렌(Bernhard Karlgren, 1889~1978)과 동동화(董同龢, 1911~1963)가 나눈 등(等)의 차이를 비교하여 표로 나타내면 다음과 같다.

		1등	2등	3등	4등
칼그렌		ɑ	a	ǐ	i
동동화 (董同龢)	개(開)	ɑ	a	jæ	iɛ
	합(合)	uɑ	ua	juæ	iuɛ

11) 탕섭(宕攝) --- 양(陽)・당(唐)
12) 경섭(梗攝) --- 경(庚)・경(耕)・청(淸)・청(靑)
13) 증섭(曾攝) --- 증(蒸)・등(登)
14) 류섭(流攝) --- 우(尤)・후(侯)・유(幽)
15) 심섭(深攝) --- 침(侵)
16) 함섭(咸攝) --- 담(覃)・담(談)・염(鹽)・첨(添)・함(咸)・함(銜)・엄(嚴)・범(凡)

≪광운≫의 206운 → ≪예부운략≫의 107운 → ≪운경≫의 43전 → ≪사성등자≫의 16섭과 같은 이러한 음의 통합 현상은 발음변화의 대원칙 가운데 하나인 '간화(簡化)'에 해당하는 것으로서, 그 시대의 실제 발음을 반영한 데서 나온 현상으로 풀이된다.

(3) 내전(內轉), 외전(外轉)

등운도에서는 16섭 가운데 통(通)・지(止)・우(遇)・과(果)・탕(宕)・증(曾)・류(流)・심(深) 등의 8섭을 내전이라고 하고, 강(江)・해(蟹)・진(臻)・산(山)・효(效)・가(假)・경(梗)・함(咸) 등의 8섭을 외전이라고 한다. 그 당시 사람들이 어떤 기준을 가지고 내전과 외전을 나누었는지는 아직까지 분명하게 밝혀지지 않고 있다.

외견상으로는 2등운의 유무에 따라서 2등운이 없으면 내전이고, 있으면 외전으로 구분한다. 현대 음운학에서는 주모음(主母音)의 높낮이에 따라 나누는데, 내전은 주모음이 높고 외전은 낮다.

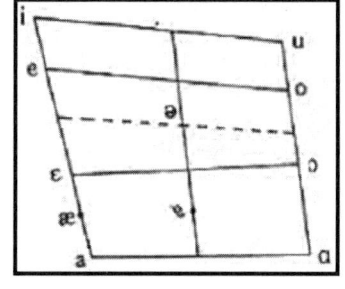

나상배(羅常培)는 내전은 후모음(後母音) [u]・[o], 중모음(中母音) [ə], 전고모음(前高母音) [i]・[e]의 운을 가지고 있고, 외전은 전모음(前母音) [e]・[ɛ]・[æ]・[a], 중모음(中母音) [ɐ], 후저모음(後低母音) [ɑ]・[ɔ]를 가지고 있다고 하였다.[12]

6.4.2.3 등운도(等韻圖)

등운도 또는 운도는 성모·운모·성조의 세 요소를 결합한 도표를 말한다.

바둑판 모양의 도표에 가로줄의 맨 위에는 5음·7음 혹은 36자모를 나란히 배열하고, 세로줄의 맨 왼쪽에는 4성과 4등을 위 아래로 표시한 다음, 가로줄과 세로줄이 만나는 빈칸 속에 알맞은 글자를 집어넣은 것이다.

따라서 운도에 표시된 모든 글자는 그 글자가 속한 칸의 가로줄과 세로줄을 살펴보면 자연히 그 글자의 성모·운모·성조를 알게 되어 결국 그 글자의 음을 알 수 있게 된다. 결국 등운도는 오늘날의 중국어병음표와 같은 역할을 한다고 볼 수 있다.

등운도는 크게 송원 시대의 운도와 명청 시대의 운도로 나뉘며, 송원 시대의 운도는 다시 초기 운도와 후기 운도로 나뉜다.

송원 시대의 초기 운도는 12세기(북송 말~남송 초) 이전에 나온 것으로서 ≪운경(韻鏡)≫과 ≪칠음략(七音略)≫이 대표적이다. 이 운도들은 ≪절운≫의 운부에 따라 206운을 43전(轉)으로 나누어 43개의 도(圖)에 배열하였고, 글자의 음을 개구호와 합구호의 2호(呼)로 나누었으며, 각 호를 다시 4등으로 나눈 것이 특징이다.

이들 초기 운도의 가치는 ≪절운≫ 계통의 운서의 발음체계를 고스란히 보존하고 있는 한편, 운서의 잘못을 바로잡고 부족한 점을 보충했다는 데 있다.

송원 시대의 후기 운도는 남송 이후인 12세기에서 14세기 사이에 나온 것으로서 ≪사성등자(四聲等子)≫, ≪절운지장도(切韻指掌圖)≫, ≪절운지남(切韻指南)≫ 등이 대표적이다. 이 운도들은 글자의 음을 개·합 2호로 나누고 각 호를 다시 4등으로 나눈 점에 있어서는 초기 운도와 같지만, 기본적으로는 ≪절운≫의 운부에 의거하면서도 초기 운도와는 달리 당시의 음을 반영하여 206운을 20개 혹은 24개의 도

---

12) <석내외전(釋內外轉)>, ≪나상배어언학논문선집(羅常培語言學論文選集)≫, 북경 중화서국 1963.

(圖)에 압축시켜 나타낸 것이 특징이다.

명청 시대의 운도는 명대의 매응조(梅膺祚)의 ≪자휘(字彙)≫ 뒤에 있는 <운법직도(韻法直圖)>와 <운법횡도(韻法橫圖)>, 청대의 ≪강희자전(康熙字典)≫ 앞에 있는 <자모절운요법(字母切韻要法)> 및 반뢰(潘耒, 1646~1706)의 ≪유음(類音)≫이 대표한다.

이 시대의 운도들은 글자의 음을 개구호(開口呼)·제치호(齊齒呼)·합구호(合口呼)·촬구호(撮口呼)의 4호[13]로 나누고 등으로는 나누지 않은 것이 특징이다. 본래 '등'과 '호'는 서로 밀접히 연결된 개념이었으므로 명청 시대에 와서는 이 둘이 서로 합쳐져 4호로 통일된 것이다. 이것을 간단히 도표로 나타내면 다음과 같다.

송원시대 → 명청시대	송원시대 → 명청시대
개구 ┌1·2등운 → 개구호 　　 └3·4등운 → 제치호	합구 ┌1·2등운 → 합구호 　　 └3·4등운 → 촬구호

이제 대표적인 운도라 할 수 있는 송대의 운도들을 차례로 나누어 살펴보면 다음과 같다.

---

13) 4호(呼)는 개음(介音)이나 주요모음에 [i], [u], [ü]가 있느냐 없느냐 하는 것으로써 구분한다.
즉 개구호는 [i], [u], [y](보통화의 ü)가 모두 없는 것이고, 제치호는 [i]가 있는 것이며, 합구호는 [u]가 있는 것이고, 촬구호는 [y]가 있는 것이다.
그런데 [y]는 [i]와 [u]를 합한 것이므로 결국 [u]의 유무로써 이 4호를 크게 둘로 나눌 수도 있다. 그래서 [u]가 없는 개구호·제치호를 묶어서 넓은 의미의 개구호라고 하고, [u]가 있는 합구호·촬구호를 묶어서 넓은 의미의 합구호라고 하기도 한다. 이것을 간단하게 나타내면 다음과 같다.

┌개구호: [u] 없음 ┌개구호--[i]·[u]·[y] 없음
│　　　　　　　　 └제치호--[i] 있음
└합구호: [u] 있음 ┌합구호--[u]
　　　　　　　　　└촬구호--[y]

(1) ≪운경(韻鏡)≫

≪운경≫은 지금까지 남아 있는 것 가운데 가장 이른 시기에 나온 운도로서 지은이가 누구인지는 알 수 없다. 지금 전하는 ≪운경≫은 남송 장린지(張麟之)가 간행한 것으로서, 책 앞에 실려 있는 그의 말과 서문의 내용14)을 근거로 하여 대략 당나라 말기에 나온 것으로 추정된다.15)

≪운경≫은 ≪절운≫의 성모를 배열할 때 36자모의 명칭을 직접 쓰지 않고 순(脣)·설(舌)·아(牙)·치(齒)·후(喉)·반설(半舌)·반치(半齒)의 7음으로 표시하여 가로줄 23칸에 배열하였고16), 7음을 다시 청(淸)·차청(次淸)·탁(濁)·청탁(淸濁) 등으로 나누었다.

그리고 세로줄의 경우에는 ≪절운≫의 운모를 먼저 평·상·거·입 4개 성조로 나눈 뒤, 다시 각 성조를 4등으로 나누어 모두 열여섯 칸에 배열하였다.

---

14) 이 지어(識語)는 남송 때인 1161년에 나온 것이고, 서문은 1203년에 나온 것이다.
15) 동동화(董同龢)는 ≪운경≫이 송대 이전에 나온 것으로 확언하고 있고(≪한어음운학(漢語音韻學)≫, 대만 문사철(文史哲)출판사 1983, p.112), 복지진(濮之珍)은 당대 말기로 추정하고 있다(≪중국어언학사(中國語言學史)≫). 또한 이신괴(李新魁)는 송 초 1007년에서 1037년 사이에 나온 것으로 보고 있다.(<운경연구(韻鏡硏究)>, ≪어언연구(語言硏究)≫ 1981년 제1기) 그리고 조게지(趙憩之)는 ≪운경≫의 원형이 수당(隋唐) 시대에 시작되었다고 하는 일본학자의 설을 소개하면서 자신의 판단은 유보하고 있다(≪등운원류(等韻源流)≫, 대만 문사철출판사 1985, pp.58∼60).
이처럼 ≪운경≫의 시대에 관해서는 아직까지 정설이 없다.
16) 내용상 36자모에 따라 배열했다고 해도 가로줄의 배열 칸수는 36칸이 아니라 23칸이다. 그 이유는 중순(重脣)과 경순(輕脣), 설두(舌頭)와 설상(舌上), 치두(齒頭)와 정치(正齒)가 각각 서로 겹쳐져서 도합 13칸이 없어졌기 때문이다. 이렇게 해도 전체적으로 배열을 할 때 문제가 생기지 않는데, 그 이유는 설두음(舌頭音)을 성모로 가진 글자의 운모는 1·4등에만 나타나고 설상음(舌上音)을 성모로 가진 글자의 운모는 2·3등에만 나타나도록 하여서 배열상 서로 충돌하는 경우가 없기 때문이다.

≪운경≫

앞에서 말한 대로 ≪운경≫의 가장 큰 특징은 ≪절운≫의 운부에 따라 43전(轉)으로 나누어 43개의 도(圖)에 배열하고, 글자의 발음을 개구호와 합구호의 2호로 나누며 각 호를 다시 4등으로 나눈데 있다.

이러한 ≪운경≫의 발음체계는 당 말에서 오대를 거쳐 송 초에 이르는 당시의 실제 발음을 반영하고 있기 때문에, ≪절운≫ 계통의 운서와 함께 중고 시대의 발음체계를 연구하는 데 꼭 필요한 자료로 손꼽힌다.

(2) ≪칠음략(七音略)≫[17]

≪칠음략≫은 남송 정초(鄭樵, 1104~1162)의 저작인 ≪통지(通志)≫ 20략(略) 가운데 하나이다. ≪칠음략≫은 ≪운경≫과 내용이 대체로 같아 같은 계열의 운도로 분류되지만 약간 다른 점들도 있는데 그것

---

[17] ≪칠음략≫에 대해 전문적으로 연구한 대표적인 논문은 ≪나상배어언학논문집(羅常培語言學論文集)≫에 실려 있는 <≪통지·칠음략≫연구(≪通志·七音略≫硏究)>를 들 수 있다.

은 다음과 같다.

첫째, 운도의 배열 방법에 있어서 ≪운경≫은 먼저 세로줄을 4성에 따라 크게 네 등분한 뒤 각 성조를 다시 4등으로 나눈 데 비해 ≪칠음략≫은 먼저 4등으로 크게 나누고 각 등을 다시 4성으로 나누었다.

둘째, 제31전 이하는 두 책의 차례가 다른데, 이것은 ≪칠음략≫이 육법언의 ≪절운≫과 손면(孫愐)의 ≪당운≫을 따르고, ≪운경≫은 이주(李舟)가 증보한 ≪절운≫18)의 차례를 따랐기 때문인 것으로 풀이된다.

셋째, ≪운경≫에서는 개(開)·합(合)이라는 명칭을 쓴 데 반해 ≪칠음략≫에서는 중(重)·경(輕)이라는 명칭을 썼는데, 이 둘은 이름만 다를 뿐 내용은 같다.19)

넷째, 내전과 외전의 구분이 조금 다르다. 즉 ≪칠음략≫에서는 제13전과 제37전을 내전이라고 했는데 ≪운경≫에서는 외전이라고 했고, 제29전을 외전이라고 했는데 ≪운경≫에서는 내전이라고 했다.

다섯째, 성모의 명칭이 조금 다르다. ≪운경≫에서는 앞에서 말한 대로 36자모의 명칭을 직접 쓰는 대신 7음으로 표시하고 7음을 다시 청(淸)·차청(次淸)·탁(濁)·차탁(次濁)으로 나누었는데, ≪칠음략≫에서는 36자모를 그대로 쓰고 그 밑에 우(羽)·치(徵)·각(角)·상(商)·궁(宮)·반치(半徵)·반상(半商) 등과 같은 명칭을 달았다.

여섯째, ≪운경≫에서는 입성운을 모두 양성운과 배합했는데 이 점은 ≪칠음략≫도 대체로 비슷하다. 다만 탁(鐸)운과 약(藥)운의 두 입성운은 양성운(제34·35도 참조)뿐 아니라 음성운(제25도 참조)에도 배합하고 있다. 이것은 입성운이 일률적으로 양성운과 배합하던 중고

---

18) 이주(李舟)의 ≪절운≫은 오늘날 전하지 않지만 그 운부(韻部)의 차례는 송대의 서현(徐鉉)이 개정한 ≪설문해자전운보(說文解字篆韻譜)≫에 실려 있어 알 수 있다.
19) ≪칠음략≫에서는 중중중(重中重)·중중경(重中輕)·경중경(輕中輕)·경중중(輕中重) 등의 명칭을 썼는데, 첫 글자가 중(重)으로 시작하는 중중중(重中重)·중중경(重中輕)은 개구호이고, 경(輕)으로 시작하는 경중경(輕中輕)·경중중(輕中重)은 합구호이다.

시대의 법칙을 벗어나는 것으로 입성이 사라져가는 현상이 반영된 것으로 풀이된다.

≪칠음락≫

(3) ≪사성등자(四聲等子)≫

이 운도는 지은이가 누구인지 알 수 없다. 다만 그 시대는 남송 초 또는 북송에서 남송으로 넘어가는 시기(대략 12세기)로 추정된다. 왜냐하면 원대 유감(劉鑑)의 ≪절운지남(切韻指南)≫ 속에 있는 웅택민(熊澤民)의 서문(1336년) 가운데 ≪사성등자≫를 언급한 내용이 있고[20], 또 ≪사성등자≫가 반영하고 있는 언어 체계를 고찰해 볼 때 그

---

20) 웅택민의 서문은 "무릇 책을 읽기 위해서는 반드시 운을 잘 알아야 하고, 운을 잘 알기 위해서는 모름지기 반절을 알아야 하니, 이것이 배움의 급선무이다. 우리 시대의 선비들이 빠뜨려서는 안 되는 것으로 예로부터 ≪사성등자≫가 있으니, 이것이 전해 내려오는 것의 정통이다.(「夫讀書必執韻, 執韻須知切, 乃爲學之急務. 吾儒之不可闕者, 古有四聲等子, 爲傳流之正宗.」)"라는 내용으로 시작하는데, 이것으로 보아 원대(元代) 훨씬 이전부

렇게 추정할 수 있기 때문이다.

앞에서 말한 대로 ≪사성등자≫의 가장 큰 특징은 ≪운경≫과 ≪칠음략≫에서 ≪절운≫의 206운을 43전(轉)으로 병합한 것을 다시 16섭(攝)으로 묶은 데 있는데, 이것은 그 당시의 실제 발음이 반영된 결과이기 때문에 ≪사성등자≫는 중고시대 발음의 변화를 연구하는데 있어서 매우 중요한 자료가 된다.

≪운경≫·≪칠음략≫으로 대표되는 초기 운도는 ≪절운≫의 발음체계를 그대로 따르고 있는데 반해서, 후기 운도의 대표격인 ≪사성등자≫에서는 ≪절운≫의 발음체계를 상당히 벗어나 원나라 주덕청(周德淸)의 ≪중원음운(中原音韻)≫(1324년)이 대표하고 있는 근대음에 가까이 다가서고 있다. 그것의 가장 두드러진 예가 바로 43전을 다시 16섭으로 크게 병합한 것이며, 이와 아울러 입성운을 양성운과 음성운에 나누어 배열한 것도 입성운이 사라져가는 현상을 반영한 것으로서 근대음의 특징에 한 걸음 다가선 것이다.

그러면 16섭과 43전과의 관계를 살펴보면 다음과 같다.

 1)통섭(通攝) ---- ≪운경≫ 제1·2전
 2)강섭(江攝) ---- ≪운경≫ 제3전
 3)지섭(止攝) ---- ≪운경≫ 제4~10전
 4)우섭(遇攝) ---- ≪운경≫ 제11·12전
 5)해섭(蟹攝) ---- ≪운경≫ 제13~16전
 6)진섭(臻攝) ---- ≪운경≫ 제17~20전
 7)산섭(山攝) ---- ≪운경≫ 제21~24전
 8)효섭(效攝) ---- ≪운경≫ 제25·26전
 9)과섭(果攝) ---- ≪운경≫ 제27·28전
 10)가섭(假攝) ---- ≪운경≫ 제29·30전
 11)탕섭(宕攝) ---- ≪운경≫ 제31·32전
 12)경섭(梗攝) ---- ≪운경≫ 제33~36전

터 ≪사성등자≫가 있었음을 알 수 있다.

13) 증섭(曾攝) ---- ≪운경≫ 제42・43전
14) 류섭(流攝) ---- ≪운경≫ 제37전
15) 심섭(深攝) ---- ≪운경≫ 제38전
16) 함섭(咸攝) ---- ≪운경≫ 제39~41전

≪사성등자≫에서는 이 16섭을 20개의 도(圖)에 배열하였는데, '운섭'이라는 명칭도 실은 ≪사성등자≫에서 맨 처음 쓰인 것이다.

≪사성등자≫

≪사성등자≫는 ≪칠음략≫과 마찬가지로 가로줄은 36자모의 명칭을 그대로 써서 23개의 칸에 배열하였으며, 세로줄은 먼저 4등으로 크게 나누고 각 등을 다시 4성으로 나누었다.

그러나 배열 순서는 약간 다른 점이 있는데, ≪운경≫과 ≪칠음략≫이 순(脣)・설(舌)・아(牙)・치(齒)・후(喉)・반설(半舌)・반치(半齒)의 순인데 비해 ≪사성등자≫는 순음과 아음의 위치가 서로 바뀌어, 아(牙)・설(舌)・순(脣)・치(齒)・후(喉)・반설(半舌)・반치(半齒)의 순으로 배열하였고, 또 후음의 경우에도 ≪운경≫과 ≪칠음략≫은 영(影)·효(曉)·갑(匣)·유(喩)의 순인데 비해 ≪사성등자≫는 효(曉)·갑(匣)·영(影)·유(喩)의 순으로 배열하였다.

(4) ≪절운지장도(切韻指掌圖)≫

≪절운지장도≫는 책 앞에 사마광(司馬光)이라고 서명된 서언(序言)이 있어서 과거에는 모두 북송 시대의 사마광이 지은 것으로 알았는데, 오늘날에 와서는 그것이 사실이 아님이 밝혀졌다. 지금도 실제 지은이가 누구인지는 알 수 없지만 대체로 남송 시대 사람이 지은 것으로 여겨진다. 사마광의 서문에 연이어 있는 동남일(董南一)의 서문에 따르면 오늘날 전하는 판본은 1203년에 나온 것이다.

한편 책 이름에 '指掌(지장)' 즉 '손가락과 손바닥'이라는 말이 들어간 이유는 아래의 그림을 보면 쉽게 알 수 있다.

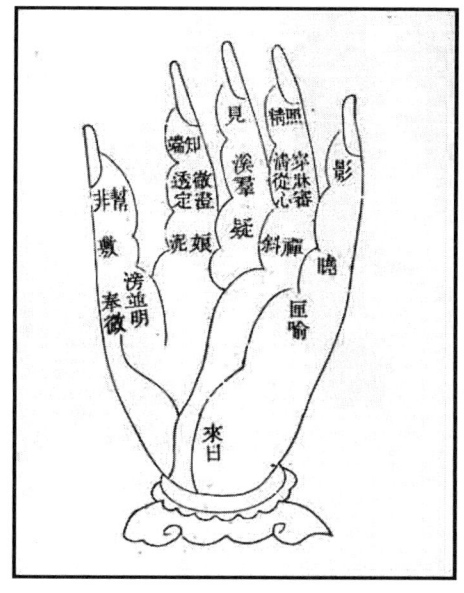

≪절운지장도≫

≪절운지장도≫의 내용은 ≪사성등자≫와 매우 비슷하여 이 둘은 같은 계열의 운도임을 알 수 있다. 20개의 도(圖)로 나눈 것도 그렇고, 운부를 병합한 양상과 입성운을 양성운과 음성운에 나누어 배열한 것도 ≪사성등자≫와 같다. 그러나 ≪절운지장도≫ 나름의 특징도 있는데, 그것은 다음과 같다.

첫째, 36자모를 한 칸에 하나씩 모두 36개의 가로줄 칸에 나열했다. 이것은 ≪운경≫·≪칠음략≫·≪사성등자≫가 모두 23칸에 나열한 것과는 다른 것으로서 ≪절운지장도≫만의 특색이다.

그리고 ≪절운지장도≫는 세로줄을 먼저 크게 4성으로 나누고 각 성조를 다시 4등으로 나눈 점에서 ≪운경≫과 같고 ≪사성등자≫와는 다르다. 그러나 성모의 명칭으로 36자모를 그대로 쓰고 아(牙)·설(舌)·순(脣)·치(齒)·후(喉)·반설(半舌)·반치(半齒)의 순서로 배열한 점이나 20개의 도로 나눈 점은 ≪사성등자≫와 같다. 또 ≪절운지장도≫에는 섭의 개념은 있지만 '운섭'이라는 명칭은 직접 쓰지 않았다.

둘째, ≪절운지장도≫는 각 도(圖)를 '독(獨)'·'개(開)'·'합(合)'의 세 종류로 나누었다. 즉 개합으로 나뉘지 않는 운들인 통섭(通攝)·효섭(效攝)·우섭(遇攝)·류섭(流攝)·심섭(深攝)·함섭(咸攝) 등의 6개 섭을 '독운(獨韻)'이라고 하여 이 운들을 운도의 맨 앞에 놓은 것이다. 이처럼 '독운'이라는 이름 아래 운들을 따로 분류한 것은 ≪절운지장도≫만의 특징이며, 그래서 운도의 차례가 ≪사성등자≫와는 많이 다르다.

셋째, ≪절운≫ 계열의 운부의 병합에 있어서는 ≪사성등자≫와 거의 같지만, 운모의 변화에 있어서는 ≪사성등자≫보다 변화가 커서 근·현대음에 더욱 접근하고 있다. 즉 섭의 한계를 넘나들면서 여러 운들을 함께 묶어 한 자리에 배열하는 경우들이 보이는데, 이것은 섭의 한계가 모호해지면서 새로운 발음체계로 들어가는 현상이 반영된 것이다.

넷째, 후대의 운서나 운도에 끼친 영향도 ≪사성등자≫에 비해서 훨씬 크다. 이것은 한편으로 ≪절운지장도≫의 지은이가 사마광이라고

《절운지장도》

알려져 그의 후광을 입은 때문이기도 하지만 다른 한편으로는 ≪절운지장도≫가 위에서 말한 대로 그 당시의 발음을 더 잘 반영하고 있기 때문이기도 하다. 그리고 구변(九辨)이라 하여 오음(五音), 자모청탁(字母淸濁), 내외전(內外轉) 등에 대해 몇 줄씩의 시구로 설명해 놓은 것이 있어 도움을 준다.

6.4.3 고음학(古音學)의 시작

중국 사람들이 고음에 대한 관심을 갖기 시작한 것은 꽤 오래 전이라고 할 수 있다. 예를 들어 동한 유희(劉熙)의 ≪석명(釋名)·석거(釋車)≫에서 "옛날에는 車(거·차)를 居(거)처럼 발음했다. 이것은 그 안에 사람이 있을 수[居人(거인)] 있기 때문이다. 그런데 오늘날 車의 발음은 舍(사)와 같다.(「古者曰車, 聲如居, 所以居人也. 今曰車, 聲如舍.」)"라고 하여 한대에도 이미 옛날음과 현재음의 차이를 느끼고 있었음을 알 수 있다.

이러한 인식은 남북조 이후 ≪시경≫을 연구하는 사람들의 이른바 '협운(協韻)'설 또는 '협구(協句)'설로 이어진다. 협운설이란 ≪시경≫을 읽을 때 운이 맞지 않는 글자에 대하여 "…라고 읽는다"라는 방식으로, '고쳐서 발음하는 방법'을 말한다. 예를 들어 ≪시경·패풍(邶風)·연연(燕燕)≫에

제비가 날아가는데 오르며 내리며 지저귀네.(「燕燕于飛, 下上其音.」)
아가씨 시집가는데 멀리 남녘으로 보내네.(「之子于歸, 遠送于南.」)
바라보아도 보이지 않으니 내 마음 아프네.(「瞻望弗及, 實勞我心.」)

라는 글귀가 있는데, 육덕명(陸德明)은 ≪경전석문(經典釋文)≫에서 "원송우남(遠送于南)" 아래에 주를 달아 "협구이다. 마땅히 '님'으로 읽어야 한다.(「協句, 宜乃林反.」)"라는 심중(沈重, 500~583)의 견해를 소개하였다. 이 말은 '南(남)'자가 앞 구절의 '音(음)'자와 뒷 구절의 '心(심)'자와 운이 맞지 않으므로 '님'으로 고쳐 읽으라는 뜻이다. 육덕명

은 이 뒤에 자신의 뜻을 덧붙여 "요즘 옛날 사람들은 시운을 느슨하게 운용하여 글자를 바꾸는데 번거롭지 않았다고 말한다.(「今謂古人韻緩, 不煩改字.」)"라고 하였다.

이러한 풍조는 당·송 시대에도 계속되어, 심지어는 경전의 원문을 고치기도 하였다. 당 현종(玄宗, 712~756 재위)은 726년 칙서에서 ≪서경(書經)·홍범(洪範)≫편에 있는 "비뚤어지지 않고 치우침이 없이 임금의 의로움을 따르다.(「無偏無頗, 遵王之義.」)"라는 구절에서 '頗(파)'자와 '義(의)'자가 운이 맞지 않는다 하여 '義'자를 '陂(피)'자로 바꾸라고 명하였다.

이와 같이 옛날음이 현재음과 다르다는 인식은 오래 전부터 있어 왔지만 대부분 단편적인 언급이었을 뿐이고, 그것을 좀 더 체계적으로 연구하기 시작한 사람은 송나라의 오역(吳棫)과 정상(鄭庠)이라고 할 수 있다.

6.4.3.1 오역(吳棫)

오역은 복건성(福建省) 무이(武夷)사람으로, 자는 재로(才老)라고 한다. 1124년에 진사가 되었고, 저서로는 ≪운보(韻補)≫가 있다.

그는 육덕명의 '고인운완설(古人韻緩說, 옛사람들은 시운을 넓게 썼다는 주장)'과 비슷한 '고운통전설(古韻通轉說)'을 주장하였다. 고운통전설이란 옛날의 운자(韻字)는 비슷한 발음끼리 서로 통해 썼다는 견해이다. 그의 견해에 따르면 고운은 다음과 같이 9부로 나뉜다.

1) 동(東): 동(冬)·종(鍾)과 통함. 강(江)은 입성이 되기도 함;
2) 지(支): 지(脂)·지(之)·미(微)·제(齊)·회(灰)와 통함.
　　　　　가(佳)·개(皆)·해(咍)와도 통할 수 있음;
3) 어(魚): 우(虞)·모(模)와 통함;
4) 진(眞): 순(諄)·진(臻)·은(殷)·혼(痕)·경(耕)·경(庚)·청(清)·
　　　　　청(青)·증(蒸)·등(登)·침(侵)과 통함.
　　　　　문(文)·원(元)·혼(魂)과도 통할 수 있음;

5) 선(先): 선(仙)·염(鹽)·첨(添)·엄(嚴)·범(凡)과 통함.
   한(寒)·환(桓)·산(刪)·산(山)·담(覃)·담(談)·함(咸)·
   함(銜)과도 통할 수 있음;
6) 소(蕭): 소(宵)·효(肴)·호(豪)와 통함;
7) 가(歌): 과(戈)와 통함. 마(麻)와도 통할 수 있음;
8) 양(陽): 강(江)·당(唐)과 통함.
   경(庚)·경(耕)·청(淸)은 입성이 되기도 함;
9) 우(尤): 후(侯)·유(幽)와 통함.

이상과 같은 고운의 분류는 선진(先秦)의 고음과 완전히 부합하지는 않아 뒤에 많은 사람들의 비판을 받기도 하였지만, 오역이 체계적인 고음 연구의 첫걸음을 내딛었다는 것은 인정을 해야 할 것이다.

6.4.3.2 정상(鄭庠)

정상의 고음에 대한 연구는 청나라 하흔(夏炘)의 ≪시고운표이십이부집설(詩古韻表二十二部集說)≫에 보인다. 그는 고운을 6부로 나누었다.

1) 동(東), 동(冬), 강(江), 양(陽), 경(庚), 청(靑), 증(蒸);
2) 지(支), 미(微), 제(齊), 가(佳), 회(灰);
3) 어(魚), 우(虞), 가(歌), 마(麻);
4) 진(眞), 문(文), 원(元), 한(寒), 산(刪), 선(先);
5) 소(蕭), 효(肴), 호(豪), 우(尤);
6) 침(侵), 담(覃), 염(鹽), 함(咸).

이상과 같은 6부 분류법은 상당히 체계를 갖춘 것이다. 즉 제1부·제4부·제6부는 받침이 콧소리인 [-m]·[-n]·[-ng]로 끝나는 양성운(陽聲韻)을 대표하고 있다. 그러나 이것은 송나라 때의 발음 체계이지 고음의 체계가 아니라는 것이 문제점이다. 따라서 이것으로 ≪시경≫의 실제 운자(韻字)와 비교하면 어긋나는 것이 적지 않다.

6.5 어원학

6.5.1 우문설(右文說)의 시작

중국 언어학사에서 송나라가 차지하는 위치 중에서 빼놓을 수 없는 사건은 '우문설'의 제기를 들 수 있다. 우문설은 형성자에 대한 이론으로, 형성자의 발음부분에도 뜻이 들어 있다는 주장이다.

형성자는 의미부분과 발음부분으로 구성되어 있는데, 대부분의 형성자는 그 구조가 왼쪽이 의미부분이고 오른쪽이 발음부분인 경우가 많아서 '오른쪽 글자 부분'이라는 뜻에서 '우문설'이라고 부르는 것이다.

우문설의 시작은 진(晉)나라(265~420) 때로 거슬러 올라갈 수 있다. 진나라의 양천(楊泉)은 ≪물리론(物理論)≫에서 "쇠와 돌에 있어서는 堅(견)이라 하고, 풀에 있어서는 緊(긴)이라 하고, 사람에 있어서는 賢(현)이라 한다(「在金石堅, 在草曰緊, 在人曰賢.」)"라고 하였다. 양천은 ≪설문해자≫에 '臤(현·간)'이 '단단하다[堅]'라는 뜻이 있으므로, 사물이 단단한 것은 '堅'·'緊' 등으로 표현되고 사람의 덕행이 견실한 것은 '賢'으로 나타낸다고 주장한 것이다. 이러한 해석 방법은 ≪설문해자≫에서 이미 초보적인 모습을 엿볼 수 있다.

≪설문해자≫의 540부수는 형체에 의거하여 부수를 나눈 것인데, 이 가운데 <句(구)부>와 <臤부> 등은 형체에 의한 분류가 아니다. 설명하자면 '拘(구)'·'笥(구)'·'鉤(구)' 등 이 세 글자는 부수 분류 방법에 따르면 마땅히 각각 <수(手)부>·<죽(竹)부>·<금(金)부>에 귀속되어야 하지만 허신은 <句부>를 세워 이 글자들을 넣었다. 왜냐하면 이 글자들에는 모두 '구부러졌다'는 의미가 있고, 모두 句를 발음부분으로 하고 있기 때문이다. 또 '堅'은 <토(土)부>, '緊'은 <사(糸)부>에 두지 않고 모두 <臤부>부에 넣었다. 양천의 주장은 ≪설문해자≫에서 힌트를 얻었는지도 모른다.

6.5.2 송대의 우문설

6.5.2.1 왕안석(王安石)의 우문설

이렇게 시작된 우문설은 송의 왕안석이 ≪자설(字說)≫을 지음으로써 유행하게 된다. 현재 이 책은 전하지는 않지만 송나라 사람들의 기록에 자주 보인다. 육전(陸佃, 1042~1102)은 ≪비아(埤雅)≫에서 왕안석의 설을 계승하여 다음과 같이 적고 있다.

麞(장)은 작은 사슴과 같은데 (더) 아름답다. 그래서 章(장)을 따른 것이다. 章은 아름답다[美(미)]는 뜻이다.(「麞, 如小鹿而美, 故從章. 章, 美也..」)(권3)
貍(이)는 짐승[豸(치)]이 마을[里(리)]에 있는 것을 가리킨다. 里는 사람이 거주하는 곳이다.(「貍, 豸在里者. 里, 人所居也..」)(권4)

육전의 우문설은 의미부분과 발음부분을 연계하여 설명하는 방식을 취하고 있어서 아직 완전한 우문설의 이론을 갖추지는 못했던 것으로 여겨진다. 송대 우문설에서 가장 주목을 받는 사람은 북송 왕자소(王子韶)이다.

6.5.2.2 왕자소의 우문설

왕자소는 자가 성미(聖美)로, 오히려 왕성미(王聖美)로 더 잘 알려져 있다. 왕자소는 신종(神宗) 희녕(熙寧, 1068~1077) 때 사람으로, 왕안석의 추천으로 예부원시랑(禮部員侍郎)을 지냈다.

≪선화서보(宣和書譜)·정서(正書)≫의 기록에 의하면, "왕안석이 ≪자설≫로 천하에 이름을 날리고 있을 즈음 왕자소도 ≪자해(字解)≫ 20권을 지었는데, 왕안석의 책과 달랐다. 그래서 그 해설은 사가(私家)에 보관되고 전해지지 않았다.(「方王安石以字書行于天下, 而子韶赤作≪字解≫二十卷, 大抵與王安石之書相違背. 故其解藏于家而不傳..」)"라고 한 것을 보면, 당시 왕자소의 견해는 왕안석의 명성에 가려 제대로 인정받지 못하고 있었음을 알 수 있다.

그가 주장한 우문설의 초점은 "형성자의 의미부분은 그 사물의 종류만을 나타낼 뿐 진정한 글자의 뜻은 발음부분에 있다"는 것이다. 심괄(沈括, 1030~1094)은 ≪몽계필담(夢溪筆談)≫ 권14에서 왕자소의 우문설의 대략을 다음과 같이 적고 있다.

> 왕성미는 문자를 연구하는 데 있어 '글자의 오른쪽 부분[右文(우문)]'을 유추하여 그 뜻을 설명하였다. 이전의 문자에 대한 연구는 모두 '글자의 왼쪽 부분[左文(좌문)]'을 따랐다. 무릇 글자는 그 종류는 왼쪽에 있고, 그 의미는 오른쪽에 있다. 예를 들어 나무[木(목)] 종류는 (글자의) 왼쪽에 모두 木을 쓴다. 이른바 우문이란 이렇다. '戔(잔·전)'은 '작다'라는 뜻인데, 물이 적은 것은 '淺(천)'이라고 하고, 金(금)이 적은 것은 '錢(전)', 뼈가 앙상하고 작은 것은 '殘(잔)', 돈이 적으면 '賤(천)하다'는 뜻이 된다. 위의 예들은 모두 '戔'을 그 의미부분으로 취하고 있다.(「王聖美治字學, 演其義以爲右文. 古之字學皆從左文. 凡字, 其類在左, 其義在右. 如木類, 其左皆從木. 所謂右文者, 如戔, 小也, 水之小者曰淺, 金之小者曰錢, 歹而小者曰殘, 貝之小者曰賤, 如此之類, 皆以戔爲義也..」)

왕자소의 견해는 왕안석의 견해와 두 가지 점에서 다르다.
첫째, 왕자소는 왕안석처럼 의미부분과 발음부분을 합하여 설명하지 않고 발음부분에만 착안하였다.
둘째, 같은 발음부분을 가지고 의미부분은 다른 글자를 사용하여 비교하였다.
그러므로 이 글자들이 갖는 뜻이 공통적이라는 결론을 이끌어내는 방법은 이제까지 있었던 다른 주장보다 타당성을 갖는다.

6.5.2.3 대동(戴侗)의 우문설

이후 우문설을 주장한 학자로 주목할 사람은 송말의 대동이다. 그는 ≪육서통석(六書通釋)≫에서 발음부분이 뜻을 나타내는 현상에 대해 보다 진일보한 해석을 하였다.

육서에서 유추하여 사용하면 그 뜻이 가장 명확해진다. '昏(혼)'은 본래 '날[日(일)]이 어두워졌다'는 뜻이다. 마음이 어둡거나 눈이 어두운 것도 날이 어두운 것과 같다. 때로는 '昏'자에 '心(심)'변과 '目(목)'변을 덧붙이기도 한다. 결혼식은 반드시 어두울 때 하기 때문에 '昏'이라고 하는데, 때로는 '女(녀)'변을 덧붙이기도 한다. '熏(훈)'은 본래 불을 피울 때의 '연기'를 뜻한다. 해가 질 때의 색깔과 같다. 그래서 (저녁 노을의 색깔을) '훈황(熏黃)'이라고 하는 것이다. ≪초사(楚辭)≫에서는 '훈황(纁黃)'이라고 하였다. 때로는 '日(일)'변을 덧붙이기도 한다. 옷감의 색이 검붉은 것도 마찬가지로 '熏'이라고 하는데, 때로는 '糸(사)'변이나 '衣(의)'변을 덧붙이기도 한다. 술을 마시면 (취해서) 기분이 좋아지고 위로 붕 뜨는 듯 한데, 이 역시 '熏'이라고 한다. 때로는 (술동이를 뜻하는) '酉(유)'변을 덧붙이기도 한다. 이러한 것들은 대부분 사람들로 하여금 쉽게 알 수 있도록 함이 아니겠는가! 그런데 오히려 학자들은 본래의 뜻에 어둡다. 그래서 '婚(혼)'이라고 해도 결혼식이 어두울 때 거행되는 것이라는 사실을 모르고, '일훈(日熏)'이라고 해도 그것이 '저녁 노을[熏黃]'을 가리키는 것을 모르며, '훈백(纁帛)'이 '적흑(赤黑)'색을 가리키는 것인 줄로 모른다.(「六書推類而用之, 其義最精. '昏'本義日之昏; 心目之昏, 猶日之昏也, 或加'心'與'目'焉. 嫁取者必以昏時, 故因謂之昏, 或加女焉. '熏'本爲湮火之熏, 日之將入, 其色亦然, 故謂之'熏黃', ≪楚辭≫猶作'纁黃', 或加'日'焉. 帛色之赤黑者亦然, 故謂之熏, 或加'糸'與'衣'焉. 飯酒者, 气酣而上行, 亦謂之'熏', 或加'酉'焉. 夫豈不欲人之易知也哉, 然而反使學者昧于本義. 故言'婚'者, 不知其爲用昏時; 言'日熏'者, 不知其爲熏黃; 言'纁帛'者, 不知其爲'赤黑'.」)

위와 같은 대동의 학설은 왕자소에 비하여 발전된 모습을 보여 준다.

첫째, '육서에서 유추하여 사용하는 방법'이란 바로 '같은 발음부분'을 갖는 글자를 이용하는 방법을 말한다. 이 방법은 이전에도 있어 왔지만 대동에 이르러 좀 더 구체화되었다.

둘째, 한 글자의 본래의 의미를 근거로 삼아 '발음부분이 같은 형성자[同聲符形聲字(동성부형성자)]'의 글자뜻을 해석하고 초기에 만들어진 글자인 초문(初文)과 파생자의 관계를 지적하였다.

예를 들면 '昏(혼)'의 본뜻은 "날이 어두컴컴하다(「日色昏暗」)"라는 뜻인데, 여기에서 '惛(어리석을 혼)', '睧(어두울 혼)', '婚(혼인할 혼)' 등의 글자가 나왔다. 이들 형성자 발음부분 '昏'은 발음을 표시하는 작용 뿐 아니라 뜻을 나타내는 작용까지도 하고 있다. 이것은 대동의 중요한 발견이며 우문설에 대한 그의 큰 공헌이다.

우문설은 언어의 발음과 의미의 관계, 그리고 중국 문자학사에 있어서 중요한 위치를 차지한다. 형성자에서 발음부분과 의미관계를 이해하려면 먼저 중국의 문자, 즉 한자의 형·음·의의 관계를 명확히 이해해야 한다.

다 아는 대로 한자는 그림글자이며 음절문자이다. 다시 말해서 글자 한 자 한 자 안에 자신의 고유한 형체·발음·뜻을 한 몸에 가지고 있다는 말이다. 그런데 문자가 생겨나는 과정을 추측해보면, 먼저 말하고자 하는 바가 있고, 그 다음 그것을 소리로 표현하고, 마지막으로 그것을 형체화하여 그려냈을 것으로 짐작된다.

이렇게 문자는 먼저 의미가 갖추어진 다음에 음이 갖추어지고 마지막으로 형체가 갖추어지는 과정을 통해 만들어진다고 할 때, 형·음·의 이 세 가지는 서로 연계되고 영향을 끼친다.

한자의 역사적 발전과정을 볼 때도 뜻과 발음의 관계가 처음에는 임의적이고 약정속성(約定俗成)적으로 맺어졌지만, 세월이 흘러 본래 하나의 글자로부터 다른 글자들이 파생되어 나올 때는 비슷한 뜻이면 비슷한 발음을 가지게 되는 것이 기억하기도 쉽고 또 글자를 만들어가는 데 좀 더 편리하고 자연스러운 것이다.

이러한 점에서 '우문설'은 형체만 중시하고 발음은 중시하지 않던 전통 문자학과 훈고학의 편견에 반대하고 소리와 의미의 관계를 중시하였는데, 이 점은 매우 진보적이며 발전적이라고 할 수 있다.

그러나 "발음에도 뜻이 있다(「聲中有義」)"는 주장은 타당하지만 이것을 확대하여 "발음에는 모두 뜻이 있다(「聲皆有義」)"라든가 "발음이 같으면 뜻도 같다(「聲同則義同」)"와 같은 주장은 옳지 않다.

왜냐하면 언어에서 낱말은 모두 발음과 뜻의 결합체이지만, 어떤 뜻과 어떤 발음이 결합하느냐 하는 것은 우연적인 것이지 결코 필연적인 것이 아니기 때문이다. 따라서 한 언어에서 같은 음으로도 전혀 상관없는 뜻의 낱말, 즉 동음이의어(同音異義語)가 얼마든지 있으며 반대로 다른 발음으로 같거나 비슷한 의미를 나타내는 동의어도 당연히 적지 않다. 그러므로 만약 발음이 같으면 뜻도 같으므로 어떤 개념은 반드시 어떤 발음으로 나타내야 한다는 것은 실제 언어 현실에 부합하지 않는 주장이다.

종합적으로 말하자면, 우문설은 앞에서도 말하였지만 형체만 중시하고 발음은 소홀히 하였던 전통 문자학과 훈고학의 편견에 반대하고, 소리와 의미의 관계를 중시하여 새로운 학문의 장을 열었다는 데 큰 의의가 있다고 할 수 있다. 다만 여기에서 우리가 주의해야 할 점은 비록 뜻과 발음이 어느 정도 연관성을 가지고 발전할 수 있는 면이 있다고 하더라도, 이 이론을 모든 형성자에 확대 적용시켜서는 안 된다는 것이다. 왜냐하면 그것은 부분을 가지고 전체를 논하는 것이 되기 때문이다.

이처럼 송대 우문설은 비합리적인 면과 혁신적인 면이라는 두 얼굴을 가지고, 후대 형성자의 자원(字源)에 관한 연구라든가, 청대 "발음으로써 뜻을 구한다(「因聲求義」)"는 음의연계이론(音義連繫理論) 그리고 현대의 어원학연구에도 적지 않은 영향을 끼쳤다.

지은이약력

이병관(李炳官)

지은이는 1958년 서울에서 태어나, 연세대학교 중어중문학과를 졸업하고, 같은 대학원에서 박사학위를 받았다.

대만(臺灣) 동해대학(東海大學) 중문연구소(中文研究所)에서 유학할 당시에는 중국 언어학의 대가인 주법고(周法高) 교수의 문하에서 수학하였으며, 현재는 공주대학교 중어중문학과 교수로 재직 중이다.

저서로는 ≪중국현대어법≫, ≪중국언어학사(상)(하)≫(공저), ≪옛날이야기와 함께 하는 중국언어학사(상)(하)≫(이상 대전 도서출판 보성), ≪나의 사랑, 중국어법≫(서울 신아사) 등이 있으며, 번역서로는 주법고 선생의 논문을 편역한 ≪중국언어학논총≫(서울 탑출판사)이 있다.

논문으로는 <고대한어(古代漢語)의 복음절사(複音節詞) 연구>(박사학위논문), <주제문(主題文) 연구>, <세설신어(世說新語) 피동문 연구>, <돈황(敦煌) 변문(變文) 통가자(通假字) 연구>, <현행 중고 한문 교과서 자형(字形) 분석 문제점 연구>, <갑골문 '皐'자 탐원(探源)>, <중국 어법학 100년사 술평(述評)(상)(하)>, <중국현대어법 교육에 대한 몇 가지 제안> 등 여러 편이 있고, <설문해자(說文解字) 역주(譯註)> 논문 시리즈가 있다.

중국언어학사(상)
(개정판)

인 쇄 • 2017년 5월 22일
발 행 • 2017년 5월 22일

지은이 • 이 병 관
발행자 • 박 상 규
발행처 • **도서출판 보성**

주 소 • 대전 동구 태전로126번길 6
Tel (042)673-1511/Fax (042)635-1511
등록번호 • 61호
ISBN • 978-89-6236-161-2 94720
　　　978-89-6236-160-5 (전2권)

정가 17,000원